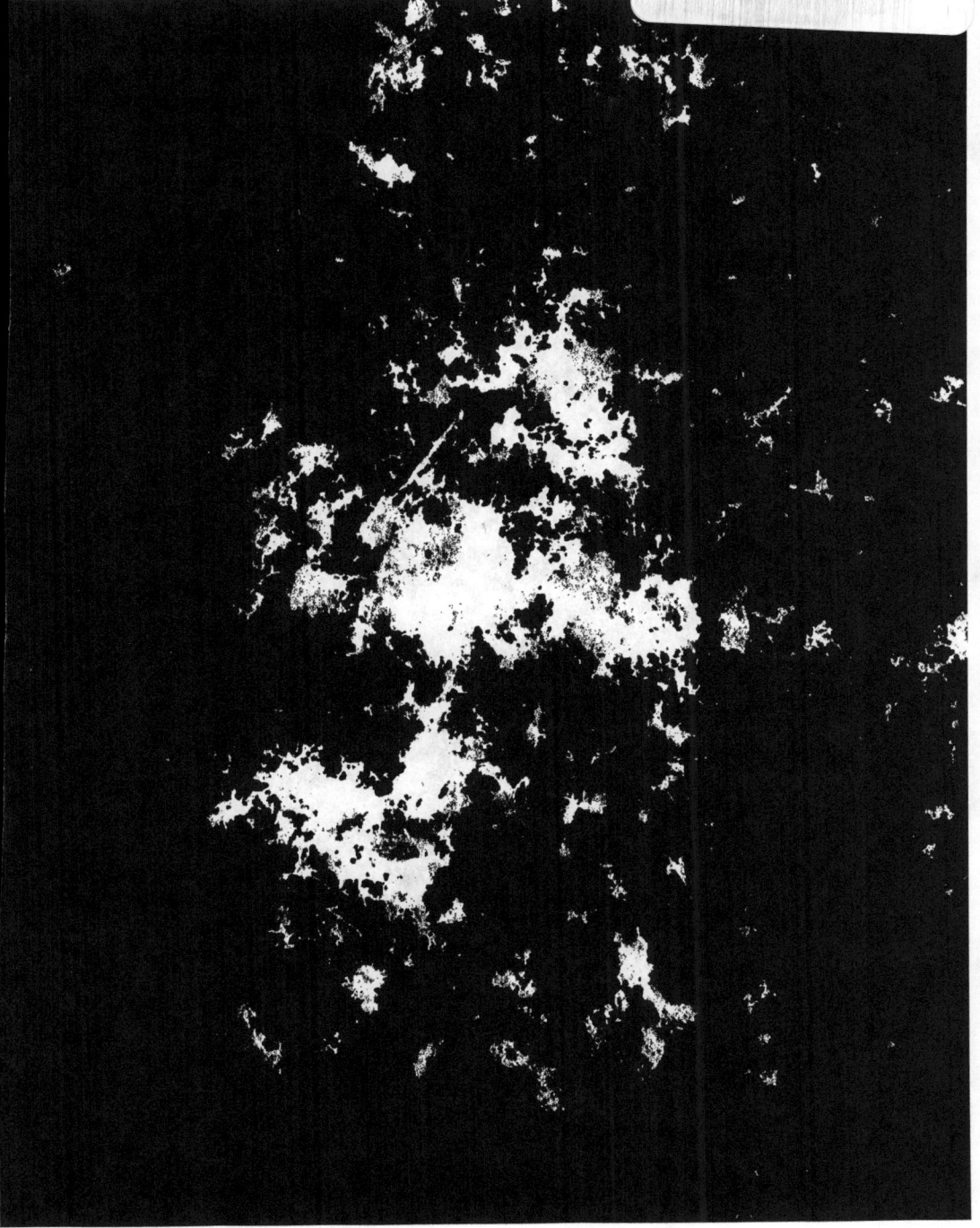

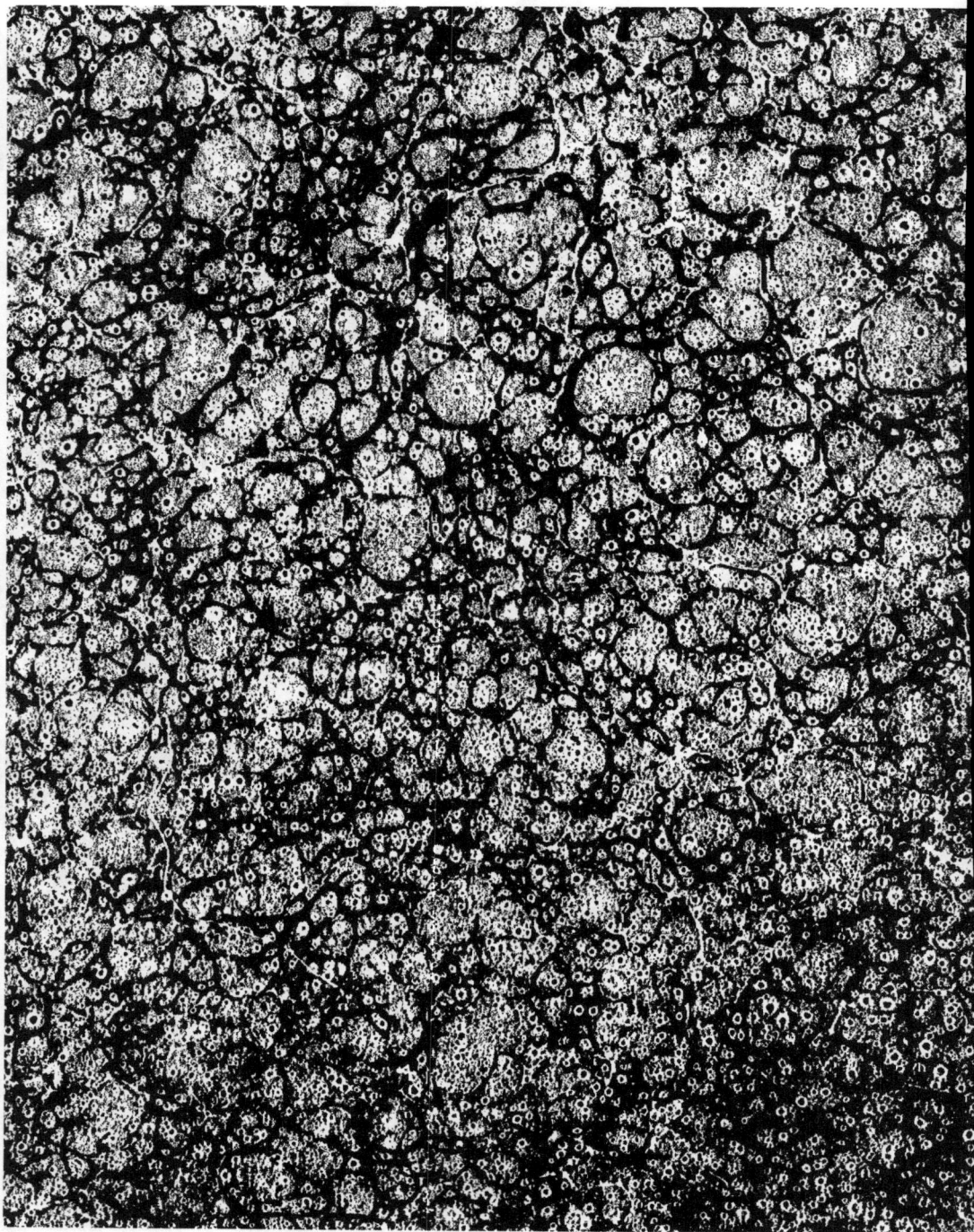

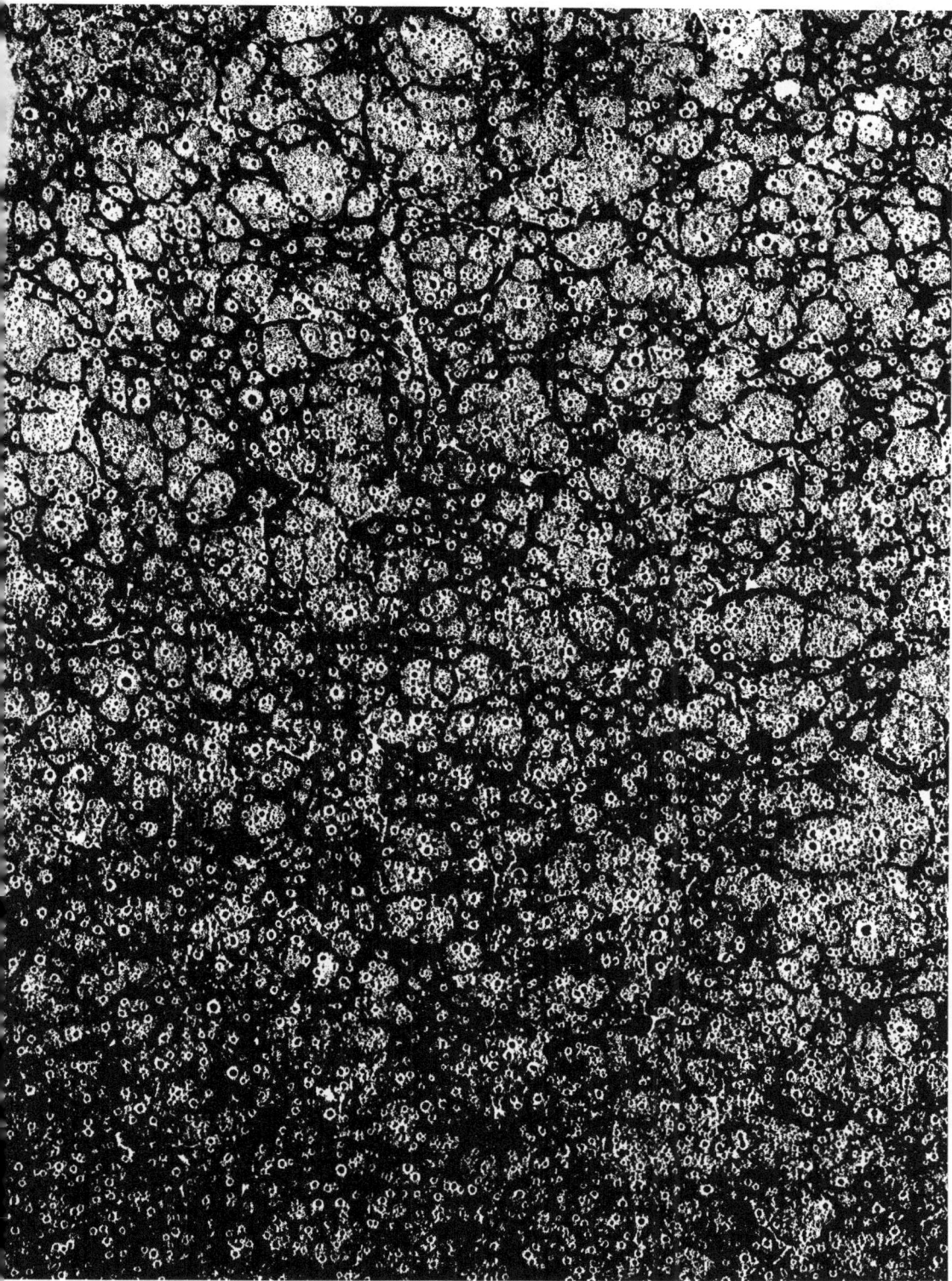

RECHERCHES

sur

LES ÉTOFFES DE SOIE

D'OR ET D'ARGENT

PENDANT LE MOYEN AGE

RECHERCHES

SUR

LE COMMERCE, LA FABRICATION

ET L'USAGE

DES

ÉTOFFES DE SOIE, D'OR ET D'ARGENT

ET AUTRES TISSUS PRÉCIEUX

EN OCCIDENT, PRINCIPALEMENT EN FRANCE

PENDANT LE MOYEN ÂGE

PAR

FRANCISQUE-MICHEL

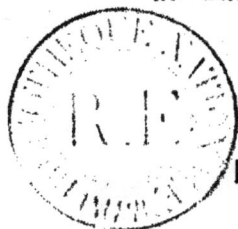

TOME PREMIER

PARIS

DE L'IMPRIMERIE DE CRAPELET

RUE DE VAUGIRARD, N° 9

M DCCC LII

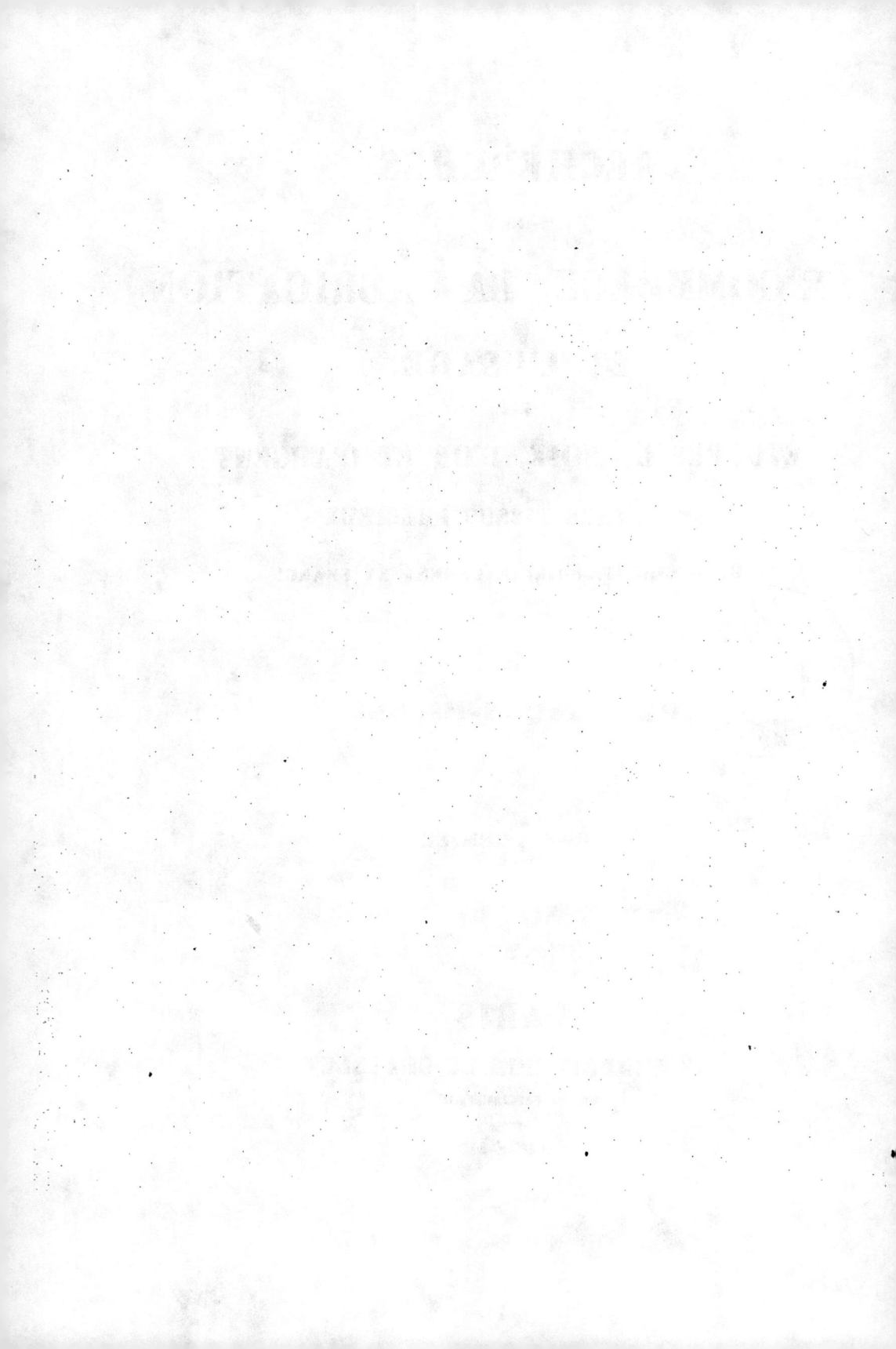

A MONSIEUR

N. YEMENIZ,

MANUFACTURIER A LYON,

MEMBRE DE LA SOCIÉTÉ DES BIBLIOPHILES FRANÇAIS, ETC.

Mon cher et honorable ami,

De toutes les personnes qui vous connaissent, et le
nombre en est grand, il en est peu qui sachent de combien de choses s'occupe votre esprit si actif, si curieux,
si pénétrant, en un mot si bien doué. Pour les habitués
de la salle Silvestre, pour les bibliophiles, vous êtes le
collecteur le plus délicat des trésors de la littérature
grecque de tous les temps et des productions de la littérature française du moyen âge, le patron le plus en-
thousiaste des Bauzonnet, des Niedrée et des autres

princes des relieurs modernes. Pour vos compatriotes comme pour les miens, parmi lesquels une bonne étoile vous a conduit d'Orient, votre nom n'éveille le plus souvent que l'idée d'un grand manufacturier, plein de goût, de probité et d'honneur. Il est rare qu'en dehors de votre cercle intime on se rende complétement compte de la ressemblance que vous avez avec ces grands négociants d'autrefois dont je tais le nom pour ménager votre modestie; et tel vous parle livres et reliures, qui est loin de se douter que vos étoffes d'ameublement valent bien au moins, pour le dessin et le fini de l'exécution, ces chefs-d'œuvre pour lesquels vous exaltez si fort les artistes dont je viens de prononcer le nom, artistes dont la célébrité n'a rien à perdre de ce qu'elle est ignorée de ceux qui apprécient vos belles étoffes sans se soucier de vos beaux livres, de vos éditions rares.

Admis dans votre bureau de commerce, comme dans votre cabinet d'objets d'art, pendant le court séjour que je fis à Lyon en 1850, je profitai de la circonstance, moins pour puiser des lumières bibliographiques et récréer mes yeux de la vue des admirables reliures que renferme votre bibliothèque, que pour m'instruire des progrès, et, jusqu'à un certain point, des procédés d'une industrie qui, entre vos mains, est devenue un art. Je n'oublierai pas de sitôt avec quelle complaisance, avec quelle patience vous avez bien voulu satisfaire une curiosité qui ne date pas d'hier; car mille fois, dans le cours de ma carrière d'éditeur, j'ai rencontré des noms de tissus, plus ou moins précieux, dont il m'a toujours été impossible de déterminer l'équivalent d'une manière précise. J'avais avec vous une admirable occasion de porter la lumière où les érudits n'ont trouvé jusqu'à présent qu'incertitude et doute ; mais je n'avais point songé à recueillir tous les éléments de la question qu'il s'agissait de résoudre. Vous voulûtes bien m'engager à entreprendre ce travail, je n'hésitai pas une seule minute, sûr de votre concours et de celui de mes amis. Dieu merci, ni l'un ni l'autre ne m'a manqué, et toutes les générosités se sont unies pour assurer l'existence d'une œuvre, qui conçue et élaborée en province, où les travaux du genre des miens sont si pénibles, fût, sans ce concours, difficilement arrivée à terme. Souffrez donc que je nomme ici MM. Michel Amari et Charles Defrémery, qui ont bien voulu me prêter le secours de leur érudition dans les langues orientales, MM. Ferdinand Wolf et Adelbert Keller, dont les communications de textes allemands m'ont été si précieuses, et M. Édélestand du Méril, auquel je ne me suis jamais adressé en vain toutes les fois que, du fond de ma retraite, j'ai eu besoin de collationner ces mêmes textes et des citations de manuscrits.

Avec l'aide de ces savants, qui sont si heureux de faire de leur science un présent à l'amitié laborieuse, et avec le concours accidentel de quelques autres per-

IV

sonnes, parmi lesquelles je ne dois pas oublier M. Camille Beauvais, directeur de la magnanerie de Sénart, j'ai donc pu, mon honorable ami, élever un monument où l'effort et le soin patient du travailleur, j'ose le dire, se retrouvent à chaque ligne, à défaut d'autre mérite. Tel qu'il est, je vous l'offre, vous priant de l'agréer comme un faible témoignage de mon respectueux et bien affectueux dévouement.

FRANCISQUE-MICHEL.

Bordeaux, 25 février 1851.

RECHERCHES

SUR

LE COMMERCE, LA FABRICATION ET L'USAGE

DES

ÉTOFFES DE SOIE, D'OR ET D'ARGENT.

L'art de mêler l'or à la laine, pour en former un tissu précieux, remonte à une haute antiquité; suivant Pline, il faut en faire honneur au roi Attale, dont le nom resta attaché aux étoffes de ce genre[1]. Le même écrivain nous apprend, d'après un certain Verrius, que Tarquin l'Ancien

La fabrication des étoffes d'or remonte à une haute antiquité.

---

[1] Plin., *Hist. Nat.*, lib. VIII, cap. LXXIV. Ailleurs, liv. XXXIII, chap. XIX, le même écrivain en parle comme d'une invention des rois d'Asie, *invento regum Asiæ*.

Les souverains de l'Orient faisaient souvent aux autres des présents de ces étoffes. C'est ainsi que Pharasmane ayant envoyé à l'empereur Adrien de superbes cadeaux, entre autres des chlamydes ornées d'or (*auratas quoque chlamydes*), Adrien, pour se moquer de l'envoi, fit revêtir de pareilles chlamydes trois cents criminels, qu'il exposa ensuite dans l'arène. Voyez Spartien, *Adrian. imp.*, ch. XVI.

Le témoignage de Pline, relatif à l'invention d'Attale, est confirmé par Servius, qui, dans son commentaire sur le v. 5 du liv. III des Géorgiques, dit que le mot *aulea*, tentures, vient de ce qu'elles furent d'abord inventées à la cour d'Attale, roi d'Asie, *quod primum in aula Attali regis Asiæ inventa sunt*. Je ne me crois donc

1

avait triomphé revêtu d'une tunique d'or [1], et que lui-même avait vu la femme de Claude, Agrippine, assister, près de son mari, au spectacle d'une naumachie, couverte d'une tunique d'or pur tissé [2]. Tels étaient les habits trouvés à Rome dans deux urnes funéraires, et le galon d'or trait recueilli dans les ruines d'Herculanum [3]; mais plus ordinairement le fond de ces étoffes d'or était de laine, comme sans doute les draperies blanches qui servirent aux funérailles de Néron [4],

---

pas autorisé à émettre la conjecture que les étoffes attaliques pouvaient bien devoir ce nom à celui d'Attalie, ville de la Pamphylie, bâtie par Attalus.

Il est encore question de ces étoffes dans Properce, liv. II, élég. xxxii, v. 12, et dans Silius Italicus, liv. XIV, v. 659.

[1] Plin., *Hist. Nat.*, lib. XXXIII, cap. xix.

[2] *Ibidem.*

[3] Winkelmann, *Histoire de l'art de l'antiquité*, traduite... par M. Huber. A Leipzig, M. DCC. LXXXI., in-4°, liv. IV, ch. v; tom. II, pag. 168, 169. — Fougeroux de Bondaroy, *Recherches sur les ruines d'Herculanum*, etc. A Paris, chez Desaint, M. DCC. LXX., in-8°, pag. 95.

Les mentions d'habits d'or ou tissus de fils d'or ne sont point rares dans les écrivains de l'antiquité; malheureusement ils ne se donnent point la peine de nous apprendre de quelle façon il faut entendre les expressions dont ils se servent. Par exemple, Suétone, parlant d'un pont que Caligula fit élever sur la mer entre Baies et Pouzzoles, ajoute : « Deux jours durant, il ne fit que passer et repasser sur ce pont : le premier jour, sur un cheval magnifiquement harnaché, une couronne de chêne sur la tête... et sur les épaules une chlamyde d'or, *insignisque quernea corona... aureaque chlamyde.* » C. Sueton. Tranq., *C. Calig.*, cap. xix.

Dans une lettre écrite à Rome vers l'an 383, à Eustochie, sur les devoirs d'une vierge chrétienne, saint Jérôme exhorte cette sainte fille « à éviter la société de celles qu'enorgueillissent les dignités de leurs maris, et qui, sans cesse escortées de gardes et d'eunuques, portent des robes tissues de fil d'or. » — « Dépouillée de vos vêtements tissus d'or, dit-il plus loin, vous pouvez vous efforcer de plaire par la simplicité de votre costume. »

Je n'ai point parlé des étoffes d'argent, parce qu'il en est rarement question dans les auteurs anciens. Le seul exemple que j'en connaisse se trouve dans l'Histoire ecclésiastique d'Eusèbe, qui parle avec une grande admiration d'un vêtement d'argent avec lequel Hérode Agrippa se rendit un jour au théâtre. Voyez liv. II, ch. ix.

[4] « Funeratus (Neronis) impensa ducentorum millium, stragulis albis auro intextis, » etc. C. Snet. Tranq., *Tiber. Nero*, cap. n.

et il en fut ainsi jusqu'au moment où la soie devint assez commune en Orient pour que l'on pût remplacer cette substance par l'autre, et songer à augmenter l'éclat et le prix de cette dernière. Les étoffes d'or rentrent donc de très-bonne heure dans la catégorie des soieries. Désormais nous ne les séparerons plus.

Je n'ai rien à dire sur l'histoire de la soie comme matière; c'est là un sujet qui a été amplement traité, même en Amérique[1]. Pour ce qui est de l'origine de la soie, elle est aujourd'hui suffisamment connue[2]. Un siècle avant M. Klaproth, qui a inséré dans le *Journal asiatique* de Paris un mémoire intitulé *Conjecture sur l'origine du nom de la soie chez les anciens*[3], dans lequel il démontre que les Sères de l'antiquité étaient véritablement des Chinois, Mahudel avait lu à l'Académie des Inscriptions et Belles-Lettres un travail qui fut inséré dans le tom. V des Mémoires de cette compagnie, pag. 218-230. Laissant de côté les écrivains orientaux, qui

Histoire de la soie chez les anciens. Mémoires de Klaproth, de Mahudel, de Brotier et de M. Pardessus.

---

[1] Parmi les livres annoncés à la fin de l'édition américaine de l'*History of Spanish Literature*, by George Tickno. en trouve un sous le titre de *History of Silk, Cotton, Linen, Wool*, etc. N. ork, Harper and Brothers.

[2] Voyez, entre autres ou ges, *Il Filugello, o sia il baco da seta, poemetto... dell' abate Gianfrancesco G getti*, etc. In Venezia, appresso Pietro Valvasense, MDCCLII, in-4°. Ce poëme est suivi de notes érudites et d'une savante dissertation sur l'origine de la soie.

Suivant les Chinois, ce fut Tchin ou Sin, fils aîné de Japhet, conséquemment petit-fils de Noé, a qui enseigna à ses enfans la peinture et la sculpture, et l'Art de préparer la soye pour en faire plusieurs sortes d'étoffes, et en un mot, l'on prétend que la plus grande partie des ouvrages qui sont encore aujourd'huy en vogue dans la Chine, et dont tous les Etrangers font si grand état, sont de son invention. » *Bibliothèque orientale...*, par M. d'Herbelot, tom. III. A la Haye, MDCC LXXVIII, in-4°, pag. 319.

[3] Tom. II. A Paris, chez Dondey-Dupré, 1823, in-8°, pag. 243, 244. Les pag. 245-247 renferment une *Addition à la note précédente*, par M. Abel-Rémusat.

vraisemblablement lui étaient étrangers, aussi bien que ce qui, dans son sujet, se rapportait à l'histoire naturelle du ver à soie et du mûrier, le savant académicien se borna à embrasser l'historique des opinions des anciens sur les causes de la production de ce fil précieux, dont la plupart sont désignées par les noms mêmes qu'ils lui donnaient ; il tâcha de fixer l'époque de la connaissance que l'on en avait eue, de déterminer son pays natal, d'indiquer les peuples qui l'en avaient tiré pour le communiquer aux autres nations. « Je rapporterai dans la suite, ajoute-t-il avant d'entrer en matière, les usages que l'on en a faits successivement en différents temps et en divers lieux. » Comme on le voit, Mahudel avait l'intention de composer un ou plusieurs autres mémoires ; mais, soit qu'il ait abandonné ce projet, soit que la mort l'ait empêché de le réaliser, toujours est-il que les recherches de ce savant, telles qu'elles nous sont connues, se bornent au travail que nous venons de signaler.

Longtemps après Mahudel, l'abbé Brotier lut à la même Académie, le 15 juin 1784, un mémoire sur les connaissances et l'usage de la soie chez les Romains, mémoire qui parut dans le tome XLVI, pag. 452-462, du recueil où se trouvaient déjà les recherches de son prédécesseur, dont Brotier, soit dit en passant, ne cite pas le nom une seule fois pendant tout le cours de son travail.

A part cette omission, il m'a paru tel qu'on pouvait l'attendre d'un homme aussi versé dans l'antiquité : c'est pourquoi, désespérant de l'augmenter et ne voulant pas le reproduire sous une autre forme, nous nous bornerons à y renvoyer, aussi bien qu'au beau mémoire de M. Pardessus sur le commerce de la soie chez les anciens antérieurement au vıᵉ siècle de l'ère chrétienne, époque où l'éducation des vers à soie a été introduite en Europe [1].

C'est à partir de cette époque que nous entendons prendre l'histoire des étoffes de soie, des draps d'or et d'argent, et occasionnellement des autres tissus précieux, pour la conduire jusqu'au xvııᵉ siècle ; non pas que, dans ces limites, le sujet soit entièrement neuf ; mais Muratori, qui a essayé de le traiter, n'a guère disserté que sur les tissus en usage en Italie pendant la première partie du moyen âge [2]. Or notre cadre, comme l'indique suffisamment le titre que nous avons adopté, comprend toute l'Europe et le moyen âge entier.

Nos recherches ne comprennent que le moyen âge, du vıᵉ au xvııᵉ siècle.

Cette période, à ne voir que l'industrie de la soie, peut se diviser en trois principales, dont la première s'étend depuis l'époque où s'est arrêté M. Pardessus, c'est-à-dire depuis le vıᵉ siècle jusqu'au xııᵉ, date à laquelle on rapporte communément l'introduction de cette industrie dans l'Europe latine. La seconde comprend le temps que la Sicile d'abord, puis l'Italie continentale, est restée en possession, concurremment avec l'Orient, de fournir de soie les autres peuples de l'Europe ; enfin, la troisième correspond à l'époque où ces derniers, s'affranchissant du tribut qu'ils payaient aux Italiens et aux Levantins, fabriquèrent des étoffes, d'abord pour leur propre consommation, puis pour l'usage de ceux qui les en avaient fournis si longtemps.

Division de cette période.

---

[1] *Mémoires de l'Institut royal de France, Académie des Inscriptions et Belles-Lettres*, tom. XV, 1ʳᵉ partie, pag. 1-47. Voyez encore *Textrinum Antiquorum : an Account of the Art of weaving among the Ancients*. Part. 1. On the raw Materials used for weaving, etc. By James Yates, etc. London : Taylor and Walton, 1843, in-8°, book I, ch. vı, pag. 160-249.

[2] *De Textrina et vestibus sæculorum rudium*, dissertatio vigesima-quincta. (*Antiquitates Italicæ medii ævi*, tom. II, col. 309-436.)

I.

Parlons en premier lieu des tissus les plus riches, nous voulons dire des draps d'or et d'argent.

Draps d'or et d'argent.

Comme nous le disions il n'y a qu'un instant, du moment que la soie fut devenue assez commune en Orient pour que l'on pût la substituer à la laine, on dut renoncer à faire de celle-ci la base de cette sorte de tissus, et la matière qui jusque-là avait occupé le premier rang, descendit sans retour au second.

Robes, tentures, vêtements, ornements notables en étoffes d'or.

Je suis donc porté à croire que plusieurs robes d'or, dont le souvenir nous a été conservé par d'anciens écrivains du moyen âge, nommément l'habit que Charles le Chauve offrit au pape Nicolas I[er][1], n'étaient point d'or purement et simplement, comme la fameuse tunique d'Agrippine, et celles d'Héliogabale[2], qui, pendant sa vie privée, avait pour tapis de table des étoffes d'or[3], ni de laine mêlée de fil d'or, comme les étoffes attaliques, mais de soie brochée d'or, comme les vêtements de femme que Marc-Aurèle

---

[1] Anast. Biblioth., *De Vitis Roman. Pontif.*, n° cvii. Nicol. I, A. C. 858. (*Rerum Italicarum Scriptores*, tom. III, pag. 258, col. 2, B.)

[2] Æl. Lamprid., *Anton. Heliogabal.*, cap. xxii.

[3] *Ibidem*, cap. xix. Cf. *Alex. Sever.*, cap. xxxvi. Trébellius Pollion dit aussi de Gallien que toutes ses nappes étaient d'étoffes d'or : « Mantilibus aureis semper stravit. » *Gallieni duo*, cap. xvi.

Ces étoffes étaient-elles tissues d'or, ou de laine ou de toile brochées de ce métal? En vérité, nous ne saurions le dire. Ce qu'il y a de certain, c'est qu'à la même époque il y avait de la toile dans le tissu de laquelle il entrait de l'or. On le voit par un passage de la vie d'Alexandre Sévère, qui regardait comme une folie, dit Lampride, de faire un pareil mélange, dont l'effet était d'ajouter la roideur à l'âpreté. Voyez ch. xxxix.

trouva dans le trésor privé d'Adrien [1], et les habits que l'on remarqua à la vente du mobilier de Commode [2]. Telles étaient sans doute les tentures tissues d'or et enrichies de perles, dont Dagobert, assisté de l'orfévre saint Éloi, qui était devenu son ministre, couvrit entièrement les murs et même les colonnes de l'église de Saint-Denis qu'il avait construite [3]; tels étaient vraisemblablement les quatre pièces d'étoffes offertes par l'empereur Justinien à l'église de Saint-Pierre [4], le vêtement d'autel orné de pierres précieuses, dont saint Zacharie enrichit la même basilique [5]. celui que saint Adrien fit faire pour l'église de Sainte-Marie *ad Præsepe* [6], le vêtement moins riche, mais cependant d'une admirable beauté, dû à la munificence de Benoît III [7], la

---

[1] Jul. Capitolin., *M. Antonin. Philosoph.*, cap. xvii. Voyez aussi l'Abrégé de l'histoire romaine d'Eutrope, liv. VIII, ch. xiii.

[2] Jul. Capitolin., *Pertinax imp.*, cap. viii.
Suivant Hérodien, Commode se montrait au public avec une peau de lion et une massue à la main, et portait dessus des toges de pourpre et brochées d'or : Ἀποδυσάμενός τε τὸ Ῥωμαίων καὶ βασίλειον σχῆμα λεοντῆν ὑπεστρώννυτο, καὶ ῥόπαλον μετὰ χεῖρας ἔφερεν, ἀμφιέννυτό τε ἁλουργεῖς καὶ χρυσοῦφεῖς ἐσθῆτας, etc. Lib. I, cap. xiv.

[3] « .... per totam ecclesiam auro textas vestes, margaritarum varietatibus multipliciter exornatas, in parietibus et columnis atque arcubus suspendi devotissime jussit. » *Gesta Dagob. I*, cap. xx. (*Rec. des Hist. des Gaules*, tom. II, pag. 585, A.) Cf. Aimoin., *Hist. Fr.*, lib. IV, cap. xxxiii. (*Hist. Fr. Scr.*, tom. III, pag. 115, C)
Sûrement ces splendides tentures n'existaient plus au xiii° siècle; du moins, à cette époque, nous voyons, dans une occasion solennelle, la vieille basilique en étaler d'autres, moins riches, il est vrai, mais qui pourtant avaient bien leur prix : « Lors quant li abbé de Saint-Denis sot la grant devocion le roy, dit le sire de Joinville, si vint erramment à l'église... et fist tantost parer le moustier de pailes de soie, » etc. *Histoire de saint Louis*, édit. du Louvre, pag. 191.

[4] Anast. Biblioth., *De Vitis Roman. Pontif.*, n° lvii. Joan. II, A. C. 531. (*Rer. Ital. Script.*, tom. III, pag. 128, col. 1, B.)

[5] *Id.*, n° xciii. S. Zachar., A. C. 742. (*Ib.*, pag. 164, col. 1, A.)

[6] *Id.*, n° xcvii. S. Hadr., A. C. 772. (*Ib.*, pag. 187, col. 2, A.)

[7] *Id.*, n° cvi. Bened. III, A. C. 855. (*Ib.*, pag. 251, col. 1, B.)

tenture et l'ornement d'autel rehaussé de perles que le pape
Etienne VI donna à deux églises de Rome [1], et certainement
les précieux vêtements sacerdotaux que le roi Robert offrit
à l'église de Saint-Jean-d'Angeli au commencement du
xie siècle [2].

Chrysoclavum,
auroclavum.

Cette sorte d'étoffe portait, à cette époque reculée, le nom
de *chrysoclavum*, d'*auroclavum* [3]; du moins, je le suppose,
car les savants sont loin d'être d'accord sur le sens de ces
mots [4]. On n'est guère plus fixé sur la signification exacte du

Fundatus, fun-
datum.

substantif *fundatus*, *fundatum*, que l'on retrouve à tout moment dans Anastase le Bibliothécaire, avec une acception
analogue, c'est-à-dire comme désignant un tissu précieux
dans lequel il entrait de l'or [5]. Il y en avait de plusieurs
espèces, entre autres de couleur pourpre, que le même écrivain appelle *porphyreticum* [6].

Blatthin, blatta.

Ailleurs [7], il semble indiquer comme synonyme du *fundatum*, le *blatthin*, autre espèce de tissu, dont il se trouvait
deux pièces parmi les présents envoyés, en 824, à Louis le Dé-

---

[1] Anast. Biblioth. continuator Gulielmus, n° cxii. Steph. vi, A. C. 885. (*Ibid.*,
pag. 271, col. 2, E.)

[2] *Chronicon Ademari monachi S. Eparchii*, apud Labbe, *Nov. Bibl. manuscript.
libr.*, Tom. II, pag. 179, lig. 7 et 8.

[3] « Vestem de *chrysoclabo*... vestem sericam *chrysoclabam*, » etc. Anast. Biblioth., *De Vitis Roman. Pontif.*, n° xcviii. Leo III, A. C. 795. (*Rer. Ital.
Script.*, tom. III, pag. 196, col. 1, B et C.) On pourrait multiplier les exemples.

[4] Voyez, entre autres, Muratori, *Antiquit. Ital. med. ævi*, tom. II, col. 401.

[5] Anast. Biblioth., n° xciii. Leo III, A. C. 795. (*Rer. Ital. Script.*, tom. III,
pag. 195, col. 2, D; pag. 204, col. 1, A; pag. 205, col. 2, D et E); n° xcix.
Stephanus V, A. C. 816 (*ib.*, pag. 213, col. 1, B et D), etc. Cf. *Gloss. med. et
inf. Latin.*, tom. III, pag. 438, col. 2, v° *Fundatus*, n° 2.

[6] *Id.*, n° c. Paschalis, A. C. 817. (*Ibid.*, pag. 216, col. 2, D.)

[7] N° xcviii. Leo III, A. C. 795. (*Ibid.*, pag. 196, col. 1, E.)

bonnaire, par Michel le Bègue et son fils Théophile, empereurs d'Orient[1]. Cette étoffe, nommée également *blatta*, à cause de sa couleur pourpre[2], et dont il y avait plusieurs espèces, entre autres celles qu'une charte du viiie siècle désigne par les titres de *malella* et de *lusca*[3], était de soie[4], comme le *storax*, ou *pallium storacinum*, qu'Anastase nomme si fréquemment, et dont le pape Paul, écrivant, en 757, au roi Pépin, lui annonce une pièce dans un envoi de présents[5]; mais je ne saurais me hasarder à dire que le *blatta* fût du velours ou du satin rouge cramoisi, comme l'a fait, bien qu'avec réserve, le P. Possin, en expliquant, dans son *Glossarium Annæum*, le mot Βλαττία d'une lettre

(marginal note:) Storax, pallium storacinum.

---

[1] « ... misimus... prasinovultim unum, milinovultim unum, tyria duo, *blattas* veras duas, dirodina duo, diventa duo. » Baron., *Annales ecclesiastici*, A. C. 824. — *Rer. Gallic. et Franciæ. Script.*, tom. VI, pag. 337, C.

Du Cange croit que *prasinovultim* et *milinovultim* sont des altérations du grec προσινοβλάττην et μηλινοβλάττην.

[2] Ce mot désignait au propre le kermès ou cochenille. Voyez *Gloss. med. et inf. Latin.*, tom. I, pag. 701, col. 2, v° *Blatta*.

[3] *Antiq. Ital. med. ævi*, tom. II, col. 407, 408.

[4] « ... vela serica de *blatthin* Byzantea, » etc. Anast. Biblioth. contin. Gulielmus, n° cxii. Steph. VI, A. C. 885. (*Rer. Ital. Script.*, tom. III, pag. 271, col. 2, E.) Cf. *Gloss. ad script. med. et inf. Græcit.*, tom. I, pag. 206, col. 2, v° Βλάττον, etc.

Il y avait aussi du *blatthin* de Naples, comme cela résulte d'un autre passage d'Anastase, où le *blatthin* de Byzance est encore nommé; mais je ne pense pas que celui-là fût de soie. Voy. le n° xcviii du *Liber pontificalis*, tom. III du *Rer. Ital. Script.*, pag. 210, col. 2, E.

[5] « ... locellum aperuit, in quo interius plumaceum ex holoserico superpositum, quod *stauracis* dicitur, invenit. » Anast. Biblioth., *De Vit. Roman. Pontif.*, n° lxxxv. Sergius, A. C. 687. (*Rer. Ital. Script.*, tom. III, pag. 149, col. 2, D.)

« ... *storacinum* pallium unum habentem paones. » Epist. 15 Cod. Carol. (*Rer. Gallic. et Franciæ. Script.*, tom. V, pag. 505, E.)

Voyez bon nombre d'autres passages dans le Glossaire de du Cange, aux mots *Stauracium, Storacis, Stauracinus*, sous *Storax*; tom. VI, pag. 381, col. 2.

d'Alexis Ier Comnène à Henri II, roi de Germanie, auquel l'empereur avait adressé cent pièces de soie, en exécution d'un traité [1].

Quadruplum, quadrapulum, quadrapola. Octapulum.

A s'en rapporter à un passage de la vie de saint Adrien par Anastase [2], que l'on peut, il est juste de le faire remarquer, interpréter de plus d'une manière, ce tissu ne différait pas tellement d'un autre nommé *quadruplum*, *quadrapulum*, *quadrapola*, qu'on ne pût facilement les prendre l'un pour l'autre. Qu'entendait-on par ces mots? Je ne vois rien dans le grec qui s'y rapporte, et je doute fort qu'Anastase, qui les emploie seul, fût assez versé dans l'art du tissage pour indiquer ainsi le nombre des fils de la chaîne ou de la trame. Je crois donc qu'il voulait, s'il ne s'est pas borné à copier quelque compte, quelque inventaire, exprimer la force des tissus en les nommant *quadruples*, ou *octuples* [3], pour les

---

[1] « Τὰ μέντοι παρὰ τοῦ κράτους ἡμῶν συμφωνηθέντα ἀποσταλῆναι τῇ μεγαλοδυνάμῳ σου ἐξουσίᾳ, αἱ ἑκατὸν τεσσαράκοντα τέσσαρες χιλιάδες τῶν νομισμάτων καὶ τὰ ἑκατὸν βλαττία, ἀπεστάλησαν νῦν διὰ τοῦ πρωτοπροέδρου Κωνσταντίνου καὶ κατεκάνω τῶν ἀξιωμάτων κατὰ τὴν ἀρεσκείαν τοῦ πιστοτάτου σου καὶ εὐγενεστάτου κόμητος τοῦ Βουλχέρδου. » *Anna Comnena Alexiadis lib. III*, cap. x. (Ed. P. Possini, pag. 93, D; ed. Lud. Schopen., tom. I, pag. 175, lig. 2.)

La basse latinité avait aussi le mot βλαττία, mais comme adjectif; on le voit par ce passage de la vie de saint Hormisda, qui prouve une fois de plus que les étoffes en question venaient de Grèce : « Sub hujus episcopatu... venerunt de Græcia... pallia olobera *blattea* cum tabulis aureo tectis de chlamyde, vel de stola imperiali, suffitorium super confessionem beati Petri apostoli. » Anast. Biblioth., *De Vit. Roman. Pontif.*, n° LIII. S. Horm. A. C. 514. (*Rer. Ital. Script.*, tom. III, pag. 125, col. 2, B et C.)

[2] « ... fecit... vela syrica numero quinquaginta septem, omnia ex palliis *quadrapolis*, seu stauracin. » *Id.*, n° XCVII. S. Hadr., A. C. 772. (*Ibid.*, pag. 187, col. 2, B.)

[3] « Velum de *octapulo* unum. » *Id.*, n° CLII. Greg. IV, A. C. 827. (*Ib.*, pag. 223, col. 2, B.) — « Fecit... vestem de fundato, cum... periclysin de *octapulo*. » *Ibid.*, pag. 223, col. 1, B. — « ... fecit... vestem de olovero... habentem

distinguer des tissus plus légers. Aurait-il fait allusion aux dessins formant des compartiments ou des médaillons, de quatre ou de huit dans la largeur de la pièce, cela pourrait bien être encore. Quoi qu'il en soit, ces explications me paraissent plus fondées qu'aucune des opinions émises par les savants qui ont écrit sur le même sujet [1]. Pour n'en citer qu'un seul, M. l'abbé Martin, adoptant celle du P. Henschenius, qui suppose que le *quadrapulum* devait son nom aux carrés tracés dans le dessin de l'étoffe [2], en conclut que l'*octapulum* annonce le médaillon octogone [3].

Les vingt pièces de soie, nommées *triblatti*, achetées, en 1067, à Amalfi, cette ville *riche de or et des dras* [4], par Desiderius, abbé du Mont-Cassin, cardinal de Sainte-Cécile, dans le but de faire un présent à l'empereur Henri IV, et converties en manteaux dits *pluviales* [5], semblent avoir été de deux couleurs, s'il faut s'en rapporter à un passage de Pierre Damien [6].

Triblattus.

---

periclysin de *octapulo*...fecit vestem de stauraci, cum periclysi de *octapulo* unam » *Ibid.*, pag. 224, col. 2, C, D et E, etc.

Ce que je viens de dire de la ressemblance du *quadruplum* avec le *storas*, peut être également appliqué à l'*octapulum* : « ... vela de stauracin, seu *octapli*, numero viginti duo. » Anast. Bibl., n° xcvii. S. Hadrian., A. C. 772. (*Ibid.*, pag. 190, col. 1, C.) Toutefois, je le répète, rien n'empêche de croire qu'Anastase ait voulu dire que les vingt-deux voiles étaient les uns de *stauracin*, les autres d'*octaplum*.

[1] Voyez le Glossaire de du Cange, au mot *Quadrapola*, tom. V, pag. 533, col. 1.

[2] *Acta sanctorum Maii*, tom. III, pag. 395, D, not. q.

[3] *Mélanges d'archéologie*, etc., par MM. Ch. Cahier et A. Martin, tom. II. A Paris, chez Mme Ve Poussielgue-Rusand, 1851, in-fol., pag. 250, not. 1.

[4] Aimé, *l'Ystoire de li Normant*, etc., publiée par M. Champollion-Figeac. A Paris, chez Jules Renouard, 1835, in-8°, liv. II, ch. vii, pag. 39.

[5] *Chronica monasterii Casinensis*, lib. III, auct. Leone. (*Monumenta Germaniae historica*, script. tom. VII, pag. 711, lig. 25, 31, n° 18.)

[6] Petr. Dam. Ep., lib. IV, epist. 7. — *Antiq. Ital. med. aevi*, tom. II, col. 409.

Catablattion. C'est sûrement à sa couleur pourpre, plus ou moins foncée, que le *catablattion*, mentionné dans une charte de 1197 [1], devait son nom. Plus sûrement encore cette étoffe était de soie, et différait du baudequin, en compagnie duquel elle est nommée.

Rodinum, etc. Pour ce qui est de l'étoffe appelée *rodinum*, elle devait son nom à sa couleur rose [2]. Quand la nuance était tendre, on la désignait par l'épithète de *leucorhodina;* le rose était-il plus foncé, on la qualifiait de *diarhodina*, ou on l'appelait *dirodinum, dirotanum* [3]. Il y avait aussi des soieries dont la couleur était moitié jaune, moitié rose; on les appelait *rhodomelina.*

Imizillus, etc. Le tissu nommé dans Anastase *imisillus, mizilus, imizinum, myzinum*, serait, si l'on s'en rapporte à un savant cité par du Cange [4], de la soie légère de la même nature que l'*ermesino* des Italiens. Nous n'avons aucun moyen de contrôler cette opinion, ou de nous en former une nouvelle.

Silfori ou sifori. Piscis. De même, nous sommes forcé d'accepter celle de ce dernier, touchant le *silfori* ou *sifori*, qu'il dérive du mot grec σίλφη, équivalent de *blatta* [5], et celle de D. Carpen-

---

[1] « Quatuor sindones de seta, quarum una est... de *catablattio*, alia de baldeluno (leg. *baldekino*), reliqua vero est rotata. » Ap. Ughellum, *Italia sacra*, tom. VII (Romæ, MDCLIX, in-folio), col. 1275, A; et du Cange, *Gloss. med. et inf. Latin.*, tom. II, pag. 230, col. 3, et tom. V, pag. 807, col. 3, v° *Rotatus*, n° 4.

[2] *Gloss. med. et inf. Latin.*, tom. V, pag. 764, col. 3, v° *Rhodinus color.*

[3] « Dedit etiam (Hatto, ep. Virdun. temp. Lothariorum) ad ipsum altare unum sacerdotale vestimentum aureo ornatum, platenam scilicet, id est ex *dirotano* cum guttis, etc. » Præfat. ad Gesta episc. Virdunensium, ed. a Dr. G. Waitz. (*Monumenta Germaniae historica*, script. tom. IV, pag. 37, lig. 40.)

[4] *Gloss. med. et inf. Lat.*, tom. III, pag. 767, col. 2 et 3.

[5] *Ibid.*, tom. VI, pag. 256, col. 3. Voyez encore une note de Muratori à

tier, relativement au *piscis*, où il voit une couleur, tandis qu'avant lui du Cange y avait vu une étoffe [1].

Mais ces guides nous manquent quand nous voulons nous rendre compte du *diventum*, que nous avons vu dans la lettre de Michel et de Théophile, et de l'*exarentasma* que nous verrons plus loin. En effet, du Cange tire ce dernier mot du grec ἐξαρτίζειν (*ornare, instruere*), ce qui ne mène pas à grand'chose [2]; et ailleurs, après avoir avoué que *diventum* lui est inconnu, il propose de lire *divellia* (grec, διέλλια) : ce qui ne suffit pas pour résoudre la question.

Elle demeure tout entière pour le *brandeum*, que l'on lit dans la vie de saint Grégoire le Grand, et dans deux chroniques monastiques; et pour le *catasfittulum*, que l'on trouve deux fois dans une charte de 1197, rapportée par Ughelli [3] : du Cange, qui a recueilli ces mots, se borne à donner, sans même chercher à les expliquer, les passages dans lesquels on les rencontre; car nous ne saurions considérer comme une explication, la phrase dont il fait suivre le terme *brandeum* [4].

Nous ne sommes guère plus avancé pour expliquer ce

Diventum.
Exarentasma.

Brandeum.
Catasfittulum.

Diapistus,
dyapistis.

Léon d'Ostie, liv. Ier, ch. xxvi. (*Rer. Ital. Script.*, tom. IV, pag. 300, col. 1, not. 8.)

[1] *Gloss. med. et inf. Lat.*, tom. V, pag. 268, col. 3, v° *Piscis*, n° 1.

[2] *Ibid.*, tom. III, pag. 126, col. 2.

Un savant cité par Muratori, propose de lire *exanthemata* (ἐξανθήματα) et de voir ainsi dans les *exarentasmata* de Hugues Falcand des étoffes à fleurs; mais ce changement entraîne celui de *circulorum* en *flosculorum*, et c'est déjà trop d'un. Voyez *Antiq. Ital. med. ævi*, tom. II, col. 406.

[3] « ... unam stolam de *catasfittulo*, unum manulum de *catasfittulo*, » etc. *Italia sacra*, tom. VII (Romæ, mdclix, in-folio), col. 1275, A.

[4] « Species panni serici, aut alterius materiæ vestiariæ. » *Gloss. med. et inf. Latin.*, tom. I, pag. 762, col. 2.

que Léon d'Ostie, un autre historien du Mont-Cassin, et Hugues Falcand, entendent par *diapistus, dyapistin*, dont ils font le nom d'une étoffe de prix[1]. Quant au *pallium triacontasimum*, dont il est fait aussi mention dans les chroniques du même monastère et dans une lettre de l'empereur Alexis Comnène Ier, c'était apparemment une étoffe de soie à bandes[2].

Plus ordinairement, ces tissus étaient brochés et à sujets; comme dans les ouvrages de peinture et de sculpture de l'époque, qui paraissent avoir été copiés s · elles[3], on y

(marginalia: Pallium triacontasimum.)

(marginalia: Dessins des anciennes étoffes de soie.)

---

[1] « Planetam *diapistin* listis aure[i]s adornatam... simul cum et mappula *diapistin* auro nichilominus decorata, » etc. *Chron. S. monast. Casin.*, lib. II, cap. XLIII. (*Rer. Ital. Script.*, tom. IV, pag. 367, col. 1.)

« Ista praeterea ornamenta idem papa Victor ad mortem suam in hoc monasterio dereliquid... Planetae diasprae deauratae 5, et 5 sine auro. Diarodanae 3 deauratae, *diapisti* 2, et alia cetrina. Purpureae deauratae 7, et aliae 5 purpureae, et 2 exametae. » *Ibid.*, lib. III, auctore Petro. A. D. 1087, 10 sept. (*Ib.*, pag. 485, col. 2, A. — *Monum. Germ. hist.*, script. tom. VII, pag. 753, n° 74, lig. 25.)

Si, comme on peut le croire, ces ornements servaient à dire la messe, on voit que le pape Victor ne s'était pas cru lié par la constitution de son prédécesseur saint Silvestre, qui avait interdit aux célébrants les étoffes de soie et de couleur : « Hic constituit, ut sacrificium altaris non in serico, neque in panno tincto celebraretur, nisi tantum in linteo ex terreno lino procreato, sicut corpus domini nostri Jesu Christi in sindone linea munda sepultum est, sic missa celebraretur. » Anast. Biblioth., *De Vit. Roman. Pontif.*, n° XXXIV. (*Rer. Ital. Script.*, tom. III, pag. 105, col. 2, A.)

Voyez encore, sur le *diapistus*, le Glossaire de du Cange, à ce mot, tom. II, pag. 839, col. 1.

[2] ... misit (Alexius Comnenus I, ann. Dom. 1098 vel 1099) pallium *triacontasimum* pro altari nostrae ecclesiae. » *Chron. S. monast. Casin.*, lib. IV, cap. XVII. (*Rer. Ital. Script.*, tom. IV, pag. 503, col. 2, A.)

« ... pallium *triacontasimum* beato Benedicto direxit. » *Ibid.*, cap. XLVI. (*Ib.*, pag. 522, col. 2, D.)

Voyez le Glossaire de du Cange, au mot *Triacontasimus*, tom. VI, pag. 661, col. 1.

[3] « On peignait aussi... des animaux fabuleux, tels que des griffons et des licornes, des associations bizarres d'animaux et d'ornements imitées dans les temps anciens d'après les étoffes de l'Inde, et nommées plus tard des arabesques. » Éme-

voyait des griffons mêlés avec des roues grandes et petites [1],
des basilics [2], des licornes [3], des paons, tantôt seuls, tantôt

ric-David, *Histoire de la peinture au moyen âge*. Paris, Charles Gosselin, 1843,
in-12, pag. 76, not. 2. Voyez encore pag. 86, not. 1.

[1] « Item fecit vestem... super altare tyriam, habentem grypas majores, et duas
rotas chrysoclabas cum cruce, » etc. Anast. Biblioth., *De Vit. Roman. Pontif.*,
n° xcviii. Leo III, A. C. 795. (*Rer. Ital. Script.*, tom. III, pag. 196, col. 2, B.)

« Et... fecit (Leo III) super altari... vestes duas, ex quibus unam cum rotis
majoribus, habentem gryphes, » etc. *Ibid.*, pag. 211, col. 2, C.

« ... obtulit... vestem cum gryphis, » etc. *Id.*, n° cm. Gregor. IV, A. C. 827.
(*Ibid.*, pag. 222, col. 2, A.) Cf. pag. 226, col. 1, D.

Le griffon se maintint longtemps dans le dessin ou dans la broderie des étoffes
du moyen âge. Sans nous arrêter aux chasubles ainsi décorées, qui, suivant
M. Raine (*Saint Cuthbert*, etc., pag. 34, er note, lig. 6), furent trouvées dans
le mobilier de Hugh Pudsey, évêque de Durham, mort en 1194, nous signalerons
quatre chapelles de Charles V, l'une appelée *la chappelle de Constances* (inv.,
Ms. de la Bibl. nat. n° 8356, fol. C xij v°, n° 1077) avait un orfroi « sur or, à
ymages et à griffons; » une autre, nommée *la chappelle Ferrieres* (inv., 1 978),
était, dans certaines de ses parties, semée de griffons et de lions. La tr t
appelée *la vieille chappelle à griffons*, « laquelle, dit l'inventaire, n° 1079 t
samit vermeil comme l'autre, » était brodée de même. Enfin, la quatrième,
même étoffe (inv., fol. C xiij v°, n° 1087) ne portait que des griffons en broderie

Nous n'avons point ici à disserter sur le griffon, d'autant que M. Berger de
Xivrey, entre autres, s'en est acquitté d'une manière satisfaisante, dans ses *Traditions tératologiques*, etc. Paris, Imprimerie royale, m dccc xxxvi, in-8°, pag. 484-
490. Nous nous bornerons à renvoyer encore aux *Mélanges d'archéologie* de
MM. Cahier et Martin, tom. II, pag. 226, 227, et à faire observer que le griffon
existe aussi dans les traditions persanes, sous le nom de *simorg* ou de *simorg
anka*. Voyez la *Bibliothèque orientale* de d'Herbelot, tom. III, édit. de la Haye,
mdcclxxviii, in-4°, pag. 318, 319.

[2] « ... contulit... vela serica de blatthin Byzantea quatuor... duo de basi-
lisci, » etc. Anast. contin. Gulielm., n° cxii. Stephan. VI, A. C. 885. (*Rer. Ital.
Script.*, tom. III, pag. 271, col. 2, E.)

Voyez, sur le basilic, les *Traditions tératologiques*, pag. 540-545, et les *Mélanges
d'archéologie*, de MM. Cahier et Martin, tom. II, pag. 213-215.

[3] « Immo vero obtulit sanctissimus præsul vestem de olovero, cum gryphis et
unicornibus. » Anast. Biblioth., *De Vit. Roman. Pontif.*, n° cm. Gregor. IV,
A. C. 827. (*Rer. Ital. Script.*, tom. III, pag. 222, col. 1, E.)

Voyez, sur la licorne et son histoire, les *Traditions tératologiques*, pag. 559-568;
la *Monographie de la cathédrale de Bourges*, par les PP. Arthur Martin et Charles

montés par des hommes [1], des aigles souvent mêlés avec
des roues [2], des faisans [3], des hirondelles [4], des canards [5],

---

Cahier, première partie, vitraux du xiii° siècle, n° 72, pag. 130-133, et les *Mélanges
d'archéologie*, des mêmes auteurs, tom. II, pag. 221-225.

[1] « Pariterque aliam vestem de staurace, habentem pavones, et in medio crucem de blatthin. » Anast. Biblioth., *De Vit. Roman. Pontif.*, n° c. Paschal. A. C.
817. (*Rer. Ital. Script.*, pag. 215, col. 2, C.)

« ... fecit... vela quatuor... quorum duo sunt de serico pigacio, tertium pavona-
tile, » etc. Anast. Biblioth. continuat. Gulielmus, n° cxii. Stephan. VI, A. C.
885. (*Ibid.*, pag. 271, col. 2, D.)

« Obtulit... cortinam Alexandrinam... unam, habentem historiam pavonum,
portantium desuper homines, » etc. Anast. Biblioth., *De Vit. Roman. Pontif.*,
n° cv. S. Leo IV. (*Ib.*, pag. 231, col. 2, D.)

« ... velum acupictile, habens hominis effigiem, sedentis super pavonem
unum. » *Ibid.*, pag. 232, col. 1, A.

Cf. *Gloss. med. et Inf. Latin.*, v° *Pavonatilis*, tom. V, pag. 152, col. 3.

[2] « Obtulit... cortinam Alexandrinam... habentem... historiam aquilarum, ro-
tarumque, » etc. Anast. Biblioth., *De Vit. Roman. Pontif.*, n° cv. S. Leo IV.
(*Rer. Italic. Script.*, tom. III, pag. 231, col. 2, D.)

« Fecit... vestem de fundato unam, habentem historiam aquilarum. » *Ibid.*,
pag. 234, col. 1, A.

« Obtulit vero... vestem similiter cum rotis, aquilisque, » etc. *Ibid.*, pag. 235,
col. 2, B.

« Et... fecit vestem cum aquila una. » *Ibid.*, pag. 236, col. 2, C.

On pourrait multiplier les exemples, dont le nombre prouve combien ce dessin
d'étoffes était répandu pendant le moyen âge.

[3] « ... fecit velum Alexandrinum, habens phasianos duodecim, » etc. Anast.
Biblioth., *De Vit. Roman. Pontif.*, n° ciii. Gregor. IV, A. C. 827. (*Rer. Ital.
Script.*, tom. III, pag. 226, col. 2, B.)

[4] « Quoniam autem in eadem aula Dei (Autissiodorensi ecclesia S. Stephani)
erat preciosissimum pallium cum leonum imaginibus, in quo erat scriptum inter
leones Græcis litteris, ΧΡΙΣΤΟΣ ΔΕΞΙΟΤΗΣ, non destitit priusquam aliud eju-
dem similitudinis pallium invenit, emptumque ibidem dilargitus est, quatenus
unum inde, quasi sibi respondere viderentur alterum pallium dioprasii coloris et
nominis cum hirundinibus, in quo phrygium opus ab Herifrido prius factum ex
auro supra aram altari resplendet diebus festis. » *Histor. episc. Autissiod.* cap. xliv.
De Gualdrico, A. C. 918-933. (*Nov. Bibl. manuscript. libr. Tom. I*, pag. 443.)

[5] « Vela modica... de olovero decem, habens unumquodque eorum anates. »
Anast. Biblioth., *De Vit. Roman. Pontif.*, n° ciii. Gregor. IV, A. C. 827. (*Rer.
Ital. Script.*, tom. III, pag. 222, col. 2, C.)

des éléphants [1], des tigres [2], des léopards [3] et d'autres animaux de la Perse et de l'Inde, des pommes d'or ou oran-

---

[1] « ... fecit vestes... duas de tyrio... cum historia de *elephantis*... Et... fecit
vestem de fundato, cum historia de *elephantis*, » etc. Anast. Biblioth., *De Vit. Roman. Pontif.*, n° xcviii. Leo III, A. C. 795. (*Rer. Ital. Script.*, tom. III, pag. 202,
col. 1, D.) — « ... pallium magnum cum *elefantis*, quod dossale cognominant. »
Chron. S. monast. Casin., lib. iii, cap. xxxii. (*Ib.*, tom. IV, pag. 450, col. 2, B.)
Un ancien historien de l'abbaye de Saint-Florent de Saumur rapporte, vers
l'année 985, la curieuse anecdote qui suit : « ... duas (Robertus abbas) mirificæ
qualitatis et quantitatis componi fecit auleas, quas trapezitæ conductivi preciosa
seta *elephanteas imagines* venuste continentes consuerunt. Binos etiam ex lana
dossales texi præcepit, quorum unus dum texeretur, memorato abbate in Fran-
ciam profecto, cum frater cellerarius mixtum solitum trapezitis vetuisset ; en, in-
quiunt, in absentia boni domini nostri opus non deseremus, sed ut vos nobis, ita
et nos vobis opus inversum faciemus, quod usque hodie universum aspicitur.
Item, clarissima leonum specie multæ longitudinis sed et latitudine competenti,
sanguineos gestantes campos alios fecerunt, in quibus margo erat candidus, bestiæ
vel aves rubeæ. Cujus in opere exemplum hujus patris circa compositum, usque
ad tempus abbatis Willelmi cunctis clarius palliis mansit nobiscum. Nam in præ-
celsis solemnitatibus abbas elephantinis vestibus, ...us priorum leoninis indueba-
tur. » *Hist. mon. S. Florent. Salmur.*, n° 24, apud Marten. et Durand., *Veter.
script. et monum. ampl. Collect.*, tom. V, col. 1106, D.
[2] « Immo etiam et alia vela modica quatuor... fecit, habentes *tygres* de chrysoclavo, » etc. Anast. Bibl., *De Vit. Roman. Pontif.*, n° xcviii. Leo III, A. C. 795.
(*Rer. Ital. Script.*, tom. III, pag. 210, col. 1, A.)
On conserve à Ratisbonne une étoffe que l'on suppose être la chasuble de saint
Wolfgang et sur laquelle on voit des oiseaux et des tigres jaunes alternativement,
chacun dans un enroulement. Le fond est vert, violet et pourpre. Voyez les *Mélanges d'archéologie* déjà cités, vol. II, pl. 15.
Ces deux exemples se rapportent, il est vrai, à des étoffes brodées ; mais nul
doute qu'elles n'aient été copiées sur d'anciennes étoffes indiennes ou persanes
brochées, comme les galons des bords de la chasuble de saint Wolfgang, où sont
pareillement représentés des espèces de tigres et des oiseaux.
[3] L'église de Saint-Arnoul, à Crespy, possédait, depuis la fin du x° siècle, un
tapis de soie de fabrique grecque sur lequel on voyait de ces animaux : « Ce voile,
dit Carlier qui l'avait vu, est une pièce d'étoffe de soye croisée, à fond bleu, de
quatre pieds de haut sur six de large, semée de léopards passans, rangés trois par
trois, bardés et comme chamarés de rouge et de verd. Deux des trois se regardent, et touchent de leurs pattes une inscription Grecque, autant de fois répétée
qu'il y a de regards. Cette inscription figurée, comme on la voit à côté, signifie

ges [1], des buffles [2], des roses grandes et petites [3], des fleurs
diverses, des arbres et des arbustes [4], des palmes [5], des lions [6],

---

que *sous le regne des Empereurs Chrétiens, Basile (II) et Constantin (VII)*, le voile en
question a été fabriqué. » *Histoire du duché de Valois*, etc. A Paris, M. DCC. LXIV.,
deux vol. in-4°, liv. II; tom. Ier, pag. 268, et pl. représentant un fac-simile de
l'inscription en capitales, qui est traduite en lettres cursives et en latin.

On trouve mention de léopards brodés sur un ancien tissu auquel s'applique
l'observation de la note précédente, dans cet article d'un inventaire dressé en
1295 : « Item capa de purpurea sameto, cum stellis et *leopardis* breudata, » etc.
The History of Saint Paul's Cathedral, in London, Sir H. Ellis's edit., p. 316, col. 2.

[1] « Fecit et aliam vestem de olovero unam, habentem in medio gemmas, et
mala aurea , » etc. Anast. Bibl., *De Vit. Roman. Pontif.*, n° CIII. Gregor. IV, A.
C. 827. (*Rer. Ital. Script.*, tom. III, pag. 232, col. 1, E.)

Ce motif d'ornementation se retrouve fréquemment dans les tissus anciens :
« Item quatre petites pieces de drap d'or sur champ vermeil à pommettes d'or,
lesquelz servent à mectre sur les degrez comme dessus. » *Inventoire general du roy
Charles Quint* , etc., Ms. de la Bibl. nat. n° 8356, fol. vj^{xx}. ij. verso, n° 1160.

« Item une autre piece de samyt vermeil semé de pommetes d'or à lettres de
Sarrazin, » etc. *Ibid.*, fol. ij^e. iiij^{xx}. ix. recto, n° 3384.

[2] « Velum majus album rosatum , ornatum desuper de quadruplo unum, et
aliud velum rubeum, cum bubalo, » etc. Anast. Biblioth., *De Vit. Roman. Pont.*,
n° XCVIII. Leo III, A. C. 795. (*Rer. Ital. Script.*, tom. III, pag. 205, col. 1, D.)

[3] « Fecit... et cortinas albas holosericas rosatas, » etc. *Ibid.*, pag. 195, col. 2,
D. Cf. pag. 208, col. 1, D ; pag. 210, col. 2, C ; pag. 211, col. 1 et 2 *passim;*
ag. 212, col. 1, A, D, etc.

« ... Obtulit vestem albam, sigillatam cum rosulis, » etc. *Id.*, n° C. Paschal.,
A. C. 817. (*Ib.*, pag. 216, col. 2, E.)

[4] « Vela alia Alexandrina, ex quibus unum habens rotas, et rosas in medio, et
aliud arbores et rotas, » etc. *Id.*, n° CIII. Gregor. IV, A. C. 827. (*Ibid.*, pag. 232,
col. 2, C.)

« ... vestem de chrysoclavo... habentem... arbusta et rosas, » etc. *Id.*, n° CVII.
Nicol. I, A. C. 858. (*Ibid.*, pag. 254, col. 2, B.)

[5] « ... aliam munivit vestem de chrysoclavo, cum historia palmarum, » etc.
Id., n° C. Paschal., A. C. 817. (*Ib.*, pag. 218, col. 2, D.)

« ... fecit vestem auri textilem , habentem historiam palmarum, et cœnam
Domini. » *Id.*, n° CIII. Gregor. IV, A. C. 827. (*Ib.*, pag. 225, col. 2, C.)

Il est fort possible, cependant , que cette *histoire* ne soit autre que l'entrée de
Jésus-Christ à Jérusalem, à laquelle se rapporte la fête des *Rameaux*.

[6] « Vela simulque alia de fundato quinque , habentia leones, » etc. Anast.
Bibl., n° CIII. (*Rer. Ital. Script.*, tom. III, pag. 232, col. 2, C.

des hommes et des chevaux[1], des hommes au milieu d'autres ornements[2], des épées[3], des barres, ou bandes[4], etc.

Tels étaient les dessins courants des étoffes qui, dans les premiers siècles du moyen âge, arrivaient en Occident des contrées orientales, et, bien que nous n'ayons pu citer, pour ces temps reculés, que les Vies des papes d'Anastase le Bibliothécaire, on croira sans peine avec nous que ces tissus n'étaient point uniquement destinés à l'Église. Cette affectation revenait plus naturellement aux étoffes dont le dessin

---

« ... fecit vestem holosericam unam de stauraci, habentem historiam leones majores II. » Anast. Bibl., n° cvii. (Rer. Ital. Script., tom. III, pag. 253, col. 2, A.)

« ... fecit... vestem de fundato unam, habentem historiam leonum... obtulit vela in arcus presbyterii... habentem historiam leonum figuras, numero quadraginta. » Id., ib., pag. 254, col. 1, C et D.

« Et per singulos arcus presbyterii vela serica leonata nonaginta. » Anast. Biblioth. contin. Gulielmus, n° cxii. Stephan. VI, A. C. 885. (Ib., pag. 272, col. 1, A.)

« Dedit etiam (Egelricus abbas) duo magna pedalia leonibus intexta... et duo breviora floribus respersa... Dedit etiam multa pallia suspendenda in parietibus ad altaria sanctorum in festis, quorum plurima de serico erant, aureis volucribus quædam insuta, quædam intexta, quædam plana. » Historia Ingulphi, etc. (Rerum Anglicarum Scriptorum veterum Tom. I, ed. Thoma Gale, pag. 53, sub an. 984.)

[1] « Vela Alexandrina tria... habentia homines et caballos... Item velum modicum de olovero, habens in medio hominem cum caballo. » Anast. Biblioth., De Vit. Roman. Pont., n° ciii. Gregor. IV, A. C. 827. (Rer. Ital. Script., tom. III, pag. 222, col. 2, B et C.)

[2] « Fecit... vestem cum rotis, et hominibus, et historiam cum cruce... Fecit... vestem cum rotis, hominumque effigiebus, cum cruce similiter de chrysoclavo, et gammadiam unam. » Id., n° cv. S. Leo IV, A. C. 847. (Ibid., pag. 235, col. 2, A , B.)

[3] « ... obtulit... vestem de fundato unam, habentem mucrones per circuitum... Cortinam Alexandrinam unam, vel alia, habentia mucrones de fundato 4. » Id., n° ciii. Gregor. IV, A. C. 827. (Ibid., pag. 222, col. 1, E, et col. 2, B.)

[4] « ... vela alba holoserica rosata, cum cancellis decorata mirifice, » etc. Id., n° cv. S. Leo IV, A. C. 847. (Ib., pag. 243, col. 1, E.)

« Item velum alithino rotatu, habens periclysin rotas cum cancellis, » etc. Id., n° xcviii. Leo III, A. C. 795. (Ib., pag. 196, col. 2, A.)

était emprunté à l'histoire sainte, à la vie de Jésus-Christ, de
sa mère, de ses apôtres ou des saints, qui représentait, en
un mot, quelque objet du culte ou de la vénération des chrétiens. Grand est le nombre, dans le livre d'Anastase, des
étoffes ornées de sujets de piété, dont les diverses églises de
Rome avaient été enrichies par les souverains pontifes. Malheureusement leur historien ne prend jamais la peine de
nous informer si les sujets en question étaient brodés ou
tissés [1], et nous ne pouvons que supposer que bon nombre
d'entre eux avaient été faits au métier, à Constantinople ou
du moins en Grèce.

Habileté des Grecs dans le tissage et la teinture des étoffes. On sait combien grande était l'habileté des Grecs dans
tout ce qui touchait au tissage et à la teinture des étoffes.
Depuis que le commerce et les manufactures des Ptolémées
avaient rendu plus commun dans l'Europe l'usage de la soie,
l'art de tisser les étoffes à personnages s'était tellement per-
fectionné dans la main des Grecs, qu'aujourd'hui même,
quelle que soit notre habileté, ses productions ont droit de
nous étonner. La toge d'un sénateur chrétien renfermait
quelquefois jusqu'à six cents figures : l'adroit artisan y représentait la vie entière de Jésus-Christ, les noces de Cana, la
résurrection de Lazare, et tous les autres miracles [2].

---

[1] On peut croire que, dans de certaines pièces, le tableau était brodé et ajouté à
l'étoffe : « Ibidem fecit... vestes de fundato tres, habentes unam tabulam acupi-
ctilem interclusam. » Anast. Biblioth., n° CV. S. Leo IV, A. C. 847. (*Rer. Ital.
Script.*, tom. III, pag. 238, col. 2, E.)

[2] Ἄλλοι..., πρὸς τὸ πλέον τὴν κακίαν ἀσκήσαντες, οὐδὲ μέχρι τῶν εἰρημένων ἔστησαν
τῆς μωρᾶς ἐπινοίας· τοὺς ὅρους· ἀλλά τινα κενὴν ὑφαντικὴν ἐξευρόντες καὶ περίεργον, ἥτις
τῇ πλοκῇ τοῦ στήμονος πρὸς τὴν κρόκην τῆς γραφικῆς μιμεῖται τὴν δύναμιν, καὶ πάντων
ζῴων τοῖς πέπλοις τὰς μορφὰς ἐνσημαίνεται, τὴν ἀνθινὴν καὶ μυρίοις εἰδώλοις πεποικιλ-
μένην φιλοτεχνοῦσιν ἐσθῆτα, ἑαυτοῖς τε καὶ γυναιξὶ καὶ παισίν... ὅταν οὖν ἐνδυσάμενοι

C'était, à peu de chose près, ce que l'on voyait sur les étoffes dont le détail nous a été conservé par Anastase, étoffes qui ne se rapportent qu'à des parements d'autel et à des voiles destinés à masquer le sanctuaire pendant une partie des cérémonies. Parmi eux, l'on ne trouve que trois or-

---

ϕανῶσιν, ὡς τοῖχοι γεγραμμένοι παρὰ τῶν συντυγχανόντων ὁρῶνται· καὶ που καὶ τὰ παιδία αὐτοὺς περιίστανται μειδιῶντα πρὸς ἄλληλα, καὶ δακτυλοδεικτοῦντα τὴν ἐν τοῖς ἱματίοις γραφήν· βαδίζουσι δὲ παρεπόμενα, οὐκ ἀναχωροῦντα μέχρι πολλοῦ. Ἐκεῖ λέγοντες καὶ παρδάλεις· ἄρκτοι καὶ ταῦροι, καὶ κύνες· ὗλαι καὶ πέτραι, καὶ ἄνδρες θηρευτόνει, καὶ πᾶσα ἡ τῆς γραφικῆς ἐπιτήδευσις μιμουμένη τὴν φύσιν. Ἔδει γὰρ μὴ τοὺς τοίχους αὐτῶν μόνον, ὡς ἔοικε, καὶ τὰς οἰκίας κοσμεῖσθαι· ἀλλὰ ἤδη καὶ τοὺς χιτῶνας, καὶ τὰ ἐν ἐκείνοις ἱμάτια. Ὅσοι δὲ καὶ ὅσαι τῶν πλουτούντων· εὐλαβέστεροι, ἀναλεξάμενοι τὴν εὐαγγελικὴν ἱστορίαν, τοῖς ὑφανταῖς παρέδωκαν· αὐτόν λέγω τὸν Χριστὸν ἡμῶν μετὰ τῶν μαθητῶν ἁπάντων, καὶ τῶν θαυμασίων ἕκαστον, ὡς ἡ διήγησις ἔχει. Ὄψει τὸν γάμον τῆς Γαλιλαίας, καὶ τὰς ὑδρίας· τὸν παραλυτικὸν τὴν κλίνην ἐπὶ τῶν ὤμων φέροντα· τὸν τυφλὸν τῷ πηλῷ θεραπευόμενον· τὴν αἱμόῤῥοοῦσαν τοῦ κρασπέδου λαμβανομένην· τὴν ἁμαρτωλὸν τοῖς ποσὶ τοῦ Ἰησοῦ προσπίπτουσαν· τὸν Λάζαρον ἐκ τοῦ τάφου πρὸς τὴν ζωὴν ὑποστρέφοντα. » In loc. evang. sec. Luc., de Divite et Lazaro. (*S. P. N. Asterii... Orationes et homiliæ...* operà ac studio R. P. Fr. Francisci Combefis, etc. Parisiis, sumpt. Ant. Bertier, M. DC. XLVIII., in-follo, tom. Iᵉʳ, pag. 3, D.)

Deux autres Pères de l'église grecque se sont également élevés contre ce luxe : d'abord saint Jean Chrysostome, dans sa cinquantième homélie sur S. Mathieu, où il dit : « Οὐ μόνον δὲ ταύτας, ἀλλ' οὐδὲ τὴν ζωγραφικήν, οὐδὲ ποικιλτικὴν εἴκοιμι ἂν ἐγωγετέχνην εἶναι... τὸ δὲ ζώδια γίνεσθαι, ἢ ἐν τοίχοις, ἢ ἐν ἱματίοις, ποῦ χρήσιμον, εἰπέ μοι (ed. Gaum., tom. VII, pag. 573, D) ; ensuite Théodoret, dans son quatrième sermon sur la Providence, où, après avoir décrit les procédés préliminaires pour la fabrication des étoffes de laine, il s'exprime en ces termes : « Πῶς ἑνὶ χρώματι τῶν ὑποκειμένων, ἐρίων ἢ σηρικῶν νημάτων, παντοδαπῶν ζώων ἐνυφαίνονται τύποι, καὶ ἀνθρώπων ἐνδάλματα, τῶν μὲν θηρευόντων, τῶν δὲ προσευχομένων, καὶ δένδρων εἰκόνες, καὶ ἕτερα ἄλλα μυρία. » B. Theodoreti... Oper. Tom. IV. Lut. Paris. sumpt. Sebast. Cramoisy, etc. M. DC. XLII., in-fol., pag. 361, B.

Les fabricants étaient parvenus de bonne heure à tracer dans le tissu les portraits des princes, ou ceux des personnes à qui les étoffes étaient destinées : « Palmatam, disait Gratien au poëte Ausone, tibi misi, in qua divus Constantius parens noster intextus est. » *Auson. ad Gratian. Imp. discipl. grat. Act. pro consul.*, § 396, ed. Burdigal. M. D. XC., in-4°, pag. Mm 2.

Voyez un exemple de cette sorte d'ornements sur un diptyque représentant Sextus Anicius, publié par Gori, *Thesaurus veterum diptychorum*, tom. II, pag. 238, § XVIII, tab. VII.

nements de la première espèce dont le dessin représente une scène de l'Ancien Testament : c'est l'épisode de Daniel dans la fosse aux lions[1]; encore ce sujet paraît-il n'avoir été adopté par la primitive Église que comme symbole des persécutions auxquelles elle avait été en proie, alors que ses enfants cherchant à s'y dérober dans la profondeur des catacombes, s'appuyaient sur le Dieu *qui musèle la gueule des lions*. Ce symbole d'une protection toujours si urgente pour les chrétiens, comme le fait observer M. l'abbé Martin, fut un de ceux que l'art du moyen âge conserva plus fidèlement pendant l'époque romane; on le voit reproduit, entre autres monuments anciens, sur une étoffe de soie conservée à l'abbaye de Sainte-Walburge d'Eischtaedt, et publiée par le savant artiste[2].

Les sujets retracés le plus volontiers sur les étoffes dont Anastase nous donne le détail, étaient, on doit s'y attendre, empruntés au Nouveau Testament, surtout à la vie de Jésus-Christ. C'étaient l'Annonciation et la représentation de Joachim et de sainte Anne, comme dans les parements d'autel que Léon III donna à la fin du vɪɪɪe siècle à deux églises de Rome[3], et dans un ornement pareil, tissu d'or et d'une merveilleuse beauté, que Benoît III, l'un de ses successeurs, offrit à la basilique de Saint-Pierre[4]; la Nativité du Sau-

---

[1] « ... fecit... vestem de tyrio, habentem historiam Danielis, » etc. Anast. Biblioth., *De Vit. Roman. Pontif.*, n° cɪɪɪ. Gregor. IV, A. C. 827. (*Rer. Ital. Script.*, tom. III, pag. 223, col. 2, D et E.)

[2] *Mélanges d'archéologie*, tom. II, pag. 250 et pl. 18.

[3] Anast. Bibl., *De Vit. Roman. Pontif.*, n° xcvɪɪɪ. (*Rer. Ital. Script.*, tom. III, pag. 200, col. 1, D; et pag. 203, col. 2, E.)

[4] *Ib.*, pag. 251, col. 1, B.

veur, telle qu'on la voyait, entre autres, sur un ornement du même genre donné par le premier de ces pontifes [1], sur un rideau suspendu à l'arc triomphal de l'église de Saint-Paul [2], sur les parements et les voiles dus à la libéralité des papes Pascal [3], saint Léon IV [4] et Benoît III [5]; le massacre des Innocents, réuni quelquefois au sujet précédent [6]; la Présentation de Jésus-Christ au Temple, qui se voyait sur un vêtement d'autel en soie blanche orné de roses, donné par Léon III [7], et sur un autre vêtement de couleur, provenant du même pontife [8]; le Baptême de Jésus-Christ, tracé sur des voiles venant du pape Pascal et ailleurs [9]; la scène de Notre-Seigneur assis dans le temple parmi les docteurs, qui décorait un parement d'autel offert par Benoît III à l'église de Saint-Pierre [10]; le Miracle des cinq pains et des poissons, que représentait un vêtement donné par saint Léon IV à

---

[1] Anast. Biblioth., ap. Murator., *Rer. Ital. Script.*, tom. III, pag. 196, col. 1, B; pag. 200, col. 1, D. Cf. pag. 202, col. 2, D; pag. 203, col. 1, E; et pag. 222, col. 2, A.

[2] *Ib.*, pag. 224, col. 2, B. On y voyait aussi l'Annonciation. Quand dans ces sortes de rideaux ou de voiles, il n'y avait pas deux sujets représentés, il fallait que celui qui s'y trouvait exécuté fût au moins divisé en deux compartiments; car ces draperies devaient s'ouvrir en deux parties par le milieu pour laisser voir, en de certains moments, l'autel, la décoration qui le surmontait et les ornements de l'abside : alors on relevait le voile à droite et à gauche, comme on le voit sur une mosaïque de l'église de Saint-Apollinaire, à Ravenne.

[3] Anast. Bibl., apud Murator., pag. 215, col. 2, B; pag. 218, col. 2, B et E.

[4] *Ib.*, pag. 239, col. 1, A.

[5] *Ib.*, pag. 250, col. 2, C.

[6] *Id.*, n° xcviii. Leo III, A. C. 795. (*Ib.*, pag. 200, col. 1, C.)

[7] *Ib.*, pag. 208, col. 1, D.

[8] *Ib.*, pag. 203, col. 2, A.

[9] *Ib.*, pag. 218, col. 2, B. Cf. n° cxii. Greg. IV. (*Ib.*, pag. 222, col. 2, A.)

[10] *Ib.*, pag. 251, col. 1, B.

l'église des quatre saints couronnés[1]; l'Entrée de Jésus-Christ
à Jérusalem, retracée sur deux vêtements d'autel, don de
Léon III à la basilique du Sauveur appelée *Constantinienne*[2],
et peut-être même sur deux autres, dont l'un portait la représentation de la Cène[3]. C'était surtout la Passion[4], jointe
le plus souvent à la Résurrection, comme dans le vêtement
de soie dont parle Anastase à l'article de Léon III[5], et les
voiles dont il fait mention dans l'histoire de Pascal[6]. L'As-
cension n'avait point été oubliée sur les étoffes de la première période romane; Anastase mentionne plusieurs ornements de soie sur lesquels cette scène avait été transportée[7].
Il en cite un qui montrait le Christ dans sa gloire, entouré
d'archanges et de ses apôtres[8], et un autre qui représentait
la Descente du Saint-Esprit sur ceux-ci[9], épisode qu'il signale ailleurs sous les noms grecs de *Pentecosten* et d'*Hy-
papanti*[10].

Sujets
tirés de l'histoire
de la
Sainte Vierge.

Après l'histoire de Jésus-Christ, dont les divers épisodes
étaient quelquefois réunis, comme dans plusieurs ornements

---

[1] Anast. Biblioth., n° cv. (*Rer. Ital. Script.*, tom. III, pag. 243, col. 2, B.)
[2] *Ib.*, pag. 200, col. 2, E.
[3] Voyez ci-dessus, pag. 18, not. 5.
[4] Il nous semble que ce doit être à la Passion que se rapporte cette *histoire du crucifié ou du crucifix*, dont il est question plus d'une fois dans Anastase. Voyez pag. 196, col. 2, C; pag. 200, col. 1, C; pag. 208, col. 2, C, et pag. 211, col. 1, D.
[5] *Rer. Ital. Script.*, tom. III, pag. 196, col. 1, C.
[6] *Ib.*, pag. 219, col. 1, C, et col. 1, A. Cf. pag. 200, col. 1, B, C, D, et col. 2, E.; pag. 204, col. 2, A, B; pag. 208, col. 1, B; pag. 211, col. 1, A, B, C, D, et col. 2, D, E; pag. 217, col. 1, E; pag. 218, co 1, A, et col. 2, B; pag. 219, col. 1, C; pag. 230, col. 2, A; pag. 232, col. 2, B.
[7] *Ib.*, pag. 200, col. 1, D et seq.; pag. 211, col. 2, E; et pag. 218, col. 2, C.
[8] *Id.*, n° c. Paschal., A. C. 817. (*Ib.*, pag. 217, col. 2, C.)
[9] *Ib.*, pag. 218, col. 2, C.
[10] *Ib.*, pag. 203, col. 2, C; pag. 212, col. 1, A; pag. 251, col. 1, B.

annoncés par Anastase [1], et dans un parement d'autel de
tabis rouge moiré que conservait autrefois l'église de Saint-
Pierre de Troyes [2], celle de la sainte Vierge devait naturellement être présentée aux regards des fidèles [3], pour l'instruction desquels les tissus précieux étalaient leurs splendeurs
dans les vieilles églises [4]. On voyait quelquefois ces histoires
ensemble, avec celle des apôtres, comme dans un parement
d'autel dû à la piété de Léon III [5]; mais le plus souvent l'artisan se bornait à retracer dans le tissu l'assomption de la
Vierge, sujet dont Anastase rapporte au moins cinq repro-

---

[1] Anast. Biblioth., ap. Murator., *Rer. Ital. Script.*, tom. III, pag. 211, col. 2,
B; pag. 212, col. 1, A et D; pag. 223, col. 1, C, E; pag. 225, col. 1, D.

[2] Ce monument, signalé pour la première fois par Grosley, dans ses *Éphémérides troyennes* pour l'année 1760, est occupé d'un côté par quatre tableaux, qui
tous ont rapport au Sauveur mourant, et de l'autre par la figure de la Vierge debout, tenant sur le bras gauche l'enfant Jésus, auquel de la main droite elle présente un fruit. Les quatre coins de ce dernier tableau sont couverts de quatre
inscriptions grecques, que Grosley avait données avec celle d'un vase de porphyre
du même trésor, dans le petit volume déjà cité, pag. 92-97, et que M. J. Lapaume
a tenté de restituer dans un article des *Mémoires de la Société d'agriculture, des
sciences, arts et belles-lettres de l'Aube*, tom. XV de la collection, tom. II —
deuxième série, nos 9 à 16, années 1849 à 1850, Troyes, Bouquot, etc., in-8°,
pag. 72-81.

S'il faut en croire la tradition, ce vase et ce parement d'autel venaient l'un et
l'autre de Constantinople, où ils étaient tombés au pouvoir des croisés à la prise
de cette ville en 1105. Compris dans la part de butin échue à Garnier, évêque de
Troyes, qui faisait partie de l'expédition, ces deux objets auraient été légués par
lui à la cathédrale de Saint-Pierre.

[3] Anast. Bibl., n° xcviii. Leo III, A. C. 795. (*Rer. Ital. Script.*, tom. III,
pag. 203, col. 2, B.)

[4] Le synode d'Arras, tenu en 1025, disait encore que les peintures des temple
étaient le livre des illettrés : « ... illiterati, quod per Scripturas non possunt in-
tueri, hoc per quædam picturæ liniamenta contemplantur, » etc. *Synod. Atreb.*,
cap. xiv. (*Spicilegium... veterum aliquot scriptorum*, éd. in-fol., tom. Ier, pag. 622,
col. 1.)

[5] Anast. Biblioth., n° xcviii. (*Rer. Ital. Script.*, tom. III, pag. 204, col. 1, D.)

4

ductions [1]. Le même écrivain mentionne encore les miracles des apôtres [2], l'histoire de Zachée [3], celle de saint Pierre [4], tantôt sauvé des flots de la mer par Jésus-Christ, qui étend sur lui les mains [5], tantôt recevant de celle de son divin maître les clefs des cieux [6], ou le pouvoir de lier et de délier sur la terre [7], tantôt prêchant l'évangile [8]; et l'histoire de saint Paul [9], mêlée quelquefois avec celle de son compagnon de martyre [10]. On voyait encore sur des étoffes servant aux cérémonies chrétiennes, des paraboles tirées de l'Évangile, comme celle des vierges sages [11], des tableaux mystiques [12], et des histoires de saints, comme celles de saint Jean Baptiste et de saint Jean l'Évangéliste [13], celle de saint Martin [14], le martyre de saint Laurent [15], le couronnement de sainte

---

[1] Anast. Biblioth., ap. Murat., *Rer. Ital. Script.*, tom. III, pag. 187, col. 2, A ; pag. 203, col. 2, A ; pag. 218, col. 2, C et E ; pag. 238, col. 2, B.

[2] *Id.*, n° c. Paschal., A. C. 817. (*Ib.*, pag. 215, col. 1, A.)

[3] *Id.*, n° cm. Gregor. IV, A. C. 827. (*Ib.*, pag. 223, col. 1, C.)

[4] *Id.*, n° xcix. Stephan. V. (*Ib.*, pag. 213, col. 1, B.)

[5] *Id.*, n° xcviii. Leo III, A. C. 795. (*Ib.*, pag. 211, col. 2, D.)

[6] *Id.*, n° cv. S. Leo IV, A. C. 847. (*Ib.*, pag. 244, col. 1, D.)

[7] *Id.*, n° xcviii. Leo III, A. C. 795. (*Ib.*, pag. 196, col. 2, B.)

[8] « Iedem... præsul fecit in ecclesia beati Petri... vestem unam auro textam, habentem historiam, qualiter beatus Petrus prædicavit ad sanctam Romanam ecclesiam, » etc. *Id.*, n° cv. S. Leo IV, A. C. 847. (*Ib.*, pag. 238, col. 1, D.)

[9] *Id.*, n° cm. Gregor. IV, A. C. 827. (*Ib.*, pag. 224, col. 2, E.)

[10] *Ib.*, pag. 196, col. 2, B ; pag. 222, col. 2, E.

[11] « ... obtulit aliam vestem chrysoclavam ex auro gemmisque confectam, habentem historiam virginum cum facibus accensis, » etc. *Id.*, n° c. Paschal., A. C. 817. (*Ib.*, pag. 215, col. 1, E.)

[12] « ... historiam vivificæ atque adorandæ dominicæ crucis. » *Id.*, n° xcviii. Leo III A. C. 795. (*Ib.*, pag. 208, col. 1, B.)

[13] *Ib.*, n° cm. Gregor. IV, A. C. 847. (*Ib.*, pag. 226, col. 1, D.)

[14] *Ib.*, n° cv. S. Leo IV, A. C. 847 (*Ib.*, pag. 233, col. 2, C.)

[15] *Ib.*, pag. 238, col. 2, C.

Cécile par un ange [1], etc. Enfin, il s'y trouvait parfois seulement des portraits, comme celui de Jésus-Christ, souvent avec ceux de ses apôtres ou de ses disciples [2], comme les figures de la sainte Vierge [3], de saint Pierre et de saint Paul [4], des martyrs saints Processe et Martinien [5], de saint Sébastien et de saint George [6], de sainte Agathe [7], des quatre saints couronnés [8], de saint Silvestre et de saint Martin [9], de saints Côme et Damien [10], de saint Sinzigius [11], etc. Toutes ces représentations pouvaient fort bien avoir été exécutées au métier par des ouvriers grecs; mais je doute fort que le portrait du pape Léon IV, qui se trouve reproduit si souvent sur des ornements donnés par lui à diverses églises de Rome [12], comme le nom de ce prélat tracé sur plusieurs d'entre eux [13], et l'inscription latine qui se lisait sur un vêtement d'autel donné à la fin du VIIIe siècle par Léon III [14], fussent autre chose qu'un ouvrage de broderie

Portrait et nom du pape Léon IV, inscription, tracés sur des ornements d'église.

---

[1] Anast. Bibl., n° c. Paschal., A. C. 817. (*Ib.*, pag. 216, col. 2, D.)

[2] *Ib.*, pag. 241, col. 2, A; pag. 243, col. 1, D; et col. 2, B, etc.

[3] *Id.*, n° c. Paschal., A. C. 819. (*Ib.*, pag. 215, col. 2, B.)

[4] *Ib.*, pag. 217, col. 2, E.

[5] *Ib.*, pag. 217, col. 1, D.

[6] *Id.*, n° cui. Gregor. IV. A. C. 827. (*Ib.*, pag. 223, col. 1, A.)

[7] *Id.*, n° cv. S. Leo IV, A. C. 847. (*Ib.*, pag. 233, col. 2, D.)

[8] *Ib.*, pag. 232, col. 2, B. Cf. pag. 233, col. 2, D.

[9] *Id.*, n° c. Sergius II, A. C. 844. (*Ib.*, pag. 230, col. 2, A.)

[10] *Id.*, n° c. Paschal., A. C. 817. (*Ib.*, pag. 217, col. 2, B.)

[11] *Id.*, n° cv. S. Leo IV, A. C. 847. (*Ib.*, pag. 241, col. 2, A.)

[12] *Ib.*, pag. 232, col. 2, B; pag. 233, col. 2, C; pag. 238, col. 2, A, C pag. 244, col. 1, E.

[13] *Ib.*, pag. 230, col. 2, D (*bis*); pag. 240, col. 1, A; pag. 243, col. 1, D, e col. 2, B; pag. 246, col. 1, A.

[14] « Sed et aliam vestem (fecit), habentem tabulas chrisoclavas tres et historiam dominicæ passionis, legentem : *Hoc est corpus meum, quod pro vobis tradetur, et cætera.* » *Ib.*, pag. 201, col. 1, B.

Le lecteur qui désirerait un tableau des variétés dans les matières, les tissus et

Portraits
d'évêques repré-
sentés sur des or-
nements d'église.

exécuté en Occident. On en faisait fréquemment de semblables même à des époques plus reculées, où les évêques
avaient aussi l'habitude de faire représenter sur des ornements d'église, leur portrait, du moins celui de leurs prédécesseurs. C'est ainsi que l'église Saint-Étienne de Ravenne
conserva longtemps les traits de saint Victor, vingt-cin-
quième archevêque de cette ville [1], et ceux de saint Maxi-
mien, son successeur, mort en 552, tracés sur des rideaux
d'autel [2], où étaient également représentés Jésus-Christ et
ses miracles : toutes les figures brodées sur les plus récentes
de ces étoffes, au jugement d'un écrivain contemporain qui
les décrit, paraissaient vivantes [3]. Il nous apprend en même

---

les ornements des voiles ou rideaux, et des habits des ministres de l'Église, le trouvera dans l'*Histoire de l'art par les monumens*, de Séroux d'Agincourt, tom. Ier,
pag. 105, 106.

[1] « Fecitque endothin super S. ecclesiæ altarium Ursianæ ex auro puro cum
staminibus sericis ponderosa nimis mediam habens coccam ; et inter quinque imagines suam ibidem cernimus, et subtus figuratos pedes Salvatoris grafia contexta
est purpurata : « Victor episcopus, Dei famulus, hunc ornatum ob diem resurre-
« ctionis domini nostri Jesu Christi anno V ordinationis suæ obtulit. » *Vita sancti
Victoris*, cap. 1, in *Agnelli Lib. pontif.*, pars II. (*Rer. Ital. Script.*, tom. II, pars 1,
pag. 103, col. 1, C.)

[2] Nous avons traduit ainsi le mot *endothim* du texte; mais nous n'ignorons pas
que les érudits ne sont pas fixés sur sa signification exacte. Voyez, entre autres, du
Cange, *Gloss. ad script. med. et inf. Græcit.*, tom. Ier, col. 385 et 386, au mot
ἐνδυτή; et D. Ben. Bacchini, *Observat. ad Vit. S. Victor.*, n° III (*Rer. Ital.
script.*, tom. II, pars 1, pag. 104, col. 1 et 2.

[3] « Jussit ipse endothim byssinam pretiosissimam, cui similem nunquam videre potuimus, aculis factam, omnem Salvatoris nostri historiam continentem.
In sancto die Epiphaniæ super altarium Ursianæ ecclesiæ ponitur, sed non totam
complevit. Successor ipsius explevit unam partem. Quis similem videre potuit?
Non potest aliter æstimare ipsas imagines, aut bestias, aut volucres, quæ ibi factæ
sunt, nisi quod in carne omnes vivæ sint. Et ipsius Maximiani effigies in duobus
locis præclare factæ sunt, una major, et altera minor, sed nulla inter majorem et
minorem distantia est. In minore habet literas exaratas, continentes ita : « Magni-

temps que le dernier de ces pontifes avait également enrichi son église de deux autres ornements pareils, sur l'un desquels étaient figurés tous ses prédécesseurs [1]. A ces monuments si précieux, qui, suivant toute apparence, n'existent plus, il faut ajouter l'antique chasuble, décorée de la même façon, que l'église de Saint-Apollinaire *in Classe* possédait encore au milieu du dernier siècle, et sur laquelle il a été publié une dissertation spéciale [2].

Si nous avions assez de temps et d'espace pour nous occuper des dessins des étoffes à ces époques reculées, nous ne manquerions pas de détails et même de spécimens à présenter à la curiosité des lecteurs; mais la recherche et la description des anciens monuments de l'industrie textrine qui existent encore ou dont le souvenir nous a été conservé par les écrivains du moyen âge, constitueraient à elles seules un travail considérable. Forcé de renoncer à ce développement, devant lequel cependant nous n'aurions point reculé, nous nous bornerons à signaler quelques-uns de ces monuments, qui, nous le répétons, existent encore en assez grand nombre.

Les plus anciens peut-être sont conservés dans l'église

Anciennes étoffes qui existent encore.

---

[1] « ficate Dominum mecum, qui me de stercore exaltavit. » *Vita S. Maximiani*, cap. vi, in *Agnelli Lib. pontific.*, pars ii. (*Rer. Ital. Script.*, tom. II, pars i, pag. 108, col. 1, C.) Cf. *Acta sanct. Februarii*, tom. III, pag. 297, col. 1, A.

[1] « Fecitque aliam endothim ex auro, ubi sunt omnes prædecessores sui; auro textile imagines fieri jussit. Fecitque tertiam et quartam cum margaritis, in qua legitur : « Parce, Domine, populo tuo, et memento mei peccatoris, quem de « stercore exaltasti in regno tuo. » *Rer. Ital. Script.*, tom. II, pars i, pag. 108, col. 1, D.

[2] *Mauri Sarti... de veteri Casula diptycha Dissertatio.* Faventiæ, apud Josephum Antonium Archium, A. Rep. Sal. clɔ. lɔ. cc. liii., in-4°, avec une planche gravée.

d'Aix-la-Chapelle. Quelques lambeaux, il est vrai, ont été distraits des châsses où ils étaient restés si longtemps; mais c'est pour être conservés dans d'autres sanctuaires. Ainsi l'on voit depuis quelque temps, au Musée du Louvre, divers fragments proven··· du trésor d'Aix-la-Chapelle, et tous plus curieux les uns que les autres. Le principal, par la dimension et par l'importance du sujet [1], nous montre un conducteur de char dans un quadrige, accompagné de deux personnages à pied qui tiennent chacun un fouet et une couronne, placés tous dans un grand médaillon circulaire. La chaîne de l'étoffe est rouge, et le travail est lancé croisé, jaune et bleu.

Vient ensuite un autre lambeau, dont le travail est également lancé croisé [2]. On y voit un guerrier romain couvert d'une cuirasse avec lambrequins, foulant aux pieds un lion, le tout entouré d'une bordure à fleurs; le groupe, de couleur naturelle, se détache sur un fond rouge, et la bordure est sur fond blanc. Les couleurs des soies employées dans cette étoffe sont le rouge, le jaune, le vert, le bleu, le blanc, c'est-à-dire des couleurs primitives.

Cinq fragments d'une moindre importance sont réunis sous le numéro suivant [3]. Le premier présente pour dessin des rayures composées alternativement de triangles et de points rouge brique sur fond noir; le second est un lampas fond gris foncé, dont le dessin, qui est rose, présente des fleurs et des oiseaux, avec des portions brochées en fil en-

---

[1] N° 371 de l'inventaire des antiques.
[2] N° 372.
[3] N° 373.

touré de lames métalliques. Nous avons encore un lampas
dans le troisième, dont la chaîne est en soie grége et la
trame en soie cuite jaune d'or. On y voit des ceps de vigne
avec leurs fruits, et, en quinconce, des écussons timbrés
d'une couronne et ayant pour support deux lions brochés
en fil entouré de petites lames d'or, les uns passants, les
autres assis et retournant la tête. Le quatrième fragment est
aussi du lampas, à chaîne rouge, lancé vert et jaune sur
fond gris. Le dessin se compose de fleurs à quatre pétales
entourées de petits carreaux verts et jaunes. Enfin le dernier fragment est un lampas jaune, tramé tantôt vert, tantôt
bleu, mais dont le temps a détruit la couleur; il présente
des ornements arabes, avec des cartouches contenant des
inscriptions arabes tracées dans les deux sens. L'étoffe, dont
ce débris faisait partie, paraît être de la fin du XII⁴ siècle ou
du commencement du XIII⁴ siècle.

A considérer le costume du guerrier représenté dans le
second de ces fragments, l'étoffe auquel il appartenait serait
du IV⁴ siècle ; et, par un motif semblable, je serais porté à
attribuer au VII⁴, voire même au VI⁴, le morceau de soierie
conservé sous le numéro 374 ; mais si l'on admet ces dates,
il faut nécessairement s'inscrire en faux contre les témoignages de Procope, de Théophane de Byzance et de Zonare,
et prouver que l'on fabriquait des étoffes de soie à Constantinople, ou dans un autre lieu du monde chrétien, antérieurement au règne de Justinien I⁴.

Quelle date
assigner aux deux
principaux frag-
ments d'étoffes
du Louvre?

Deux mosaïques conservées dans l'église de Saint-Vital, à
Ravenne, nous montrent ce prince et sa femme Théodora
assistant à la dédicace de l'église et offrant des présents.
Justinien a la dalmatique impériale, en soie violette, posée

Costume
de Justinien I⁴
et de Théodora
dans des mosaï-
ques de Ravenne.

sur les épaules, et Théodora une robe de pourpre avec des figures dans la bordure. Les matrones qui l'accompagnent sont vêtues de longues robes flottantes de diverses couleurs, dont le dessin représente des oiseaux, des croisettes et des quatrefeuilles [1]. L'un des prédécesseurs de Justinien, Théodose, est représenté par saint Jean Chrysostome, qui écrivait vers la fin du ive siècle, comme revêtu de robes de soie, brochées d'or, où étaient représentés des dragons [2].

Dans le trésor d'Aix-la-Chapelle, d'où proviennent les fragments du Louvre dont nous venons de parler, on conserve une étoffe de soie où l'on voit, sur un fond vert, des griffons roses à tête et à pattes d'or, avec d'autres animaux et des arabesques dessous [3]. Sur une autre étoffe, également de soie, conservée dans le même dépôt, ce sont des paons roses,

Costume de Théodose.

Étoffes anciennes du trésor d'Aix-la-Chapelle.

----

[1] Voyez la *Revue archéologique*, etc., 7e année, sixième livraison. Paris, A. Leleux, 1850, in-8°, pag. 331, 353 et pl. 145, 146.

Les mosaïques de Ravenne avaient déjà été publiées, mais d'une manière fort défectueuse, dans les *Vetera Monimenta* de J. Ciampini. Voyez 1re part., Rome, m dcxa, in-4°, cap. ix, tab. XXII, pag. 73, col. 1.

[2] « ... ὑπόγραφόν μοι τὰ περὶ τὸν βασιλέα τὸν ἐπὶ γῆς, οἶον... δράκοντας ἐν ἱματίοις συγηματιζομένους σηρικοῖς, » etc. S. Ioan. Chrysost. sermo de perfecta caritate (περὶ τελείας ἀγάπης); ed. Bened. Operum ejus, tom. VI, m. dcc. xxiv., pag. 289, D; ed. Gaume, tom. VI, pag. 318, 340.

[3] Cette étoffe a été reproduite, avec ses couleurs, dans les *Mélanges d'archéologie* de MM. Cahier et Martin, tom. II, pl. 13.

Il n'est pas rare de trouver dans les inventaires anciens des mentions d'étoffes dans le dessin desquelles se trouvaient des oiseaux et des animaux à têtes et à pieds dorés. « *Item.* Vestimentum de panno rubeo Antioche, cum avibus et bestiis viridis, et capitibus et pedibus auratis... *Item.* Duæ capæ de panno albo de Antioche, cum avibus et bestiis rubeis, et capitibus et pedibus aureis... » Ornamenta ecclesiastica in vestiario ecclesiæ Christi Cantuariensis... A. D. 1315. (*The History and Antiquities of the cathedral Church of Canterbury*, etc. By the Reverend Mr. J. Dart. London : Printed, and sold by J. Cole, etc., m. dcc. xxvi., the Appendix n^o vi, pag. ix.)

à tête et à pattes d'or, et des arabesques pareillement roses,
le tout sur fond vert [1]. On voit aussi au même endroit, une
étoffe à fond rouge, dont le dessin représente des canards
verts, rouges et jaunes, affrontés et séparés par une espèce
de croix, dans un écusson octogone. Sur une autre étoffe
à fond jaune du même trésor, ce sont des façons de paons, ou
plutôt de canards bleus affrontés, entre les bras d'une croix,
avec une espèce de damier sur l'aile. Ces deux tissus ont été
reproduits par MM. Cahier et Martin [2], comme une autre
étoffe de soie à fond rouge, dont le dessin représente des
éléphants dans un ovale à palmettes de couleur jaune, avec
selle et harnais de différentes couleurs [3]. Ce dernier tissu
était conservé dans la châsse de Charlemagne, avec deux
autres étoffes, dont l'une, sur fond rouge, a pour motif
principal une rosace avec étoile au milieu; les couleurs employées sont le blanc, le bleu et le jaune. L'autre, également
sur fond rouge, présente des rosaces, ou plutôt des demi-
rosaces, blanches, vertes et bleues, et une inscription
grecque [4].

Les mêmes archéologues, à qui nous devons la connais-

---

[1] Cette étoffe a été publiée dans les *Mélanges d'archéologie* déjà cités, vol. II,
pl. 14.

[2] *Mélanges d'archéologie*, vol. II, pl. 12.

[3] Vol. II, pl. 9.

On lit dans un ancien inventaire de la cathédrale de Saint-Paul, dressé à la fin
du xiii° siècle, l'article suivant :

« Item baudekynus rubeus, cum magnis rotellis, et griffonibus et *elephantis*
infra rotellas, de funere H. de Sandwyco. » *The History of St. Paul's Cathedral,
in London*, etc. London : 1818, in-fol., pag. 328. — *Glossary of ecclesiastical Or-
nament and Costume*, etc. 2nd edit. London : Henry G. Bohn, MDCCCXLVI, in-
fol., pag. 145, art. *Funeral Palls*.

[4] *Mélanges d'archéologie*, vol. II, pl. 10 et 12.

sance de ces curieuses reliques, ont également reproduit une étoffe donnée par saint Henri à l'église de Ratisbonne [1]. Le principal motif se compose de deux basilics, verts, rouges et blancs, circonscrits dans un enroulement. On y voit encore des perroquets, des lions rouges et d'autres blancs, des fleurs de lis et un croissant, sans parler des arabesques. Le style de ce dessin paraît tout à fait classique. Enfin, nous trouvons encore dans la publication de MM. Cahier et Martin [2] la reproduction d'une étoffe conservée à Sainte-Walburge d'Eischtaedt. Le motif principal du dessin qui s'y voit, est un personnage nimbé, sans aucun doute Daniel, séparant deux lions rampants et affrontés, le tout dans un médaillon. Le fond du tissu est pourpre, et les autres couleurs employées sont le blanc, le vert et le jaune, qui est peut-être de l'or. L'argent y entre aussi en proportion notable.

Étoffe trouvée dans le tombeau de l'évêque Gunther, à Bamberg.

Nous avons hésité un instant à faire ici mention d'une curieuse étoffe trouvée dans le tombeau de l'évêque Gunther, à Bamberg, parce que, malgré l'opinion de M. l'abbé Martin, qui l'a restaurée et publiée, nous avons peine à croire qu'elle ait été faite au métier. « Le tissu, dit le savant artiste, est une sorte de mince taffetas, où les diverses nuances, au lieu de se fondre, sont brusquement juxtaposées; l'on eût dit de fines découpures d'étoffes différentes, rapprochées par un fil imperceptible, de telle sorte qu'on ne pouvait distinguer de revers [3]. »

---

[1] *Mélanges d'archéologie*, tom. II, pag. 16.
[2] Vol. II, pl. 18.
[3] *Mélanges d'archéologie*, tom. II, pag. 252. Voyez aussi pl. 32, 33 et 34.

Ne connaissant l'étoffe de Bamberg que par ce qu'en a dit M. l'abbé Martin, il y aurait à moi de la témérité à combattre son opinion au sujet du procédé de fabrication de ce noble tissu ; qu'il me soit permis, toutefois, de faire observer qu'au xie siècle, époque à laquelle vivait Gunther, mort en 1064, on brodait d'une manière qui me semble se rapporter à ce procédé. Les soies de la broderie ne traversaient pas le tissu, comme la chose a lieu maintenant ; elles étaient posées à plat et retenues par un fil qui perçait l'étoffe, comme on peut s'en convaincre en regardant l'envers. Ce système, qui ne date pas du xie siècle et qui subsista beaucoup plus tard, n'est pas complétement abandonné ; on le suit encore en Afrique et dans le midi de l'Espagne, principalement à Grenade, où l'on compose, sur des vestes, des dessins avec de petits morceaux de draps de diverses nuances posés à plat sur le fond et cousus ou retenus par un fil de soie. Rien n'empêche de croire que ce genre de travail n'ait été également pratiqué par les ouvriers byzantins, auxquels M. l'abbé Martin attribue l'étoffe de Bamberg, semblable, pour le sujet, à un voile mentionné par Anastase [1].

Cette étoffe est-elle tissée ou brodée?

Le dessin que présente l'étoffe de l'une des robes de saint Cuthbert, dont les fragments sont conservés à Durham, se rapproche beaucoup de celui du tissu de Bamberg ; mais il est évident pour nous qu'ils ne sortent pas l'un et l'autre de la même fabrique. A en croire le révérend M. James Raine, qui a consacré un volume à l'histoire de la

Robe de saint Cuthbert, à Durham.

---

[1] « Item velum oloverum unum... habens historiam imperatoris. » *De Vit. Roman. Pontif.*, n° can. Gregor. IV, A. C. 827. (*Rer. Ital. Script.*, tom. III, pag. 224, col. 2, B.)

découverte et à la description des reliques du saint [1], la robe
qui nous occupe aurait été fabriquée en Angleterre exprès
pour celui-ci, et les ornements qui s'y voient se rapporte-
raient à lui et à Lindisfarne, scène de son élévation; mais
cette opinion ne fait honneur qu'au patriotisme qui l'a inspi-
rée. Le personnage à cheval que l'on voit dans un médaillon composé de huit arcs de cercle, est un roi ou du moins
un personnage persan, et non un chevalier saxon; lui et
son cheval sont vêtus et ornés à l'orientale, et non à la mode
saxonne; il porte un oiseau de vol sur le poing, un chien
court entre les jambes de sa monture [2].

Cette robe, j'oubliais de le dire, est d'une soie légère.
Le fond est de couleur d'ambre, et les parties ornementées
étaient littéralement couvertes d'or en feuilles, ou plutôt
lamé, comme on le voit distinctement aux nombreuses portions qui en restent. La bordure renfermée entre deux façons
de cordages, est occupée par une espèce d'ornement de fantaisie, dans lequel M. Raine voit le *flagrans telum* de Jupiter,
c'est-à-dire une trace du paganisme; au-dessous courent des
lapins, qui font partie de la scène de chasse; plus bas, enfin,
cousue à l'étoffe, règne une frange de même couleur [3].

Restes
d'un autre vête-
ment de saint
Cuthbert.

A côté des débris de cette robe se trouvent les restes
d'un autre vêtement de saint Cuthbert, qui n'est pas moins

---

[1] *Saint Cuthbert : with an Account of the State in which his Remains were found
upon the opening of his Tomb in Durham Cathedral, in the Year* MDCCCXXVII. By
James Raine, etc. Durham, printed by F. Humble, etc., 1828, in-4°, avec gra-
vures sur bois et planches en taille-douce.

[2] Le miroir arabe décrit et publié par M. de Longpérier, dans la *Revue archéologique*, IIIe année, 1re partie, Paris, A. Leleux, 1846, pag. 337-340 et pl. 48,
peut donner une idée approximative du principal sujet de cette étoffe.

[3] *Saint Cuthbert*, etc., pag. 194 et pl. 4.

intéressant à étudier. L'étoffe en est épaisse et moelleuse. On y voit une grande couronne d'un diamètre de deux pieds anglais (soixante-huit centimètres), ornée de grappes de raisins et de divers fruits. La partie inférieure est occupée par des flots, où nagent six poissons ' et quatre canards, et au-dessus on distingue une draperie, pleine de fruits, qui paraît être suspendue à deux objets dont la forme ressemble à celle d'une lyre. La partie inférieure de cette draperie est ornée de riches franges, et dans le haut du médaillon on voit des traces de feuillages qu'une déchirure a fait presque entièrement disparaître. Dans les angles formés par le rapprochement des cercles, on voit une espèce de corbeille remplie de raisins que s'apprêtent à becqueter deux oies, un de chaque côté. Le médaillon et ses accessoires, tels que M. Raine les a figurés sur sa planche 5, paraissent avoir formé le bas de la robe. Les couleurs de ce vêtement, autrefois très-brillantes, sont maintenant fort altérées. Le fond, qui se trouve dans l'intérieur du cercle, est rouge; les canards et la mer sont rouges, jaunes et pourpres; les poissons jaunes et rouges; le fond de la bordure pourpre teinté de rouge; les fruits et le feuillage jaunes avec des queues rouges, et le dessin qui règne autour de la bordure, est de cette dernière couleur. Le reste à l'avenant '. A coup sûr, ce dessin n'est pas anglo-saxon, et quoiqu'on puisse affirmer qu'il est d'origine orientale, il est difficile de décider s'il est arabe ou byzantin.

' M. Raine voit dans ces poissons des marsouins, et dans ces canards des canards *eider* ou à duvet, sans doute parce que cette espèce est aussi nommée en anglais *Saint Cuthbert's duck.*

' *Saint Cuthbert*, etc., pag. 194, 195, et pl. 5.

Le troisième échantillon de soieries anciennes trouvé dans la châsse de saint Cuthbert, a le fond de couleur d'ambre, et le dessin en est entièrement conforme à celui de ce que les Anglais appellent *diaper*, où l'élévation et l'altération des fils, par suite de leur position, donnent aux parties supérieures l'apparence d'une teinte plus légère. Autour de cette robe, autant que l'on en peut juger par les portions qui ont été sauvées de la destruction, il y avait une bordure d'un épais galon, large d'un pouce et demi anglais, et d'une épaisseur de près d'un pouce, bordure tissée au métier et d'un tissu assez semblable au galon employé pour les voitures.

Autres spécimens de soieries anciennes trouvés dans la châsse de saint Cuthbert.

On trouve encore, parmi les débris recueillis dans la châsse de saint Cuthbert, deux autres spécimens de soieries anciennes. L'un, de couleur pourpre et cramoisie, n'a pour ornement principal qu'une croix, souvent répétée, même sur la petite portion qui reste de ce tissu; l'autre spécimen présente un riche dessin de damas en ovales, pareil à celui que M. Raine a donné dans sa planche 5. Au centre de chaque médaillon se voit une urne portée par des griffons. Les couleurs de cette étoffe sont le cramoisi et le pourpre [1], et la date de sa fabrication, aussi bien que de celle des autres monuments dont nous venons de donner la description, me paraît, comme à M. Raine, pouvoir être attribuée au xiᵉ siècle [2].

---

[1] *Saint Cuthbert*, pag. 195.

[2] Pag. 196 et 197, M. Raine compare les robes qu'il vient de décrire, avec une curieuse description donnée par Reginald de Durham, dans son récit de la translation des restes de saint Cuthbert dans la nouvelle cathédrale de cette ville, en

Chez nous, les tissus les plus anciens peut-être qui aient échappé à la destruction, sont le suaire de sainte Colombe conservé à Sens, et que l'on fait remonter jusqu'au VIIᵉ siècle [1], une pièce provenant d'un reliquaire du

Tissus anciens
conservés en
France.

---

septembre 1104. Deux chapitres de ce récit, qui fait partie d'un livre relatif à ses miracles, sont consacrés aux détails de son ensevelissement. L'un, qui est le XLIᵉ, est intitulé : *Quibus indumentis corpus illud sanctissimum obvolutum sit*, etc.; l'autre, qui vient immédiatement après, commence par ce sommaire : *De ejus pontificalibus insignii*, *et cujus precii eadem sint*, *coloris*, *gratiæ*, *venustatis*, *vel quanta pulcritudinis atque. texturæ permirabilis*. Dans ce dernier, l'auteur parle ainsi des vêtements qui recouvraient les restes de saint Cuthbert : « … Dalmatica… subrufi coloris purpuram… præbet… In qua fabrica intextilis est subtilissima et tam florum quam bestiolarum inserta effigies, opere simul et discretione minutissima. Cujus speciem, ob decoris pulcritudinem, frequenti varietatis respersione immutat color alius, qui creditur et probatur esse cetrinus. Quæ varietatis gratia perpulcre in panno purpureo emicat, et respergentibus maculis intermixtim diversitatis quædam nova moderamina format… supra dalmaticæ amictum corpus sanctum aliis preciosis ac sericis operitur. » Vient ensuite cette curieuse description d'un linceul de lin qui enveloppait le corps ainsi habillé : « In qua textura videtur quædam de ipsius fili stamine sculptura subtilissima aliquanto altius prominere ; quæ avium ac bestiarum formas probatur, utpote insertas in margine. Semper tamen in duo avium vel bestiarum paria formabilis quædam intextura, instar cujusdam frondosæ arboris, emergit, quæ hac et illac illarum ymagines disseparando dirimit, et distinguendo disjungit. Figura etiam arboris sic formabiliter effigiatæ ex alterutra parte videtur suas frondes quamvis minutas effundere. Sub quibus statim in continenti, collaterali scemate, animalium sculptiles texturæ donantur exsurgere; quæ utraque similiter in panni illius postremis finibus altius visuntur prominere. » *Reginaldi monachi Dunelmensis Libellus de admirandis Beati Cuthberti virtutibus*, etc., pag. 87-89.

[1] Telle est du moins la date que lui assigne M. l'abbé Carlier, chanoine trésorier de la cathédrale de Sens, qui m'écrivait le 9 septembre 1851 : « … Vous trouverez un tissu tout semblable dans l'*Abécédaire* de M. de Caumont, à l'article *Tissus*. Ce sont des carrés égaux ; chaque carré renferme deux lions qui se regardent. On ne trouve dans ces lions aucune exactitude anatomique ; la jointure des pattes de devant ressemble plus à une cocarde qu'à une épaule de lion. La différence entre le tissu donné par M. de Caumont et le suaire de sainte Colombe, c'est que les lions de ce dernier portent chacun une crinière. » M. Carlier termine son obligeante communication en m'annonçant que l'Histoire de l'abbaye de Sainte-Colombe sera imprimée au mois de janvier 1852, et que l'on trouvera dans les

Mans [1], et la chape conservée dans l'église de Saint-Étienne de Chinon [2], que la tradition orale et constante assure être celle de saint Mesme, disciple de saint Martin, vers la fin du IVᵉ siècle. M. Ch. Lenormant, qui a examiné ces deux dernières pièces, n'hésite pas à voir dans les lions affrontés et séparés par un objet ressemblant à une *pyrée* ou *autel du feu*, que l'on remarque sur le tissu du Mans, et dans les guépards enchaînés par le cou à un autre objet, dont la forme rappelle celle d'un pyrée, des indications positives d'une origine sassanide [3] : ce qui équivaut à placer l'exécution en Perse des deux vénérables reliques antérieurement à 652.

M. Lenormant, qui a également examiné la chape, dite *de Charlemagne*, conservée dans le trésor de la cathédrale de Metz [4], tout en y retrouvant des traces de la religion de

---

planches tous les détails désirables. » A ces détails ajoutez ceux que M. l'abbé Martin a donnés dans les *Mélanges-d'archéologie*, tom. II, pag. 243, not. 1.

[1] *Notice sur une ancienne étoffe de soie déposée dans le trésor de la cathédrale du Mans et de l'église de la Couture, de la même ville*; par M. Hucher. (*Bulletin monumental...*, publié par M. de Caumont, 3ᵉ série, tom. II. — 12ᵉ volume de la collection, pag. 24-32.) — *Abécédaire ou rudiment d'archéologie*, par M. de Caumont, etc., deuxième édition, 1851, pag. 21.

A la suite de la Notice de M. Hucher, pag. 33-45, viennent des *Notes provisoires sur quelques tissus du moyen âge*, par M. de Caumont.

L'étoffe du Mans a été reproduite avec ses couleurs, par Mʳ l'abbé Martin (*Mélanges archéologiques*, tom. II, pl. 34), qui annonce une notice de M. Lenormant, par laquelle doit s'ouvrir le troisième volume de l'importante publication des auteurs des vitraux de la *Monographie de la cathédrale de Bourges*.

[2] Un dessin au trait de cette étoffe a été donné dans l'*Abécédaire*, etc., pag. 19. On y voit, sur des branches horizontales, des espèces de tigres affrontés et enchaînés à un pendentif d'où semblent sortir deux oiseaux; sous le ventre des quadrupèdes courent des lièvres. Le fond est bleu; les tigres sont alternativement blancs avec taches vertes. Les oiseaux et les lièvres suivent la même alternance, et sont rouges et blancs sur une ligne, verts et jaunes sur l'autre.

[3] *Notes provisoires sur quelques tissus du moyen âge*, etc. (*Bulletin monumental*, etc., 14ᵉ volume, nᵒ 5, pag. 420-425.)

[4] Les journaux m'apprennent qu'elle a été montrée le 26 août 1850, dans la sa-

Zoroastre, se refuse à reconnaître à cet admirable tissu le même degré d'antiquité : « Quoique les emblèmes empruntés aux anciennes religions de l'Asie, ajoute-t-il, tels que l'arbre sacré appelé *hom* et les lions ailés y soient reconnaissables, on y aperçoit cependant l'influence du goût arabe, et je n'éprouve aucune répugnance à admettre que ce tissu ait fait partie des objets envoyés par Haroun-el-Raschid à Charlemagne, selon le témoignage formel d'Éginhart. On sait qu'il entrait dans la politique du célèbre khalife de cultiver l'amitié du puissant empereur d'Occident, et les aigles qui forment le principal ornement du tissu en question peuvent avoir été indiqués à l'ouvrier persan, chargé de l'exé-

---

cristie de la cathédrale de Metz, à M. Louis Bonaparte, président de la république française.

« Ce monument curieux, inédit jusqu'aujourd'hui, dit M. Émile Bégin, présentait au pourtour une guirlande qui est usée, et, dans la partie occupée par notre inscription, un autre dessin courant auquel on a substitué des morceaux de tapisserie d'une exécution parfaite, mais postérieurs de cinq siècles à l'âge de la chape.

« Nous ne pouvons inscrire aucune date positive sur cette tapisserie; mais le caractère hardi, l'attitude des aigles, les griffons dessinés çà et là, tout l'ensemble du travail enfin, le rangent parmi les œuvres du viii⁰ au ix⁰ siècle.

« Le fond de la chape est une soie rouge fort épaisse rehaussée de fils d'or juxtaposés avec encadrements nuancés de vert, de rouge et de bleu. C'est une œuvre faite au métier, d'après un procédé très-simple qu'on voit encore en usage dans les maisons religieuses pour certains ornements d'autel. » *Metz depuis dix-huit siècles*, etc., second volume. Metz, imprimerie de Verronnais, 1843-1844, grand in-9°, pl. n° 61, pag. 272-273; explication des planches, pag. iij.

La chape de Metz, encore donnée au trait dans l'*Abécédaire* de M. de Caumont, 2⁰ édit., pag. 24, a été reproduite avec ses couleurs dans le *Trachten des christlichen Mittelalters*, herausgegeben von J. von Hefner, etc. (Mannheim, verlag von Heinrich Hoff, deux vol. in-fol.), pl. 22, et décrite, pag. 29-31 du texte.

Voyez encore dans ce dernier recueil, pl. 11, la représentation d'un vêtement de Willigis, archevêque de Mayence, mort en 1011 (texte, pag. 13, 14), et pl. 26, de curieuses broderies du x⁰ siècle, décrites dans le texte, pag. 37-39.

cuter, comme un emblème tout à fait approprié à la personne qui devait le recevoir en présent. Jamais le prestige de l'aigle romain ne s'est effacé aux yeux des Orientaux, et je l'ai vu, en 1841, déployé sur le Bosphore, à la proue de la galère d'honneur du sultan Abd-ul-Medjed, comme une marque de l'héritage de l'empereur de Byzance [1]. »

Examen de l'opinion de M. Lenormant sur la date des anciens tissus du Mans, de Chinon et de Metz.

Que les dessins des anciens tissus du Mans et de Chinon représentent des sujets empruntés au culte du soleil, je le veux bien; mais M. Lenormant est-il bien sûr qu'après avoir eu cette signification, ils ne soient pas devenus une espèce de lieu commun d'ornementation qui se perpétuait sans que l'on prît garde au symbole? Dans le cas contraire, je suis autorisé à faire remonter jusqu'aux empereurs païens le premier des fragments du Louvre, parce que, dans le cirque où a eu lieu la course de chars, on voit un autel sur lequel brûle le feu d'un sacrifice. Rien ne nous prouve, d'ailleurs, que le dessin d'une ancienne étoffe persane n'ait point été imité par les ouvriers grecs, qui avaient intérêt à faire croire que leur marchandise était étrangère et venait de loin [2]. Les fourberies du commerce sont aussi vieilles que le monde, et il est bien rare que les marchands d'un pays en puissent remontrer à ceux d'un autre.

Les aigles, auxquels le savant académicien veut donner

---

[1] *Lettre adressée à M. de Caumont*, etc. (*Bulletin monumental*, 14ᵉ volume, n° 5, pag. 481.)

[2] Indépendamment des belles soieries fabriquées à Constantinople, on y trouvait aussi des étoffes indiennes, voire même chinoises, qui sans doute étaient plus recherchées. L'empereur Jean Tzimiscès, quand il triompha publiquement des Agaréniens, ou Arabes, exposa à l'admiration des Byzantins, entre autres richesses, les tissus de soie qui lui venaient des Sères, τὰ ἐκ Σηρῶν ὑφάσματα. Voyez *Leonis Diaconi Historiae Lib. X*, édit. de Bonn, pag. 163, lig. 5 et suiv.

une signification, ne paraissent pas en avoir eu plus dans l'étoffe de la chape dite *de Charlemagne*, que dans les autres tissus, assez nombreux, où l'on en trouve. Le plus ancien qui ait été conservé chez nous, est ce qu'on appelle, à Auxerre, le suaire de saint Germain. C'est une étoffe de soie ayant l'épaisseur d'une très-forte feuille de papier, et en même temps d'une finesse et d'une solidité remarquables. On y voit des aigles séparés par des rosaces, le tout représenté avec trois couleurs, le jaune, le violet et le vert. Cette précieuse étoffe, dont on peut voir le dessin dans le *Bulletin monumental*[1] et dans l'*Abécédaire*[2] de M. de Caumont, et ailleurs, serait du vᵉ siècle, si l'on pouvait la faire remonter jusqu'au suaire dont l'impératrice Placidie fit entourer le corps du saint évêque, mort à Ravenne l'an 448[3], et dont

Suaire
de saint Germain
à Auxerre

---

[1] Vol. XIV, pag. 514, 515.

[2] Deuxième édit., pag. 22.

[3] « Corpus ejus pretioso sudario involutum, quod Placidia augusta obtulerat ex serico, auro gemmisque contextum, ex Italia in Gallias... ad ecclesiam Antissiodorensem translatum est, » etc. *Gallia christiana*, tom. XII, col. 364, D.

« Aperto igitur dicto sarcophago (S. Germani), inventum est in eo unum ossiculum... cum parte serici pallii similis illi pallio sudarii, quod habetur in thesauro, et multis aliis indumentis, tam sericis quam lineis, » etc. *Gesta abbatum S. Germani Autissiodorensis*, c. xvii. (*Nov. Bibl. manuscript. libr.* Tom. I, pag. 585.) Cette ouverture eut lieu en 1277, sous l'abbé Jean Iᵉʳ de Jocevalle. Voyez le *Gallia christiana*, tom. XII, col. 390, C.

Le moine Constantius, parlant de l'ensevelissement de saint Germain, se borne à dire *regina vestivit* (lib. II, c. ii, nᵒ 76), et saint Heric :

> Vestibus, et molli regina Placidia falero
> Extulit, et sanctos texit propensius artus. — Lib. VI, cap. iii, nᵒ 171.

Voyez *Acta sanctorum Julii*, tom. VII, pag. 220, col. 1, et 253, col. 2; et surtout *Mémoires concernant l'histoire ecclésiastique et civile d'Auxerre*, etc., par l'abbé Lebeuf; dernière édit., tom. Iᵉʳ, Auxerre, Perriquet, M DCCC XLVIII, grand in-8ᵒ, pag. 73 et suiv. On y trouve, sur une grande planche en couleurs, le dessin du suaire de saint Germain.

les restes furent rapportés en France pour être déposés dans l'une des églises d'Auxerre. Dans ce cas-là, le suaire de saint Germain ne serait point de la fabrique grecque, dont les ouvriers faisaient ces magnifiques draps d'or sur lesquels ils dessinaient des aigles et des ornements variés au moyen de perles et de pierres précieuses [1], article très-recherché dans le reste de l'Europe, où on l'employait au costume d'apparat des souverains et des princes de l'Église [2].

---

[1] « Ἅμα δὲ καιρὸν λαβὼν εὐπρεπῆ τοῦ τὸν πορφυρογέννητον, ἀποβαλόντα διὰ τὸ πένθος τὰ ἐρυθρὰ, μὴ φορεῖν ἄλλοτι παρασκευάσαι, εὐτρεπίσας ἀλλάχροα τὰ σὺν λευκῷ πορφυρᾷ χρυσῷ πεποικιλτὰ, καὶ διὰ μαργάρων τὸ βασιλικὸν σημεῖον τοὺς ἀετοὺς περιθεὶς, καὶ πέμψας ἐκ τούτων πέπλά τε καὶ χαλινὰ, ἐφίησιν ὡς παρασίμοις τὸν υἱὸν προσέταττεν ἐμπορεύειν, μόνῳ τῶν ἐρυθρῶν ἐκστάντα τῷ βασιλεῖ. » *Georgii Pachymeris de Michaele et Andronico Palaeologis,* lib. VI, c. XXVII.(Ed. P. Possini, pag. 340, C; ed. Imman. Bekkeri, vol. Iᵉʳ, pag. 499, lig. 18.) Cf. *Nicetæ Choniatæ Annales,* Alexius Comnenus, lib. I, c. VII. (Ed. Fabrot., pag. 307, C; ed. Bekker, pag. 624.)

Voyez, sur les étoffes ornées de pierres précieuses, les textes rassemblés dans le Glossaire de du Cange, tom. II, pag. 232, col. 1, au mot *Cataclitus.*

[2] Un ancien historien, parlant de deux ornements épiscopaux, d'un merveilleux travail et d'un grand prix, donnés par l'évêque Hugues de Châlon, au commencement du XIᵉ siècle, à l'église de Notre-Dame d'Auxerre, s'exprime ainsi : « Casula quoque purpurea grandes aquilas coloris coccinei intextas circumquaque monstrabat, cujus superficies auri Phrygii circunductionibus stellantibus resplendebat, alterum siquidem qualis fuerit imperialis Othonis munificentia, cujus illud ei datum est manu, testificatur : nempe velut in capite sancti Aaron dicitur in amictu lamina aurea margaritis et lapidibus intertexta, quasi regali diademate summi sacerdotis caput illustrabat, palla vero carbasea aureo circa pectus effulgens rationali a genibus ad talos usque holoserica limbo deaurato mirifice pontificalia vestigia complectebatur. » *Historia episcop. Autissiodor.,* cap. XLIX. (*Novæ Bibliothecæ manuscript. librorum Tomus primus,* pag. 450.)

A Angoulême, c'étaient une tunique et une dalmatique, où l'on avait représenté des aigles; l'église de Saint-Pierre les devait à l'évêque Gérard, qui vivait de 1101 à 1136 : « Dedit etiam Engolismensi ecclesiæ pontificalia ornamenta, quæ emit a Bosone Xantonensi episcopo mille solidos, scilicet casulam magnam cum lapidibus undique aurifrizatam, vestimentum cum alba undique aurifrizatum, manipulum et stolas cum lapidibus aurifrizatas, et tunicam ac dalmaticam, in qua sunt depictæ aquilæ, » etc. *Histor. pontific. et comit. Engolism.,* cap. XXXV. (*Ibid.,* tom. II, pag. 260.)

A ce propos, je dois faire observer que l'aigle n'était point un symbole particulier à l'Occident, et que la Perse, par exemple, n'aurait point eu besoin de le lui demander pour le reproduire sur les étoffes qu'elle fabriquait. Chez les Hébreux, l'aigle était un oiseau mythique [1]; on lui attribuait la même signification qu'au phénix, comme on peut s'en convaincre en recourant au Psaume CII, ꙟ 5, et à Isaïe, ch. XL, ꙟ 31. C'est sans doute de là que vient l'opinion répandue dans le moyen âge sur l'aigle, dont la présence en un lieu était considérée comme un présage favorable [2], opinion qui existe toujours en Orient, s'il faut en croire d'Herbelot : « C'est du nom de cette aigle royale ou Humai, dit-il, que se forme le mot de *Humaiaioun*, qui signifie en Persien, *Noble, Heureux, Excellent*, et *Auguste*, à cause que l'ombre faite par cet oiseau, en volant sur la tête de quelqu'un, lui est, selon la tradition des Orientaux, un prognostic certain de fortune et de grandeur : ce qui fait dire au même Saâdi, que personne

---

[1] *Etymolog.-symbol.-mytholog. Real-Wörterbuch... für Bibelforscher, Archäolog. und bildende Künstler...* von F. Nork. Stuttg., 1843-45, gr. in-8e, tom. Ier, pag. 14.

[2] « Jam tunc laetum primitus omen apparuit, — cum mysticus ales, aquila, patiando girans... — locum monasterii capacem, secans aera, designavit. » *Vie rhythmique de saint Chef*, dans les *Poésies populaires latines du moyen âge*, par M. Edélestand du Méril. Paris, 1847, in-8e, pag. 65.

Cette opinion régnait surtout en Allemagne, comme nous l'apprend un historien de l'empereur Frédéric, qui dit, en parlant de l'armée de Manfred, prête à combattre, en 1255, celle du pape, commandée par le légat Octavien : « ... quum tribus aciebus illis exclaratus descenderet in planum, ecce tres aquilae super exercitum ipsum apparuerunt volantes in aere, quod omnes illi de exercitu, et Theutonici maxime videntes coeperunt exultare laetitia, quasi certae victoriae signa ex illa aquilarum supervolantium apparitione comprehendentes : unde etsi prius ad pugnandum nocivi et ardentes fuerant, tunc magis ac magis ex illo signo aquilarum accendebantur ad pugnam. » *Nicolai de Jamsilla Historia de rebus gestis Friderici II imp.*, etc. (*Rer. Ital. Script.*, tom. VIII, col. 564, C.)

ne recherchera jamais l'ombre du Chat-huant, quand bien même il n'y auroit point de Humai dans l'univers [1]. »

Je ne serais point éloigné de croire que ce fût de là que vint l'habitude, généralement répandue au moyen âge, de surmonter les tentes d'un aigle. Dans le *Roman de Perceval le Gallois*, Gauvain

Usage de surmonter les tentes d'un aigle.

> Si vit en une lande plainne
> Tendu de coste une fontainne
> .J. si très-riche paveillon,
> Que tout li pan et li giron
> Erent de diverses couleurs,
> A oissiaus, à bestes, à fleurs,
> Entailliez de riches draps de soie.
> .J. *aigle* d'or qui reflamboie
> Avoit sus le pommel assise.
>
> Ms. de la Bibliothèque nationale, suppl. français, n° 430,
> folio 87 recto, col. 1, v. 13.

Le même détail se rencontre ailleurs :

> Li trés fu à merveille biaus,
> Sor le pumel siet .j. oisiaus ;
> .J. *aigle* de fin or luisant
> Sor le pumel sist en volant.
>
> Le *Roman de Thèbes*, Ms. de la Bibl. nat. n° 6987, fol. 45 v°,
> col. 2, v. 16.

> Le palais voient principal,
> Et sor le maistre tor roial,
> Où li riches tresors estoit,
> L'*aigle* d'or fin qui reluisoit [2].
>
> Roman de *Guillaume de Palerme*, Ms. de la bibliothèque
> de l'Arsenal, belles-lettres françaises in-4°, n° 178,
> folio 115 recto, col. 2, v. 24.

---

[1] *Biblioth. orient.*, éd. de Maestricht, M. DCC. LXXVI., pag. 422, col. 1, au mot *Homai*.

[2] Déjà au II° siècle, au moins en Angleterre, les tours des églises étaient

Voient le maistre tré roial
Lés .j. caisnoi sor un toron,
Et l'*aigle* d'or qui siet en son.

Ibid., folio 115 verso, col. 1, v. 5.

Là véissiés tant pavillon,
Dont li *aigle* sieent en son.

De Blancandin, Ms. de la Bibliothèque nationale,
n° 6987, fol. 256 verso, col. 4, v. 31.

En une prée sous la tor
Quatre pumiaus avoit entor
U il avoit .j. *aigle* d'or.

Ibid., fol. 264 v°, col. 2, v. 33.

Dedins lo trap del pali on l'*aig[l]a* es resplandens,
Els parlan e cosselhan trastotz celadamens [1].

Hist. de la croisade contre les hérétiques albigeois,
pag. 1343, v. 4921.

Les casques étaient quelquefois aussi surmontés d'un aigle, comme on le voit par cette description d'armure :

Une broigne à mailles trellies
Li ont après el dos jetée,
Et la ventaille à or fremée;

---

surmontées d'un coq; le moine Wolfstan le dit positivement de celle de Winchester :

Additur ad specimen stat ei quod vertice gallus
Aureus ornatu grandis et intuitu.
Wolstan. mon. Ventan., *Liber de vita S. Swithuni*, etc.
(*Acta sanct. ord. S. Bened.*, sæc. v, pag. 631.)

[1] Voyez encore le *Roman d'Anséis de Carthage*, Ms. de la Bibl. nat. n° 7191, fol. 31 recto, col. 1, v. 33; fol. 34 verso, col. 1, v. 15; fol. 39 verso, col. 2, v. 7; fol. 44 verso, col. 2, v. 37, etc., etc.

Ceux qui seraient curieux de plus amples détails sur l'emploi de l'aigle au moyen âge, feront bien de recourir à la dissertation de du Cange sur les médailles de cette époque, ch. XVIII. (*Gloss. med. et inf. Latin.*, tom. VII, pag. 152.)

> Ricement fu apareillie
> La maille dorée et deugie;
> Onques rois n'ot si rice broigne;
> Forgie fu en Keneloigne.
> Cil qui fu rois des Kenelius [1]
> Le presenta le roi des Grius...
> Li elmes fu d'un vert acier...
> Li pumiaus et li aigle en son
> Furent de l'œvre Salemon.
>
> *De Blancandin*, fol. 263 recto, col. 2, v. 40.

Etoffes diverses décorées d'aigles et de lions.

C'est sinon une étoffe aussi splendide que celles dont parle Pachymère, du moins un tissu construit sur un carton analogue, qui avait servi au drap funèbre décoré d'aigles et de lions que l'on voit sur une tombe magnifique de la cathédrale de Châlons [2]. La chasuble de Saint-Rambert-sur-Loire, qu'a fait connaître M. l'abbé Bouet, aujourd'hui curé de la paroisse d'Ainay, à Lyon, présente également, sur un fond de soie, un dessin en partie semblable : ce sont de gracieux

---

[1] On voit par le vers précédent ce qu'il faut penser de la ridicule explication du nom de ce peuple donnée par M. Génin, dans une note de la *Chanson de Roland*, pag. 439.

[2] *Annales archéologiques*, publiées par M. Didron, tom. II, pag. 234, 235. Parmi les objets qui garnissaient la chapelle particulière de l'évêque de Durham Pudsey, mort en 1194, il y avait des aubes de soie bleue, décorées d'aigles et de lions. (James Raine, *Saint Cuthbert*, etc., pag. 34, en note, lig. 6.) Dans un inventaire de la fin du xiii° siècle, ce sont des guêtres ainsi décorées : « Item sandalia de rubeo sameto, cum caligis breudatis aquilis, leonibus et rosis, et in summitate vinea breudata... » (*The History of St. Paul's Cathedral in London*, etc. London, 1818, in-fol., pag. 315, col. 1.) Enfin, dans un autre inventaire de 1315, que nous avons déjà également cité, on lit : « Item, Alba Stephanide Ikham, de sindone, cum parura de indico samicto, brudata aquilis et leonibus. » (*The History and Antiquities of the cathedral Church of Canterbury*, the Appendix n° vi, pag. vij.) Ces étoffes, si elles étaient réellement brodées, l'avaient été sûrement d'après un modèle tissé venu d'Orient.

compartiments en filigrane d'or, dans lesquels sont relevés,
en or, alternativement deux colombes et deux lions affrontés,
aux formes pures et bien arrêtées [1]. Enfin, sans parler des
ornements dont on trouve mention dans l'inventaire du roi
Charles V [2], dans les anciens inventaires des églises de Reims [3]
et ailleurs [4], une étoffe de soie et d'or, exhumée d'un tombeau
de Saint-Germain-des-Prés, et vraisemblablement du xiiie siècle, présente pour dessin des écussons circulaires dans chacun
desquels se voit un lion ou un aigle [5]. Quelque respect que

---

[1] *L'Institut catholique*, tom. V, 2e livr., février 1844 (à Lyon, chez Rey et Cie,
grand in-8°), pag. 140. Le dessin de l'étoffe de la chasuble de Saint-Rambert a
été reproduit par M. de Caumont, dans son *Abécédaire*, 2e édit., pag. 212.

[2] « Item une autre salle pallée de blanc et de rouge à aigles, à lyons et à arbres
vers, et est de cinq pieces. » Manuscr. de la Bibliothèque nationale, n° 8356,
fol. iije. xij recto, n° 3667. (*Salles d'Angleterre.*)

« Item une salle d'Angleterre vermeille brodée d'azur, et est la bordeure à vi-
gnettes et le dedens de lyons, de aigles et de lyepars, contenant troys pieces. »
Ibid., fol. iije. xij. verso, n° 3670.

[3] « Une chappe de samy rouge semé de lions d'argent et estoilles, faicte d'une
vieille chasuble. » *Trésors des églises de Reims*, par Prosper Tarbé, etc. Reims, imprimerie de Assy et Cie, 1843, petit in-folio, ch. xiv, pag. 106.

« Deux chappes de damas bleu celeste, les orfrois de samy rouge aux lions et
oyseaux d'or. » *Ibid.*, pag. 107.

« Une chasuble, tunique et dalmatique de camocas vert, couvertes de lions,
oiseaux, teste et pied d'or, » etc. *Ib.*, ch. xv, pag. 112.

[4] « Hic cœnobium per annos xv nobiliter rexit, pallia duo leonina comparavit,
et textum de auro minorem, et alium redemit, » etc. *Chronica Ganfred. prioris
Vosiens.*, cap. ix. De abbat. Odolrico. (*Nov. Biblioth. manuscript. libr. Tom. II*,
pag. 283.)

[5] *Monuments inédits pour servir à l'histoire des arts*, par Willemin et Pottier,
tom. Ier, pag. 68 et pl. 113. —*Statistique monumentale de Paris*, atlas, cartes, plans
et dessins, par Albert Lenoir, etc., in-fol., 17e livraison, pl. 13. — *Abécédaire ou
rudiment d'archéologie*, 2e édit., pag. 213. Un autre fragment de cette étoffe est
conservé au Louvre (collection Révoil, n° 818).

Il n'est pas sans intérêt de comparer le dessin de l'étoffe en question avec celui
que présente le pourpoint attribué à Charles de Blois, tué à la bataille d'Auray, en
1364, vêtement que j'ai vu, en octobre 1851, chez M. Eude, costumier, rue des

je professe pour l'opinion de M. Ch. Lenormant, je ne puis donc me résigner à voir dans ces deux lions affrontés, dans ces aigles, autre chose qu'un dessin de fabrique, sans signification religieuse, du moins au moment où l'on l'exécutait.

Au reste, la question, en ce qui concerne la chape de Chinon, est entièrement résolue, s'il est vrai, comme on me l'a assuré, qu'il se trouve dans le tissu une inscription arabe dont le caractère ne saurait être plus ancien que le XIIe siècle [1].

Voile de la Vierge. Vêtement de Pierre Lombard.

On voit encore des lions retracés avec des poules dans une espèce de tissu antique de lin ou de coton broché d'or et de soie, d'environ six pieds de longueur sur dix-huit pouces de largeur, connu sous le nom de *voile de la Vierge* [2]. Dans un autre tissu de soie broché d'or, évidemment de fabrique orientale par le style des ornements, ce sont des es-

---

Petits-Augustins, n° 11, à Paris. Le tissu, de soie brochée, et non brodée d'or, comme le dit M. de Caumont, offre des compartiments octogones remplis alternativement d'un aigle et d'un lion ; la figure d'un quatrefeuilles lancéolé se trouve dessinée par la réunion des alvéoles octogones. Voy. l'*Abécédaire* déjà cité, pag. 408.

[1] Au moment de mettre sous presse, je reçois en communication une brochure grand in-8°, de 16 pages, intitulée *la Chape de Saint-Mexme de Chinon*. Note lue dans la séance de la Société archéologique de Touraine, du 28 mars 1851, par Victor Luzarche. Tours, imprimerie de Ladevèze, 1851. Ce travail, remarquable par plusieurs erreurs graves, se termine par un fac-simile de l'inscription arabe de la chape, traduite en caractères modernes et en français.

[2] *Monuments inédits*, etc., tom. Ier, pag. 10, col. 1, pl. 16. Outre la relique de ce nom conservée à Chartres, il y avait un autre voile de la Vierge à Milhau en Rouergue ; on lit en effet dans l'inventaire des reliques du prieuré de Sainte-Marie de cette ville, contenu au cartulaire de Saint-Victor de Marseille, que cite D. Carpentier, tom. III, col. 704 : « Velum beatæ Mariæ, quod dicitur *sancta Savena*. » Voy. *Gloss. med. et inf. Latin.*, tom. VI, pag. 76, col. 3.

A Constantinople, c'était le manteau de la Vierge, que, dans un combat, Alexis Comnène Ier porta en guise d'étendard. Voyez *Annæ Comnenæ Alexiados lib. VII*; ed. P. Possin., pag. 196, D.

pèces de poules de Numidie mêlées à d'autres animaux
que l'on pourrait prendre pour des girafes mal confor-
mées [1].

Parmi les animaux représentés sur les voiles et les ornements d'autels inventoriés par Anastase, nous avons vu le
paon figurer aussi fréquemment que le lion et l'aigle. Ce
volatile se retrouve au milieu de compartiments polygones,
avec de petits animaux, lièvres ou gazelles, qui en occupent le
pourtour, dans une magnifique étoffe tissue de soie et d'or,
dont les débris ont été trouvés, au mois de prairial de
l'an VII, lorsque l'on ouvrit la plupart des tombeaux que
renfermait l'antique abbaye de Saint-Germain-des-Prés [2].

Étoffe exhumée d'un tombeau de Saint-Germain-des-Prés.

---

[1] *Monuments inédits*, etc., tom. Ier, pag. 50, col. 1 et 2, et pl. 78. — *Mélanges d'archéologie*, tom. II, pag. 244.

Le tissu en question faisait partie du vêtement qui enveloppait les restes de Pierre Lombard, surnommé *le Maître des sentences*, mort en 1160, suivant les historiens, en 1164, suivant son épitaphe, et enterré dans l'église paroissiale de Saint-Marcel. Le fragment reproduit par Willemin, se trouve actuellement dans le cabinet de M. Yemeniz, et l'on en conserve un autre au Louvre (collection Révoil, n° 817).

[2] Voyez *Musée des monuments français*, etc., par Alexandre Lenoir, etc., tom. Ier, de l'imprimerie de Guilleminet, an IX. — 1800, in-8°, n° 424, pag. 158-166.

Ces débris appartenant, non pas comme on l'a dit jusqu'à présent, au costume de l'abbé Ingon, mort en 1025 ou 1026, mais, comme le démontrera M. Albert Lenoir, au vêtement de Pierre (II) de Courpalay, mort le 3 avril 1334, sont maintenant conservés au Louvre (collection Révoil, n° 819), au Musée des Thermes et de l'hôtel de Cluny, chez M. le comte de Lescalopier, et dans le cabinet de M. Yemeniz; ils ont été gravés par Willemin (*Mon. inéd.*, tom. Ier, pl. 15), puis par M. Albert Lenoir (*Stat. mon. de Paris*, atlas, etc., 16° liv., pl. XIV), et décrits par M. Pottier, tom. Ier, pag. 9. Avant eux, M. Desmarest avait inséré dans les *Mémoires de la classe des sciences mathématiques et physiques de l'Institut* (second semestre de 1806, pag. 122), une dissertation fort étendue sur cette étoffe et sur toutes celles qu'on avait exhumées du même tombeau. Quelle que soit la valeur que l'on veuille bien attribuer à ce travail, dans lequel l'auteur a considéré ces tissus sous le double point de vue de l'historique et de la pratique

Je suis porté à croire que cette étoffe avait été fabriquée
en Grèce, où l'on se plaisait volontiers à reproduire la figure
du paon sur les tissus de prix, comme nous le donne à penser Constantin Porphyrogénète, qui nous apprend que certains des grands officiers de la cour de Constantinople devaient porter à la fête de Noël des robes ornées de l'image
de cet oiseau [1]. Il ne serait cependant pas impossible que le
tissu en question ne fût sorti d'une manufacture italienne,
comme l'étoffe de la chasuble, dite *de saint Dominique*, conservée dans le trésor de l'église de Saint-Sernin, à Toulouse,
étoffe que M. l'abbé Martin considère comme fabriquée en
Italie postérieurement à 1221 [2].

---

de leur fabrication, nous ferons néanmoins observer avec M. Pottier, qu'il s'est
étrangement mépris, lorsque, sans prendre garde à la légende arabe, quatre fois
répétée autour de chaque compartiment, et exprimant une invocation à Dieu, il
s'est persuadé que cette étoffe avait été fabriquée en France, et lorsqu'il a tiré de
ce fait supposé des conclusions inadmissibles, touchant le progrès de cette fabrication au xe siècle. Quant à celle de notre tissu, M. Desmarest a reconnu qu'il
était composé d'une trame et d'une chaîne de filature très-fine et très-égale; que la
chaîne était à deux brins, dont le tors était très-ménagé; que les deux espoulins
chargés de fils en dorure avaient fourni au broché certaines parties de dessin as-
sujetties à des lisses particulières divisées en deux rangs; et enfin que l'emploi de
ces procédés annonçait des métiers d'une forte construction et des mains très-ha-
biles dans le jeu des lisses de deux ordres, etc. « Jusqu'à présent, ajoute M. Desmarest, pag. 150, je n'ai pas fait mention de la matière avec laquelle cette étoffe
intéressante a été fabriquée. Cependant plusieurs raisons m'engagent à faire remarquer que cette étoffe est tissue en laine. Le principal motif est le rapprochement
des différentes qualités de cette étoffe avec ce qui concerne l'emploi des laines
par les artistes anciens, et dont Pline fait mention dans le quarante-huitième chapitre de son livre VIII. » Si les autres raisons de M. Desmarest valent son *principal motif*, on peut en toute sûreté de conscience n'en pas tenir grand compte.
D'ailleurs, un juge aussi compétent au moins que M. Desmarest, M. Yemeniz, assure qu'il n'y a pas de laine employée dans ce tissu.

[1] Προέρχονται ἅπαντες ἠλλαγμένοι ἐν τῷ ἡμικυκλίῳ τῆς ἀψίδος, φοροῦντες οἱ πατρίκιοι...
οἱ μὲν τύπεα καὶ μηλινοπάθρωτα... οἱ δὲ ταῶνας κογχευτούς, etc. *De Cerimoniis aulæ
Byzantinæ*, lib. I, cap. xxii.

[2] Ce dessin se voyait sur l'étoffe de meubles appartenant à l'un de nos rois:

On peut presque à coup sûr attribuer à l'Orient celle d'un coussin de soie jaune, gardé dans le trésor de l'église de Saint-Pierre, à Troyes, surtout s'il est vrai que ce coussin fût placé dans une châsse, sous la tête de l'un des corps saints apportés dans cette ville au commencement du xiiie siècle. Le fond représente des feuillages légers, dont les tiges parallèles sont terminées par une grosse fleur du genre des tulipes et de couleur bleue; d'un côté, ce coussin est traversé par une bande large de deux à trois pouces, de couleur vert clair divisée par un ornement en manière de lettres arabes, alternant avec la figure d'un paon qui fait la roue, et de la queue duquel naissent des espèces de rinceaux légers qui remplissent le fond [1].

Coussin de l'église de Saint-Pierre de Troyes.

Je ne veux pas m'arrêter davantage ici aux dessins des étoffes de soie qui avaient cours en Occident antérieurement aux xiie et xiiie siècles, et les étudier dans les manuscrits ou sur les statues des porches et des tombeaux des vieilles églises; toutefois je ne dois point omettre de signaler une coïncidence dont on tirera telle conclusion que l'on voudra. Dans les tissus inventoriés par Anastase, il est question à tout moment de roues retracées dans le dessin : c'est là un ornement assez ordinaire dans la première période romane, et je ne serais point étonné que les sculpteurs de la décadence ne l'eussent copié sur des étoffes venues d'Orient. Ce qu'il y a de certain, c'est que l'on trouve des roues,

Roues retracées dans le dessin d'étoffes anciennes.

« Item deux autres carreaulx de salle de drap d'or sur champ blanc à paons. » *Inventaire de Charles V*, Ms. de la Bibl. nat. n° 8356, fol. iijᵉ xj, n° 3653.

[1] *Voyage archéologique et pittoresque dans le département de l'Aube...* publié sous la direction de A. F. Arnaud, etc. Troyes, imprimerie de L. C. Cardon, 1837, grand in-4°, pag. 187, col. 2.

entre autres endroits, sur les grands cercueils déposés à Saint-Gilles autour du sanctuaire de l'église, transformé en musée d'antiquités [1], et que l'un des sarcophages chrétiens mis à nu non loin de l'église de Saint-Honorat, dans le cimetière des Aliscamps, à Arles, présente également cette décoration [2].

Dessins d'étoffes renfermant une succession de cercles ou d'écussons.

Une disposition que l'on rencontre aussi dans les étoffes qui sont parvenues jusqu'à nous, ou dont on trouve la description dans les anciens auteurs, c'est une succession de cercles ou d'écussons renfermant des animaux : ce qui leur valait l'épithète de *circumrotata* [3]. Ce dessin ou quelque chose d'approchant, se voyait pareillement sur certaines étoffes de l'antiquité, qui avaient reçu de là le nom de *scutulatæ* ou *scutlatæ vestes* [4]. Chez les unes comme chez les autres, ce dessin venait originairement de l'Inde, où il

---

[1] *Bulletin monumental*, tom. X, pag. 671.

[2] *Ibid.*, tom. XI, pag. 113.

[3] « Item dedit lineam cortinam, alterum parietem ecclesiæ (cathed. Autissiod.) festivis diebus decorantem, regum et imperatorum imaginibus depictam, supra quam posuit tria preciosissima pallia mille solidorum precii constantia, quorum unum viridis coloris leonibus multicoloribus *circumrotatis* fulget, secundum imaginibus regum similiter *circumrotatis* regali modo equitantium pollet; tertium quoque leonibus auricoloribus *circumrotatis* aspicientibus arridet. » *Historia episcoporum Autissiodorensium*, cap. LII. De Humbaudo. (*Nov. Biblioth. manuscript. libr. tom. I*, pag. 457.)

A la suite de ce passage en vient un autre qui prouve que les dessins des étoffes de soie, au moins celui qui représentait des lions, étaient imités par les ouvriers en laine : « Item ad decorem ecclesiæ ... duo magna dedit dorsalia lanea, leonibus multicoloribus operose insignita, » etc. Le donateur, Humbaud, mourut dans un naufrage en 1115, en revenant de Jérusalem.

[4] « Nulla mima... sigillatis sericis, aut textili utatur auratis... Uti.., *scutlatis*, et variis coloribus sericis... non vetamus. » *Imppp. Theod., Arcad. et Honor. in Cod. Theod.*, lib. XV, tit. VII, art. 11. Cf. Gothofred. admot. ad l. c., et *Tot. Latin. Lexic.*, ed. in German. prim., tom. IV, pag. 50, col. 1.

n'a point cessé d'être en usage. Quand, l'an dernier, les ambassadeurs du Népaul vinrent en France, une chose qui fixait l'attention autant que la somptuosité des vêtements de Jung Bahadour et de ses frères, c'était le costume d'un personnage de la suite, qui portait, sur plusieurs points de sa robe noire, et particulièrement de chaque côté de la poitrine, des écussons circulaires ornés de dessins et de légendes à l'instar de ceux que l'on voyait encore sur nos anciennes étoffes [1], postérieurement à l'époque où nous en sommes de leur histoire. Nous lisons, en effet, dans un roman du XIII° siècle :

> L'emperere se va encontre
> Le lit la pucele asseoir ;
> On i ot fait .i. haut seoir
> De fuerre et d'une keute pointe,
> D'un cendal jausne bien porpointe,
> *Bordée* entor *à escuchiaus.*
>
> *Le Roman de l'Escoufle*, Ms. de l'Arsenal, B.-L. fr., in-4°, n° 178, fol. 26 recto, col. 1, v. 9 [2].

Voyons maintenant quels sont les autres monuments de l'industrie de la soie qui nous restent antérieurement à l'expédition du roi Roger en Grèce, qui clôt la deuxième période de l'histoire que nous essayons d'esquisser.

Le plus beau que je connaisse en ce genre est la dalmatique impériale, splendide vêtement que l'on conserve à

Ce dessin, originaire de l'Inde, se perpétue chez nous pendant tout le moyen âge.

Dalmatique impériale.

---

[1] Voyez *le Salut public*, de Lyon, du 4 octobre 1850 ; et *le Constitutionnel* du lundi 7 octobre de la même année.

[2] Voyez encore l'*Abécédaire* de M. de Caumont, 2° édition, pag. 406, en prenant garde que le directeur de l'Institut des provinces se trompe quand il ne fait remonter qu'au XIII° siècle l'usage de broder sur des tissus des personnages encadrés, comme sur les vitraux, dans des cercles ronds, quadrilobés, etc.

Rome, dans le trésor de l'église Saint-Pierre; on l'appelle encore la chape de saint Léon III. Ce vêtement est complétement byzantin. Quatre sujets sont brodés en or et en soie sur cette dalmatique, dont le fond est en soie de couleur bleue et sombre; ils sont disposés sur le devant, sur les épaules et sur le dos. Des inscriptions grecques y sont brodées [1].

A côté de cette dalmatique impériale il faut placer le manteau de saint Henri (973-1024), dont les bollandistes ont donné le dessin en deux planches [2], et une très-ancienne chape, que l'on dit avoir servi au pape Léon III, lorsqu'il fit la dédicace de l'église d'Aix-la-Chapelle; elle y est conservée avec une chasuble que l'on prétend avoir servi à saint Bernard, et bien d'autres richesses du même genre [3].

Les Bénédictins auxquels nous devons cette dernière indication, remarquèrent aussi, dans leurs voyages, les chasubles de saint Ursin [4], de saint Edmond [5], de saint Martin

(marginal notes:)
Manteau de saint Henri. Chape de Léon III. Chasuble de saint Bernard.

Autres vêtements précieux signalés par les Bénédictins.

---

[1] *Ueber die Kaiser-Dalmatika in der St.-Peterskirche zu Rom*, von Sulpiz Boisserée. München, 1842, in-4° de 24 pages, avec cinq planches lithographiées. — *La Dalmatique impériale*, art. de M. Didron, dans les *Annales archéologiques*, tom. Ier, Paris, 1844, in-4°, pag. 152, col. 1—pag. 167, col. 1, avec une grande planche. — Analyse du mémoire de M. Boisserée, dans le *Bulletin archéologique* publié par le Comité historique des arts et monuments, tom. III, pag. 33, 34. A la suite, pag. 37, 38, viennent des notes sur d'anciennes chasubles conservées en France.

[2] *De S. Henrici Manto, ut vocant, Bambergæ in ecclesia Imperiali asservato*, append. ad acta S. Henric. imp., cap. III. (*Acta sanctorum Julii*, tom. III, pag. 782-784.)

[3] *Voyage littéraire de deux religieux bénédictins de la congregation de S. Maur*, etc., tom. II, à Paris, chez Montalant, M. DCC. XXIV., in-4°, pag. 201.

[4] *Voyage littéraire*, etc., tom. Ier, 1re partie, à Paris, M DCC XVII, pag. 31. Saint Ursin, premier évêque de Bourges, vivait au IIe ou IIIe siècle.

[5] *Ibid.*, pag. 57. Cette chasuble doit être la même que celle que l'on garde soi-

de Tours [1], de Théodoric, évêque de Metz [2], de saint Thomas
de Canterbury, et une autre donnée par saint Louis [3], la chasuble de saint Héribert [4], les ornements de saint Remacle [5],
la chasuble de saint Meinwerc [6], et l'ornement que l'on prétend avoir servi à saint Lambert et qui est conservé dans la
cathédrale de Liége [7]. A Reims, ils auraient vu, dans une
abbaye de leur ordre, l'étole de saint Nicaise, que l'on

---

gneusement dans la sacristie de Saint-Quiriace, à Provins. Elle est en soie verdâtre, gaufrée d'ornements de même couleur et qui rappellent le commencement
du XIIIᵉ siècle. Des animaux fantastiques sont tissus dans les galons. Voyez le *Bulletin archéologique* publié par le Comité historique des arts et monuments, tom. III.
1844, pag. 37.

Saint Edme ou Edmond, archevêque de Canterbury, mourut le 16 novembre
1242, au prieuré de Soisy, près de Provins, et son corps fut porté à l'abbaye de
Pontigny. Voyez le *Gallia christiana*, tom. XII, col. 206, E; et l'*Histoire de Provins*, par Félix Bourquelot. Provins, Lebeau, 1839, in-8°, tom. Iᵉʳ, pag. 191, 192.

[1] *Voyage littéraire*, etc., tom. Iᵉʳ, 1ʳᵉ partie, pag. 90.

[2] *Ib.*, tom. Iᵉʳ, 2ᵉ part., pag. 112.

[3] *Ib.*, tom. II, pag. 77.

Je m'étonne grandement que les deux religieux n'aient rien dit d'une chasuble
également conservée à Sens, et dont pourtant ils connaissaient bien l'existence dans
le monastère de Saint-Pierre le Vif, où elle servait le jour de la fête de saint Ebbe :
c'était celle avec laquelle cet évêque avait été enterré au VIIIᵉ siècle, et qui fut retrouvée presque entière quand on ouvrit son cercueil. Voyez *Acta sanctorum ordinis S. Benedicti*, sæcul. III, pars prima, pag. 652.

[4] *Voyage littéraire*, etc., tom. II, pag. 263. Saint Heribert, archevêque de Cologne, mourut en 1021 ou 1022.

[5] *Voyage littéraire*, etc., tom. II, pag. 153. Saint Remacle, évêque de Maëstricht, mourut entre 667 et 674.

[6] *Voyage littéraire*, etc., tom. II, pag. 240. Saint Meinwerc, évêque de Pader-
born, vivait au commencement du XIᵉ siècle. Sa chasuble, en damas blanc, est celle
dans laquelle il fut enterré en 1036. Voyez-en la description dans les *Acta sanct.
ord. S. Bened.*, siècle VI, 1ʳᵉ partie, pag. 394, 395, n° 28.

La chasuble en soie avec laquelle un autre évêque allemand, saint Bernward,
mort en 1023, avait été enseveli, fut retrouvée au bout de cent soixante et douze
ans dans un parfait état de conservation. Voyez l'histoire de sa canonisation et de
sa translation, dans le même recueil, siècle VI, 1ʳᵉ partie, pag. 245, n° 19.

[7] *Voyage littéraire*, etc., tom. II, pag. 183, 184. Saint Lambert, évêque de
Maëstricht, l'an 668, mourut martyr vers l'an 708.

disait être du v⁰ siècle ¹, sans parler d'une multitude de
vêtements précieux conservés dans la cathédrale, parmi lesquels on remarquait « une chasuble de soie perse noire,
toute couverte de soleils et d'estoiles, les orfrois de tissu d'or,
où il y a, ajoute l'auteur de l'inventaire d'où nous tirons
ces détails, plusieurs perles et pierres, doublée de soie
rouge ; donnée par Tilpin, archevesque de Reims ². »

Chasuble
de saint Regno-
bert, a Bayeux

Dans la cathédrale de Bayeux, on conserve la chasuble
en soie attribuée à saint Regnobert, l'un des premiers évêques de cette ville, mort vers l'an 666. L'étole et la mani-
pule sont tissus d'or et de perles ; le tout est conservé dans
une cassette en ivoire, ferrée d'argent doré et émaillé. On
lit sur la serrure une inscription arabe, en caractères cufiques ³.

Cette circonstance, à défaut d'inscription tracée dans l'é-
toffe elle-même ⁴, suffirait à donner l'idée que bon nombre

---

¹ « Le Samedy matin il (Louis XIII) alla ouyr la Messe à l'Abbaye Sainct Nicaise... on luy monstra... une Estole, avec laquelle Sainct Nicaise fut martyrisé
(au v⁰ siècle), laquelle est de drap d'or trait fort delicat, » etc. Relation du sacre
de Louis XIII, dans le *Ceremonial françois*, édit. in-folio, tom. 1ᵉʳ, pag. 441,
442. Voyez aussi les *Trésors des églises de Reims*, par Prosper Tarbé, ch. xxxiii,
pag. 255.

² *Inventaire des chapes, chasubles, dalmatiques, tapisseries de Notre-Dame de
Reims*, etc. (*Trésors*, etc., ch. xv, pag. 110.)

D'après l'inventaire de 1470, que D. Marlot (*Metropolis Remensis Historia*,
lib. III, cap. 1 ; tom. I, pag. 316) a consulté et où figurait cette antique chasuble,
on voit que les orfrois étaient ornés de croix et de losanges. Les soleils et les
étoiles étaient d'or. Entre les soleils étaient d'autres figures également faites en fil
d'or. Enfin on y remarquait des dessins de diverses couleurs. Tilpin mourut
l'an 812.

³ *Bulletin archéologique*, etc., tom. III, 1844, pag. 37.

⁴ A celles dont nous avons déjà fait mention, il faut ajouter l'inscription arabe
brodée sur la bordure d'une chasuble en soie de la cathédrale de Coire, en Suisse,

de ces riches tissus de soie nous venaient des pays occupés par les musulmans, si nous ne savions, par des témoignages plus directs, que c'était là qu'ils se fabriquaient avant
d'arriver en Occident par la voie du commerce. Le moine
de Saint-Gal nous montre un juif, complice d'un bon tour
que Charlemagne voulait jouer à un évêque, amateur de ra-
retés, offrant au prélat un rat enveloppé d'une étoffe de
soie très-précieuse, comme s'il eût rapporté le tout de la
Palestine, où il faisait de fréquents voyages dans le but d'y
aller chercher des objets inconnus et de prix pour les vendre
en Europe [1].

C'est qu'en effet Jérusalem était à cette époque une place
de commerce très-importante, et il s'y tenait des foires qui
attiraient une foule de marchands [2]. Cette prospérité se
maintint jusque sous les rois latins; du moins Bromton nous
montre, sous Richard Ier, une caravane égyptienne en route
pour Jérusalem, et chargée, entres autre denrées, d'étoffes
de soie, de pourpres de diverses espèces, de siglatons, de

Importance commerciale et foires de Jérusalem.

que l'on fit voir à M. Reinaud, à son passage par cette ville, en octobre 1843.
Voyez le Cabinet de l'amateur et de l'antiquaire, etc., tom. II, Paris, 1843, in-8°,
pag. 362.

[1] Monachi Sangallensis Lib. I de eccles. Cura Caroli Magni, cap. XVIII. (Rec. des
hist. des Gaules et de la France, tom. V, pag. 112, D.)

Dans un écrivain antérieur, c'est un très-vieux morceau de soie venant de Jérusalem, où il avait servi à envelopper la croix du Sauveur. Voyez S. Gregorii
episc. Turon. de Gloria Martyrum, lib. I, cap. VI.

Ailleurs, c'est la dent d'un juif que l'on voulait faire passer pour être de saint
Matthieu et que l'on mit « en un bel drap de soie. » Voyez l'Ystoire de li Normant,
liv. VIII, ch. XXVIII; édit. de M. Champollion, pag. 235.

[2] Adamnani abb. Hiiens. Lib. tres de Locis sanctis, etc., lib. I, cap. I. (Acta sanct.
ord. S. Bened., sæc. III, pars secunda, pag. 503.)

Saint Adamnan, qui nous a conservé la relation de l'évêque saint Arculfe,
mourut vers l'an 705.

matelas ou coussins de soie habilement brodés à l'aiguille, de pavillons et de tentes d'un très-grand prix [1].

Un rimeur de la même époque environ, parlant d'un monastère de Sainte-Marie qui aurait été fondé à Jérusalem par Charlemagne, s'exprime ainsi :

> Li hume de la tere la claiment la Latanie,
> Car li language i venent de trestute la vile;
> Il i vendent lur pailes, lur teiles e lur series, etc.
>
> *Charlemagne, an Anglo-Norman Poem of the twelfth Century*, pag. 9, l. 208.

Soies d'Arabie et de Zazamane.

Les soies d'Arabie sont nommées dans l'ancien poëme des *Nibelungen*, en même temps que celles d'un autre pays dont nous ne connaissons pas le nom moderne :

> Die arâbischen sîden   wîz alsó der snê,
> unde von Zazamanc   der grüenen só der klê,
> dar in si leiten steine, des wurden guotiu kleit.
> Selbe sneit si Kriemhilt, diu hêrliche meit.
>
> *Nibelunge Nôt*, str. 362.

---

[1] « Portabant autem... pallia oloserica, purpuram, siclades, ostrum... calcitras de serico acuvariatas operose, papiliones et tentoria preciosissima. » *Chron. Johan. Bromton*, apud Rog. Twysden, *Hist. Anglic. Script. X*, tom. I, col. 1245, lig. 52.

Les draps d'or et de soie formaient, à ces époques reculées, la plus grande partie du chargement des caravanes qui alimentaient le commerce de la Palestine, et contre lesquelles les croisés dirigeaient fréquemment leurs entreprises. Ainsi « il avint une foiz que il (le conte de Brienne, qui fu conte de Jaffe par plusieurs années) desconfit une grant quantité de Sarrazins qui menoient grant foison de dras d'or et de soie, lesquiex il gaingna touz, » etc. *Histoire de saint Louis*, par Jehan sire de Joinville, édit. du Louvre, pag. 110.

Voyez, sur le commerce des Latins avec Jérusalem, *Mémoire dans lequel on examine quel fut l'état du commerce des François dans le Levant... avant les croisades*, etc., par M. de Guignes. (*Mém. de litt. tirés des reg. de l'Acad. des Inscr. et Belles-Lettres*, tom. XXXVII, pag. 480-489.)

« Les soies arabes blanches comme la neige,
et de Zazamanc vertes comme le trèfle ;
là-dessus ils mettaient des pierres, cela devenait de bons habits
Kriemhilt les coupe elle-même, la superbe fille. »

Ailleurs, ce sont des soies de Maroc et de Libye :

Soies de Maroc
et de Libye.

Von Marroch dem lande   und ouch von Libîân
die aller besten siden   die ie mèr gewan
deheines küneges   künne, der heten si genuoc.
Wol lie daz schînen Kriemhilt   daz si in holden willen truoc.

Str. 355.

« Du pays de Maroc et aussi de Libye
les meilleures soies, qu'eût jamais gagnées
un enfant de roi, ils en avaient assez.
Kriemhilt les faisait bien briller, elle les portait avec plaisir.

Principaux
entrepôts de
soieries.

Mais c'était surtout à Constantinople et à Alexandrie que les marchands allaient s'approvisionner. Dans une charte de l'an 1019, un abbé d'un monastère d'Italie mentionne des ornements en soie de Constantinople, et, plus loin, deux autres ornements d'autel en soie d'Afrique [1]. Geoffroi de Vinisauf, qui écrivait vers 1202, dit de la cour de Rome, qu'elle se fournissait de pourpre en Grèce, ce qui doit s'entendre des étoffes de soie teintes en cette couleur :

Byssus ab Æthyopum Romam deducitur oris,
Et tellus alias barbara mittit opes.
Cocco bis tinctos Urbi dat Græcia pannos.

Carmen apologeticum adversus obtrectatores curiæ Romanæ, v. 101.
(*Vetera Analecta*, ed. D. J. Mabillon, in-fol., pag. 370, col. 1.)

---

[1] Voyez Muratori, *Antiquitates Italicæ medii ævi*, tom. II, col. 408, E; et tom. IV, col. 767, D, 768, A. Voyez également le Glossaire de du Cange, au mot *Cercitorium*, tom. II, pag. 288, col. 1.

et bien auparavant, l'un de ces détracteurs de la cour de
Rome disait :

> Gens Romanorum subdola antiqua colit idola...
> Ornatas vestes Graeciae, etc.
>
> *Poésies populaires latines antérieures au douzième siècle*, par
> M. Édélestand du Méril. Paris, Brockhaus et Avenarius, etc.,
> 1843, in-8°, pag. 231.

*Prix élevé
des
étoffes de soie.*

La perfection de travail que nous avons constatée plus
haut pour les étoffes de soie, devait accroître dans une proportion notable leur prix, déjà fort élevé dans les pays
éloignés de Rome, qui, en sa qualité de métropole du
monde chrétien, paraît avoir été pendant longtemps l'entrepôt général de cette sorte de marchandise[1]. Le véné-
rable Bède raconte que saint Benoît Biscop, premier
abbé de Wearmouth, ayant rapporté, dans l'un de ses
voyages de Rome, deux pièces de soie d'un travail incomparable, les céda au roi Egfrid, en échange de la terre de
trois familles, située près de l'embouchure de la Wear, où il
fonda un monastère, en 674[2].

---

[1] Au passage de Bède dont nous donnons la substance plus bas, ajoutez-en un
d'une lettre de Cnute, qui nous a été conservée par Ingulph. On y voit que ce
roi étant allé à Rome, la quatorzième année de son règne (1027), y reçut du pape
et des princes assemblés pour le couronnement de l'empereur Conrad II, nombre
de présents aussi riches que variés, parmi lesquels se trouvaient des étoffes et des
habits d'un très-grand prix. (*Hist. Ingulphi*, apud Th. Gale, *Rer. Anglic. Script.,
veter. Tom. I*, pag. 60, lig. 4 et 5.)
Je signalerai encore un passage des Gestes des évêques du Mans, dans lequel il
est dit qu'à la suite d'un premier voyage à Rome, Geoffroi de Loudun, qui monta
sur le siège épiscopal en 1234, donna à son église un samit, et au retour d'un
second un *paille roé* « unum pallium rotatum. » Voyez *Veterum Analectorum
Tom. III*, in-8°, pag. 390 ; édit. in-fol., pag. 335, col. 2.
[2] *Vita S. Benedicti, abbat. Wiremuth. primi*, etc., lib. I, n° 9. (*Acta Sanct. ord.
S. Bened.*, sæc. II, pag. 1007.)

La renommée des étoffes byzantines, dont s'alimentait surtout le commerce de Rome, subsista longtemps, comme nous aurons occasion de le faire remarquer plus tard. Pour le moment, nous ne voulons alléguer qu'un passage d'une ancienne chronique [1], d'où il résulte en même temps que toutes les soieries brochées ne venaient pas de l'Orient; toutefois je me garderai bien d'en conclure, comme semble l'insinuer M. Émeric-David, qu'il y en avait des manufactures dans le voisinage des abbayes du nord de la France [2].

Quoi qu'il en soit, les plus belles de ces étoffes byzantines ne nous arrivaient pas par le commerce, mais par contrebande ou comme présent diplomatique. Liutprand, dans le récit de l'ambassade qu'il accomplit auprès de Nicéphore Phocas, en 968, nous montre les officiers de la douane de Constantinople faisant estampiller, à l'instar des Vénitiens, certaines pièces d'étoffes qu'il avait achetées pour son église, et confisquant les plus belles comme marchandises prohibées à l'exportation [3].

Réputation des étoffes byzantines.

Soieries byzantines prohibées à l'exportation.

Voyez encore ci-dessus, pag. 44, not. 2.

Dans la vie de saint Gervin, abbé de Saint-Riquier au XIe siècle, nous voyons que la femme d'Édouard le Confesseur lui ayant fait don d'un amict très-précieux et merveilleusement décoré d'or et de pierres fines, Gui, évêque d'Amiens, désirant l'avoir, offrit en échange au monastère les dîmes perpétuelles de deux églises. (*Acta sanct. ord. S. Bened.*, sæc. VI, pars secunda, pag. 325, 326, n° 13.)

[1] « Dedit autem (Hugo episcop. Cenomannensis, A. D. M. CXXXV) xj serica dorsalia lato rotarum ambitu, diversisque floribus nexilibus intertexta, quorum operi Constantinopolis synoniis (*leg.* sydoniis) coloribus invideret. » *Actus Pontif. Cenoman.*, cap. XXXVII. (*Vetera Analecta*, etc., édit. in-fol., pag. 326, col. 2.)

Sous le prédécesseur de Hugues, nommé Guy, Mathilde, épouse de Geoffroy le Bel, avait donné à l'église de Saint-Julien du Mans des ornements semblables : « tria preciosissima dorsalia cum tapeto ad decorem domus Domini nostræ contulit ecclesiæ. » *Ibid.*, cap. XXXVI. (*Ib.*, pag. 322, col. 1.)

[2] *Histoire de la peinture au moyen âge*, édit. in-12, pag. 120, not. 3.

[3] « ... nec ab imperatore, aut rege, sed a Berengario marchione missus, et multo

Il faut ranger dans cette catégorie la pourpre dite *impériale*, sans doute parce qu'elle était exclusivement réservée à l'usage des empereurs d'Orient, qui l'employaient soit à leur costume, soit à des présents. Il s'en trouvait au moins une pièce, confectionnée en tenture d'autel, parmi ceux que Michel, fils de l'empereur Théophile, envoya au pape Benoît III, vers le milieu du ixe siècle[1], et je ne fais aucun doute que l'habit envoyé en présent par Alexis Comnène Ier au monastère du Mont-Cassin, vers la fin du xie, n'ait été de ce précieux tissu, l'expression de *dorso suo* dont se sert, en parlant de l'empereur, l'écrivain qui nous a conservé ce fait, me paraissant devoir être entendue au figuré, et signifier

---

plura ac pretiosiora pallia emi : quæ neque scrutata , nec a Græcis visa , nec plumbo sunt signata. Nunc... episcopus, et a magnificis imperatoribus Ottone, et Ottone, patre et filio missus, tanto inhonestior, ut Venetieorum more pallia mea notentur, et quæ quantivis pretii videntur , auferantur, cum in ecclesiæ mihi commissæ usus ferantur. » *Rer. Ital. Script.*, ed. Murator., tom. II , pag. 487, col. 2 , A. — « Hoc autem eo fecit, quoniam ne purpuras haberem absconditas, mea pallia regyravit. » *Ibid.*, pag. 489, col. 2, C.

[1] « Hujus temporibus, Michael... misit ad Beatum Petrum... vela duo de olovero, cum cruce de olovero, et lista similiter de chrysoclavo... Similiter et vestem de purpura imperiali munda super altare majus ex omni parte cum historia, et cancellis, et rosis de chrysoclavo, magnæ pulchritudinis deornatam, etiam in cruce de chrysoclavo, et velum de stauraci unum, cum cruce de chrysoclavo, et litteris de auro Græcis. » Anast. Biblioth., *De Vitis Roman. Pont.*, no cvi. Bened. III, A. C. 855. (*Rer. Ital. Script.*, tom. III, pag. 251, col. 2, D.)

Quelques années plus tard, le même empereur envoya à Saint-Pierre un autre ornement non moins riche : « ... vestem de chrysoclavo, cum gemmis albis, habentem historiam Salvatoris, et beatum apostolum Petrum et Paulum, et alios apostolos, arbusta et rosas utraque parte altaris, legentes de nomine ipsius imperatoris, miræ magnitudinis et pulchritudinis decore. » *Id.*, no cvii. Nicolaus I, A. C. 858. (*Ib.*, pag. 254, col. 2, A, B.)

Les voiles et autres objets mentionnés dans le premier des deux passages ci-dessus comme étant *de olovero*, paraissent avoir été de pourpre; du moins du Cange traduit *holoverus* par *purpureus*. Voyez *Gloss. med. et inf. Latin.*, tom. III, pag. 676, col. 2.

qu'Alexis avait puisé parmi les étoffes destinées à sa personne [1].

Les produits de l'industrie grecque et orientale nous arrivaient, non-seulement par les Juifs, mais par les Vénitiens, qui étaient déjà en possession de cette branche importante de commerce dès Charlemagne. Nous l'apprenons par une anecdote rapportée par le moine de Saint-Gal et trop connue pour que nous la reproduisions ici [2]. Elle est, en effet, citée partout comme preuve de la simplicité du grand empereur, qui ne vêtait la pourpre que dans les occasions d'apparat [3],

Importation des soieries par les Vénitiens.

---

[1] « Alexius... transmisit beato Benedicto vestem de dorso suo oxi deauratam, » etc. *Chron. S. monast. Casin.*, lib. IV, cap. xvii. (*Rer. Ital. Script.*, tom. IV, pag. 503, col. 1, B.)

Quelques années plus tard, le même empereur envoya encore un présent de soieries au monastère du Mont-Cassin, et cette fois c'était bien de la pourpre : « Hoc interea anno (1106) Alexius... transmisit beato Benedicto pallium purpureum optimum, de quo praedictus abbas pluviale aureis listis ornavit, et tunicam ejusdem subtegminis fieri jussit. » *Ib.*, lib. IV, cap. xxvii. (*Ib.*, pag. 508, col. 2, A.)

[2] « Erat autem imbrifera dies et frigida : et ipse quidem Carolus habebat pellicium berbicinum... Ceteri vero, utpote feriatis diebus, et qui modo de Papia venissent, ad quam nuper Venetici de transmarinis partibus omnes Orientalium divitias advectassent, Phoenicumque pellibus avium serico circundatis, et pavonum collis cum tergo et clunis mox florescere incipientibus, Tyria purpura, vel diacedrina litra decoratis, alii de lodicibus, quidam de gliribus circumamicti procedebant, » etc. *Monachi Sangall. Lib. II de Rebus bellicis Caroli Magni*, cap. xxvii. (*Rec. des Hist. des Gaules*, tom. V, pag. 133, A.)

Voyez encore *Dissertation sur l'establissement des loix somptuaires parmi les François*, par M. l'abbé de Vertot (*Mém. de l'Acad. des Inscriptions*, tom. VI, pag. 730, 731); et *Histoire de Charlemagne*, par Gaillard, liv. III, ch. iv, Paris, Foucault, 1819, in-8°, tom. II, pag. 162-164.

[3] « In festivitatibus veste auro texta et calceamentis gemmatis... incedebat, » etc. *Einhardi Vita Karoli Magni*, ch. xiii. (*Oeuv. compl.*, édit. d'A. Teulet, tom. Ier, pag. 76.)

<blockquote>
Regalis habitus tantum gestabat honorem,
Cum celebraretur valde sacrata dies...
</blockquote>

laissant les riches étoffes aux églises [1], que l'on ornait, jusqu'en Grande-Bretagne, de tentures de soie achetées au dehors [2], ou les employant à faire des présents aux souverains

---

Tunc auro textam nectebat fibula vestem,
Aurea comebat gemma pedes varia.
Poetæ Saxon. Annal. de gestis Caroli Magni imperat.,
lib. V, v. 345. (Rec. des hist. des Gaules, etc., tom. V,
pag. 178, D. — Scriptores rer. Brunsvicensium, ed. G.
Leibnitio, pag. 165.)

Voyez encore Mon. Sangal. Lib. I de eccl. Cur. Carol. Magn., cap. xx. (Rec. des hist. des Gaules, tom. V, pag. 113, E.)

[1] Après avoir donné les noms des cités archiépiscopales sous Charlemagne, la Chronique de Tours ajoute : « Has omnes auro et argento ditavit, vestimentis sericis exornavit, » etc. Vet. script. et mon. ampl. Collect., tom. V, col. 961, B.

Eginhard signale la grande quantité de vêtements sacerdotaux dont Charlemagne gratifia l'église d'Aix-la-Chapelle. Voyez Vita Karoli imp., cap. xxvi.

[2] Un poëte de la fin du viiie siècle dit d'Egbert, évêque d'York, qui témoignait beaucoup de sollicitude pour les églises :

Illas argento, gemmis vestivit et auro,
Serica suspendens peregrinis vela figuris.
Poema de pontif. et sanctis eccl. Eborac., v. 1266.
(Beati Flacci Albini seu Alcuini abbatis.... Opera, etc.
cur. ac stud. Frobenii, tom. II vol. I, pag. 254, col. 1.)

Auparavant, le même poëte parlant d'Oswald, dit :

Extruit ecclesias domisque exornat opimis,
Vasa ministeriis praestans pretiosa sacratis
Argento, gemmis aras vestivit et auro,
Serica parietibus tendens velamina sacris,
Auri blateolis pulchre distincta coronis, etc.
Ibid., v. 275, pag. 215, col. 1.

On lit dans un autre poëme attribué au même Alcuin :

Plurima basilicæ sunt ornamenta recentis,
Aureo contortis flavescunt pallia fillis,
Quæ sunt altaris sacri velamina pulchra.
Ad templum Bugga (filiæ Eatwini, Saxonum Occidentalium principis), v. 69, inter Carmina B. Alcuino
in edit. Quercetan. supposita, carmen III, col. 1677,
A; edit. Froben., tom. II vol. II, pag. 550, col. 2.

Non loin de là, un prélat révéré ornait aussi son église de telle sorte qu'un ha-

avec lesquels il entretenait des relations amicales, comme lorsqu'en 796, il accompagna une lettre à Offa, roi de Mercie, de deux pièces de soie, d'un baudrier et d'une épée à la mode des Huns [1].

Ses courtisans, qui ne se piquaient pas de tant de modestie dans leurs habits, n'allaient point, cependant, j'imagine, jusqu'à porter les étoffes réservées aux solennités de l'Église et de la royauté. Indépendamment du prix qu'elles coûtaient, roides et hérissées d'or, elles eussent été d'un usage peu commode. Je suis fondé à croire qu'ils avaient, les femmes surtout, des habits de tissus plus légers, tels que ceux dont un manuscrit de Théodulf, conservé au Puy en Velay, nous a gardé des échantillons, et qu'ils devaient souvent à la libéralité du prince; du moins nous savons que Pépin faisait des cadeaux de soieries à sa noblesse [2], qui ne devait pas se montrer plus ennemie du faste qu'on ne l'était

Soieries, tissus légers pour l'habillement des classes élevées.

giographe s'écrie : « Quomodo altaria purpura et serico induta decoravit, qui ad explanandum sufficere poterat? » *Vita S. Wilfridi episc. Eborac.*, auct. Eddio Stephano, c. xxi (*De ædificatione domus Dei in Hagustaldese*), dans les *Acta sanctorum ordinis S. Benedicti*, sæc. iv, pars i, pag. 688.

Enfin, Milfred, roi de Mercie, ayant fondé vers 825 la cathédrale de Hereford, ne cessa de l'enrichir, tant qu'il vécut, de soieries et d'ornements de choix. Voyez la chronique de Jean Bromton, dans le recueil de R. Twysden. (*Hist. Anglic. Script. X*, tom. I, col. 778, lig. 48.)

[1] *Epist. duæ ad Offam*, etc., A. C. 797. (*Capitularia regum Francorum*, ed. Steph. Baluzio, tom. I, col. 275.)

On lit auparavant, col. 274 : « Cognoscat quoque dilectio vestra quod aliquam benignitatem de dalmaticis nostris vel palliis ad singulas sedes episcopales regni vestri vel Æthelfredi direximus in eleemosynam domui apostolici Hadriani, deprecantes ut pro eo intercedi jubeatis... ut fidem et dilectionem ostendamus in amicum nostrum carissimum. »

[2] *Annal. Lauresham.*, sub an. 793, cap. xxvi. (*Monumenta Germaniæ historica*, script. tom. I, pag. 35.)

à la cour des rois mérovingiens, où la soie n'était point rare [1], où l'on voyait souvent des robes toutes de soie, comme celles auxquelles renonça saint Cloud [2], comme celles que portait saint Éloi pour se soumettre à l'usage [3].

Conformément à celui où l'on était autrefois de placer des morceaux de tissus fins et moelleux entre les feuillets des ma-

Tissus du manuscrit de Théodulf, conservé au Puy en Velay.

---

[1] Apollinaris Sidonius, mort vers l'an 488, nous représente Sigismer, jeune prince du sang royal, revêtu d'écarlate, éblouissant d'or, couvert de soie d'une éclatante blancheur, *lacteus serico.* Voyez *C. S. Apoll. Sidon. epist.*, lib. IV, ep. 20.

[2] « ... regalem pompam despicit... vestes auro textæ et holosericæ respuuntur. » *Vita S. Clodoaldi conf.*, circa an. Ch. D. LX, n° 6. (*Acta sanctorum ordinis S. Benedicti*, sæc. 1, pag. 136.)

[3] *Vita S. Eligii... a B. Audoeno... conscripta*, lib. I, cap. XII. (*De probatis sanctorum Vitis*, ed. Laur. Surio, Decemb., pag. 4.) — S. Éloi mourut en 570.

Grégoire de Tours, au chap. XVI du liv. X de son Histoire des Francs, parle d'un vêtement de soie apporté par une fille noble à son entrée en religion, et rapporte l'accusation lancée contre une abbesse d'avoir fait des habillements à sa nièce avec une pièce de soie, *de palla holoserica vestimenta nepti suæ temerarie fecerit.*

Nul doute que cette pièce, que ce coupon de soie, ne fût affecté aux cérémonies de l'Église ; peut-être même avait-il servi de couverture à quelque autel. Le même Grégoire de Tours, dans le récit de sa vision à Ebernlf, liv. VII, chap. XXII, parle du poêle qui couvrait l'autel et les offrandes : « Putabam me quasi in hac basilica sacrosancta missarum solemnia celebrare ; cumque jam altarium cum oblationibus pallio serico coopertum esset, subito ingredientem Guntchramnum regem conspicio, » etc.

A la fin de son édition des œuvres du père de notre histoire, D. Ruinart donne un testament qui jette quelques lumières sur l'abondance et le prix des étoffes de soie sous les rois mérovingiens : « Coopertoriolos olosyricos III... coopertoria olosyrica quatuor, unus valet solidos XXX, alius solidis XVI, tertius solidis XV, quartus solidis XLV, duo ex ipsis auro sunt fabricati... coopertorios olosericos III, minores V... palla oloserica cum suo ornatu valente solidos XII. Item palla super altariolo sancti Hilarii linita auro, et margaritis fabricata, valente solidos XXX, velola per ipsius oratorii parietes tria oloserico ornata, valente solidos VIII... Item ad pallas super sepulcro sancto oloserica duo, valentes solidos LX. Item pallas super sepulcra quinque Achaica exornatas, valente solidos XV. » *Test. S. Aredii, abb. Attanensis*, A. 11° regis Sigiberti. (*S. Georg. Florent. Greg. Tur. episc. Op. omn.*, col. 1313.)

nuscrits à miniature, surtout quand ils renfermaient des lettres et des ornements en or ou en argent, Théodulf, si ce n'est son relieur, avait choisi lui-même ceux que l'on voit encore aujourd'hui fixés à chaque page de son livre, au moyen d'un fil de couture, parmi les tissus les plus beaux, les plus fins et les plus moelleux de son époque. Les uns étaient des crêpes de Chine avec des bordures de cachemire broché ou espouliné par crochetage, à la méthode indienne ou persane ; les autres, des tissus unis et même façonnés de divers genres, de diverses couleurs et de diverses matières, telles que la soie, le coton, le lin, le poil de chèvre et le duvet de chameau de la plus grande finesse, ces matières si souples qui entrent encore aujourd'hui dans la confection des châles de Cachemire.

En examinant les trous des coutures qui attachent les tissus aux feuillets du manuscrit, on reconnaît qu'ils devaient être au nombre de soixante-six. Il ne reste aujourd'hui que cinquante-trois échantillons ; les treize qui manquent ont été enlevés ou perdus.

Une décomposition régulière, une analyse raisonnée suivant les principes de l'art, ont été faites de tous ces échantillons. La description en a été insérée dans les Annales publiées, en 1836, par la Société d'agriculture du Puy. Une carte synoptique de ces tissus et des dessins qui les décorent, se trouve à la fin du mémoire de M. Ph. Hedde, auquel nous avons emprunté les détails que nous donnons sur les étoffes incluses dans le manuscrit de Théodulf [1].

Analyse des tissus du manuscrit de Théodulf.

---

[1] *Annales de la société d'agriculture, sciences, arts et commerce du Puy, pour* 1837-1838, etc. Au Puy, de l'imprimerie de J. B. Gaudelet, 1839, in-8°, pag. 168-224, avec deux planches.

On y voit, en soie pure, un tissu canevas, couleur tourte-
relle claire (n° 4 du tableau synoptique), du foulard couleur
amaranthe (n° 5), de la gaze marabout couleur paille rosé
(n° 9), du crêpe de Chine très-souple couleur bois (n° 11),
du crêpe de Chine avec bordure broché espouliné, travail
indien à quatre couleurs (n° 13), une autre espèce du même
(n° 14), un tissu façonné soie fond foulard couleur pourpre
avec bordure lancée grande tire (n° 16); enfin du velours
coupe soie couleur pourpre reposant sur fond sergé (n° 17).

Les tissus mélangés de soie que présente le manuscrit de
Théodulf et le tableau synoptique dressé par M. Hedde,
sont : n° 2, une étoffe chaîne soie trame poil de chèvre couleur paille foncé; n° 3, une autre chaîne soie trame poil de
chèvre couleur vert de cour foncé; n° 15, un tissu mélange
soie et poil de chèvre avec bordure espouliné, travail indien
à deux couleurs. Quant aux tissus de coton, je n'en vois
qu'un couleur nankin, à moins qu'il ne faille joindre au
n° 1, qu'il porte, le n° 12 qui correspond à un crêpe de
Chine peu souple couleur blanc.

Un autre manuscrit, moins ancien que celui de Théodulf,
et qui après avoir appartenu aux religieux de la Grande-
Chartreuse de Grenoble, est passé du cabinet de M. Comar-
mond dans celui de M. Libri, puis en Angleterre, contient
entre les feuillets des tissus qui, pour être moins anciens,
n'en sont pas moins remarquables. La couverture de cet ouvrage se compose de deux plateaux d'ivoire, tandis que le dos
est formé d'une étoffe de lampas des Indes argent et soie, qui
paraît travaillée avec l'espoulinage et la navette ordinaire [1].

---

[1] Notice de M. Hedde, déjà citée, pag. 191, not. 1.

Une chose remarquable, comme le fait observer M. Hedde, c'est qu'en 1817, M. Bancel, de Saint-Chamond; en 1820, M. Beauvais, de Lyon; en 1835, MM. Grangier frères, de Saint-Chamond, prenaient des brevets d'invention pour la fabrication de diverses étoffes qui se trouvaient dans les feuillets du manuscrit de Théodulf[1]. Mieux connus, les tissus de l'Orient eussent été plus tôt imités chez nous, ce qui nous aurait valu un produit industriel de plus, et un tribut onéreux de moins à payer à l'étranger.

Nous trouvons en France, à la fin du xᵉ siècle, un autre genre d'industrie longtemps particulier aux Orientaux : c'est la fabrication des tentures et des tapis employés à la décoration des églises, et dont l'usage devenait de jour en jour plus commun. Vers l'an 985, il existait dans l'abbaye de Saint-Florent de Saumur une manufacture où les religieux tissaient des tapisseries ornées de fleurs et de figures d'animaux[2], et en 1025, on trouve à Poitiers une fabrique de tapisseries et de tapis, où les prélats de l'Italie adressaient eux-mêmes des demandes[3]; mais tout porte à croire que ces

Brevets d'invention pris pour des étoffes existant déjà.

Fabrication de tentures et de tapis en France aux xᵉ et xiᵉ siècles.

---

[1] Notice de M. Hedde, déjà citée, pag. 193, 194.
[2] Hist. monast. S. Florent. Salmur., cap. 24. (Veter. script. et monum. amplissima Collectio, tom. V, col. 1106, D, et 1107, A.) — Hist. de la peint. au moyen âge, pag. 106. Voyez encore ci-dessus, pag. 17, not. 1.
[3] « Ceterum tapetum tibi possem mittere, nisi fuissem oblitus quantæ longitudinis et latitudinis tapetum jamdudum requisisti. Rememora ergo, precor, quam longum et latum esse velis; et mittetur tibi, si invenire potuero. Sin autem, jubebo tibi fieri quale volueris, si consuetudo fuerit illud texendi apud nostrates. » Guillelmi Aquitaniæ ducis epist. ad Leonem episc. Vercellens., A. C. 1025. (Rer. Gallic. et Francic. Scriptores, tom. X, pag. 484, C.) Cf. epist. XIX, Leon. ep. Vercellens. ad Guillelm. duc. Aquitan., A. C. 1025. (Ibid., pag. 501, B.)
Vers le milieu du même siècle, Gervin, abbé de Saint-Riquier, mort en 1075, manifestait sa sollicitude pour son monastère par les tentures qu'il achetait et par

tapisseries étaient en laine, bien qu'il ne fût pas rare de voir les églises, surtout des cathédrales, tendues en étoffes de soie.

Voiles
et tentures d'une
église
mérovingienne.

Les voiles et les tentures dont la reine Clotilde, femme de Clovis, fit orner l'église pour le baptême de son premier enfant, afin d'amener plus facilement à la foi, par ce spectacle, le roi son mari, que la prédication ne pouvait fléchir[1], doivent avoir été des étoffes de soie byzantines, représentant des sujets pieux, comme celles dont parlent saint Asterius et Anastase le Bibliothécaire. On sera plus disposé à être de notre avis, si l'on considère que là où Grégoire de Tours dit *velis atque cortinis*, l'auteur de la vie de sainte Clotilde écrit *cortinis et pretiosis palliis*, qu'il répète un peu plus loin[2].

Décoration
de l'église de
Fleuri en 1095.

Nous avons cité tout à l'heure un texte d'où il résulte que, du temps de Charlemagne, l'église d'York était ainsi décorée. Pour ne parler maintenant que d'une des nôtres, en 1095, le jour de Pâques, l'église du monastère de Fleuri fut convenablement ornée de tentures de soie, *honestissime holosericis venustata ornatibus*[3].

L'art de tisser les
étoffes brochées
conn. de bonne
heure en Occi-
dent.

A cette époque, comme on le voit encore par un passage d'un poëme latin, l'art de tisser des étoffes brochées était connu en Occident, où on l'employait à faire des tapisseries

---

les tapis qu'il faisait faire, « tam in palliis adquirendis, quam in tapetibus faciendis. » *Vita S. Gerv.*, cap. vii. (*Acta sanct. ordinis S. Bened.*, sæc. vi, pars secunda, pag. 322.)

[1] *Greg. Turon. ep. Hist. Franc.*, lib. II, cap. xxix.

[2] *Acta sanct. ord. S. Bened.*, sæc. i, pag. 100, n°s 5 et 7.

[3] *Mirac. S. P. Bened.*, auct. Rodulfo Tortario, cap. xxvii. (*Acta SS. ordinis S. Bened.*, etc., sæc. iv, pars secunda, pag. 408.) — *Histoire de la peinture au moyen âge*, pag. 109, not. 1.

et des serviettes de lin [1]; mais jusque-là on ne lui avait pas demandé de soierie, sans doute à cause du manque absolu où l'on était de matière première. Le moment approchait où l'Orient allait être obligé d'ouvrir la main et de laisser échapper un secret qu'il gardait depuis des siècles, et qui avait été pour lui une source d'influence et de richesses.

II.

Au milieu du XIIᵉ siècle, le roi de Sicile, Roger, ayant entrepris une expédition contre la Grèce, s'empara de Corinthe, de Thèbes, d'Athènes, et, après avoir pillé ces villes, il emmena en captivité les ouvriers en soie qu'il y trouva. « Roger, dit Othon de Friesingen, les plaça à Palerme, métropole de la Sicile, où il leur ordonna d'enseigner leur art à ses sujets, et c'est de là que cet art, d'abord pratiqué par les seuls Grecs parmi les chrétiens, commença à cesser d'être un secret parmi les Latins [2]. »

Expédition en Grèce de Roger Iᵉʳ, roi de Sicile.

Floribus intextis, aliis subtilia signis,
Tergendis manibus lintea porrigimus.
Alba superpositis mundi mensalia donis
Sunt epulis regum cultus et auxilium.
De conflictu Ovis et Lini, v. 227. (Poésies populaires latines antérieures au douzième siècle, par M. Edélestand du Méril, Paris, 1843, in-8°, pag. 366.) — C'est le Lin qui parle.

[2] « Inde ad interiora Græciæ progressi (Siculi), Corinthum, Thebas, Athenas.. expugnant; ac maxima ibidem præda direpta, opifices etiam qui sericos pannos texere solent... captivos deducunt. Quos Rogerius in Palermo, Siciliæ metropoli, collocans, artem illam texendi suos edocere præcepit, et exhinc prædicta ars illa, prius a Græcis tantum inter christianos habita, Romanis patere cœpit ingeniis. » Ottonis Frising. episc., de Gestis Friderici I... Liber primus, cap. XXXIII. (Germaniæ historicorum illustrium... Tomus unus, pars prior, ed. Christ. Urstisio. Francofurdi,

Opinion générale
sur l'introduction
de l'industrie
de la soie chez
les Latins.

Tel est le récit sur lequel est basée l'opinion le plus généralement accréditée, qui fixe l'introduction de l'industrie de la soie chez les Latins, en 1146 et 1147, et qui en attribue l'honneur aux croisades[1]. Toutefois, il ne paraît pas que cette opinion soit fondée; du moins, un juge fort compétent, M. Amari, l'un des hommes les plus versés dans la connaissance de l'histoire et des antiquités de son pays, assigne à la manufacture de Palerme une date bien plus ancienne : « Je suis persuadé, dit-il, que cette manufacture existait longtemps avant, et que les captifs grecs, hommes et femmes, ne firent qu'augmenter le nombre des ouvriers. Le

Elle est
combattue par
M. Amari.

---

apud heredes Andreæ Wecheli, M D LXXXV, in-folio, pag. 426, lig. 36. — *Rer. Ital. Script.*, tom. V, col. 668, C.)

Cet événement est ainsi rapporté par un écrivain byzantin : « Καὶ οὕτω πάντα χρυσόν, ἄργυρον πάντα διεκφορήσας, καὶ τὰς χρυσοϋφεῖς ὀθόνας ταῖς ναυσὶν ἐνθέμενος, οὐδὲ τῶν σωμάτων αὐτῶν τῶν ὑπ' αὐτοῦ καλαμωθέντων ἀπέσχετο, ἀλλὰ καὶ τούτων ἀριστίνδην τὸ προῦχον συλλαβών, τῶν τε γυναικῶν ἀποκρίνας· ὅσαι τὸ εἶδος καλαὶ καὶ βαθύζωνοι καὶ τοῖς νάμασι πολλάκις τῆς καλλιρρόου Δίρκης λουσάμεναι καὶ τὰς κόμας διευθετισάμεναι καὶ τὴν ἱστουργικὴν κομψότητα καλῶς ἐπιστάμεναι, οὕτως ἐκεῖθεν ἀνάγεται. » *Nicetae Choniatae de Manuele Comneno Lib. II*, cap. 1. (Ed. Fabrot., pag. 50, C. — Ed. Bekker., pag. 99, lin. 14.)

Plus loin, le même écrivain rapporte que Roger ayant fait la paix avec l'empereur Alexis et rendu les prisonniers grecs, retint les Corinthiens et les Thébains de naissance obscure, ainsi que ceux qui étaient habiles dans l'art du tissage, hommes et femmes : « Καὶ Ἀλέξιος μὲν οὕτως ἐκ τοῦ Ἀγκῶνος ἀπενόστησε, βασιλέως δὲ καὶ ῥηγὸς εἰρηνικὰ φρονησάντων καὶ βλαψάντων πρὸς τὰς σπονδάς... ἄναντο τῆς τούτων ὁποιασοῦν ἐνώσεως οἱ αἰχμάλωτοι λυθέντες ἀνάποινοι, οὐ μόνον οἱ λαμπροὶ τὸ γένος καὶ βασιλείῳ τιμηθέντες αἵματι, ἀλλὰ καὶ οἱ τοῖς στρατιωτικοῖς καταλόγοις ἐνετάττοντο, πλὴν τῶν ἐκ Κορίνθου καὶ Θήβηθεν ὁρμωμένων, καὶ τούτων ὅσοι τὸ γένος ἀφανεῖς καὶ οἱ τὰς εὐπρεπεῖς ὀθόνας ὑφαίνειν ἔλαχον, καὶ τῶν γυναικῶν αἱ καλαὶ καὶ βαθύζωνοι καὶ τὴν αὐτὴν ἀνδράσι τέχνην ἐκμελετήσασαι· καὶ νῦν ἔξεστιν ἰδεῖν τοὺς ἐν Σικελίᾳ καταίροντας Θηβαίων παῖδας καὶ Κορινθίων ἱστῷ προσανέχοντας τῶν ἑξαμίτων καὶ χρυσοπάστων στολῶν, » etc. Lib. II, ap. VIII. (Edit. Fabrot., pag. 66, B. — Edit. Bekker., pag. 129, lin. 14.)

[1] Voyez *Essai sur l'influence des croisades...* par A. H. L. Heeren... traduit de l'allemand par Charles Villiers, etc. A Paris, chez Treuttel et Würtz, 1808, in-8°, IIe part., sect. 2e, pag. 393-395.

fameux manteau impérial de Nuremberg en est une preuve
certaine, puisque l'inscription arabe qui s'y trouve est de
l'an 528 de l'hégire (1133 de Jésus-Christ). A cette remarque, qui n'a pas échappé à M. Wenrich dans son récent
ouvrage sur l'histoire des Arabes en Italie et dans les îles
adjacentes [1]..., j'ajouterai que la langue de cette inscription
tranche la question, aussi bien que la date. Du reste, Ebn-Kal-
doun nous assure que, depuis les califes Ommiades, l'usage
était, chez les principales dynasties musulmanes d'Orient ou
d'Occident, d'entretenir dans le palais royal, un hôtel du
tiraz, ou manufacture de soie, destinée exclusivement au tissage de robes avec inscriptions, pour le sultan ou autres
éminents personnages. Un des premiers serviteurs de la cour
était d'ordinaire l'intendant de cette manufacture, qui paraît
avoir été une des occupations les plus importantes de la maison royale. (Voyez de Sacy, *Chrest. ar.*, tom. II, pag. 287
et 305.) Nul doute que les rois normands de Sicile n'eussent
adopté cet usage. La manufacture d'étoffes de soie établie
dans le palais était même un nom décent pour déguiser le
sérail, où ils avaient eu la fantaisie d'introduire aussi des

---

[1] Voici le titre exact de ce volume : *Rerum ab Arabibus in Italia insulisque ad-
jacentibus, Sicilia maxime, Sardinia atque Corsica, gestarum Commentarii*, etc.
Lipsiae, MDCCCXLV, etc., in-8°. Voyez pag. 291.
En rendant compte de cet ouvrage dans le *Journal asiatique*, 4ᵉ série, tom. VII
(avril 1846), pag. 381-383, M. Reinaud a donné de nouveau, avec une traduc-
tion française, l'inscription arabe qui est brodée sur le manteau de soie fabriqué à
Palerme, l'an 528 de l'hégire, et offert au roi Roger Iᵉʳ, manteau emporté en
Allemagne par les empereurs de la maison de Souabe, probablement par le cruel
et avide Henri VI, à ce que croit M. Amari, et maintenant conservé à Vienne.
M. Wenrich parle de cette inscription, liv. II, chap. IV, § CCXI.VII, pag. 291, 292.
Voyez encore chap. VIII, § CCLXV, pag. 319, 320.

filles franques ou françaises, comme nous l'apprend Ebn-Djobaïr [1]. »

Après l'opinion d'un savant aussi considérable que M. Amari, s'il m'est permis d'énoncer la mienne, je dirai que je crois comme lui à l'existence d'un hôtel du *tiraz*, annexé au palais des souverains de la Sicile, qui en cela comme en bien d'autres choses, affectaient de copier les empereurs d'Orient [2]; mais cette manufacture était nécessairement restreinte, et ne marchait qu'à l'aide d'ouvriers musulmans, qui se gardaient bien de faire des apprentis chrétiens [3], et qu'au moyen de soie tirée d'Asie ou d'Afrique [4]. Une autre observation qui ne doit point être négligée, c'est qu'il ne paraît pas qu'antérieurement aux rois normands, les émirs arabes de Palerme aient eu un établissement semblable; autrement ils n'eussent pas manqué d'y avoir recours dans les cas, qui se présentaient fréquemment,

---

[1] *Journal asiatique*, etc., mars 1846, quatrième série, tom. VII, pag. 215, not. 12. Cette note renvoie à un endroit du texte français, qui se trouve dans le numéro de décembre 1845, tom. VI, pag. 541.

[2] On sait que les étoffes de pourpre et de soie, dont les empereurs byzantins s'étaient réservé le monopole, se fabriquaient exclusivement dans le gynécée impérial par des ouvriers soumis à des règlements particuliers. Voyez le Code de Justinien, liv. X, tit. VIII et IX, et le Code théodosien, liv. X, tit. XX et XXI, sans oublier les commentaires des savants qui se sont exercés sur ces textes.

[3] Cependant Ebn-Djobaïr donnerait à penser que dans cet atelier il y avait des chrétiennes franques : c'est quand il dit que celles qui demeuraient dans le palais royal, étaient converties à l'islamisme par les filles musulmanes, dont un grand nombre y était employé. Voy. le *Journal asiatique*, tom. VI, déjà cité, pag. 541.

[4] Il faut prendre garde, cependant, qu'Edrisi, parlant de San Marco, en Sicile, nous dit que le pays produisait beaucoup de soie : or, nous savons que le traité de cet écrivain a été terminé dans les derniers jours du mois de cheval de l'an 548 de l'hégire, qui correspond à la mi-janvier de l'année 1154 de Jésus-Christ. Voyez *Géographie d'Edrisi*, traduite de l'arabe en français... par P. Amédée Jaubert, etc. Paris, Imprimerie royale, M DCCC XXXVI—XL, in-4°, pag. 80.

de faire des présents, au lieu d'aller chercher des « pailles copertez à ovre d'Espaingne [1], » comme étaient ceux que *lo amirail de Palerme* envoya au duc Robert Guiscard, dont les progrès lui donnaient de l'inquiétude [2]. L'industrie de la soie

---

[1] *L'Ystoire de li Normant*, par Aimé, liv. V, cap. xxiv; édit. de M. Champollion, pag. 157.

[2] Je dois, cependant, faire remarquer que le mot *tiraz* reste en Sicile dans la composition d'un nom géographique, qui remonte à une époque antérieure à la conquête des Normands : c'est celui de *Calatrasi*, nom d'un magnifique château, aujourd'hui en ruine, entre Corleone et la Piana dei Greci, dans la province de Palerme. Le nom vivant de *Calatrasi*, la forme de *Kalatatrasi* qu'on lui donne dans une charte de Guillaume II, du mois de mai 1182 (Giov. Luigi Lello, *Descrizione del real tempio..... di Morreale*, Palermo, 1702, aggiunta, pag. 23), sa transcription dans la rédaction arabe de cette même charte, copiée aux archives des Bénédictins de Morreale, par M. Noël des Vergers, qui doit la publier très-prochainement dans le *Journal asiatique*; enfin la leçon du Ms. d'Edrisi indiqué par la lettre B, dans la version française de M. Jaubert, ont fait penser à M. Amari que la leçon exacte de ce nom en arabe était قلعة الطرزى, et que par conséquent le château, ou pour mieux dire la bourgade, si ce n'est la ville, connu sous cette dénomination, l'avait empruntée à un individu appartenant d'une manière quelconque au. *tiraz*.

M. Jaubert, dans sa version française d'Edrisi (tom. II, pag. 92 et 94), a appelé ce château *Torri, Touri* ou *Tozzi*, préférant ainsi les leçons de la *Geographia Nubiensis*, texte arabe imprimé, et du Ms. d'Edrisi, appartenant à la Bibliothèque nationale, qu'il indique par la lettre A. Le Ms. de la bibliothèque Bodléienne à Oxford, que M. Amari a collationné avec ceux de Paris, dans la partie relative à la description de la Sicile, donne aussi la leçon *Tori* طورى, et le Ms. B déjà cité, au premier des deux endroits dans lesquels il est question de ce château, écrit طرزنى; mais d'un autre côté la leçon طرزى du deuxième passage du Ms. B, celle de la charte arabe copiée par M. des Vergers, les noms de *Kalatatrasi* au xiie siècle et de *Calatrasi* aujourd'hui, enfin, la correspondance très-exacte du site de ce château avec celui qui est désigné par Edrisi, à neuf milles de Giato et huit de Corleone, ne permettent aucun doute à ce sujet.

La forme du mot طرزى pourrait présenter, il est vrai, une difficulté aux yeux des orientalistes; car le nom de la manufacture, en arabe, est écrit dans les dictionnaires طراز, et celui des ouvriers طرّاز, tandis que la forme طُرَزى ne paraît pas

était donc introduite depuis peu en Sicile, à l'avénement du roi Roger, au couronnement duquel on vit une si grande profusion de soieries de toute espèce [1]. Il paraît même démontré par des documents cités dans un ouvrage du chanoine Gregorio, peu connu chez nous [2], bien qu'il en existe deux éditions,

---

tout à fait régulière. Mais un oubli de la part des lexicographes, un idiotisme ou une faute d'orthographe, expliquent parfaitement une telle anomalie.

Il est presque inutile de faire remarquer que l'appellation *hisn* حصن (forteresse), donnée par Edrisi à cet endroit, n'exclut pas celle de *kala't* قلعة (château sur une montagne), que l'usage local lui a conservée : en effet, ces deux appellations se confondent bien souvent, surtout chez les géographes arabes qui ont traité de la Sicile.

Une montagne qui s'élève entre Corleone et Calatrasi porte le nom de *Rocca dei Panni* (le Rocher des Draps) : serait-ce une version de l'arabe ayant quelque rapport avec le nom du château de cette forteresse très-importante, qui, au dire d'Edrisi, remontait à une haute antiquité et possédait un vaste territoire ?

[1] « Palatium quoque regium undique interius circa parietem palliatum glorifice totum rutilabat. Solarium vero ejus multicoloriis stratum tapetis, terentium pedibus largifluam præstabat suavitatem. » *Alexandri Telesini cœnobii abbatis de Reb. gest. Rogerii Siciliæ regis Lib. II*, cap. v. (*Rer. Ital. Script.*, tom. V, pag. 622, col. 2, D.)

« Servitor ibi nullus, nisi quem serica tegeret vestis, adeo ut ipsi etiam parobsidum reportitores sericis operirentur indumentis. » *Id.*, cap. vi. (*Ib.*, pag. 623, col. 1, A.)

[2] *Considerazioni sopra la storia di Sicilia*, etc., tom. I, Palermo, dalla reale Stamperia, 1805, in-8°. Voyez liv. Ier, ch. iv, pag. 74 et suiv., pour le détail des droits *anciens* en usage depuis la fondation de la principauté normande en Sicile (1072-1130), à la différence des droits *nouveaux* établis par l'empereur Frédéric II, roi de cette île (1197-1250).

Parmi les droits *anciens*, on voit *cabella figulorum*, *domus setæ*, *cabella fumi*, *filecti*, *bardaria*, *area cuctonis*, *caha cuctonis*, *cabella auripellium*, etc., etc., dont la description est donnée dans une charte de 1274, relative au chapitre de la cathédrale de Palerme, charte qui a été publiée par Mongitore (*Bullæ, privilegia... ecclesiæ Panormitanæ*, pag. 131, 133), cité par Gregorio, liv. Ier, ch. iv, not. 21, pag. xli.

Parmi les mêmes droits *anciens*, détaillés dans la même charte de 1274, on voit celui de *tinctoria*, *dohana portarum*, etc. Une autre charte de 1270, citée par Gregorio, même page, montre qu'à Messine les droits anciens étaient, entre autres, ceux-ci : *dohanæ portus Messanæ*, *dohana palliariorum*, *itriarum seu tinctorum*, *gabellæ arcus cuctonis*, etc. Une autre charte de 1280, également citée par Gregorio, pag. xlii, porte : « Vetera jura terrarum ipsarum Agrigenti et Saccæ sunt hæc,

que la manufacture de soie établie du temps des *jura vetera* de la Sicile, c'est-à-dire pendant la première moitié du xiie siècle, était établie à Palerme seulement, tandis que les teintureries existaient presque dans toutes les villes principales, de même que les manufactures de coton. A la suite de l'expédition de Grèce vint la culture du mûrier, la production de la matière première, et le tissage de la soie sortit du palais, ou du moins y prit de l'extension, à l'aide des ouvriers siciliens que l'on forma, et grâce aux magnaneries qui commencèrent à s'établir. Ce qu'il y a de sûr, c'est que les dames chrétiennes de Palerme étaient vêtues d'habits que l'on peut croire fabriqués dans le pays. « A-l'occasion de cette fête de Noël (1185), dit Ebn-Djobaïr, elles sortaient habillées de robes en soie couleur d'or, enveloppées de manteaux élégants, couvertes de voiles de couleur, chaussées de brodequins dorés, et se pavanaient dans leurs églises ou tanières, surchargées de colliers, de fard et d'odeurs, tout à fait en toilette de dames musulmanes[1]. »

Telle était, en effet, la mode en Orient. Dans un vers cité par l'auteur des *Mille et une Nuits*, on lit : « Elle s'avance d'une manière chancelante, couverte d'habits qui sont parfumés de safran, d'ambre, de musc et de sandal[2]. »

Habitude des Orientaux de parfumer leurs habits

De Sicile, où nous venons de la voir pratiquée, cette habitude ne tarda pas à venir chez nous, où je la retrouve au

Elle passe chez nous.

---

videlicet : bajulationes dohanæ, bucceriæ, tincturæ, arcus euctonis, bardariæ, » etc. Enfin, un acte de 1309, relatif à la ville de Licata et cité au même endroit, nomme parmi les *veteres cabella et jura curiæ*, etc., *cabella artis euthonis, cabella saccarus*, etc.

[1] *Journal asiatique*, quatrième série, tom. VII, janvier 1846, pag. 82.

[2] Voyez, sur l'habitude où sont les Orientaux de parfumer leurs habits, le *Dictionnaire détaillé des noms des vêtements chez les Arabes*, par M. R. Dozy, p. 12-14.

xiii⁰ siècle. Un trouvère de cette époque, décrivant le costume d'une femme, la représente vêtue d'une guimpe de soie passée au safran :

> Deus aniaus ot en sa main destre,
> Et trois en ot en la senestre,
> Et si ot guimple *ensafrenée*,
> De soie qui fu desguisée.
>
> *Li Roumans des sept Sages...,* herausgegeben von Henrich
> Adelbert Keller, etc. Tubingen, L. F. Fues, 1836, in-8°,
> pag. 174, v. 4466.

> J'ai les guinples *ensaffrenées*,

dit un mercier de la même époque, qui annonce sa marchandise [1] ; il ajoute :

> J'ai saffren à mettre en viandes,
> Que ge vent à cez damoiseles
> A faire jaunes lor toeles [2].

Ouvriers en soie musulmans dans le palais des rois normands de Sicile. Du temps du voyageur arabe qui nous a fourni l'occasion de faire cette remarque, il y avait toujours des ouvriers en soie musulmans dans le palais des successeurs de Roger de Hauteville ; en effet, Ebn-Djobaïr cite certain valet de cour nommé *Yahya*, c'est-à-dire *Jean*, « employé dans la manufacture de draps, où il brode en or les habits du roi, » comme lui ayant donné des renseignements sur Guillaume II

---

[1] *Du Mercier*, v. 15. (*Fabliaux inédits tirés du manuscrit de la Bibliothèque du Roi, n° 1830 ou 1239, par* A. C. M. Robert, etc. Paris, Rignoux et Cⁱᵉ, 1834, in-8°, pag. 6, v. 15. — *Proverbes et dictons populaires des* xiiiᵉ *et* xivᵉ *siècles,* publiés par G. A. Crapelet, pag. 149.)

[2] *Ibid.,* v. 102. *Fabl.,* pag. 9. — *Prov.* 153.)

et sur son palais, et ces renseignements indiquent clairement que celui qui les avait fournis professait l'islamisme.

C'est probablement de cet atelier que sortaient les étoffes
de soie envoyées, en 1194, par Tancrède à Richard Cœur
de Lion [1]. Tout porte à croire qu'elles étaient fort belles ; cependant je ne puis que regretter que l'historien auquel nous
devons la connaissance de ce fait, ne nous ait donné aucun
détail à cet égard.

Ceux que nous possédons sur les étoffes fabriquées dans
le palais des rois de Sicile, nous viennent d'un écrivain latin
qui rédigeait, vers 1189, l'histoire de cette île. Dans la pré-
face, à l'endroit où il décrit la ville de Palerme, il s'exprime
ainsi : « Il ne faut point que je passe sous silence ces ateliers
fameux où la soie est filée en brins de diverses couleurs,
que l'on allie ensemble par plusieurs genres de tissage. En
effet, vous verriez sortir de là des étoffes à un, à deux et à
trois fils, qui exigent moins de frais et d'habileté, aussi bien
que des étoffes à six fils, dont le tissu plus épais demande
plus de matière. Là, le *diarhodon* frappe le regard d'un éclat
de feu ; là, la couleur verdâtre du *diapistus* caresse l'œil d'un
aspect agréable ; là, les *exarentasmata* décorés de cercles
variés, demandent une main-d'œuvre plus habile, comme
plus de matière, et doivent se vendre en conséquence à un
prix plus élevé. On y voit encore beaucoup d'autres ornements de couleurs et d'espèces diverses, dans lesquels l'or

Marginal notes:
Étoffes de soie
envoyées en 1194
par Tancrède
à Richard Cœur
de Lion.

Étoffes
fabriquées au
XIIᵉ siècle dans
la manufacture
de Palerme.

---

[1] *Rogeri de Hoveden Annalium pars poster.*, Richard. I. (*Rer. Anglic. Script.
post Bed. præcip.*, ed. M. DCI., pag. 688, lin. 7.)

Auparavant il est question d'une vaste tente de soie, capable de contenir deux
cents chevaliers à table, que le roi d'Angleterre exigeait de celui de Sicile. Voyez
pag. 675, lig. 50.

est tissé avec la soie, et où la variété des dessins est rehaussée par l'éclat des pierres précieuses. Quelquefois aussi on enchâsse des perles entières dans des chatons d'or, ou, après les avoir percées, on les attache par un fil délié, et on les dispose avec un art élégant, de manière à leur faire représenter une peinture [1]. »

Il est aisé, avec une pareille description, de se rendre compte de ce que pouvaient être les étoffes fabriquées dans le palais royal de Palerme ; mais nous avons encore mieux : ce sont des étoffes mêmes sorties de cet atelier, qui attestent l'habileté des ouvriers siciliens, musulmans ou chrétiens, qui y travaillaient.

C'est là qu'avait été fabriqué au moins l'un des deux vêtements mal désignés par Willemin sous le nom de *tuniques de Charlemagne* [2], vêtements que cet artiste a reproduits,

Vêtements
impériaux autrefois conservés à
Nuremberg

---

[1] « Nec vero nobiles illas palatio adhærentes silentio præteriri convenit officinas, ubi in fila variis distincta coloribus Serum vellera tenuantur, et sibi invicem multiplici texendi genere coaptantur. Hinc enim videas amita, dimitaque et trimita minori peritia sumptuque perfici ; hinc heximita uberioris materiæ copia condensari. Hic diarhodon igneo fulgore visum reverberat. Hic diapisti color subviridis intuentium oculis grato blanditur aspectu. Hic exarentasmata circulorum varietatibus insignita, majorem quidem artificum industriam, et materiæ ubertatem desiderant, majori nihilominus pretio distrahenda. Multa quidem et alia videas ibi varii coloris ac diversi generis ornamenta, in quibus et sericis aurum intexitur, et multiformis picturæ varietas gemmis interlucentibus illustratur. Margaritæ quoque, aut integræ cistulis aureis includuntur, aut perforatæ filo tenui connectuntur, et eleganti quadam dispositionis industria picturati jubentur formam operis exhibere. » *Hugonis Falcandi Hist. Sic.*, præf. (*Bibliotheca historica regni Siciliæ*, op. et stud. J. B. Carusii, tom. I, pag. 407. — *Rer. Ital. Script.*, tom. VII, col. 256, B. — *Antiquit. Ital. med. æv.*, tom. II, col. 405, C.)

Voyez encore *Discorsi intorno alla Sicilia, di Rosario Gregorio*. In Palermo, presso la reale Stamperia, M. DCCC. XXX., deux vol. in-18, tom. Ier, pag. 307-314 ; on y trouve une dissertation, du reste peu satisfaisante, intitulée : *Sull' arte di tesser drappi in Sicilia*.

[2] Les véritables tuniques de Charlemagne, du moins ce que l'on appelait ainsi

et que M. Pottier décrit en ces termes : « De ces deux tuniques, la plus courte, celle qui recouvre en partie l'autre, s'appelle l'*aube*, et celle de dessous, la *dalmatique*. La première,
qui tire son nom de sa couleur, est faite d'une étoffe de soie
blanche, espèce de taffetas solide qu'on appelait *samit*... Elle
est ornée autour de l'échancrure du cou, au-dessous des
épaules et au bout des manches, de riches parements brodés
en perles sur fond d'or... Au bas de cette tunique est un large
limbe, ou bordure, brodé en or sur fond pourpre, et qui
consiste, à proprement parler, en cinq bandes cousues les unes
aux autres. La plus large, celle du milieu, ne porte que des
ornements; mais les deux autres présentent des inscriptions,
savoir : la première et la quatrième, une inscription cufique
presque tout effacée, mais dans laquelle on a distingué le nom
d'Othon; la seconde et la cinquième, une inscription latine
répétée sur chaque bande exactement dans les mêmes termes :
Operatum. felici. urbe. Panormi. XV. anno. regni. dñi. W. Di'.
gra'. regis. Sicilie. ducat'. Apulie. et. principat'. Cap. filii. regis.
W'. indictione. XIII., date qui répond à l'an 1181 de notre ère[1]. »

---

en 1424, parmi les chapelles de Charles VI, se composaient d'une tunique et d'une
dalmatique « de samit blanc semées de fleurs de lis de broderie à orfrais de
France. » Voyez la *Collection des meilleures dissertations*, etc., de M. C. Leber,
tom. XIX, pag. 225.

Dans l'inventaire de Charles V se trouve, sous le n° 1065 (Ms. de la Bibl. nat.
n° 8356, fol. cxj recto), « une chappelle blanche appellée *la chappelle de Charlemaigne*, » et, sous le n° 1075 (fol. cxij recto), une autre chapelle ainsi spécifiée :
« Item une chappelle blanche appellée *la chappelle Charlemaigne*, de fin camocaz
blanc d'oultremer, semée de fleurs de broderie orfroisiée d'orfroiz couponnez à
fleurs de lys et à K, garnye de troys chappes, chazuble, tunicque, dalmaticque,
aulbes et amytz parez, estolles et fanons et touaille sans letrin, et sont garnyes les
chappes de gros boutons tous de perles. »

[1] *Monuments français inédits pour servir à l'histoire des arts*, tom. Ier, pag. 14,
col. 1 et 2, et pl. 21.

Manteau
également con-
servé autrefois à
Nuremberg

Il faut remonter cinquante ans plus haut pour trouver la date du manteau ou pluvial, également conservé autrefois, avec tous les autres ornements impériaux, à l'hôtel de ville de Nuremberg, et, plus tard, remis en garde à la cour de Vienne, qui le conserve aujourd'hui. « Ce manteau, qui a la forme d'une chape d'église, dit M. Pottier, si ce n'est qu'il est dépourvu du grand chaperon rabattu, est en soie rouge et doublé de la même couleur. Il est divisé, sur la ligne du milieu, en deux parties, dont chacune représente exactement un quart de cercle. Deux sujets semblables et symétriquement opposés remplissent ce double champ. C'est, dans chacun, un lion qui terrasse un chameau et se prépare à le déchirer. Ce sujet, dont le dessin est tout à fait oriental et en quelque sorte fantastique, est exécuté en broderie d'or et de perles. Un riche bandeau semé de perles à profusion, et rehaussé de quelques pierres précieuses, garnit les deux marges antérieures du manteau ; quant à la marge inférieure, elle porte, brodée en or, une longue inscription en caractères cufiques, datée de la capitale de la Sicile, et de la 528e année de l'hégire, qui correspond à l'année 1133. Cette inscription, vrai modèle d'emphase orientale, exprime des formules de vœux de toute espèce en l'honneur d'un souverain qui n'est pas nommé, mais dans lequel tous les savants sont d'accord pour reconnaître le roi Roger, fondateur du royaume des Deux-Siciles, et neveu du fameux Robert Guiscard [1]. »

---

[1] *Mon. fr. inéd.*, tom. 1er, pag. 15, col. 1, et pl. 23. Cette planche, comme la 21e dont nous avons déjà parlé, et la 23e, qui est consacrée à la représentation d'une ceinture et de trois chaussures, est empruntée au grand ouvrage sur les ornements impériaux, publié en 1790, à Nuremberg, par MM. d'Ebner, d'Elsenbach et Schneider. On en peut dire autant de la gravure sur bois qui fait partie du

Bien, je le répète, que ces vêtements n'aient pu apparte-
nir à Charlemagne, il ne serait pas sans intérêt de les comparer avec la chape faite du manteau royal de ce grand
prince, que le *coûtre*, ou maitre des cérémonies de la cathédrale de Metz, portait à la procession de Saint-Marc[1], et avec

---

Moyen Age et la Renaissance, et qui a été répétée dans l'*Histoire de l'instruction
publique en Europe et principalement en France...*, par Vallet de Viriville. Paris,
1852, in-4°, pag. 109.

Voyez encore, sur le manteau qui nous occupe, *Historische Beschreibung der
Reichskleinodien und heiligthuemer, welche zu Nuernberg... verwahrt werden.* (Christoph Gottlieb von Murr... *Beschreibung der vornehnusten Merkwuerdigkeiten in des
H. R. Reichs freyer Stadt Nuernberg*, etc. Nuernberg, brey Johann Eberhard Zeh,
1778, in-8°, pag. 154-171.) On y trouve, n° 1, pag. 157-164, une bibliographie
des écrits sur les insignes royaux et les reliques; n° 10, pag. 235-250, un chapitre
intitulé *Das pluviale*, auquel est jointe une planche contenant l'inscription arabe.

Celle-ci a fourni au même savant le sujet d'une dissertation intitulée : *Inscriptio
Arabica litteris cuficis auro textili picta in infima fimbria pallii imperialis, Panormi,
A. C. 1133 confecti, inter S. R. imp. Germ. klinodia Norimbergae asservati, delineata
et explicata a Christophoro de Murr, cum sedecim tabulis ligneis, et duabus aeneis.*
Norimbergae, apud Adamum Theophilum Schneiderum, M. DCC. LXXXX., in-4°.

Enfin, la même inscription a été encore donnée, avec la traduction latine de
Tychsen, dans la publication de M. le duc de Serradifalco, intitulée : *Del Duomo
di Monreale e di altre chiese siculo-normanne*, etc. Palermo, tipografia Roberti,
M DCCXXXVIII, in-folio, not. 4 al ragionamento secondo, pag. 73.

Quand on ouvrit, nous ne savons en quelle année, les sépultures royales de la
cathédrale de Palerme, on y trouva des débris d'étoffes de soie dans lesquelles les
cadavres avaient été ensevelis, et sur elles des inscriptions arabes. Voyez les *Discorsi* de Rosario Gregorio cités plus haut, tom. Ier, pag. 179-199 (*Dei regali sepolcri della maggior chiesa di Palermo*); pag. 233-246 (*Delle vesti, e degli ornamenti
dei cadaveri regali*); et pag. 251-306 (*Dei caratteri arabi ne' regali vestimenti osservati*). Voyez encore plus loin, pag. 315-367 (*Sopra i reali sepolcri del duomo di
Monreale*, di D. G. B. Tarallo casinese).

On peut encore consulter l'ouvrage intitulé *I regali sepolcri del duomo di Palermo riconosciuti e illustrati*, Naples, 1814, où l'on voit une inscription arabe sur les
manches de l'aube trouvée dans le tombeau de l'empereur Frédéric II, mort,
sinon le 26 décembre, jour de saint Étienne, comme le veut Matthieu Paris, du
moins après le 17 décembre 1250.

[1] Cérémonial de l'église cathédrale de Metz, imprimé en 1691, pag. 191; cité
dans le *Dictionnaire du département de la Moselle...* par M. Viville (à Metz, chez
Antoine, an 1817, in-8°), tom. Ier, pag. 428, not. 2.

la chasuble en soie pourpre semée d'aigles d'or et vraiment admirable, que l'on disait être le manteau de Charlemagne, et que l'officiant, à Saint-Arnoult, portait le jour de la fête. De ces deux vénérables reliques, je ne sais ce qu'est devenue la première ; quant à la seconde, elle existe encore, malgré l'indigne usage auquel on l'a fait servir pendant longtemps . certains jours de l'année un frère lai de Saint-Arnoult, revêtu du manteau de Charlemagne et monté sur une haquenée, la tête tournée vers la queue, parcourait la ville de Metz pour percevoir des bouchers et des marchands de graisse ou de suif, ce qui s'appelait *le droit de Charlemagne*, tribut qui consistait en quelques livres de viande, de graisse, ou de chandelles. Ce droit, dont personne ne paraît avoir soupçonné l'origine[1], fut aboli en 1769, par arrêt du parlement de Lorraine[2].

La chasuble dont était revêtu celui qui l'exerçait au profit de l'abbaye de Saint-Arnoult, avait été certainement faite, il est presque inutile de le dire, d'une étoffe orientale ; que cette étoffe fût de celles dont nous avons déjà vu le nom ou qui vont passer sous nos yeux, c'est ce qu'il m'est impossible de décider, n'ayant jamais vu le vêtement en question, et ne pouvant le comparer avec les descriptions qui nous restent

[1] Suivant nos écrivains facétieux, ce tribut était dû par les maris trompés :

Chascune ert en un espinois...
Mès li boschez que je vous nome,
Estoit à ce vaillant preudomme,
Qu'à saint Ernoul doit la chandoile.

De la Dumma qui fist les trois tours entour le moustier, v. 43
(*Fabliaux et contes*, éd. de Méon, tom. III, pag. 31. — *OEuvres complètes de Rutebeuf*, tom. Ier, pag. 296.)

[2] *Dictionnaire du département de la Moselle*, tom. Ier, pag. 428, 429.

de ces diverses espèces de tissus. Un pareil examen cependant
ne serait pas sans intérêt pour l'histoire de l'art, surtout si
l'on y joignait, comme je le disais tout à l'heure, la compa-
raison de la chasuble de Saint-Arnoult avec les ornements
impériaux exécutés en Sicile au xiie siècle.

III.

Nous ne savons combien de temps l'industrie de la soie
resta stationnaire dans cette île, je veux dire tarda à en sortir
et à s'étendre dans l'Italie continentale; mais il parait que ce
furent les Lucquois qui l'exercèrent tout d'abord, à moins
que l'on ne veuille voir, dans quelques passages où il est fait
mention des *pailes* d'Adria, et dans un décret de l'an 1248,
qui concerne des draps d'or, des pourpres et des cendaux[1],
un indice de manufactures qui auraient existé dans cette ville
et dans la capitale de l'ancienne république de Venise, antérieurement au xive siècle. A cette époque, s'il faut s'en rapporter à un écrivain italien publié par Muratori[2], les ouvriers
en soie, échappés de Lucques en 1314, se dispersèrent dans
toute l'Italie, et portèrent leur industrie à Venise, à Florence,
à Milan et à Bologne. Ce qu'il y a de certain, c'est que nous

L'industrie de la soie passe de Sicile en Italie. Fabriques de Lucques.

---

[1] « MCCXXXXVIII, ind. vii, die xiv, exeunte Septembri, capta fuit pars in Con-
cilio majori, et ordinatum de illis qui preerunt ad recipiendum rectum seu dacium
illorum hominum qui faciunt pannos ad aurum, purpuras et cendatos, quod non
debeant emere vel emi facere de ipsis pannis, purpuris et cendatis, nec etiam la-
borare modo aliquo de ipsis. » Zanetti, *Dell' Origine di alcune arti principali appresso i Vinisiani Libri due*. Venezia, MDCCLVIII, in-4°, pag. 97.
[2] *Vita Castruccii Antelminelli, Lucensis ducis*, auct. Nicolao Tegrimo. (*Rer. Ital.
Script.*, tom. XI, col. 1320, E. — *Antiquit. Ital. med. ævi.*, tom. II, col. 406, C.)

voyons en 1367, le conseil de cette dernière ville favoriser l'établissement de travaux hydrauliques sur le Reno, destinés au nettoyage du fil de soie[1].

Fabriques de Venise.

Ce furent, dit-on, quatre familles lucquoises qui montèrent les premiers métiers de soieries à Venise; et durant les troubles que les factions élevèrent à Lucques, vers 1309, trente-sept autres les y suivirent. On doit sans doute entendre par là que ces fugitifs perfectionnèrent à Venise les procédés de l'art; car nous venons de voir, par un titre authentique, que plus de soixante ans auparavant il se fabriquait à Venise des draps d'or et des étoffes de soie, si toutefois, comme on n'en peut douter, *panni* et *cendati* doivent s'entendre, dans cet acte, de tissus de soie. Toujours est-il que, de bonne heure, les Vénitiens fabriquèrent ce qu'ils se bornaient autrefois à vendre au reste de l'Europe[2].

Fabriques de Gênes.

Ce que nous disons là s'applique également aux Génois, dont les étoffes étaient dans le commerce dès le xiii° siècle. Nous supposons de même que, dans l'inventaire de 1295 où il en est question[3], le mot *pannus* désigne un tissu de

---

[1] *Historia di varî successi d'Italia...* di Cherubino Ghirardacci bolognese, etc. In Bologna, MDCLXIX, in-fol., lib. XXIII, pag. 292. — *Staedtewesen des Mittelalters*, von K. D. Hüllmann. Bonn, bei Adolph Marcus, 1826-1829, quatre volumes in-8°, tom. IV, pag. 101.

[2] Voyez, sur ce sujet, l'*Histoire de la république de Venise*, par P. Daru, 2° édit. A Paris, chez Firmin Didot, 1821, in-8°, tom. III, liv. XIX, ch. xxiii (Manufactures. Étoffes de soie), pag. 147-154; et ch. xxiv (Stagnation de l'industrie), pag. 164, 165.

Voyez aussi l'*Histoire du commerce entre le Levant et l'Europe*, ch. iii, tom. I°°, pag. 188-190; et surtout *Storia civile e politica del commercio de' Veneziani di Carlo Antonio Marin, patrizio veneto*. In Vinegia, MDCCLXXXXVIII—MDCCCVIII, huit volumes in-8°.

[3] « Item capa de panno Januensi, cum circulis et avibus croceis, et leopardis. »

soie; supposition qui se change en certitude quand on considère l'ornementation de ces étoffes et la destination qui leur
avait été donnée.

Les ouvriers de Lucques s'étant répandus en Allemagne,
en France et en Angleterre, dit Nicolao Tegrimo, que je citais
tout à l'heure, l'art des étoffes de soie, d'abord cultivé seulement en Italie par les Lucquois, pour lesquels il avait été une
source de richesses et de gloire, commença à être exercé partout[1]. Si l'historien de Castruccio entend seulement nous apprendre que la prise de Lucques par Uguccione della Fagiuola
fut la cause de la dispersion des ouvriers de cette ville au
dehors de l'Italie, et le signal de l'établissement, dans le reste
de ce pays, de l'industrie de la soierie, à la bonne heure;
mais s'il a voulu dire qu'il s'éleva des manufactures de soie
dans le nord de l'Europe dès les premières années du xvᵉ siècle, nous avons le droit de nous montrer un peu plus incré-
dules.

Je ne puis songer à retracer ici l'histoire de cette industrie
dans les différentes villes d'Italie qui l'accueillirent tout d'a-
bord[2] : ma tâche, déjà si longue, n'aurait pas de fin. Je me

La fabrication des soieries se répand, avec les ouvriers de Lucques, hors de l'Italie.

Histoire de l'établissement et des progrès de la fabrique florentine.

The History of St. Paul's Cathedral, pag. 318, col. 1. — « Item unus pannus de
Janue, rotellatus cum avibus bicapitibus. » *Ibid.*, pag. 329, col. 2.

« *Item*. Par unum de rubeo panno de Genne diasperatum, cum stragulis et
stellis aureis. » *The History and Antiquities of the cathedral Church of Canterbury*,
the Appendix n° vi, pag. vij. Invent. de 1315.

[1] *Vita Castruccii*, etc. (*Rer. Ital. Script.*, tom. XI, col. 1320, E. —*Antiq. Ital.
med. æv.*, tom. II, col. 406, C.)

[2] Voyez, sur les manufactures italiennes de soie au moyen âge, *Del Valore e
della proporzione de' metalli monetati con i generi in Italia, prima della scoperta del-
l'Indie*, etc., dissertazione settima. (*Delle Opere del signor commendatore don Gian-
rinaldo conte Carli*, etc. Milano, MDCCLXXXV-VII, dix-huit volumes in-8°, tom. VII,
pag. 48-51.)

bornerai à renvoyer aux historiens de ces villes, dont aucune peut-être n'est plus célèbre que Florence. Comme il pourrait se rencontrer quelque lecteur curieux de renseignements sur l'établissement et les progrès de la fabrique florentine, je lui signalerai surtout l'ouvrage de Pagnini, dont une section tout entière est consacrée à ce sujet[1].

Prospectus
de l'industrie de
la soie à Florence.

Pour avoir une idée du degré de prospérité qu'un siècle après cette industrie avait atteint dans la patrie des Médicis, il faut lire, dans le livre que je viens de citer, la sortie violente d'un chroniqueur florentin du xv° siècle contre les Vénitiens, qui avaient parlé avec dédain des marchands de Florence : « Quant aux draps de soie et aux brocarts d'or et d'argent, s'écrie Benedetto Dei, nous en faisons, en avons fait et en ferons toujours beaucoup plus que votre cité de Venise, Gênes et Lucques ensemble... Informez-vous des banques des Médicis, des Pazzi, des Capponi, des Buondelmonti, des Corsini, des Falconieri, des Portinari, des Ghini, des ser Martino, des Gian Perini, des Zanpini, des Martelli, des Chanigiani, et de mille autres raisons de commerce et maisons de banque que je ne compte pas, parce qu'il faudrait cent feuillets...., Et dans ces établissements, ce n'est pas de

---

[1] *Della Decima e di varie altre gravezze imposte dal comune di Firenze, della moneta e della mercatura de' Florentini fino al secolo XVI.* Lisbona e Luca, MDCCLXV-LXVI, quatre vol. in-4°, tom. II, pag. 106-110; sezione V, cap. I (*Dell' Arte della seta, e prima del tempo, in cui si crede, che fosse già stabilita in Firenze questa Manifattura*). — Pag. 110-113, cap. II (*Dell' utilità dell Arte della seta*). — Pag. 113-115 (*Di alcuni provvedimenti fatti da' Nostri per il buon regolamento di questa Manifattura*). — Pag. 115-123, cap. IV (*Delle diverse qualità, peso, larghezza, e pressi de' Drappi, e delle sete che si lavoravano delle Fabbriche di Firenze*). — Pag. 124, cap. V (*Dell' estensione, ed importanza del Traffico, che si faceva de' Drappi di seta*).

merceries, de quincaillerie, de fil à coudre, de franges, de chapelets, de verroterie, que l'on fait trafic ; on y débite des ducats, des brocarts et de la draperie, etc. [1] »

Quelque incrédulité que nous ayons manifestée il n'y a qu'un instant relativement aux manufactures d'étoffes de soie que l'émigration des Lucquois aurait fait surgir hors de l'Italie, on ne saurait douter cependant que l'on ne fabriquât, chez nous, des tissus de ce genre dès le XIIe siècle. On lit, en effet, dans deux romans de cette époque, des épisodes qui ne permettent aucune incertitude à cet égard. Dans l'un, qui est encore inédit, un personnage s'exprime ainsi :

> Li chevalier que je conquier
> Sont assis au plus vil mestier,
> Certes, qui soit en tout le mont ;
> Car je l' vous di que teisser sont,
> Ne jà puis n'en seront osté
> Par nul homme de mere né ;
> Ainz tissent poiles et bofus
> Et dras de soie à or batus,
> Si font trop riches paveillons,
> Par foy, de diverses façons [2].

Roman de Perceval, Ms. de la Biblioth. nation., suppl. fr.
n° 430, fol. 143 recto, col. 1, v. 21.

---

[1] Dalla Cronica di Benedetto Dei. — Una Lettera mandata a' Vinitiani, n° VII des documents rapportés à la fin du tom. II de Della Decima, etc., pag. 240, 241.

[2] Plus loin, on lit, fol. 199 verso, col. 2, v. 29 :

> En mi la loge avoit .j. lit
> Qui d'un samit ouvré estoit,
> Que la pucele fait avoit
> Ele-meismes à ses .ij. mains.

Mais l'on ne voit pas clairement ce que l'auteur a voulu dire, et l'on peut croire aussi bien que la pucele avait fait le lit, sans doute la garniture du lit, ou qu'elle avait brodé le samit dont cette garniture était faite

Fabrication
de la soierie en
France dès le
XIIe siècle.

Captifs
condamnés à tis-
ser des étoffes
de soie.

Captives
employées à di-
vers ouvrages
de fil d'or
et de soie.

Dans l'autre roman, le héros principal, accompagné de son lion, ayant pénétré dans un château, est interrogé par le portier :

> Et mesire Yvains sanz response
> Par devant lui s'an passe et troeve
> Une grant sale haute et noeve ;
> S'avoit dedenz un vergier clos
> De pex aguz et granz et gros,
> Et par entre les pex leenz
> Vit puceles jusqu'à .iij. cenz
> Qui diverses oevres fesoient.
> De fil d'or et de soie ovroient
> Chascune au melz qu'ele savoit.

> *Le Chevalier au Lion*, dans *The Mabinogion*... by ady Charlotte Guest, part II, pag. 195, col. 2.

Ivain interroge à son tour le portier :

> Mès di-moi par l'ame ton pere,
> Damoiseles que ai veues
> En cest prael, dont sont venues,
> Qui dras de soie ovrent et tissent ;
> Oevres font qui molt m'embelissent.

> *Ibid.*, pag. 196, col. 1.

L'une d'elles répond au chevalier :

> Touz jorz mès de soie ouvrons
> Et touz jorz soif et fain aurons...
> Ne jà de l'oevre de nos meins
> N'aura chascune por son vivre
> Que .iiij. deniers de la livre,
> Et de ce ne poons-nos pas
> Assez avoir viandes et dras.
> Et sachiez bien tout à estroux
> Que il n'i a cele de nos
> Que ne gaaint .xx. deniers ou plus,

> Et nos somes en grant poverte ,
> S'est riches de nostre deserte
> Cil por qui nos nos travaillons.
> De nuit grant partie veillons.
>
> *Ibid.*, pag. 791, col. 1.

Tout le monde connaît la tradition qui a fait de Berthe, la mère de Charlemagne, une fileuse renommée. Au dire d'un romancier, elle mettait en œuvre l'or et la soie avec une habileté qui défiait celle des meilleures ouvrières de Tours à Cambrai :

Berthe, mère de Charlemagne, est présentée comme une excellente ouvrière en soie.

> Les deux filles Constance, ne vous en mentirai ,
> Sorent d'or et de soie ouvrer, car bien le sai.
> Delés eles fu Berte , qui moult ot le cuer vrai.
> Quant ot véu lor œuvre, si dist : « Je vous ferai
> Une œuvre, s'il vous plaist, que vous aprenderai.
> Ma mere fu ouvriere, née fu vers Aussai. » ...
> Lors prent Berte à ouvrer si com je vous dirai...
> N'avoit meillor ouvriere de Tours jusqu'à Cambrai.
>
> *Li Romans de Berte aus grans piés*, coupl. LVII; édit. de
> M. Paulin Paris, pag. 79, 80.

Un chroniqueur du XIIIe siècle, travestissant à sa manière, ou plutôt à la manière de son temps, un passage d'Éginhard[1], nous apprend que Charlemagne

Filles de Charlemagne élevées à travailler la soie au métier.

> Ses filles fist bien doctriner
> Et aprendre keudre et filer

---

[1] Le biographe du grand empereur se borne à dire que quant à ses filles , il voulut non-seulement les préserver de l'oisiveté en leur faisant apprendre à travailler la laine, à manier la quenouille et le fuseau, mais encore les former à tous les sentiments honnêtes : « *Filias vero lanificio assuescere, coloque ac fuso, ne per otium torperent, operam impendere, atque ad omnem honestatem erudiri jussit.* » (Vita Karoli imperatoris, cap. XIX. (*OEuv. compl. d'Éginhard*, édit. de M. Teulet, tom. Ier, pag. 64, 65.)

Et à ouvrer soie en taulieles,
Ausi les laides com les bieles,
Pour çou que ne fusent uiseuses,
Ne desdegnans ne orgilleuses.

Chronique rimée de Philippe Mouskes, publiée par le baron
de Reiffenberg, tom. I, pag. 118, v. 2850.

Petit métier
à tisser du xiie
siècle.

Les *taulieles*, dans ce passage, sont évidemment des *métiers à tisser*; mais comment étaient-ils construits primitivement? C'est ce qu'il serait intéressant de savoir pour les premiers temps du moyen âge, car Ciampini nous a fait connaitre un métier de l'antiquité[1]; mais nous ne pouvons satisfaire une curiosité aussi louable qu'à partir du xive siècle, encore le petit métier représenté dans le grand ouvrage de Willemin[2], est-il malheureusement trop incomplet et construit d'après une perspective trop vicieuse pour être facilement compris. On en reconnait cependant les principales parties : l'*ensouple*, chargée de la chaine roulée; les *marches*, dont l'ouvrier se sert pour élever tour à tour les deux systèmes de fils et permettre à la navette de s'insinuer entre eux; la petite planchette mince qu'on insérait entre les fils, après chaque course de navette, pour serrer le tissu; la *navette*, et enfin l'étoffe elle-même, qui sort des mains de l'ouvrier toute façonnée, ni plus ni moins que si ce dernier avait à ses ordres la machine perfectionnée de Jacquard.

Ouvriers en soie
à Paris au xiiie
ou au xive siècle.

C'est avec ces métiers, ou des appareils plus ou moins semblables, qu'au xiiie, et plus certainement au xive siècle, des ouvriers fabriquaient à Paris des draps ou étoffes de soie,

---

[1] *Vetera Monimenta*, etc., pars prima (Romæ, MDCX al. MDCCXLVII, in-fol.), tab. XXXV, pag. 104.
[2] Tom. Ier, pag. 50, col. 1 et 2, et pl. 78.

des draps d'or, et même des velours. Il n'est pas permis d'en douter devant un article du compte de Geoffroi de Fleuri, dressé en 1316[1], ni devant le titre XL des *Registres des mestiers et marchandises de la ville de Paris*, qui est intitulé : *C'est l'Ordenance du mestier des ouvriers de draps de soye de Paris et de veluyaus, et de boursserie en lac, qui afierent audit mestier*[2], etc. Ce dernier statut, dans le manuscrit de la Sorbonne, le plus précieux, peut-être même le plus ancien, de ceux qui nous restent, n'est pas écrit de la même main que les autres, et parait leur être postérieur. Il contient plusieurs termes techniques difficiles à expliquer.

Le premier article est ainsi conçu :

Premier article des statuts de ces ouvriers.

« Premierement, quiconques voudra tenir ledit mestier come mestre, il convendra que il le sache faire de touz poinz de soy sanz conseil ou ayde d'autruy, et que il soit à ce examinez par les gardes du mestier; et se il est trouvé souffisant, si come dessus est dit, il convendra que il achate ledit mestier du roy ou de son lieutenant, souz la jurisdiccion que il soit en la chastelerie de Paris, et en paiera à nostre seigneur le roy, pour l'achat dudit mestier, XX s., et ausdites gardes X s. pour leur paine. »

C'est en exécution de cet article que nous trouvons parmi les *Gros exploitz dudict prevost* (de Paris, du terme de la Toussainz MCCCXVIII) : « Ph. Levesque ouvrier de dras de soye, pour ce que il a acheté le mestier... XX s.[3] »

Applications de cet article.

---

[1] « Pour trois draps d'or de Paris, ouvrez... pour faire une chappe à la royne, qu'elle ot à l'entrée de Rains, 11[l] pour piece, » etc. *Comptes de l'argenterie*, etc., pag. 57.

[2] *Réglements sur les arts et métiers de Paris*, etc., publiés par G. B. Depping. A Paris, de l'imprimerie de Crapelet, M DCCC XXXVII, in-4°, pag. 91-94.

[3] *Collection des meilleures dissertations*, etc., par C. Leber, tom. XIX, pag. 54.

Au nombre des *Menus exploits dudict prevost* (pour la Toussaint MCCCXVIII), il est fait mention d'une amende de quinze sous prononcée contre Jehan de Brays, Jehan du Mès et Jehan de Chartres, « ouvriers de tissus de soye, pour ce que ils ont ouvré contre les poins du mestier[1]. » Là nous voyons une application du dernier article du même titre, article ainsi conçu : « Item, que [si] les gardes dudit mestier treuvent aucun autre vice de male façon en aucune des euvres dudit mestier par quoy il puissent monstrer que elle soit fauce ou decevable, que cil qui ladite euvre aura faite, et ladite euvre meismes soit corrigiez par le prevost de Paris, à la requeste desdites gardes, selonc la male façon qui y sera trouvée. Et se ainssi estoit que aucun dudit mestier allast dès ci en avant contre aucunes des choses dessus dites, il seroit tenuz en l'amende de lx s. par. c'est assavoir xl s. par. à nostre seigneur le roy, et xx s. aus gardes dudit mestier pour leur paine et pour leur service[2]. »

Dernier article
du même titre
de ces statuts.

Avec tout cela, la soie était encore très-rare en France en 1345. Il est marqué dans les comptes du domaine de la sénéchaussée de Beaucaire, que le sénéchal, chargé par Jeanne de Bourgogne, femme de Philippe de Valois, de lui acheter douze livres de soie de Provence de différentes couleurs, fit partir un exprès de Nîmes le 1ᵉʳ juillet 1345, pour les porter à Paris, et que cette soie coûtait soixante-seize sous tournois la livre[3]. Le marc d'argent ne valait alors que soixante-huit sous : ce qui fixe le prix de cette matière à environ soixante-cinq francs de notre monnaie.

Rareté de la soie
en France
au milieu du
XIVᵉ siècle.

---

[1] *Collection des meilleures dissertations,* etc., tom. **XIX**, pag. **56**.
[2] *Régl. sur les arts et mét. de Paris,* pag. **94**.
[3] *Hist. gen. de Langued.,* liv. **XXXIV**, ch. cxiv; éd. in-fol., tom. **IV**, pag. **519**.

Fabrication
de soieries en
Champagne à la
même époque;
erreur sur ce
point.

A s'en rapporter à quelques écrivains, l'industrie de la soierie n'aurait pas été inconnue en Champagne dans le XIVe siècle, et les ouvrages en soie des Rémois auraient été fort estimés à cette époque. Il est vrai que nous voyons figurer des étoffes appelées *serica Remensia* parmi les choses rares et précieuses qui furent envoyées à Bajazet Ier, pour la rançon de plusieurs seigneurs français faits prisonniers à la malheureuse journée de Nicopolis, en 1395[1]; mais ce mot *serica* me paraît devoir être traduit par *serges*[2], étoffe légère, ordinairement faite de laine, qui se fabriquait déjà à Reims du temps de saint Louis[3], et dont on trouve de fréquentes mentions dans les comptes de l'argenterie des rois de France au XIVe siècle[4].

D'ailleurs, en recourant aux Chroniques de Froissart, où l'on trouve le récit de la bataille de Nicopolis et de ce qui s'ensuivit, on verra qu'il ne s'agit pas, qu'il ne pouvait pas être question de soieries parmi les présents à envoyer au vainqueur : « Et fut sçu et demandé à messire Jacques de Helly quels joyaux on pourroit transmettre et envoyer de par le

---

[1] « Tantæ cladis nuntio in Galliam perlato, undique perquiruntur munera, quæcumque Turcæ grata fore putabantur, tapetes Atrebatici, in quibus inter Alexandri Magni historia, *serica Remensia*, Liricii panni, Hollandici, et Cameracenses valde tenues et pretiosi, rubri præterea panni quisquiliati. » *Metropolis Remensis Historia...* stud. et lab. Dom. Guil. Marlot, édit. in-fol., tom. II, pag. 684. Cf. Meyer, *Annales, sive Historiæ rerum Belgicarum*, lib. XIIII, sub an. MCCCXCVI; tom. I, pag. 245.

[2] Le mot *sericum*, pris dans ce sens, a été omis dans la dernière édition du Glossaire de du Cange.

[3] « Or avint... que je me dormi à matines, et me fu avis en dormant que je veoie le roy... et... que pluseurs prelas revestus le vestoient d'une chesuble vermeille de sarge de Reins. » *Histoire de saint Louis*, par Jehan sire de Joinville, édit. du Louvre, pag. 153.

[4] Voyez la publication de M. Douet-d'Arcq, pag. 50, 51, 61, 174 et 401, col. 1.

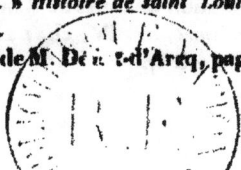

13

roi de France audit roi Basaach qui mieux lui pussent complaire, afin que le comte de Nevers et tous les autres seigneurs qui prisonniers estoient en vaulsissent mieux. Le chevalier respondit à ce et dit que l'Amorath prendroit grand plaisance à voir draps de hautes lices ouvrés à Arras en Picardie, mais qu'ils fussent de bonnes histoires anciennes.... Avecques tout, il pensoit que fines blanches toiles de Rheims seroient de l'Amorath et de ses gens recueillies à grand gré, et fines escarlates; car de draps d'or et de soie, en Turquie, le roi et les seigneurs avoient assez et largement; et prenoient en nouvelles choses leur esbattemens et plaisances [1]. »

Goût des Orientaux pour les tapisseries d'Arras, les toiles fines de Reims et les escarlates fines.

Ces choses cependant n'étaient point aussi nouvelles que Jacques de Helly voulait bien le dire; nous n'avons besoin, pour justifier notre dénégation, que de citer le même historien, qui, quelques pages plus haut, signalant les rapports existant vers la même époque, entre Amurath Ier, ou son fils, et Jean-Galéaz Visconti. duc de Milan, nous apprend que ce prince « lui envoyoit tous les ans dons et presens de chiens et d'oiseaux, ou de draps de fines toiles de Rheims, qui sont moult plaisans aux payens et sarrasins, car ils n'en ont nuls si ils ne viennent de nos parties; et l'Amorath lui renvoyoit autres dons et riches presens de draps d'or et de pierres precieuses, dont ils ont grand largesse entre eux, et nous les avons à danger, si ce n'est par le moyen des marchands venitiens, gennevois et italiens, qui les vont querir entre eux [2]. »

Echange annuel de presents entre Amurath Ier, ou son fils, et Jean-Galéaz Visconti, duc de Milan.

---

[1] Les Chroniques de sire Jean Froissart, liv. IV, ch. LIII, an. 1396 (édit. du Panthéon littéraire, tom. III, pag. 273, col. 2). Voyez le détail des présents, pag. 274, col. 1; il n'y est plus question de toiles de Reims.

[2] Les Chroniques de sire Jean Froissart, liv. IV, ch. L., an. 1396 (édit. du Panthéon littéraire, tom. III, pag. 241, col. 1).

Quant aux *draps de hautes lices ouvrés à Arras*, je n'ai pas de peine à me persuader que la perfection du travail les fit rechercher des Turcs; mais je doute encore que ce genre d'étoffes fût nouveau pour eux. Ce qu'il y a de certain, c'est que deux siècles plus tard, un des successeurs d'Amurath envoyait à Philippe II, roi d'Espagne, pour orner sa salle à manger, vingt tapisseries de drap d'or, sur lesquelles étaient représentées (*intertextæ*) les victoires remportées par les flottes et les armées turques sous le règne du donateur [1].

On faisait encore des étoffes de soie en Normandie pendant le XIVe siècle, s'il faut en croire un article du *Compte de l'exécution du testament... de... Jehanne de Evreux, jadis royne de France et de Navarre* (1372) [2]; mais je ne puis me décider à y ajouter foi, dans la crainte où je suis que l'ancien scribe ou l'éditeur n'aient fait une faute et mis *Normandie* où il faudrait peut-être *Romanie*. Pour ce qui est du mot *charges*, qui se trouve dans un compte du siècle suivant [3], il me semble qu'il convient de le traduire par *serges*; peut-être même aussi faut-il rectifier ce mot et lire *cherges*, véritable leçon de *ch'ges*, que je soupçonne dans l'original.

---

[1] *Annales Novesienses*, sub anno 1585. (*Vet. script. et mon. ampl. Collect.*, tom. IV, col. 676, B.)

[2] « Item une autre couste de soye rayé de Normandie de v q. (5 4) de lé, avec le quoissin, prisé ij f. et demy. » *Collect. des meill. dissert.*, etc., tom. XIX, pag. 158.

[3] « A Garnier Pourchelot, garde de la tapisserie, pour une chambre de brodures sur *charges* vermeilles de la façon de Caen, » etc. Compte de 1466-67. (*Les Ducs de Bourgogne*, etc., par le comte de Laborde, seconde partie, tom. Ier. Paris, Plon frères, 1831, in-8°, pag. 495, n° 1916.)

Dans un compte de 1525, je retrouve le même mot, sans savoir davantage si l'éditeur a bien ou mal lu : « A Jehan de Monfort pour le fachon de deux grandes

Ouvrières
de tissus de soie
à Paris, à
la même époque.

Il y avait encore à Paris, au xiv° siècle, des *ouvrières de tissuz de soie*, auxquelles est consacré le titre xxxviii de la première partie des règlements commencés par Étienne Boileau[1]; suivant toute apparence, ces ouvrières ne faisaient, comme au xi° siècle[2], que des ceintures, des chapeaux pour

---

rouges *charges* pour le hostellerie, contenant xix aunes, iiii°. » *Décoration et ameublement du palais abbatial de Saint-Bertin, aux xv°, xvi° et xvii° siècles*, dans le *Bulletin des comités historiques*, janvier 1851, archéologie, pag. 8, note 1.

[1] *Registres des mestiers et marchandises de la ville de Paris*, pag. 88. Voyez encore pag. 78, titre xxxiv (*Des Laceurs de fil et de soie*); pag. 80, tit. xxxv (*Des Fillaresses de soie à grans fuiseaus*); pag. 83, tit. xxxvi (*Des Fillaresses de soie à petiz fuiseaus*); pag. 85, tit. xxxvii (*Des Crespiniers de fil et de soie, c'est à savoir de coiffes, toies*, etc.). Voyez aussi *Ordonnances sur le commerce et les métiers*, etc., à la fin du volume, pag. 377 et suivantes.

[2] Voici, sur les tisserandes en soie à cette époque reculée, deux curieux articles du Dictionnaire de Jean de Garlande, avec les commentaires qui s'y rattachent :

« Textrices, quæ texunt serica texta, projiciunt fila aurata officio cavillarum, et percuciunt subtemina cum linea spata : de textis vero fiunt cingula et crinalia divitum mulierum et stole sacerdotum.

« *Cavillarum dicuntur gallice *esclices* vel *cavilles*; vulgæle est. — Subtemen idem est quod *trama*. — Spata instrumentum est mulieris, et ejus diminutivum est *spatula*. — Crinalia dicuntur a *crinibus*; gallice *capel...*

« Textrices ducunt pectines cum trama quæ trahitur a spola et panu. Ipsa textrix percutit tramam cum lama, et volvit spolam in troclea, et telam, ductione filorum et globorum, ordinatur.

« *Pectines dicuntur gallice *pignes*.—Spola dicitur a *spolio*, gallice *espoulet*, quia sepe spoliatur a filo; hoc est gallice *chanon* a filo. — Panus est illa virgula, in navicula (*navette*), que tenet spolam. — Troclea est rota textricis, et dicitur gallice *trameor*. — Lama dicitur gallice *lamme*, scilicet id instrumentum quo percutit fila. » (*Paris sous Philippe le Bel...* par H. Géraud. A Paris, de l'imprimerie de Crapelet, m dccc xxxvii, in-4°, append., pag. 607, art. lxiv et lxv.)

Il paraît qu'à l'époque de Jean de Garlande, et plus certainement au xiii° siècle, la navette des tisserands, dont cet écrivain ne nous donne pas le nom français (car le mot entre parenthèses nous semble être du fait de l'éditeur), s'appelait *suble* :

« La tierce bataille fud en Gob, encuntre les Philistiens. Là ocist David... Goliath de Geth ki lance fud tele cume *suble* as tissurs. » (Tertium quoque fuit bellum in Gob contra Philisthæos, in quo percussit Adeodatus filius Saltus polymitarius Bethlehemites Goliath Gethæum, cujus hastile hastæ erat quasi *liciatorium* texentium.) *Li secunds Livres des Reis*, pag. 204, ch. xxxi, ¥. 19.

les femmes riches, et des étoles de prêtres, articles auxquels il faut sans doute ajouter des rubans, qu'on finit, au xvi⁰ siècle, par tirer d'Espagne[1]. Plus d'une femme, dans nos anciens romans, excelle en ce genre d'ouvrage, que l'on appelait *cointise* ou *mignardise*[2], surtout quand il était destiné à figurer sur les vêtements, au casque d'un chevalier, dans une bataille, dans un tournois :

---

[1] « Une piece de bande de soye cramoisine faite au mestier. — Six autres pieces de rubans d'Espaigne noir faict à mestier.—Huict rubans d'Espaigne, tissus de soye blanche. » *Estat des meubles* (du chasteau de Pau) *qui ont esté portés à Paris suivant le commandement du roy*, etc. (octobre 1602), *chapitre d'autres petits meubles*; archives du département des Basses-Pyrénées, extrait de la liasse 427, n° 11, folio 12 verso.

Brantôme parle d'un « ruban incarnadin d'Espaigne, qu'on avoit apporté par belle nouveauté à la cour, » etc. *Des Dames gallantes*, premier discours. (*OEuv. compl. de Br.*, édit. du *Panthéon littéraire*, tom. II, pag. 251, col. 2.)

[2]   Là ot tante enseigne orfresée...
       Tant hyaume brun, tante *cointise*
       De soie parfaite et tissue.
          Branche des royaux lignages, v. 2205. (*Chroniques
             nationales françaises*, tom. VII, pag. 106.)

       Tant con le lonc des deux reus dure,
       Ot mainte plaisante arméure;
       Mainte *cointise* propre et gente,
       Tissue à or à grant entente,
       Et à mainte couleur diverse,
       Ynde, vermeille, jaune et perse.
          Id., v. 6871. (*Ibid.*, pag. 232.)

S'il faut en croire Matthieu Paris, de son temps l'on appelait *cointises* des habits de fêtes, des vêtements de soie : « Mille enim milites... vestiti serico, ut vulgariter loquamur, *cointises*, in nuptiis... ibidem apparuerunt. » *Matthæi Paris. Historia major*, sub ann. 1251; ed. 1640, pag. 829, lin. 44. Cf. pag. 899, lin. 8, sub ann. 1254.

M. Thomas Duffus Hardy traduit par *devices* le mot *queyntisis* anglais, qu'il trouve dans l'un des rôles de la Tour de Londres. Voyez *A Description of the Close Rolls in the Tower of London*, etc. Printed for private circulation. MDCCCXXXIII. in-8°, pag. 161.

Tantost sont de la chambre issu,
Où les dames orent tissu
Mainte pourpre et maint orfrois.

Roman de Perceval, Ms. de la Bibl. nationale, suppl. fr.,
n° 430, fol. 54 verso, col 3, v. 20.

Tant par mi la chambre esgarda,
Car bien i trouva largement
Puceles .iiij. vins où cent,
Qui fesoient laz et fresiaus
Et aumosnieres et joiaus.

Ibid., fol. 143 recto, col. 2, v. 35.

La pucele ot à non Ysmaine.
Euriaus l'avoit bien aprise
De soie ovrer en mainte guise.

Roman de la Violette, pag. 191, v. 3997.

Partonopeus n'est pas soutis,
Qui a Urrake et Persewis
Qui li dient deduis et gas,
Et taillent et keusent ses dras,
Coifes, cemises et cauçons,
Blians de soie et cors et lons,
Et tissent de totes manieres
Et las et braieus et lasnieres,
Et servent à tot lor pooir.

Partonopeus de Blois, tom. II, pag. 43, v. 6267.

Il sont jusc'à la chambre alé
Où sa fille est et ses puceles...
Ki font orfrois et aumosnieres
Et joiaus de maintes manieres.
Ele-méisme par deduit
Fist .j. fresel de soie estruit
De qu'en dut faire las à hiaumes.

Roman de l'Escoufle, Ms. de la Bibl. de l'Arsenal, belles-
lettres franç. in-4°, n° 178, f. 1. 36 verso, col. 1, v. 35.

Bien sachiés que jou referoie
Joiaus de fil d'or et de soie,
K'il n'est feme ki tant en sache
D'orfrois, de çainture, d'atache;
De ce faire ai-je tot le pris.

Ibid., fol. 46 recto, col. 2, v. 27.

« Ce jour se passa; et à lendemain.... que la bonne femme estoit à l'ostel seulette, ce pacient la vient trouver, ouvrant de soye, et auprès d'elle se met, » etc. *Les Cent Nouvelles nouvelles*, nouv. xcv.

Il ne faut pas demander si, en possession d'un pareil talent, nos aïeules en profitaient pour se tenir à la hauteur des mœurs chevaleresques et amoureuses de l'époque. Ainsi, plus d'une fois, une amante, faisant quelque ouvrage pour son bien-aimé, mit de ses cheveux dans le tissu, raffinement plein de grâce et de passion qu'au xiie siècle inspira le Châtelain de Coucy : « La dame de Faïel, dit une vieille chronique, quant elle sceut qu'il s'en devoit aller, fist un laqs de soye moult bel et bien fait, et y avoit de ses cheveux ouvrez parmi la soye : dont l'oeuvre sembloit moult belle et riche, dont il lioit un bourrelet moult riche par-dessus son heaume, et avoit longs pendans par derriere, à gros boutons de perles[1]. »

L'hôtesse de Guillaume, amant de Flamenca, se proposait d'en faire autant avec les cheveux du jeune homme, qu'elle avait précieusement recueillis sous les ciseaux du chapelain. Son dessein était d'en tisser un beau ruban et de l'offrir à Flamenca :

No us cuies ges que las crins arga
Na Bella-Pila, ans los met

---

[1] *Chronique du Chastelain de Couci et de la dame de Faïel*, en tête des *Chansons du Châtelain de Coucy*, pag. ij.

En un bel cendat blanc e net,
Et obrar n'a un bel fresel
Por far afflibles de mantel,
E por joia lo donara
A Flamencha, quan fag sera.

Flamenca, Ms. de la bibliothèque publique de Carcassonne,
fol. LXII verso, v. 12.

Chemise de soie, cousue et brodée en cheveux

Dans un roman bien plus ancien, c'est une chemise de soie que Sore d'Amors, maîtresse d'Alexandre, fils de l'empereur de Constantinople, avait décorée de la même façon, mêlant à l'or de la couture et de la broderie celui de ses cheveux :

Trestoz ses escrins cerche et vuide,
Tant c'une chemise en a treite ;
De soie fu, blanche et bien feite,
Mult deliée et mult soutil.
Es costures n'avoit un fil,
Ne fust d'or ou d'argent au mains.
Au queudre avoit mises les mains
Sore d'Amors de leus an leus,
S'avoit antrecosu par leus
Lez l'or de son chief un chevol
Et as .ij. manches et au col,
Por savoir et por escouter
Se jà porroit home trover
Qui l'un de l'autre devisast,
Tant clerement i avisast ;
Car autant ou plus com li ors
Estoit li chevox clers et sors.
Sore d'Amors prant la chemise,
Si l'a Alexandre tramise.

Le Roman de Cligès, Ms. de la Bibl. nat., fonds de Cangé,
n° 73, fol. 58 verso, col. 1, v. 4.

Ailleurs, c'est une manche de soie que la fille d'un roi de

Perse avait brodée de fil d'or et ornée d'une inscription tracée avec de ses cheveux :

Manche de soie, brodée en or et en cheveux.

> Et sor le destre brac li pent
> Une ma[n]ce tote de soie ;
> Jamais en quel lieu que je soie,
> N'orrai parler d'une plus riche.
> Près del poing li ferme .j. afiche
> Massice d'or, à .ij. lupars.
> Dedens, defors, de toutes pars,
> Ot flors de glai de fil d'or faites;
> Et s'ot letres entor portraites
> D'un chevels si fins et sors,
> Tot pert estre .j. chevels et ors
> Et de biauté et de color
> Et en la letre et en la flor.
> Tel l'ot faite de chief en chief,
> Cele qui ot le plus biau chief,
> La fille au riche roi de Perse;
> N'avoit mie la face perse,
> Ains ert bele et de gent ator,
> Ce dient les letres d'entor,
> Qu'ele ot faites por son ami.
> Ne li ot pas doné demi
> Son cuer; mais tot l'a pris la france.

> *Le Roman de l'Escouffle*, Ms. de l'Arsenal, déjà cité,
> fol. 10 verso, col. 1, v. 3.

La maîtresse du roi Ris, au contraire, devait recevoir de
son amant un manteau bordé avec la barbe de neuf rois,
déjà vaincus, et ourlé avec celle d'Arthur, qui était à vain-
cre. C'est là du moins ce qu'annonçait au monarque breton
un messager de son ennemi :

Manteau bordé avec la barbe de rois vaincus.

> Si a à cascun escorcies
> Les barbes, et si en fera

14

Penne à un mantel, et l'aura

S'amie à cui l'a otroié;

Et se li a avoec proié

Ke par desus la fouréure

Face de la vostre orléure;

Et il li a acreanté

D'outre en outre sa volenté...

De vous fera faire un mantel,

De vostre barbe le tassel [1].

Le Chevalier aux .ij. Espées, Ms. de la Bibl. nat., suppl.
fr. n° 180, fol. 2 recto, col. 1, v. 36.

Histoire
des étoffes de soie
les plus répan-
dues au moyen
âge.

Mais je m'aperçois que je me suis laissé entraîner hors de ma route, et que j'ai perdu de vue les étoffes courantes pour entrer dans l'histoire des ornements dont on les décorait, c'est-à-dire pour entamer celle de la broderie. Quelque intéressant qu'il soit, il faut bien le dire, ce sujet n'est qu'une annexe du mien, et je ne renonce pas à en dire quelque chose dans la suite de mon travail; mais ce ne peut être que lorsque j'aurai esquissé l'histoire des étoffes qui, sous les dénominations de *samit*, de *cendal*, de *siglaton*, de *diapre*, de *thabit* ou *zatabiz*, d'*escarimant*, de *bofu*, de *baldaquin* ou *baudequin*, de *mustabet*, de draps d'*Arest* et d'*Ache*, de *nac* ou *nachiz*, de *tartaire*, et sous bien d'autres désignations, eurent cours pendant tout le moyen âge.

Exametum, etc.

De ces étoffes, celle qui paraît avoir eu le plus de prix [2], le plus de vogue, ou qui du moins a conservé le plus long-

---

[1] Voyez encore le *Roman de Brut*, tom. II, pag. 157, v° 11,960.

[2] « ... pretiosissimi regum panni, sive serici, ut *examiti*, sive lanei, ut scharlata. » Gervas. Tilleber., *De Otiis imperialibus*, decis. 3, cap. xv. (*Script. rer. Brunsvic.*, cur. Godef. Guill. Leibnitii, tom. I, pag. 978, lin. 4. — *Antiq. Ital. med. ævi*, tom. II, col. 415, E.)

temps son nom, qu'elle avait déjà bien avant Hugues Falcand, est l'*exametum*, dont il est si fréquemment fait mention dans les textes anciens, où il est également appelé *examitum*, *xamitum*, *sciamitum*, *samita*, *sametum*, *samitum*, etc.,
par les Latins, qui ont ainsi traduit matériellement l'ἑξάμιτος
des Grecs du bas-empire [1]. Léon d'Ostie emploie *exametum*
comme adjectif, et le cite aussi bien que le *diapistus*, en parlant des ornements du pape Victor II, d'abord mis en gage,
puis rachetés par Desiderius, abbé du Mont-Cassin, en 1070[2].
La Chronique d'Hildesheim parle d'*examinatum* et d'*examitum* rouges et blancs, dont était fait un ornement donné,
à la fin du XIIe siècle, à l'église de cette ville par son évêque[3].

« Le samit, dit M. de Mas-Latrie, dont nous partageons
complétement l'opinion, était une étoffe de soie, peu différente, mais généralement plus riche que le cendal; on la
confectionnait au moyen âge[4], comme on la fabrique encore
sous d'autres noms, en Asie Mineure et en Syrie[5]. » Ces
étoffes, laissées aujourd'hui aux gens du pays, s'exportaient
autrefois en grande quantité en Europe, et servaient à une
foule d'usages.

Nous avons vu que l'on employait le samit à des ornements

Samit;
ce que c'était.

Emploi du samit;
ornements
d'église.

---

[1] Voyez, sur ce mot, du Cange, *Gloss. ad script. med. et inf. Græc.*, tom. I,
col. 391.

[2] *Chron. S. monast. Casin.*, lib. III, c. xx. (*Rer. Ital. Script.*, tom. IV, pag. 429,
col. 2, A et B. — *Monum. Germ. hist.*, ed. Pertz, script. tom. VII, pag. 710,
n° 18; pag. 711, lin. 2 et 3.)

[3] *Chron. Hildesh.*, A. D. 1194-1198. (*Mon. Germ. hist.*, script. tom. VII,
pag. 858, lin. 36.)

[4] Pegolotti, *della Mercatura*, pag. 58 et suiv. — Uzzano, pag. 101. — Poésies de
Guillaume de Machaut, Ms. de la Bibliothèque nationale, n° 7609, fol. 318, etc.

[5] *Bibliothèque de l'École des chartes*, 2e série, tom. V, mars—avril 1849, 4e livraison, pag. 309.

sacerdotaux. L'on continua à en faire le même usage pendant les xiii° et xiv° siècles. C'est ainsi que Louis IX avoit
en sa chapelle, dit le confesseur de la reine Marguerite,
« vestures apartenanz à evesques, de *samit* et d'autres dras
de soie precieus, broudez et autres, de diverses couleurs,
selon ce que le tens et les festes le requeroient [1]; » et l'on
trouve dans l'inventaire de Charles V des chapes et des chapelles, c'est-à-dire les vêtements sacerdotaux et les ornements
d'autel nécessaires pour desservir une chapelle, faites de
l'étoffe en question [2].

Tentures en samit.   On en faisait aussi des tentures dès le xii° siècle, époque
généralement attribuée au poëme du Cid, dans lequel je lis
ces vers :

Pensaron de adobar esora el palacio,
Por el suelo é suso tambien encortinado;
Tanta pórpola é tanto *xamed* é tanto paño preciado,
Sabor avriedes de ser é de comer en el palacio.

V. 2315. (*Coleccion de poesias castellanas*, etc., public.
por D. Tomás Sanchez, tom. I°, pag. 313.)

Carreaux, ou coussins d'appartements, couvertures de livres en samit.   On employait aussi le samit à couvrir les carreaux ou
coussins des appartements [3], qui sont des meubles de fatigue :
on en peut donc conclure que c'était une étoffe très-forte, et
cela d'autant plus hardiment que l'on en faisait également
des couvertures de livres [4].

---

[1] *Histoire de saint Louis*, par Jehan sire de Joinville, édit. du Louvre, pag. 312.
[2] « Item deux autres chappes de *samit* noir orfroisié de tanelle, qui ne sont pas
tout de soye, » etc. Ms. de la Bibl. nat. n° 8356, fol. C xv. verso, n° 1100.
— « Item une autre chappelle de *samit* noir, brodée à estoilles, » etc., n° 1102.
[3] *Comptes de l'argenterie des rois de France au xiv° siècle*, publiés... par L. Douët-
d'Arcq. A Paris, chez Jules Renouard et comp., m. dccc. li, in-8°, pag. 47, 109,
113, 115, 185, etc.
[4] « Item ung livret à une chemise d'un samit vert, où est l'office du sacrement et

Mais le samit était surtout employé à faire des bliauds, Bliauds de samit.
sorte d'habillement de dessus, à l'usage des deux sexes :

> Li plus povere ad vestu vair u gris peliçon,
> U *bliaut de samit* u de bon ciclatun, etc.
>
> Roman de Horn et Rimenhild, v. 4569, pag. 226.

> Onques la maille dou blanc haubert treslis,
> Ne li valut un *bliaut de samit*.
>
> Li Romans de Garin le Loherain, coupl. xx de la seconde
chanson, tom. 1ᵉʳ, pag. 265 ; tom. II, pag. 121.

> Del dos li ostent le blanc haubere treslis,
> Et remeist sangles el *bliaut de samis*.
>
> Extraits du Roman de Gérard de Vienne, v. 891. (Der
Roman von Fierabras, Provenzalisch, pag. xxi, col. 2.)

> Tout li dessirent son *bliaut de samis*,
> Et par desoz son boin pelison gris.
>
> Ib., v. 1428. (Ib., pag. xxvi, col. 2.)

On en faisait également des cottes et des robes : Cottes et robes
de samit.

> Il le desarment del blanc haubert treslis,
> Sanglente avoit la *cote de samis*.
>
> Li Romans de Garin le Loherain, tom. 1ᵉʳ, pag. 266.

> L'une fu grande et bien taillie,
> D'un blanc *samit* appareillie ;
> Cote en ot, sorcot et mantel, etc.
>
> De la Mort Larguece, v. 61. (Œuv. compl. de Rutebeuf,
tom. II, pag. 472.)

> Mayde Elene al so tyte,
> In a *robe of samyte*
>   Anoon sche gan her tyre,

---

de saincte Clere, » etc. Inventaire de Charles V, Ms. de la Bibliothèque nationale, nᵒ 8356, fol. ijᶜ. lxiij, verso, nᵒ 3052.

To the Lybeaus profyte
In keverchers whyt,
Arayde wyth gold wyre.

Lybeaus Disconus, v. 832. (*Ancient English metrical*
Romancees, tom. II, pag. 36.)

Le gain de la bataille de Bouvines, s'il faut en croire l'historien de Philippe Auguste, causa en France une si grande joie, que chacun, pour mieux la manifester, se vêtait d'habits précieux, entre autres, de samit :

Miles,
Civis, villanus, radiant in murice; nullum
Indumenta tegunt nisi *sampnis*, byssus et ostrum.

Guill. Britonis Armor. Philippidos lib. XII, v. 248. (*Rec.*
des hist. des Gaules, tom. XVII, pag. 274, D.)

Le samit, étoffe
aristocratique.

Quoi qu'on puisse inférer de ce passage, le samit, aux XIIᵉ et XIIIᵉ siècles, était une étoffe de luxe réservée aux gens de condition élevée. Le sire de Joinville, racontant le mariage d'Alphonse, frère de Louis IX, à l'occasion duquel *fu fete feste mervellieuse et solempnel*, rapporte que « li baron et li chevalier furent en robes de *samit* et de soie [1]. » Un romancier nous dit, de l'un de ses héros, que « il fut moult regardé du peuple; car il estoit vestu d'une cotte de *samit*, qui donnoit à entendre qu'il estoit chevalier [2]. » Enfin,

Samit d'estive.

Philippe le Long et sa femme, Jeanne de Bourgogne, portaient, à leur sacre, chacun une cotte faite d'un demi-samit d'estive vermeil, c'est-à-dire d'une demi-pièce de samit lé-

---

[1] *Histoire de saint Louis*, édit. du Louvre, pag. 181.
[2] *La tresselegante... Histoire du... roy Perceforest*, etc., Paris, Egidius Gormontius (Gilles de Gourmont), 1531-32, in-folio, tom. III, fol. 127 verso, col. 2.

ger [1], variété que l'on rencontre fréquemment dans l'inventaire de Charles V [2].

Mais le plus souvent ; comme je le disais tout à l'heure, les
vêtements n'étaient désignés que par le nom même de l'étoffe,
sans autre indication.

Samit, vêtement.

> Li dux out mult bel appareil,
> D'un cher *samit* freis et vermeil
> Fu jenz vestuz e atornez.
>> *Chronique des ducs de Normandie*, par Benoît, tom. Ier,
>> pag. 440, v. 10347.

> Los feron e los nafron per los ausbercs trailitz,
> Que de la sanc vermelhan los costatz e 'ls *samitz*.
>> *Hist. de la crois. contre les hérét. albig.*, pag. 600, v. 8900.

> Un vermeil *samit* ot vestu,
> Estroit, à las, molt bien cosu.
>> *Lai de Melion*, pag. 46, v. 87.

> Et la réine, fille le roi Thierri...
> Girbert envoie un molt riche *samit*,
> De panpelune [3] et d'or estoit repris ;
> Quatre mars d'or costa li sebelins.
>> *La Mort de Garin le Loherain*, pag. 20, v. 395.

---

[1] *Comptes de l'argenterie des rois de France*, etc., pag. 10, 47 et 57.

[2] « Item, une pièce de samyt d'estive... semée de paons d'or de brodeure et deux grans bordeures de broderie à lettres de Sarrazin. » Ms. 8356, fol. ij, iiij, viij recto, n° 3381. — « Item une autre pièce de samyt d'estive... semé de pommettes d'or à lettres de Sarrazin, » etc., n° 3382. — « Item une autre pièce de samyt d'estive vermeil... semée de paons d'or en brodeure qui font la roe, » etc., n° 3383. Charles V avait encore « quatre chambres de samit d'estives vermeilles (n° 3551), cinq chambres de samit d'estive vers (n° 3566), une chambre de samin d'estive vermeil (n° 3571), » et « une chambre de samit vert d'estive (n° 3572). »

[3] Espèce de fourrure, appelée au XVIe siècle, au moins en Angleterre, *paampilyon, pampelyon, pawpillon.* Voyez *Privy Purse Expenses of Elizabeth of York*, etc., London : William Pickering, MDCCCXXX, in-8°, pag. 33, 89, et 214, col. 2 ; et *The privy Purse Expences of King Henry the Eighth*, etc., London : W. Pickering, MDCCCXXVII, in-8°, pag. 48.

Un samit repris d'or était sans doute un vêtement de satin brodé d'or, dont l'étoffe était vraisemblablement rehaussée de fils d'or et d'argent tissés dans la trame, comme les brocards que l'on fait dans le Liban et à Damas. De cette manière, à ce que j'imagine, on avait représenté des fleurs, des étoiles, des oiseaux, des animaux ou des ornements de fantaisie :

> A tant ez Blancheflour la bloie...
> D'un blanc *samit* estoit vestue
> A flour d'or estelé d'argent.
>
> Roman de Perceval, Ms. suppl. fr., n° 430, fol. 163 verso
> col. 3, dernier vers.

> Dedens vit .j. molt riche lit
> Tout couvert de vermeil *samit*,
> Où il ot mainte fleur tissue.
>
> Ibid., fol. 174 verso, col. 1, v. 17.

> Gentement fu fete la couche
> Où le bon Perceval se couche
> En blans dras de lin deliez,
> Se par tout le mont aliez
> Ne trouveriez aussi biaus,
> D'un *samit* ouvré à oissiaus.
>
> Ibid., fol. 217 verso, col. 2, v. 16.

> Deduit fu biaus et lons et drois...
> D'un *samit* portret à oysiaus,
> Qui ere tout à or batus,
> Fu ses cors richement vestus.
>
> Le Roman de la Rose, édit. de Méon, tom. 1er, pag. 35,
> v. 805, 824 et suiv.

> Leesce...
> Bele fu et bien atornée;
> D'un fil d'or ere galonnée,
> S'ot un chapel d'orfrois tout nuef.

Jo qu'en oi véu vint et nuef,
A nul jor mès véu n'avoie
Chapel si bien ouvré de soie.
D'un *samit* qui ert tous dorés
Fu ses cors richement parés,
De quoi son ami avoit robe,
Si en estoit assés plus gobe.

Le Roman de la Rose, édit. de Méon, tom. I⁰⁰, pag. 36, v. 859

Li castelains estoit vestus
De dras de soie à or batus.
Rose la contesse à devise
Fu vestue d'une cemise
Plus delié d'un fil d'iragne
(Ouvrée fu dedens Espagne);
Desous son peliçon hermin,
Vestue d'un vermeil *samin*
Qui moult ert avenans et biaux;
De fin or i ot .c. oisiaux;
Moult li sist bien et à mesure.
De soie avoit une çainture...
Mantel ot de sidoine ouvré,
Par dedéns de sable fourré.

Roman du comte de Poitiers, pag. 40, v. 931.

Il prist un dromadaire tout cargié de *samis*,
Si l'envoie à l'ost Dieu, à nos barons eslis.

La Chanson d'Antioche, ch. vi, coupl. v; édit. de M. P. Paris,
tom. II, pag. 76.

Moult fu dolens li peres por amour son enfant.
Isnelement et tost a pris un drogement
Et un grant dromadaire cargié de dras d'argent
(*Samit* sont apelé en cest nostre romant),
S'es tramist à nos gens qui sont pieu et vaillant.

Ibid., coupl. vi, pag. 78.

Samit, synonyme
de drap d'argent.

Li sires de Couci n'iert lens

De faire feste à son povoir

A tous comme signeur de grant pooir.

Il et tout li Vermendisien

Erent vestu et tuit li sien

De *samis* vers très-bien ouvré,

Tous semenchiés d'aigles doré :

C'estoient moult bel parement...

Li Flamenc et li Brebençon...

Acesmement avoient biaus

D'or semés de noirs lionchiaus...

Et Champenois et Bourguegnon

Acesmemens d'une façon

Avoient, et li Berruier

D'un *samis* vermeil noble et chier

Semés de lupardiaus d'or fin.

L'Histoire du Châtelain de Coucy, pag. 62, v. 1864; et

pag. 63, v. 1883 et 1891.

Samit rayé d'or ou de soie.

Quelquefois les samits étaient tout uniment rayés d'or ou de soie, comme les courtines d'autel décrites dans l'inventaire de Charles V [1].

Fabrication des samits.

Tous ces riches samits n'étaient pas fabriqués par les mêmes procédés; un trouvère, je ne sais sur quelle autorité, le déclare positivement dans sa description de la couche funèbre d'Alexandre :

Ses lis estoit envols de .ij. rices *samis*,

A pieres preciouses saielés et closis;

---

[1] « Premierement deux courtines d'autel de samit blanc royées d'or, et une grant de mesmes, pour mettre devant les reliques quant ilz sont sur l'autel. » Ms. de la Bibl. nat. n° 8356, fol. vj^xx j. verso, n° 1144. — « Item deux autres courtines pour oratoires, de samit blanc royées de soie. » N° 1146. — « Item deux autres courtines de samit vermeil royées d'or pour autel, et deux autres pareilles pour oratoire. » N° 1147.

. Li .j. fu fais à esmes [1], l'autre à estraelis.
  Par tel engien estoient et tissu et treslis [2],
  .M. ans fuscent en tiere ains que fuscent poris.
            Li Romans d'Alixandre, pag. 524, v. 33.

Si l'auteur du Roman d'Alexandre était bien informé, nous savons maintenant quelque peu comment se fabriquaient les samits ; nous savons également que cette espèce d'étoffe était tissue de manière à résister plus que toute autre aux influences capables de la détériorer. Aussi la faisait-on servir à l'ensevelissement des morts de haut parage indistinctement avec le cendal [3], le siglaton [4] et la pour-

Solidité du samit ; son emploi pour l'ensevelissement des morts de qualité.

---

[1] Variante : *eslice.*

[2] Voici d'autres exemples de *treslis* et d'*estraelis* employés dans ce sens :

> Nis la petite gent menue
> Devant lor huis font herbe espandre,
> Et li riche hom ont fait portendre
> Les maistres rues de samis,
> De dras de soie ovrés *treslis*,
> Dorées d'or riches et chieres.
>   *Le Roman de l'Escouffle*, Ms. de la Bibl. de l'Arsenal, B.-L.
>   fr. in-4°, n° 178, fol. 5 verso, col. 1, v. 9.!

> Savés ki moult enbelissoit
> La feste et l'onor et l'afaire ?
> Que l'emperere li fist faire
> De jor en jor presens divers,
> Non pas de saie à .ij. envers,
> Mais d'or, de pieres, de samis,
> De dras de soie *estraelis*.
>   *Ibid.*, fol. 13 recto, col. 1, v. 5.

[3] Voyez le passage de la Chronique de Geoffroi, prieur du Vigeois, cité plus loin.

[4]
> Le cors emportent et maistre pavillou...
> Puis l'envolepent ens en un *siglaton*;
> Entierré l'ont par dedevant Mahom.
>   *Le Roman d'Anséis de Carthage*, Ms. de la Bibl. nat.,
>   n° 7191, fol. 34 recto, col. 2, v. 33.

pre [1], c'est-à-dire avec les tissus les plus riches, les plus précieux :

> Le cors laverent et d'iaue et de vin ,
> Li quens méismes ses blanches mains i mist ;
> D'un fil de soie le restraint et cousi,
> Puis l'envolupe en un drap de *samis*.
> En cuir de cerf font le baron covrir [2], etc.
>
> Li Romanz de Garin le Loherain, tom. II, pag. 247.

> L'enfes Rigaus s'est à la biere mis ,
> Son oncle baise, entre ses bras le prist ,
> Il li descout le cuir de cerf bouli ,
> Endroit les ieus li trenche le *samis*.
>
> Ibid., pag. 253, 254.

---

[1] Harold fut enseveli dans un linceul de pourpre, s'il faut en croire Gui d'Amiens, qui dit du vainqueur de Hastings :

> Heraldi corpus collegit dilaceratum ,
> Collectum texit sindone purpurea.
>
> Widonis Carmen de Hastingæ prælio, v. 573. (Chroniques anglo-normandes, tom. III, pag. 26.)

On lit dans un autre poëme d'une date postérieure :

> Clauserit extremum si tibi Roma diem...
> Purpura defunctum te preciosa teget.
>
> Veteris poetæ Carmen apologeticum adversus obtrectatores curiæ Romanæ, v. 120 et 124. (Veteru Analecta, ed. in-fol., pag. 370, col. 1.)

[2] Pendant tout le moyen âge, ce fut un usage constant que d'envelopper de cuir le corps des morts illustres, surtout quand on devait le transporter d'un lieu dans un autre. Charlemagne ayant fait embaumer les cadavres de Roland, d'Olivier et de Turpin, en fit retirer le cœur, qui fut mis dans une étoffe précieuse, et on les plaça dans des cuirs de cerf :

> Li emperere fait Rollant conteir
> E Oliver e l'arcevesque Turpin;
> Devant sei les ad fait tuz averir
> E tuz les quers en paile recuillir...
> E puis les cors des barons si unt pris,
> En quirs de cerf les seignurs unt mis.
>
> La Chanson de Roland, st. ccx, v. 1.

L'impératrice de Rome, jetée sur un rocher où elle attend sa dernière heure, s'écrie :

> Se Dieu pleiest, de dras de soie,
> De chiers *samis*, de siglatons,
> Ma char, qui plus que nus matons
> Bele, blanche est, nete et polie,
> Déust bien estre ensevelie.

De l'Empereri qui garda sa chasteé par moult temptacions,
v. 2026. (*Nouveau Recueil de fabliaux et contes,* tom. II.
pag. 65.)

Dans une autre chanson de geste, le même empereur

> Baudoin et Berart commande à ambausmer :
> Porter les an vodra, se il puet eschaper...
> Li rois an cuir de cerf les a fait seeler.

La Chanson des Saxons, couplet CCLXXV, tom. II.
pag. 165, 166. [1]

L'historien Nithard étant mort en 858 ou 859, sans doute loin de l'abbaye de Saint-Riquier, quoi qu'en disent les auteurs de l'*Histoire littéraire de la France*, tom. V, pag. 205, son corps salé fut enfermé dans une bière garnie de cuir, et enterré à côté de son père, saint Angilbert, qui avait été abbé de ce monastère, et dont les os, déjà reconnus sous Ribbodon, son successeur, furent retrouvés plus tard enveloppés d'une étoffe de prix, de couleur verte. Voyez la vie de saint Gervin, par Hariulf, dans les *Acta sanct. ord. S. Bened.*, sæc. VI, pars secunda, pag. 333.

En 1113, quand on opéra la translation des reliques de saint Mauguille dans une nouvelle châsse, on les plaça dans un cuir de cerf. (*Vita sancti Maldegisili*, auct. Hariulfo, cap. XVI. — *Ibid.*, sæc. IV, pars secunda, pag. 543.)

Henri Ier étant mort en Normandie en 1135, son corps entaillé profondément et salé, fut enveloppé dans des peaux de bœufs, puis porté de Rouen à Caen, enfin en Angleterre, où il fut enterré. (*Joan. monach. Maj. Monast. Hist. Gauffredi duc. Norman.*, lib. I. Paris., M.DC.X., in-8°, pag. 83, 84. — *Chron. Johan. Bromton,* apud Roger. Twysden, *Hist. Angl. Script. X,* tom. I, col. 1023, lin. 51, — *Chron. Gervas. mon. Dorob.*, apud eumdem, tom. II, col. 1339, lin. 45, etc.)

Henri le Jeune, fils de Henri II, roi d'Angleterre, étant mort à Martel en Querci, son corps embaumé et enveloppé d'un linceul blanc, puis d'un fort cuir sur un cendal de couleur verte, fut apporté au Mans. (*Chronica Gaufredi Vosiensis pars altera,* cap. XX ; apud Labbe, *Nov. Bibl. manuscr. libr.,* tom. II, pag. 338, et D. Bouquet, *Rec. des hist. des Gaules,* tom. XVIII, pag. 219, A. — *Roger. de Hoveden*

Porus étant mort, Alexandre

D'un pale d'Oriant l'a fait ensevelir.
Li Romans d'Alixandre, pag. 368, v. 13.

Alexandre lui-même étant décédé,

En .j. cier drap de soie que le fist presenter
Candace la roïne, quant vint à li parler,
Firent le roi encoudre et bien enveloper.
Ibid., pag. 543, v. 32.

Annal. pars post., apud H. Savile, *Rer. Anglic. Script. post. Bed. præcip.*, ed. m. DCI., pag. 631, lin. 10.)

Louis VIII étant mort à Montpensier en Auvergne, à son retour de la guerre contre les Albigeois en 1226, ses restes furent enveloppés dans des toiles cirées et des cuirs de bœufs, comme le dit Matthieu Paris (*Historia major.*, ed. Lond. 1640, pag. 334, lin. 36), et comme on le constata en octobre 1793. Le même historien, pag. 648, lig. 4, rapporte à l'année 1245, que le corps du comte Guillaume Maréchal fut trouvé entier, mais en décomposition, dans un cuir de taureau.

Enfin, Jean Louis de Nogaret de La Valette, duc d'Épernon, étant mort à Loches le 13 janvier 1642, son corps arrivé à Cadillac le 8 mars, fut inhumé dans la chapelle de Saint-Blaise le 18. Exhumé le 18 avril 1793, il fut trouvé parfaitement conservé, et se tint debout contre le pilier auquel on l'adossa. Il était étroitement cousu dans un cuir; ses mains paraissaient gantées; ses oreilles même avaient une semblable enveloppe exécutée avec beaucoup d'adresse et de soin.

Cette habitude que nous venons de constater, d'envelopper les morts de toile cirée, n'était particulière ni à la France ni au xIIIᵉ siècle; nous trouvons qu'à la fin du vIᵉ, les restes de sainte Radegonde furent ensevelis de cette façon (*Chron. S. Benigni Divion.*, tom. II Spicil. Acherian., ed. in-fol., pag. 383, col. 2, lin. 25. — *Acta sanct. ord. S. Bened.*, sæc. vi, pars prima, pag. 338, nᵒ 40), et qu'au vIIIᵉ, le corps de saint Ansbert, évêque de Rouen, mort en 695, fut revêtu de ses ornements pontificaux, puis enveloppé par-dessus de linges cirés. (*Acta sanct. ord. S. Bened.*, sæc. II, pag. 1069, nᵒ 35.)

Au xIᵉ siècle, les Normands établis en Sicile, ayant conservé leur antique coutume de couvrir les visages des cadavres, employaient pour cet usage un voile enduit de cire:

Impositas feretro; pannaeque obducere cera
Illitus, hunc facie jussus latitante fuisset:
Ut Normannorum velare cadavera mos est.
Guillelmus Appulus de Normannis, lib. II. (*Rer. Ital. Script.*, tom. V, pag. 261, col. 2, B.)

Le corps de saint Idesbalde, abbé de Cîteaux, mort en 1167, avait été pareille-

Enfin, Boccace, dans l'un des récits de son *Décaméron*, nous montre une jeune fille s'apprêtant, avec sa servante, à rendre les derniers devoirs à un mort; elle envoie chercher une pièce de drap de soie qu'elle avait dans son bahut, et l'ayant étendue par terre, les deux femmes y placent le corps du défunt [1].

---

ment enveloppé d'une forte toile cirée, comme nous l'apprenons par le procès-verbal de la seconde translation : « Erat corpus sacrum vestitum veste religiosa... cum herbis odorificis... ac præterea uno magno involucro ex *tela cerata* omnino forti, ligato funibus canabinis, » etc. *Natalitia sanctorum Belgii*, auct. Arnoldo Raysio (*de Rayse*), fol. 204. — *Cistercensium.., Annalium a condito Cistercio Tomus secundus*, etc., auct. Fr. Angelo Manrique, etc. Lugduni, sumpt. hæred. G. Boissat, etc., M. D. C. XLII., in-fol., A. C. M. C. LXVII., cap. VII, n° 7, pag. 448, col. 1.

Enfin, lors de la cinquième translation des reliques de saint Remi, en 1647, « on trouva premierement, dit D. Marlot, un grand drap de soye rouge qui environnoit le corps sans aucune ligature, et qu'on prendroit pour du satin, n'étoit qu'il est beau et luisant de part et d'autre, puis un linge de pareille grandeur, qu'on crut d'abord être de la soye, tant il est clair et transparent; mais ceux qui l'ont manié le tiennent pour une toile cirée ou gommée, pareille aux toilles ouvragées de Flandres, » etc. *Le Tombeau du grand saint Remy*, etc. A Reims, chez François Bernard, M. D. C. XLVII., in-8°, pag. 194.

Pareille toile cirée se voyait aussi dans la bière de saint Cuthbert; mais, comme pour celle de saint Ansbert, elle enveloppait les autres étoffes, et tapissait l'intérieur de la châsse. Voyez *Regin. mon. Dunelm. Liber de adm. B. Cuthberti virtut.*, cap. XLII, pag. 89.

Pendant les XIVe, XVe et XVIe siècles, on continua à faire usage de la toile cirée pour les ensevelissements : nous le voyons pour le petit roi Jean, né le 15 novembre 1310, mort quatre jours après, le 19 (*Comptes de l'argenterie*, etc., pag. 19), et pour la reine d'Angleterre Marie, dont l'embaumement est ainsi décrit dans une relation du temps : « And after that the Surgeons had don ther Partés as aforesaid, then the Clerk of the Spycery... came and sered the said Royall Corsse with lynen Cloth waxed, and with a Number of Spices very Costly; after the which the said Corsse was coffened, » etc. *The Entierment of Mary the first of that Name*, etc. (*Johannis Lelandi antiquarii de rebus Britannicis Collectanea*, ed. Th. Hearne. Londini, impensis Gul. et Jo. Richardson. M. DCC. LXX., in-8°, vol. V, pag. 308.)

[1] « Et prestamente per una pezza di drappo di seta, la quale haveva in un suo forciere, la mandò, e venuta quella, in terra distesala su il corpo di Gabriotto vi puosero, » etc. *Il Decamerone*, giorn. IV, nov. VI.

Mais pourquoi demander à la fiction ce que l'histoire peut nous donner? Elle nous apprend que, depuis l'antiquité, il était d'usage d'employer à l'ensevelissement des morts des tissus précieux, surtout des étoffes d'or et d'argent, luxe contre lequel s'élèvent à la fois saint Jérôme et saint Ambroise à la fin du IV° siècle[1]. Au III° cependant, le pape saint Eutychien voulait que l'on ensevelit les martyrs avec une dalmatique ou une tunique couleur de pourpre[2], et Eusèbe rapporte qu'Astyrius, sénateur romain, ayant chargé sur ses épaules le corps du martyr saint Martin, eut soin de placer dessous un tissu précieux[3]. Quand on ouvrit les tombeaux de la voie Claudia, à Rome, on trouva deux squelettes d'en-

---

[1] « Vos in tunicis aurum texitis... cur et mortuos vestros auratis obvolvitis vestibus?... An cadavera divitum nisi in serico putrescere nesciunt? » *Vita S. Pauli primi eremitæ*, in fine. (*S. Eus. Hieron. Oper. tom. IV sec. pars*, ed. Bened., Paris:, M. DCC. VI., in-fol., col. 74.)

« Sericæ vestes, et auro intexta velamina, quibus divitis corpus ambitur, damna viventium, non subsidia defunctorum sunt. » *De Nabutho Jezraelita*, cap. I. (*S. Ambros. Mediolan. ep. Oper.*, edit. Bened., tom. I, pag. 566.)

Voyez, au reste, sur ce point, que nous n'avons fait qu'effleurer, les Observations de Lindenbrog sur le XVI° livre d'Ammien Marcellin, à la suite de l'édition de Paris, M. DC. LXVI., in-fol., pag. 21, col. 1 et 2; et le *Cæmeteria sacra* de Henri de Sponde, évêque de Pamiers, Paris, Denis de la Noüe, M. DC. XXXVIII., in-4°, liv. I°, part. III, ch. IV (*De vestitione corporum*), pag. 235-241. Voyez surtout le n° III (*Vestis pretiosa comprobata in funeribus*), pag. 237, 238; et le n° V (*Vestes aureæ... in sepulchris repertæ*), pag. 239-241.

On peut encore consulter les *Mélanges archéologiques* de MM. Cahier et Martin, tom. II, pag. 244-245, en note.

[2] Anast. Biblioth., *De Vitis Roman. Pont.*, n° XXVIII. S. Eutychianus, A. C. 275. (*Rer. Ital. Script.*, tom. III, pag. 101, col. 2, C.) Je remarque toutefois que les deux martyrs S. Gervais et S. Protais, qui apparurent à saint Ambroise pendant son sommeil, étaient vêtus de blanc, *vestibus candidissimis, id est colobio et pallio*. Voyez *Epist. ex Ambros. num. segreg.*, ep. II, al. LIII. (*S. Ambr. Mediolan. ep. Opera*, ed. Bened., tom. II, M. DC. XC., in-fol., col. 484, D, n° 2.)

[3] « Ὃς παρὼν τηνικάδε τελειουμένῳ τῷ μάρτυρι, τὸν ὦμον ὑποθεὶς, ἐπὶ λαμπρᾶς καὶ

fants enveloppés de tissus d'or, et un squelette de femme richement vêtu, la tête reposant sur un coussin d'étoffe également d'or[1]. La toilette funèbre de sainte Cécile[2], dont les reliques furent découvertes à Rome en 821, et celle des martyrs trouvés au commencement du xie siècle dans l'église de SS. Abundius et Abundantianus, n'étaient pas moins splendides[3]; enfin, dans le sarcophage de Chrysogoné, découvert à Arles en 1618, le corps était enveloppé dans un tissu d'or et de soie, très-riche[4]. Parlerai-je du vêtement mortuaire du roi Childéric, couvert de trois cents abeilles d'or[5], et de l'ornement du même métal, en forme d'étoiles, cousu sur les vêtements trouvés dans les grottes sépulcrales de Vulci et de Canino en Étrurie[6]? Tel était le luxe de ceux qui constituaient la dernière toilette, aux premiers siècles chrétiens, que la fonte de l'or des vêtements de Marie, fille de Stilicon et femme d'Honorius, produisit trente-six livres pesant[7].

L'habitude d'ensevelir ainsi les morts considérables dans des tissus précieux, soit au moment de leur mort, soit après

[marginal note] Restes de saints et de personnages de marque trouvés dans des tissus d'or.

[marginal note] Continuation de cette manière d'ensevelir, pendant le moyen âge.

πολυτελοῦς ἐσθῆτος ἅρας τὸ σκῦνος ἐπιφέρεται, περιστείλας τε εὖ μάλα πλουσίως, τῇ προσηκούσῃ ταφῇ παραδίδωσι. » Euseb. Pamphil. Ecclesiast. Hist., lib. VIII, c. xvi.

[1] Mémoires de l'Institut royal de France, académie des Inscriptions et Belles-Lettres, tom. XIII, pag. 645.

[2] « ... reperit in cœmeterio Prætextati... aureis illud (corpus S. Cæc. mart.) vestitum indumentis, » etc. Anast. Biblioth., De Vit. Roman. Pontif., n° c. Paschal., A. C. 817. (Rer. Ital. Script., tom. III, pag. 216, col. 1, C.)

[3] Acta sanct. ord. S. Bened., sæc. v, pag. 873.

[4] Voyage dans les départemens du midi de la France, par Millin. A Paris, de l'Imprimerie impériale, M. DCCC. VII.—XI., in-8°, tom. III, pag. 582.

[5] Discours sur les anciennes sépultures de nos rois, par le R. P. Dom Mabillon. (Mémoires de l'académie des inscriptions, tom. II, pag. 668, 669.) — Les Monumens de la monarchie françoise, par D. Bernard de Montfaucon, tom. Ier, pag. 1-16.

[6] Mémoires de l'Institut de France, acad. des Insc. et Bel.-Let., tom. XIII, pag. 647.

[7] Ibid., pag. 727, en note, col. 1 Voyez encore pag. 735 et 736.

16

une exhumation, paraît s'être perpétuée, au moins chez nous, pendant tout le moyen âge. Saint Florentin, martyr en Bourgogne vers l'an 406, fut enseveli dans un *pallium*[1], mot qu'il faut traduire, ce me semble, par tissu de prix. Saint Colomban étant mort en 615, son corps fut mis au tombeau enveloppé d'une étoffe très-fine[2], sans doute de soie. Lors de la première translation des restes de saint Remi, qui eut lieu sous Dagobert, l'an 633, il fut pris comme reliques quelque peu des cheveux, de la chasuble et de la tunique du saint, avec lesquels il avait été enterré, et le corps tout entier, bien que desséché, fut enveloppé dans un drap de soie rouge[3], ou de samit vermeil, suivant la version de du Chéneau, l'un des deux draps de satin rouge, sans aucun doute, que l'on trouva dans la châsse lors de la translation de 1647[4], qui est la cinquième. Ce qu'il y a de sûr, c'est qu'il n'y en avait qu'un en 852, quand Hincmar fit la se-

---

[1] *Acta sanct. ord. S. Bened.*, sæc. vi, pars secunda, pag. 809, n° 7. La translation de saint Florentin eut lieu en 1094.

[2] « ... sublato lapide sanctissimum corpus adspicientes subtilissimo pallio circumdatum... oraverunt.» *Mirac. S. Columbani*, cap. ix. (*Acta sanct. ord. S. Bened.*, sæc. ii, pag. 46.)

[3] « ... involutum est corpus illius integrum... de brandeo rubeo. » *Vita S. Remigii*... scripta ab Hincmaro, etc. (circa ann. 850), cap. lxvi. (*Vitæ sanctorum*, ed. Laur. Surio, tom. I, pag. 200, 18 Januar.) Idem fere Flod., lib. I, cap. xx, Hist. Rhem.

Le mot *brandeum*, employé par Hincmar, désignait, comme on le voit, un voile, une étoffe de soie ou de lin, que l'on faisait servir à envelopper les corps et les reliques des saints. Un passage d'une lettre de saint Grégoire le Grand à l'impératrice Constance, montre que l'on donnait également ce nom aux étoffes précieuses que l'on faisait toucher à ces restes vénérés, et qui participaient ainsi aux vertus dont ils étaient doués. Voyez le Glossaire de du Cange, tom. 1er, pag. 762, col. I, au mot *Brandeum*, n° 1; et les *Acta sanct. ord. S. Bened.*, sæc. i, pag. 452.

[4] *Le Tombeau du grand saint Remy*, etc., par D. Guill. Marlot, pag. 28, 29, 198.

conde translation ; du moins il ne parle que d'un seul, dont il prit une partie pour l'enfermer dans un reliquaire [1].

A une époque que nous ne pouvons préciser, le tombeau de saint Thierri, disciple de saint Remi, mort en 540, ayant été ouvert, on trouva le corps dans une bière revêtu d'un habit de soie. Cet habit était-il un linceul ou un ornement sacerdotal? c'est ce qu'il nous est impossible de décider, ne connaissant le fait que par une phrase de D. Marlot, qui cite un manuscrit [2].

Invention du corps de saint Thierri revêtu d'un habit de soie.

Saint Ansbert, évêque de Rouen, étant mort en 695, son corps fut enveloppé dans un linceul blanc, puis dans une étoffe de soie [3], exactement comme on fit en 1267 pour les

Ensevelissement de saint Ansbert, de saint Amand et de saint Adalbert dans des tissus de soie.

---

[1] *Vita S. Rem.*, cap. LXXIII. (*Vitæ sanctorum*, ed. Laur. Surio, tom. I, pag. 184.) Cf. Flod., lib. I, cap. XXI, et lib. III, cap. IX, et *le Tombeau du grand saint Remy*, ch. IV, pag. 53, 54.

« On tient, dit D. Marlot des ornements, suaires ou draps de soie trouvés dans le cercueil de saint Remi, qu'ils ont été brûlez pendant l'incendie de l'Eglise Cathedralle, l'an 1210. » *Le Tombeau du grand saint Remy*, ch. II, pag. 28.

Il faut prendre garde que le savant bénédictin ne veut parler ici que des étoffes retirées du cercueil par Hincmar, et non de celles que ce prélat y laissa et y ajouta. Ces dernières étaient un drap de soie de couleur rouge mourant qui enveloppait le corps à nu, et deux voiles qui couvraient la face, le premier de satin arrondi par le bout d'en haut, et enrichi d'une bordure, ou tissu d'or large d'un doigt, avec ces mots écrits en soie tout à l'entour : *Sancte Remigi, pontifex Domini pretiose, cum pietate mei memento Hincmari, nomine, non merito, episcopi, indigni quoque, sed devoti servi tui.* V *le Tombeau du grand saint Remy*, ch. XI, pag. 195 et 196.

[2] « Sic B. Theodoricus repertus est in sircophago indutus veste serica. Ex m. s. codice. » *Ibid.*, ch. II, pag. 32.

Le procès-verbal de la seconde translation des reliques de saint Bertin, opérée en 1237, jette beaucoup plus de lumière sur la manière dont ce saint, mort en 709, fut enseveli. On y trouve : « ... Inventum est sanctissimum illud corpus scrinio memorato pannis sericeis diligenter involutum et ligatum, » etc. Voyez *Mirac. S. Bert. abb. Sithivens.*, lib. II, cap. XXXI, dans les *Acta sanctorum ord. S. Benedicti*, sæc. II, pars prima, pag. 152.

[3] « Deinde cum omni diligentia et timore in sindone munda ac pallio involutum, ejus venerabile corpus posuerunt in sepulcro, » etc. *Vita S. Ansberti... ab*

reliques de saint Amand [1], dont le corps, enveloppé d'un drap de soie, fut trouvé dans une châsse de bois également couverte de soie [2]. Celui de saint Adalbert, compagnon de saint Willibrord, avait été pareillement voilé de soie, s'il m'est permis d'employer cette expression empruntée au biographe de ce dernier [3]. Lors de l'ouverture du tombeau de Philippe Ier à Saint-Benoît-sur-Loire, le 16 juillet 1830, on trouva le corps enveloppé de bandelettes ainsi décrites par le procès-verbal : « Les bandelettes qui par circonvolution, enveloppent tout le corps, depuis les épaules jusqu'aux pieds, sont tissues de soie à fleurs et feuilles courantes damassées sur chaîne de soie écrue [4]. » Philippe Ier, on le sait, mourut le 29 juillet 1108.

De même, des fouilles ayant été opérées au mois de juillet 1842, dans la vieille église de Saint-Remi, à Reims, on trouva dans une tombe antérieure au XIe siècle, un fragment d'étoffe précieuse. Ce lambeau, dont M. Tarbé avait promis le dessin, provenait de bandelettes d'environ cinq centimètres de largeur et quatre décimètres de longueur, qui se croisaient sur la poitrine du défunt. Elles étaient bordées d'un liséré d'un millimètre, à côté duquel on voyait des guirlandes de

(marginal notes)

Découverte du corps de Philippe Ier enveloppé de bandelettes de soie.

Fragment d'étoffe précieuse trouvé dans une tombe antérieure au XIe siècle.

Angrado monacho scripta, cap. XXXIII. (*Vitæ sanctorum*, ed. Laur. Surio, tom. II, pag. 96, ad 9 Febr.)

[1] *S. Amandi episc. Trajectens. corpor. Invent. in eccl. S. German. Pratens.*, an. Ch. M. CC. LXVII. (*Acta sanctorum ordinis S. Benedicti*, sæc. II, pag. 737.)

[2] *Ibid.*, pag. 736.

[3] *Acta sanct. ord. S. Bened.*, sæc. III, pars prima, pag. 635.
Plus loin, pag. 705, on voit que les corps de saint Kilian, apôtre de la Franconie, et de ses compagnons, ayant été levés de terre, furent respectueusement enveloppés d'étoffes de soie. (*Vita S. Burchardi episc. Wirtzib.*, auct. Egilwardo.)

[4] *Souvenirs historiques sur l'ancienne abbaye de Saint-Benoît-sur-Loire*, etc., par L. A. Marchand, etc. Orléans, chez A. Gatineau, 1838, in-8°, pag. 184.

feuillages, et, entre ces guirlandes, des figures d'animaux, dont les plus distinctes étaient un lion et un aigle. Le fond était rempli par des croix à quatre branches. « On reconnaît, dit M. Tarbé, le style byzantin [1]. »

Le samedi 9 octobre 1793, quand on exhuma le corps de Louis VIII, père de saint Louis, mort le 8 novembre 1226, on put constater qu'il avait été enveloppé dans un drap ou suaire tissu d'or; on en trouva des morceaux encore bien conservés, aussi bien que le diadème royal, qui n'était qu'une bande d'étoffe tissue en or, avec une grande calotte d'une étoffe satinée, en assez bon état [2].

Suaire tissu d'or de Louis VIII.

Enfin, lorsque, dix jours plus tard, on ouvrit le tombeau de Dagobert, mort en 638, on trouva les ossements de ce prince et ceux de Nanthilde, sa femme, enveloppés d'une étoffe de soie, qu'ils devaient à la piété de saint Louis [3]. C'était en effet ce roi qui les avait fait retirer de l'endroit qu'ils occupaient primitivement, pour les placer dans le tombeau violé en 1793.

Ossements de Dagobert et de Nanthilde trouvés dans une étoffe de soie.

Chez nos voisins il n'en était pas autrement. On le voit par l'état où les restes de saint Edmond, martyrisé en 870, furent

Observation du même usage en Angleterre.

---

[1] *Trésors des églises de Reims*, etc., pag. 10 , 107, not. 6.

[2] Notes sur les exhumations de Saint-Denis, prises par un religieux de cette abbaye, témoin oculaire de ces exhumations, et publiées par M. de Chateaubriand, dans une note de la IV⁰ partie, liv. II, ch. ıx, du *Génie du christianisme*. Charles le Chauve portait pareillement une calotte en soie, qu'un ancien chroniqueur lui reproche comme empruntée, avec le reste du costume impérial, au faste extravagant des Grecs : « Consuetudines Francorum vilipendens, Græcas glorias, et insolitos habitus affectabat, et talari dalmatica indutus, baltheo desuper accinctus, pendente usque ad pedes, capite vero involuto velamine serico, et diademate superposito procedebat. » *Chronicon Turonense*, ap. DD. Marten. et Durand., *Vet. script. et mon. ampl. Collect.*, tom. V, col. 972, A.

[3] Notes sur les exhum. de Saint-Denis, etc., séance du samedi 19 octobre 1793.

trouvés en 1198[1], et par le récit des funérailles d'Édouard
le Confesseur[2], dont la mère, dans une circonstance, avait
orné d'étoffes précieuses tous les corps saints conservés
dans le monastère de Saint-Augustin de Canterbury[3].

Si l'usage était de témoigner du respect pour les morts,
en enveloppant leurs restes, au moment de les rendre à la
terre, dans des tissus précieux, naturellement on devait les
traiter de même avant qu'elle s'ouvrît pour eux. Saint Jérôme parle des voiles d'or qui étaient étendus sur la bière des
personnages considérables[4], et nous savons que dans le pays
habité par le saint anachorète et généralement en Orient, la
soie a été de tout temps employée dans des circonstances
analogues. On lit dans l'histoire d'Abou-'l-hasan le Bouffon,
qui se trouve dans l'édition, donnée par Habicht, des *Mille
et une Nuits*[5], que cet homme, feignant de mourir, enjoignit
à sa femme de le couvrir d'une *foutah* de soie, c'est-à-dire,
je pense, dit M. Dozy, d'un drap de lit[6].

[1] « Reserato ergo illo quercino locello, ablatisque duobus pretiosis palliis sup-
positis... reperiunt istud sanctissimum corpus resupinatum in syndone munda et
subtilissima involutum, » etc. *Radulphi Coggeshale Chronic. Anglic.*, apud DD.
Marten. et Dur., *Vet. script. et mon. ampl. Coll.*, tom. V, col. 849, E.

[2] « Parantur interim regales exequiæ, preciosis linteis et optimis palliis corpus
involvitur, » etc. Ailredus abbas Rievallis, *De vita et mirac. Edw. Conf.*, apud
Twysden, *Hist. Anglic. Script. X*, tom. I, col. 402, lin. 8. Cf. col. 408, lin. 40.

[3] *Chron. W. Thorne mor. S. Aug. Cant.*, cap. vi, §. 6. (*Hist. Anglic. Script. X*,
tom. II, col. 1784, lin. 42, sub an. 1047.)

[4] « ... ex more parantur exequiæ, et... aureum feretro velamen obtenditur. »
Hieronymi Epist. XXII (alias XXV) *ad Paulam super obitu Blesillæ filiæ*, scripta
ann. 384. (Oper. tom. IV, pars tertia. Paris., M.DCC.VI., in-fol., col. 54.)

[5] *Tausend und eine Nacht*, etc., Breslau, 1825 et an. suiv., in-8°, tom. IV, p. 174.

[6] *Dictionnaire détaillé des noms des vêtements chez les Arabes*, pag. 339, 340, en
note Selon Peyssonel, on appelle *fota*, en Crimée, une serviette de soie, fort
grande, dont les femmes se servent pour le bain. Voyez *Traité sur le commerce de
la mer Noire*. A Paris, chez Cuchet, M.DCC.LXXXVII., in-8°, tom. Ier, pag. 68.

Dans le même ouvrage, le conteur arabe fait étendre sur le cadavre d'un jeune homme une couverture de soie [1].

En Occident, les choses ne se passaient point autrement. En 730, après que saint Corbinien, évêque de Friesingen, eut rendu le dernier soupir, on étendit un voile sur son corps, et l'on posa un suaire sur sa tête, étoffes qui furent enlevées au moment de l'ensevelir [2].

Observation du même usage en Occident.

En 1075, je crois, un certain Gautier, frère de l'abbé de Dijon, ayant été tué pendant qu'il escortait le pape Grégoire VII, et celui-ci ayant fait rechercher son corps, « on le trouva, continue Hugues de Flavigny, dépouillé de tous ses habits et baigné dans son sang. En cet état, il fut porté par un certain clerc en présence du pape. Le pontife, bon et compatissant comme il était, couvrant le corps avec le pluvial qu'il avait revêtu, et lui donnant l'absolution, chanta la messe pour le défunt, et rendit ainsi à la terre ce qui lui appartenait [3]. »

Si nous interrogeons les romanciers, ils nous donneront des détails semblables sur l'usage où l'on était, au XIIe et au XIIIe siècle, de couvrir les cadavres de tissus précieux. Par exemple, Chrestien de Troyes, parlant de Perceval, dit :

Détails fournis à cet égard par les romanciers.

> Il est en la chapelle entrez.
> Amont esgarda et aval,

---

[1] Édit. de Macnaghten, tom. Ier, pag. 111, citée par M. Dozy, Dict. détaillé, etc., pag. 411, en note. On lit plus loin, dans l'édition en question, tom. Ier, pag. 361, qu'une femme âgée et une jeune dame ayant lutté ensemble, celle-ci victorieuse s'empressa de jeter sur la vieille une couverture de soie fine, lui fit mettre ses propres habits, et lui présenta ses excuses. Voyez Dict. détaillé, etc., pag. 411, en note.

[2] Vita S. Corbiniani, auct. Arribono, etc., cap. xxxvi. (Acta sanct. ord. S. Bened., sæc. iii, pars prima, pag. 515.)

[3] Chronic. Virdun., pars altera. (Nov. Bibl. manuscript. libr., tom. I, pag. 230.)

Onques n'i vit homme charnal,
Femme ne autre riens vivant;
Mès sus l'autel, mien escient,
Gisoit un chevalier ocis.
Sor lui ot estendu et mis
.J. riche samit de couleur
Où il avoit d'or mainte fleur,
Et devant .j. cierge ardoit,
Ne plus ne mains n'en i avoit.

> *Roman de Perceval*, Ms. suppl. fr. n° 430, fol. 312 recto,
> col. 2, vers antépénultième.

Un autre héros de roman, Tristan le Léonnais, étant mort,

Saillient chevaler e serjanz
E portent li hors de sun lit,
Puis le chuchent sur un samit [1],
Covre[nt] le d'un paile roié.

> *Le Roman de Tristan*, tom. II, pag. 83, v. 1774.

Charles de Blois ayant été tué à la bataille d'Aurai, le comte de Montfort fait chercher le corps de son compétiteur, le trouve et le reconnaît :

Adont le fist porter tost et incontinant
Et couvrir d'un drap d'or, à loi d'omme puissant.

> *Chronique de Bertrand du Guesclin*, tom. I**, pag. 232,
> v. 6343.

**Le poêle
signe de puis-
sance et de sou-
veraineté.** C'est qu'autrefois le poêle était un signe de puissance et de souveraineté [2]. Au couronnement des anciens ducs d'Aqui-

---

[1] Les historiens de saint Cuthbert, faisant le récit de sa translation en 1104, disent de même : « Corpore sancto tapetiis et palliis superposito. » (*Reg. Dunelm.*, cap. XL, pag. 84.) « ... Substra. tapetiis ac palliis, reverenter in pavimentum deponunt. » *Transl. et mirac. S. Cuthberti episc.*, cap. XXVI. (*Acta sanctorum ordinis S. Bened.*, sæc. IV, pars secunda, pag. 297.)

[2] Je ne parle point ici du poêle qu'aux messes de mariage on étend au-dessus de la tête des nouveaux époux, en de certaines localités, ni de la cérémonie de la

taine, l'évêque plaçait un poêle de soie en travers sur les épaules du récipiendaire, avant d'orner sa tête du cercle qui était l'insigne de sa nouvelle dignité [1]; et au sacre des rois d'Angleterre[2], comme au couronnement des empereurs d'Allemagne à Milan[3], on portait un dais de soie au-dessus de leur tête. Plus tard, quand un souverain entrait dans une ville, les bourgeois les mieux qualifiés portaient au-dessus de sa tête un palle ou poêle de drap d'or[4], honneur accordé par les Liégeois à un légat en 1468, au grand étonnement d'un écrivain du temps, qui rappelle que cet honneur était dû

---

légitimation d'enfants nés avant le mariage, et qui consistait à les mettre sous le poêle qui couvrait le père et la mère : le prix de l'étoffe ne paraît avoir rien fait à l'affaire, et le *pallium* dont parlent les écrivains du moyen âge qui ont rapporté cette coutume, semble plutôt devoir être traduit par *manteau* ou *drap*. Voyez le Glossaire de du Cange, à l'article *Pallio cooperire*, tom. V, pag. 35, col. 1.

[1] *La forme du couronnement des anciens ducs d'Aquitaine, dans la ville épiscopale de Limoges, colligée... environ l'an 1218. (Le Ceremonial françois, édit. in-fol. pag. 607.)*

[2] *Chron. Johan. Bromton*, sub an. 1189. (*Hist. Angl. Script. X*, tom. I. col. 1158, lin. 52.) — *Chron. Gervasii.* (*Ib.*, tom. II, col. 1587, lin. 61.) — *Rog. de Hoveden Annal. pars post.* Rich. I. (*Rer. Anglic. Script. post Bed. præcip.*, pag. 636, lin. 55; pag. 739, lin. 2.)
Pareille chose eut lieu au couronnement de Henri IV, en 1379 : « Item, en venant dudit palais à l'eglise, avoit sur le chef du duc un drap de soie de couleur inde à quatre bastons d'argent et quatre clochettes sonnans, » etc. *Les Chroniques de sire Jean Froissart*, liv. IV, ch. LXXVIII; édit. du *Panthéon littéraire*, tom. III, pag. 33, col. 1.

[3] « ... gloriosissime extitit (Henricus, A. D. 1308) coronatus, permaximo insidens palefrido... sub celeo, pretiosissimis sametis purpureis et baldekinis facto, » etc. *Gesta Trevirensium archiepiscoporum*, lib. II, cap. x. (*Vet. script. et mon. ampl. Collect.*, tom. IV, col. 393, D.)

[4] Suivant le *petit Thalamus de Montpellier* (Montpellier, Jean Martel ainé, M.DCCC.XL., in-4°), pag. 416, quand Charles VI fit son entrée dans cette ville en 1389, on déploya au-dessus de sa tête un riche dais parsemé de fleurs de lis d'or, honneur décliné par Charles le Mauvais, en 1371. (*Ibid.*, pag. 387.)
Plus tard, en 1440, lorsque Frédéric d'Autriche, roi des Romains, et Philippe de Bourgogne, arrivèrent à l'entrée de la ville de Dijon, « les citoyens apporterent

jusque-là au souverain pontife [1]. Un siècle auparavant, l'un d'eux, Urbain V, avait fait son entrée à Montpellier sous un superbe dais neuf, à huit bâtons portés par les consuls de la commune, aux franges duquel étaient suspendues, par manière d'ornement, vingt-quatre clochettes d'argent doré [2].

Bières décorées d'étoffes de prix.

Parlerai-je des bières décorées d'une étoffe de prix ? Un ancien historien des abbés de la Cava nous apprend au sujet de saint Léon, mort en 1079, dont le corps resta quelque temps dans son oratoire, que l'un des cierges qui entouraient le cercueil étant tombé dessus, s'attacha tout en feu au poéle qui le recouvrait [3]. Ailleurs, c'est un saint évêque qui recommande que l'on couvre sa bière d'un cilice, et non d'un poéle, comme c'était l'usage dans les obsèques des personnes de ce rang [4].

---

un palle de drap d'or, porté par les plus notables bourgeois d'icelle cité, sous lequel palle entra le roy des Rommains, » etc. *Mémoires d'Olivier de la Marche,* liv. Ier, chap. VII ; édit. du *Panthéon littéraire,* pag. 374, col. 2.

    Quatuor ast hastis suspensum vellere tegmen
    Serices tulerant legati tempora supra ,
    Talis honor summo fertur, si quando per orbem
    Pontifici datus est, populo venerante, Latinum.
      Angeli de Curribus Sabinis... De Excidio civitatis Leodiensis, lib. II. (*Vet. script. et mon. ampl. Collect.,* tom. IV, col. 1410, D.)

[2] *Le petit Thalamus de Montpellier,* pag. 373, an. MCCCLXVI.

[3] « Venerabile... corpus... in oratorio servabatur ; quum unus ex cereis super pheretrum cecidit, et super pallium quo operiebatur, ut ardens erat, occubuit. » *De sancto Leone abbate,* inter *Vit. patr. Cavens.,* apud Murat., *Rer. Ital. Script.,* tom. VI, col. 216, C, et *Acta sanctor. ord. S. Bened.,* sæc. VI, pars secunda, pag. 369, n° 9.

Il est fréquemment fait mention, par les hagiographes, d'accidents pareils et de miracles auxquels ils donnaient toujours lieu. Voyez, entre autres, l'histoire de la translation de saint Augustin, en 1091, liv. Ier, ch. VII. (*Act. SS. ord. S. Bened.,* sæc. VI, pars secunda, pag. 744.)

[4] *Vita S. Bernwardi, episc. Hildesheim.,* auct. Tangmaro. (*Acta sanct. ord. S. Bened.,* sæc. VI, pars prima, pag. 220, n° 49.) S. Bernward mourut en 1023.

On peut encore le constater dans nos anciens romans.
L'auteur de l'un d'eux, parlant d'une salle, ajoute :

> Très en mi avoit une biere...
> Sus la biere avoit par honnour
> .J. grant samit vermeil grigois
> Et une crois par mi l'o[r]frois.
>
> Roman de Perceval, Ms. suppl. fr. n° 430, fol. 131 recto,
> col. 1, dernier vers.

Nous ne nous étendrons pas davantage sur les draps mortuaires, d'autant plus que ce sujet a été l'objet d'un travail
spécial [1]; nous nous bornerons à rappeler que, pour les personnes de marque, ces poêles funèbres étaient de soie [2], et de

---

[1] *Draps mortuaires du* XVIe *siècle*, par M. Charles Bazin. (*Annales archéologiques*,
tom. II, pag. 230-237.) Voyez aussi le Glossaire de du Cange, tom. V, pag. 36,
col. 3, au mot *Palleus*.

[2] « Pannus sericus superpositus funeri, » etc. *Hist. episc. Au siodor.*, cap. LIX.
(*Nov. Bibl. manuscript. librorum Tom. I*, pag. 480.) Guillaume de Seignelay, dont
la mère venait de mourir, cessa d'être évêque d'Auxerre en 1220.

> Dedenz .j. chaalit de fust...
> L'ont couchié (*le corps*), et puis l'ont convert
> D'un riche drap de soie vert
> Ouvré d'ivuire à eschequier, etc.
>
> *Roman de Perceval*, Ms. suppl. fr. n° 430, fol. 143
> recto, col. 2, v. 19.

> Quant il l'orent ensevelie (*Ydoine*)
> En .j. cier paile de Surie,
> Si l'enportent à morne ciere
> En la sale, à ot une biere
> En quoi il ont couchié le cors.
> .J. drap de soie, dont li ors
> Valoit .c. mars et assés plus,
> Ot estendu par dessus.
>
> *D'Amaldas et d'Idoine*, Ms. de la Bibl. nat. n° 6987,
> fol. 326 recto, col. 2, v. 9.

> En la compaigne à li clere sont
> Qui droit au cimentire vont,
> A une biere à tout .j. cors ;

drap d'or pour les personnages illustres [1], qui, le plus souvent, restaient d'abord exposés plus ou moins longtemps sur un lit de parade couvert de pareille étoffe [2]. Encore aujourd'hui, comme j'ai pu le voir à l'Escurial, quand a lieu un service commémoratif pour des rois, reines ou infants d'Espagne, le drap qui recouvre la bière est toujours d'or ou d'argent.

Décoration des
litières funèbres. Enfin, quelque personne de ce rang venait-elle à décéder loin du lieu où devaient reposer ses restes, ils étaient ordinairement transportés dans une litière décorée de la même façon. L'empereur Frédéric II étant mort à Capoue, après le 17 décembre 1250, son corps fut porté à Tarente, dans une

---

> D'un paile ù bien reluist li ors,
> L'orent par dedesus couvert.
>
> D'Amaldas et d'Idoine, Ms. de la Bibl. nat. n° 6987,
> fol. 326 verso, col. 3, v. 20.

Dans les statuts de l'ordre de la Couronne d'épines, dressés par un célestin sous Charles VI, on lit : « Et sur le cors du défunt chevalier ès dites obsèques aurà un paile de drap de soie, » etc. Enfin, on trouve dans un ancien compte anglais, l'article suivant qui se rapporte à la femme d'Aymar, comte de Pembroke, cousin d'Edward II, morte en 1320 : « Laid, by the King's order, upon the body of the lady Beatrix... buried on the conventual church of Stratford on the 14th of September, five pieces of silk, powdered with birds. » *A brief Summary of the Wardrobe Accounts of the* 10th, 11th, *and* 14th *years of Edward II,* dans l'*Archæologia,* vol. XXV, pag. 338.

Ces poêles devenaient la propriété de l'église, de qui on pouvait les racheter : « In redemptionem unius tapetis, quòd patri mortuo superpositum est, ut est consuetudo nobilium. » Cart. vet. a Fr. Pithœo laudat. (*Capitularia regum Francorum,* ed. P. de Chiniac, tom. II, col. 687, v° *Aristatonem.*) Cf. *Gloss. med. et inf. Latin.,* tom. I, pag. 392, col. 3, v° *Aristato;* et tom. V, pag. 32, col. 2, v° *Palla sepulchrales.*

[1] « Item, pour deux draps d'or de Turquie, qui furent mis sur lui (le petit roi Jean), quant l'en le porta à Saint-Denis, 25ʲ. » *Comptes de l'argenterie,* etc., pag. 18.

[2] Le corps de la reine Anne de Bretagne, en habits royaux, fut, à partir du 14 janvier 1514, exposé sur un lit de parade, couvert d'un drap d'or de trente-six aunes de long et fourré d'hermine. Le ciel et le dossier du lit étaient de drap d'or, *frangé de soye rouge.* Voyez l'*Histoire du château de Blois,* par L. de La Saussaye. Blois, M DCCC L., in-12, pag. 175 et 176.

litière couverte de velours cramoisi [1]. Celui de Blanche de Navarre, veuve du roi Philippe VI, fut également mis dans une litière parée de riches étoffes d'or et de soie [2], et deux ans plus tard, en 1400, « le roi Richard de Bordeaux mort, il fut couché sur une litiere sur un char couvert de baudequin tout noir [3]. »

A ces détails fournis par l'histoire, il ne saurait être sans intérêt de comparer ceux que nous donne un roman, dans cette longue et curieuse description des funérailles d'Hector :

Détails circonstanciés de l'ensevelissement d'un personnage de marque au moyen âge.

> Premierement l'ont desarmé,
> Et de vin blanc .vij. fois lavé
> En cieres espeses boulis.
> Avant qu'il fust ensevelis,
> L'orent bien aromatisié
> Et le ventre del cors sacié;
> Osté en ont bien la coraille,
> Foie et pomon et l'autre entraille;
> Le cors ont dedens enbasmé,
> S'en i misent à grant plenté,
> Et si refisent-il dehors.
> D'un drap qui ert en lor tresors,
> Qui plus valoit de .ij. cités,
> D'or et de pieres ert lités,
> Li plus rices qui ainc fu fais
> Ne qui jamais vos soit retrais,

---

[1] *Commentaire... sur les éphémérides intitulées* DIURNALI DI MESSER MATTEO DI GIOVENAZZO, par H. D. de Luynes. Paris, Firmin Didot frères, 1829, in-4°, pag. 6, § 33.

[2] *Chronique du religieux de Saint-Denys*, liv. XIX, ch. IX; éd. de M. Bellaguet, tom. II, pag. 659.

[3] *Les Chroniques de sire Jean Froissart*, liv. IV, ch. LXXXII; édit. du *Panthéon littéraire*, tom. III, pag. 367, col. 2.

De çou li fisent vestéure
Bien faite et bele à sa mesure :
Samblant vos fust que tos fust vis.
En un caalit l'ont assis...

Rices fu molt li caalis,
De blanc ivoire tos traitis.
Li peçol sont bien entaillié
Et molt sotilment debossié
A bestes et à oiselés
Et à serpentiax petités,
A floretes envionées.
Les oevres furent bien ovrées,
Les espondes et li limon
Estoient de dens d'un pisson
Que Platons nome en son escrit [1]...
De rice soie bien entaite
Fu tos li lis desos cordés
Et mervelles bien atornés.
Fautre de pale emperial
I ot mis, nus hom ne vit tal,
.J. grant paile d'Oriant frois
Qu'en son tresor avoit li rois,

---

[1] Ce poisson serait-il, par hasard, celui dont on trouve le nom breton dans cette curieuse description d'une selle?

D'ivoire furent li arcon,
Bordé de pierres environ ;
Par lieus furent d'or adoubé,
Et à floretes oiselé.
D'un samis fu la couvreture,
Vermelle en graine la tainture,
Et li estrier d'or noielé,
De rices pierres atourné ;
Et les cengles furent de soie...
Les contrechangles d'un poisson
Que *sep* apielent li Breton, etc.

D'Atis et de Prophelias, Ms. 7191, fol. 114 recto, col. 2, v. 15.

Que molt amoit de grant maniere.
Cil covri tote la litiere [1].

C'est de Troies, Ms. de la Bibl. nat. n° 6987, fol. 99 verso,
col. 3, v. 1.

Il n'y avait pas jusqu'aux tombes qui ne fussent recouvertes de poéles de soie, dont certains étaient d'une grande richesse, surtout quand il s'agissait d'honorer les saints. Ammien Marcellin parle d'un voile de pourpre qui était suspendu ou étendu, je ne sais trop lequel, sur la tombe de Dioclétien [2]. Grégoire de Tours, parlant de l'arrivée du roi Sigebert près de Paris, rapporte qu'un des chefs francs étant entré dans l'église de Saint-Denis plutôt dans l'intention d'enlever ce qu'il y avait de plus précieux que pour prier, mit la main sur le tapis de soie broché d'or et enrichi de perles qui couvrait le sépulcre du saint martyr [3].

A l'époque dont nous parle Grégoire de Tours, la présence de ces poéles sur une tombe était une marque de canonisation, et signalait au respect des vivants les restes du mort qu'elle recouvrait. Saint Austremoine, évêque d'Auvergne, ayant été inhumé dans l'église d'Issoire, le peuple rustique, bien qu'il connût cette circonstance, ne lui rendait aucun honneur. Cet oubli dura jusqu'à ce que Cautin, depuis évêque de la même ville, ayant vu pendant la nuit autour du sé-

Marginal note: Tombes recouvertes d'étoffes de soie.

Marginal note: La présence de ces poéles était dans le principe une marque de canonisation.

---

[1] Comparez à cette description les détails fournis par les *Parties pour l'obseque du roi* (Philippe le Long), conservées à la Bibliothèque nationale, collection Fontanieu, tom. LXXVII, à la date de 1352.

[2] « ... velamen purpureum a Diocletiani sepulcro furatus, quibusdam consciis occultabat. » Ammian. Marcell., lib. XVI, cap. VIII.

[3] *S. Greg. Turon. episc. lib. I Mirac.*, cap. LXXII. — *Mirac. S. Dionysii episc. Paris.*, lib. I, cap. I. (*Acta sanct. ord. S. Bened.*, sæc. III, pars secunda, pag. 343.) Voyez encore le Glossaire de du Cange, au mot *Palla*, et le *Tombeau du grand saint Remy*, fol. 11 et 12.

pulcre une multitude de gens vêtus de blanc, tenant des cierges à la main et psalmodiant, commanda que le tombeau fût entouré de balustres et couvert de brillantes étoffes, et que le lieu fût respecté [1].

Non loin de là, à Brioude, la sépulture de saint Julien était également décorée d'un poêle. Nous l'apprenons de Grégoire de Tours, qui, dans un but pieux, en détacha quelques franges [2].

Ces couvertures pouvaient être de diverses matières

Traitant dans un autre endroit de saint Melan, évêque de Rennes, sur le sépulcre duquel les fidèles avaient dressé un monument d'une merveilleuse élévation, le père de notre histoire dit que le feu y ayant pris par l'artifice du démon, ennemi de l'honneur que l'on rend aux saints, ne put jamais endommager la couverture de lin posée sur le tombeau, bien que tous les voiles et tapisseries des environs fussent réduits en cendres [3] : ce qui montre que ces couvertures pouvaient être de diverses matières, encore que l'on employât plus communément up drap de soie, ou quelque tapis de couleur, tel qu'était celui de saint Remi, gardé en son église, et que les religieux portaient en procession en forme de châsse, pour obtenir de la pluie après une longue sécheresse, ou dans quelque nécessité publique [4] : usage également suivi ailleurs, comme on le voit par la vie de sainte Agathe, où il est dit que, dans une des éruptions de l'Etna, les habitants de Catane, encore païens, se rendirent maîtres du feu et le

---

[1] S. Greg. Turon. episc. Turon. Lib. de Glor. confes., cap. xxx.

[2] « ... disruptis a palla quæ sanctum tegit tumulum fimbriis, in his mihi præsidium ferre credens, impleta oratione discessi: » S. Greg. Mirac. mart. lib. II, cap. xxxiv.

[3] Ibid., cap. lv.

[4] Le Tombeau du grand saint Remy, ch. 1er, pag. 12.

forcèrent à reculer en lui opposant le voile étendu sur le tombeau de la sainte [1].

Grégoire de Tours parle encore, en plusieurs endroits, du poêle qui recouvrait le tombeau de saint Martin, à Tours, et qui participait, comme le monument, aux vertus que possédaient les reliques. Nul doute que ce poêle ne fût d'une étoffe de prix, à l'égal de celui qui était étendu sur le sépulcre de saint Denis; mais ni Grégoire de Tours, ni aucun autre chroniqueur ou hagiographe, à notre connaissance, n'a donné de détails sur ce monument de la piété de nos ancêtres, chez lesquels, je le répète, c'était une habitude constante que d'étendre de riches étoffes non-seulement sur les reliques des saints [2], mais sur leurs tombes. Celle de saint Eucher, évêque d'Orléans [3], celle de saint Vanne [4], celle de saint Eparchius, ou de saint Cybar [5], comme il fut appelé plus

Habitude constante de nos ancêtres d'étendre de riches étoffes sur les reliques des saints et sur leurs tombes.

[1] *Martyr. S. Agathæ*, auct. Simeou. Metaphrasto. (*De probatis sanctorum Vitis*, ed. Laur. Surio, ad 5 Feb., pag. 869.) — *Roger. de Hoved. Annal. pars poster.* Richard. I. (*Rer. Angl. Script. post Bed. præcip.*, ed. m. DCI., pag. 672, lin. 53.)

[2] *Lib. II de mirac. SS. martyr. Georg., Aurel. et Nathal.*, etc., cap. xvi. (*Acta sanctor. ord. S. Bened*, sæc. IV, pars secunda, pag. 55. — *España sagrada*, trat. 33, apend. vi, pag. 556, 557.)

[3] *Vit. S. Eucher., ep. Aurel.* [Ann. Ch. DCCXXXVIII], cap. xi. (*Acta sanct. ord. S. Bened.*, sæc. III, pars prima, pag. 599.)

[4] « Pallium quoque unum super ipsius sancti patroni [Hatto, ep. Virdun. temp. Lothariorum] posuit glebam, » etc. *Præfat. ad Gesta episc. Virdun.*, ed. a Dr. G. Waitz. (*Monumenta Germaniæ historica*, script. tom. IV, pag. 37, lin. 42.)

[5] *Vit. et mirac. S. Eparchii conf*, ap. Labbe, *Nov. Bibl. manuscript. libr.* Tom. II, pag. 523. A la page précédente, il est question d'un voile qu'une dame avait offert, par dévotion, au tombeau du saint, et qui était suspendu à la porte de l'église.

Ces voiles étaient d'or et de soie, comme nous l'apprenons de la vie de saint Léger, sur la bière duquel des dames nobles déposaient de pareils présents, pendant qu'on transportait son corps d'Artois en Bourgogne, l'an 678. Voyez *Vita S. Leodegarii*, etc., cap. xx. (*Acta sanctorum ord. S. Bened.*, sæc. II, pag. 698.)

Il existe un diplôme de Louis le Débonnaire, daté de 832, en partie relatif aux offrandes que l'on faisait au tombeau de saint Martin. L'empereur en attribue le

tard à Angoulême, celle de saint Gorgone [1], celle de saint Prudence, si nous avons bien compris le passage dans lequel il est question d'une étoffe précieuse qui avait couvert son lit, sans doute la bière où ses restes demeuraient exposés à la vénération des fidèles [2]; enfin la sépulture de saint Marcel à Châlons [3], étaient pareillement décorées d'étoffes précieuses.

---

tiers aux moines du lieu, *exceptis de his vestimentis et speciebus quæ ad sepulcrum illius, decoris et honestatis causa, perpetuo retinenda erunt.* Voyez *Vet. script. et mon. ampl. Collect.*, tom. I, col. 90, B.

[1] « Post non multum autem temporis erat aniversaria solemnitas ejusdem martyris, et ipse Adelbero jam præsul (Metensium) venit interesse sacris solemniis.. Cæcus... sanctum poscebat Gorgonium miserere sibi. Et ecce... cæco reparantur lumina diu negata. Quod cernens episcopus, in gaudium attollitur maximum... sumensque pallium quod secum detulerat, sancto superponit tumulo. » *Hist. transl. S. Gorgon. mart. in monast. Gorziense*, an. Ch. DCC LXV. (*Acta sanctorum ordinis S. Benedicti*, sæc. III, pars secunda, pag. 309.)

Quand en 864, Salocon, évêque de Dôle, découvrit le tombeau de sainte Reine, il ne témoigna pas autrement sa joie et son respect; *superjecto pallio exornavit.* (*Ibid.*, sæc. IV, pars secunda, pag. 239.)

[2] « ... in solemnitate sanctorum Petri et Pauli... celebrantibus Besva monasterio fratribus nocturnale officium, pallium quod lectum sancti Prudentii coopernerat, necnon et partem sancti Florentii corporis, etiam partem tabulæ ad pedes sancti positæ, ubi duo cerei jugiter affixi servantur, improvise contexerat. » *Miracul. S. Prudent. Lib. II*, apud Labbe, *Nov. Bibl. man. libr.* Tom. II, pag. 615.

Voyez sur le sens exact que me paraît avoir *lectus* dans ce passage, le Glossaire de du Cange, tom. IV, pag. 57, col. 1. Aux textes qui y sont cités, ajoutez un passage de la vie et des miracles de saint Gal, par Walafrid le Louche, liv. II, ch. XIV (*Quo miraculo palla super lectum sancti incensa redintegrata sit*), dans les *Acta sanctorum ordinis S. Benedicti*, siècle II, pag. 253. Voyez enfin, sur l'usage des lits funèbres à Montpellier, l'*Histoire de la commune de Montpellier*, par A. Germain, tom. III, pag. 241-243, et pag. 492, pour une bulle d'Innocent III autorisant la fondation de deux lits semblables dans cette ville.

Nonobstant ce qui précède, il est certain que l'on conservait quelquefois, dans les églises et parmi les reliques, de véritables lits, ceux sur lesquels les saints avaient terminé leur vie. On lit dans celle du bienheureux Giraud de Sales, mort en 1120, et enterré en premier lieu dans une chapelle de pierre : « Est ibi lectus ligneus cum stramine et linteus, in quo, ut dicunt, Giraudus expiravit; quem Deus in medio flammarum sine incendio illæsum conservavit meritis servi sui. » *Vit. Giraldi de Salis*, n° 45. (*Vet. script. et mon. ampl. Collect.*, tom. VI, col. 1009, D.)

[3] « ... rex Guntrannus... in urbe Cabillonensi sancti martyris Marcelli mauso-

On n'aura pas de peine à comprendre qu'il en fut de même à Rome, sur laquelle se modelait le reste de la chrétienté. Pour n'en citer que peu d'exemples, nous voyons à la fin du vııı° siècle le pape Léon III couvrir la sépulture de l'un de ses prédécesseurs et de plusieurs martyrs, d'un riche poêle de soie [1].

Parlerai-je de l'Angleterre? On voyait une étoffe de prix sur la tombe de saint Augustin, apôtre de ce pays [2], et Bède rapporte que l'on avait mis un étendard de pourpre et d'or sur le tombeau d'Oswald, roi de Northumbrie, tué en 642 [3]. Cnut le Danois donna aussi un riche poêle, sur lequel on avait brodé des pommes d'or entremêlées élégamment avec

Observation du même usage à Rome.

Poêles sur les tombes en Angleterre.

---

leum opere polymito; auro gemmisque miro construxit emblemate. » *Vita S. Sori conf.*, ap. Labbe, *Nov. Bibl. man. libr.* Tom. *II*, pag. 672.

[1] « Et super corpus beati Gregorii confessoris atque pontificis fecit vestem albam holosericam, cum tabulis de chrysoclavo, et cruce. » Anast. Biblioth., *De Vit. Roman. Pontif.*, n° xcviii. (*Rer. Ital. Script.*, tom. III, pag. 201, col. 1, D.) — « Fecit... in basilica beati Hippolyti martyris in civitate Portuensi vestes de stauraci duas, unam super corpus ejus, et aliam in altari majori. » *Ibid.*, pag. 202, col. 1, A. — « Fecit et in ecclesia sancti Stephani in Cælio monte vestes de stauraci duas, in quibus unam in altari majori, aliam vero super corpora sanctorum martyrum Primi et Feliciani. » *Ibid.*, col. 2, B. — « Fecit et super sepulchrum beati Sebastiani martyris via Appia ad Catacumbas vestes majores, ex quibus unam de stauraci, et aliam de fundato. Et inibi super tumbas apostolorum Petri ac Pauli fecit vestes duas de stauraci, et fundato, seu blatthi. » *Ibid.*, C.

[2] *Libel. de Mirac. S. August.*, cap. i. (*Acta sanctor. ord. S. Bened.*, sæc. i, pag. 535, 536.) Cf. *Hist. transl. S. August.*, etc., lib. I, cap. vii. (*Ibid.*, sæc. vi, pars secunda, pag. 744); et *Chron. Guill. Thorne, mon. S. Aug. Cant.*, etc. (*Hist. Angliæ. Script. X*, tom. II, col. 1782, lin. 18.)

[3] *Hist. eccles. gent. Angl.*, lib. III, cap. xi.

En 1191, Richard Cœur de Lion ayant battu Isaac, roi de Chypre, réserva, pour l'offrir à saint Edmond, roi et martyr, l'étendard du vaincu, tissu d'or partout, dont il s'était emparé. Voyez la Chronique de Jean Brompton, dans le recueil de Twysden (*Hist. Angl. Script. X*, tom. I, col. 1198, lin. 33); et la seconde partie des Annales de Roger de Hoveden, dans celui de Savile. (*Rer. Angl. Script. post Bed. præcip.*, ed. m. dci., pag. 601, lin. 17.)

des perles, pour qu'on le mit sur le tombeau d'Edmond Côte de fer[1]; et une autre fois, après y avoir fait sa prière, il envoya à l'abbaye de Glastonbury, où son compétiteur avait été enterré en 1016, un poêle orné de paons de diverses couleurs, sans doute pour être encore placé sur le tombeau du même prince[2].

La femme coupable du comte Waltheof offrit un poêle de soie sur celui de son mari, enterré dans le monastère de Croyland[3]; et il n'y avait pas jusqu'à la maîtresse de Henri II, la belle Rosamonde, qui ne reposât dans un sépulcre couvert d'un drap de soie et environné de cierges allumés et de lampes ardentes[4]. Il est vrai que Hugues, évêque de Lincoln,

---

[1] « After that King Knute had bene at Rome... he went to Glasteynbyri, to se the tumbe of King Edmunde... and ther gave a very riche paule to lay on his tumbe, embroderid with apples of golde, and set with perles, » etc. *Notable Thinges translatid in to Englisch by John Leylande oute of a book, caullid* Scala Chronica, etc. (*Johannis Lelandi antiquarii de Rebus Britannicis Collectanea*, ed. Thoma Hearne. Londini, M. DCC. LXX., in-8°, tom. II, pag. 526.)

Les recherches auxquelles je me suis livré pour retrouver la source où Sir John Gray a puisé ce renseignement, ayant été infructueuses, je soupçonne Leland de s'être fourvoyé dans sa traduction de l'original français du *Scala Chronica*, et d'avoir, en interprétant par *apples* (pommes) le mot *pouns* (paons), qui devait s'y trouver, pris des volatiles pour des fruits. Si nous avions rencontré juste, il faudrait s'en tenir au récit de Guillaume de Malmesbury, suivi, mais altéré par Sir John Gray.

[2] *Willelmi Malmesb. de Gest. reg. Anglor.*, lib. II, cap. XI. (*Rer. Anglic. Script. post Bed. præcip.*, ed. M. DCI., pag. 75, lin. 29.) Cf. eund. Malmesb. *De Antiquit. Glaston. eccl.*, apud Th. Gale, *Hist. Brit., Saxon., Anglo-Dan. Script. XV*, tom. III, pag. 323.

Ce soin pieux donne, suivant moi, une nouvelle force à l'accusation portée contre Cnut, d'avoir trempé dans le meurtre d'Edmond, dont il recueillit tous les avantages en restant seul maître de l'empire entier.

[3] Vita et passio Waldevi comitis. (*Chron. anglo-norm.*, tom. II, pag. 122.) — Ingulphi Historia. (*Rer. Anglic. Script. post Bedam præcip.*, ed. M.DCI., pag. 903, lin. 10.)

[4] *Chron. Johan. Bromton*, sub an. 1191. (*Hist. Anglic. Script. X*, tom. I, col. 1235, lin. 55.) — *Rog. de Hoveden Annal. pars post.* Richard. I. (*Rer. Angl. Script. post Bed. præcip.*, pag. 712, lin. 33.)

l'ayant vu dans l'une de ses visites pastorales, n'eut rien de plus pressé que de mettre un terme à ce qu'il regardait comme un scandale. Enfin nous sommes fondé à croire qu'il y avait un ou plusieurs poêles sur la sépulture de saint Cuthbert dans la cathédrale de Durham[1].

Dans celle de Drontheim en Norvége, où plutôt dans l'église de Saint-Clément, où avaient été placés les restes d'Olaf II, dit le Gros, puis le Saint, tué en 1028 ou 1030, on voyait le sarcophage de ce prince, doublé de soie écarlate et couvert d'un voile de pourpre[2], étoffes qui n'étaient point aussi rares que l'on pourrait le penser, dans le nord de l'Europe[3]. La sépulture du roi Sverrer, mort en 1202, était

Tombes de rois du nord décorées de pourpre et de soie

---

[1] *Regin. mon. Dunel. de adm. B. Cuthberti virtut.*, cap. xlv, pag. 91.

[2] *Konung Oláf Helges Haraldsons Saga*, cap. ccxviii. Cf. *Historia regis Olavi Sancti...* latine reddita... op. et stud. Sveinbjörnis Egilssonii, etc., pars post. (*Scripta historica Islandorum*, vol. V, Hafniæ, 1833, in-8°, pag. 111.)

[3] Saint Olaf lui-même était vêtu de soie et portait une tunique de même étoffe ou de pourpre (*Hist. reg. Olavi Sancti*, cap. xvi, pars pr., pag. 26. — *Colloq. Cnuti reg. et Sigurdi episc.*, inter *Additam. Histor. reg. Olavi Sancti*, pag. 167, 168); et l'un de ses contemporains, le roi Sigurd Porca, s'habillait de soie avant de s'armer.(*Hist. reg. Olavi Sancti*, pars pr., cap. xlvii, pag. 78.) De même, le roi Magnus se montra, dans un combat, vêtu de soie (*Histor. Magni Roni*, etc., cap xxxii. — *Script. hist. Isl.*, vol. VI, pag. 59), un autre chef portait sous les armes un capuchon de même matière (*Hist. reg. Sverrer.*, cap. xxxvi. — *Scr. hist. Isl.*, vol. VIII, pag. 65), et un autre roi Olaf avait sous sa cuirasse une tunique de soie rouge (*Hist. Olavi Tryggvii filii*, cap. lxv. — *Scr. hist. Isl.*, vol. X, pag. 325), étoffe qui entrait dans le chargement de six navires, que, dans une circonstance, il conduisit en Norvége. (*Ibid.*, cap. xvi, pag. 240.) Ailleurs, c'est un enfant que l'on avait exposé enveloppé d'une étoffe de soie (*Hist. Olavi Tryggvii filii*, etc., pars prior, cap. lxi. — *Scr. hist. Isl.*, vol. I, pag. 133), un guerrier revêtu d'un superbe manteau de fourrures doublé de soie (*ibid.*, pars post., cap. ccxxxviii. — *Scr. hist. Isl.*, vol. II, pag. 263; cf. vol. X, pag. 236), un autre manteau également de soie transformé en couverture d'autel (*ibid.*, pars extrema, cap. ccxxiv. — *Scr. hist. Isl.*, vol. III, pag. 32), etc., etc. On est même tenté de croire, en dépit de ce que nous avons dit plus haut, pag. 89, que l'on travaillait anciennement la soie dans la Scandinavie, en lisant le récit d'une vision de

pareillement décorée d'une draperie de soie écarlate [1], sans
parler des armes qui, dans le moyen âge, accompagnaient
un guerrier jusqu'au tombeau [2]; et le roi Hacon, mort en
1264, reposait revêtu de splendides habits, sous un tapis
orné de franges [3].

Continuation
du même usage
aux xi°, xii° et
viii° siècles

Comme on vient de le voir, on continua au xi° siècle à
couvrir d'une étoffe de prix la tombe des personnes pour
lesquelles on voulait témoigner du respect; mais le poêle
n'était plus un signe de canonisation. Le B. Richard, abbé
de Saint-Vanne de Verdun, étant mort en 1046, on plaça un
drap de cette espèce sur son tombeau, « afin de donner à
entendre à tout le monde que le personnage dont le corps
recevait un tel honneur, était d'un grand mérite [4]. » Dans le
Roman de Garin le Lorrain, la tombe de Bégon de Belin est
représentée couverte d'une étoffe de l'Inde [5], dans celui de
Perceval, écrit à la fin du xii° siècle, un ermite montre à

Thorstein Bœarmagn, qui vit une femme occupée à tisser une étoffe de soie :
«'... duas ibi feminas vidit, quarum altera telam bombycinam texebat, » etc. (*Vita
Thorsteinis Domo-majoris*, cap. ii. — *Scr. hist. Isl.*, vol. III, pag. 178); et cette
présomption reçoit une nouvelle force des comparaisons que les historiens font de
la chevelure de leurs héros à de la soie, sans nul doute en écheveaux. Voyez *De
Magno et Olavo, Haraldi filiis*, cap. ii (*Scr. hist. Isl.*, vol. VI, pag. 409), et *Hist.
reg. Magni Nudipedis*, cap. xxvii. (*Ib.*, vol. VII, pag. 57.)

[1] *Hist. reg. Sverrer.*, cap. clxxxii. (*Script. hist. Island.*, vol. VIII, pag. 313.)

[2] Pour n'en citer qu'un exemple, puisé chez nous, on lit dans les statuts de
Maguelone de l'an 1331 : « Quando aliquis baro vel miles mortuus apportatur
Magalonam pro sepultura, cum vexillo vel banneria, et scuto, lancea et equo et
aliis armaturis, scutum appendatur in claustro, et banneria in ecclesia, » etc. *Histoire de la commune de Montpellier*, tom. III, pag. 240, not. 1.

[3] *Hist. Hakon. Hakonid.*, cap. cccxxx. (*Script. hist. Island.*, vol. X, pag. 139.)

[4] *Chron. Virdun. Hugonis abb. Flaviniaci*, pars altera, apud Labbe, *Nov. Bibl.
man. libr. Tom. I*, pag. 189, 190. — *Acta sanct. ord. S. Bénéd.*, sæc. vi, pars
prima, pag. 562, n° 44.

[5] Tom. II, pag. 271, 272.

ce héros la sépulture de sa mère couverte d'un poèle [1], et vers le milieu du xiiie, nous voyons la tombe d'un seigneur de la cour de Louis IX décorée de la même façon [2].

Nous ignorons à quelle époque cessa, chez nous, l'usage de couvrir ainsi les tombeaux des personnages considérables, qui paraît avoir existé dans toute l'Europe [3]; ce qu'il y a de sûr, c'est que, dans les Pays-Bas, où nous le voyons pratiqué dès le xie siècle [4], il subsistait encore au xve. Il en était de même en Espagne, comme on peut s'en convaincre en visitant seulement la cathédrale de Burgos. On y voit, en effet, dans la chapelle dite *du Connétable*, le tombeau de D. Alvaro de Luna, décapité en 1453, et celui de son épouse, recouverts tous les deux d'un épais tissu de soie broché d'or.

Existence du même usage dans toute l'Europe.

Tombes de la cathédrale de Burgos.

Dont s'est li hermites levez,
On moustier les en a menés...
Si li moustra la sepulture,
Qui d'un paile couvert estoit.
Ms. de la Bibl. nat., suppl. fr. n° 430, fol. 169 verso, col. 1, v. 11.

[2] « Pro quadam purpura posita super sepulturam Guillelmi de Blazon, L. s., » etc. *Recepta et expensa*, an. m. cc. xxxiii. (*Hist. des hist. des Gaules*, tom. XXI, pag. 237, B.)

[3] Pour n'en citer qu'un seul exemple relatif à l'Allemagne, on lit dans la vie de saint Rembert, archevêque de Brême, mort en 888 : « Est vero super ejus sepulchrum lampas lignea suspensa... sub illa vero lampade in sepulchri superficie quoddam erat velamen expansum, » etc. *Vita S. Rembert.*, cap. xix. (*Vitæ sanctorum*, ed. Laur. Surio, tom. II, pag. 48, 4 Febr.)

Le premier chapitre du livre des miracles de saint Ulric, ou Udalric, évêque d'Augsbourg de 924 à 973, est ainsi intitulé : *Qualiter tapetium sepulcro superpositum ignis non tangebat*. Voyez *Acta sanct. ord. S. Bened.*, sæc. v, p. 461.

[4] On lit dans le récit de la translation des reliques de saint Willibrord, évêque de Frise, qui eut lieu en 1031, que son tombeau fut trouvé couvert d'un poèle de soie, tellement bien conservé, qu'on le suspendit, comme ornement, dans l'église d'Echternach, où on le voyait encore du temps de l'abbé Théofrid, mort en 1110. Voyez *Acta sanct. ord. S. Bened.*, sæc. iii, pars prima, pag. 630, n° 3.

Offrandes
de riches étoffes
aux tombes des
saints et des per-
sonnages consi-
dérables.

Offrandes
de Henri III au
tombeau de sa
mère, à l'abbaye
de Pontigny et à
celle de Saint-
Alban

Il ne faudrait pas croire que lorsqu'une tombe avait été, en signe de vénération, décorée de la sorte, ce fût une fois pour toutes : on continuait encore à y offrir de riches étoffes, destinées sans doute à renouveler le poêle et à servir aux besoins généraux du culte. Quand Matthieu Paris nous apprend, dans sa grande Chronique [1], qu'Henri III étant venu au sépulcre de sa mère Isabelle, qui était dans un cimetière, fit transférer le corps dans l'église de Fontevrault, élever par-dessus un mausolée, et offrit en ce lieu et en d'autres endroits de la même église, de précieuses étoffes de soie, il vient tout naturellement à l'esprit qu'elles furent employées à recouvrir le tombeau; mais lorsque immédiatement après nous voyons Henri se sentant malade, aller à Pontigny, se mettre pieusement en prières sur la tombe et sur la châsse de saint Edmond, et, après avoir recouvré la santé, offrir en ce lieu, entre autres présents précieux et dignes d'un roi, des tapis, *pallas*, nous devons supposer que la tombe du saint archevêque étant déjà convenablement décorée, tous ces objets allèrent dans le trésor de l'abbaye, ou, qui sait? peut-être même chez le marchand, comme les dons que le même roi et son fils avaient faits deux ans auparavant à deux saints de l'abbaye de Saint-Alban [2], qui recevait souvent la visite de Henri III

---

[1] *Matth. Paris. Hist. major*, sub anno 1254 ; ed. Lond. 1640, tom. II, pag. 898, lin. 24.

[2] « Anni quoque sub ejusdem circulo... venit dominus rex Anglorum ad Sanctum Albanum. Et illico devote accedens ad majus altare, cum orasset, ut de more consuevit, obtulit martyri unam pallam speciosam et preciosam... Et assignavit ea specialiter ad ornatum feretri. Eademque die, Edwardus filius ejus primogenitus, obtulit eidem altari unam pallam ; et altari sancti Amphibali aliam , et duo monilia. Quæ omnia præcepit dominus rex in crastino vendi, similiter et alia preciosa donativa, et eorum precio prædictum feretrum operiri. » *Matthæi Paris. Historia major*, sub anno 1252; edit. 1640, tom. II, pag. 847, lin. 17.

et des marques de sa libéralité. Pour n'en plus citer qu'un seul trait, ce prince étant venu, en 1257, au monastère en question, offrit au maître-autel six tentures de soie, dont une fut assignée à couvrir le mausolée de saint Alban, qui venait d'être trouvé, et une autre à décorer les tombes des ermites Roger et Sigard [1].

Pareillement, quand saint Louis, de retour de sa première croisade, vint à Saint-Denis, pour y rendre à Dieu ses actions de grâces des bienfaits qu'il avait reçus par l'intercession des saints martyrs pendant le cours d'un voyage de plus de six ans, il offrit un présent magnifique d'étoffes très-riches, avec un poêle ou pavillon de soie, pour être mis aux fêtes solennelles sur les châsses des saints martyrs [2].

Riches étoffes offertes par Louis IX à l'église de Saint-Denis.

A cette époque, je veux dire dans la seconde partie du xiii⁵ siècle, il était d'usage de faire des offrandes d'étoffes pour les âmes des morts [3]. Ces offrandes se faisaient pendant la cérémonie même des obsèques, et les étoffes étaient placées le long du corps ou sur le corps du défunt; au moins

Usage d'offrir des étoffes pour les âmes des morts.

---

[1] *Matthæi Paris, Historia major*, pag. 945, lin. 1.

[2] *Histoire de l'abbaye royale de Saint-Denys en France*, par Dom Michel Félibien, liv. V, pag. 241, an. 1254.
Guillaume de Nangis se contente de dire : « Et postea quantocius potuit, patronum suum, videlicet beatum Dyonisium, cum sociis suis humiliter visitans, et de omnibus gratias referens, sericis muneribus honoravit. » *Gesta Ludovici noni*, apud And. du Chesne, *Histor. Franc. Script.*, tom. V, pag. 361, lin. 16.

[3] « Item baudekynus murretus cum griffonibus, datus pro anima Alphonsi filii regis E. — Item duo baudekyni murreti, cum rotis, et griffonibus duplicibus, una data pro anima R. Donjoun. — Item baudekynus rubeus, cum Sampsone constringente ora leonum, de dono Almarici de Lucy, pro anima G. de Lucy. » *Appendix in Historiam ecclesiæ cathedralis S. Pauli*, pag. 328, col. 2.
« Item baudekynus cum historia pertinente, pastorum et angelorum, pro anima Johannis Saudon. — Item unus baudekynus rubei campi cum griffonibus extra, et leonibus alatis infra rotellas, pro anima Alianore regine junioris. » *Ibid*, pag. 329, col. 1, etc., etc.

nous savons que les choses se passèrent ainsi aux funérailles du prince Arthur, fils aîné de Henri VII, mort en 1502 [1].

Offrandes d'étoffes aux services commémoratifs. Services solennels célébrés à Montpellier pour Urbain V et pour Jeanne de Navarre

N'y avait-il qu'un service commémoratif sans présence de corps, l'offrande pouvait tout aussi bien avoir lieu. Lorsque, à son retour d'Italie, Urbain V mourut à Avignon le 19 décembre 1370, les consuls de Montpellier lui votèrent un service solennel à Notre-Dame des Tables, où ils jetèrent, selon l'expression du *Petit Thalamus*, un beau drap d'or entouré de vingt-quatre flambeaux [2]. La reine Jeanne de Navarre étant morte à Évreux, « le 6 décembre 1373, dit encore la chronique du *petit Thalamus* de Montpellier, monseigneur le gouverneur et les autres officiers de la ville font chanter un service solennel aux Frères-Mineurs. On dresse dans le chœur de leur église un catafalque avec chapiteau... On déploie quatre draps d'or, et on allume cent flambeaux. — Le lendemain, la ville, à son tour, fait chanter un service aux Frères-Prêcheurs : un catafalque avec chapiteau est dressé, et sur ledit chapiteau brûlent quatre cents chandelles, de près d'un quarteron chacune, et huit flambeaux; quatre-vingts autres flambeaux, ornés d'écussons, entourent le haut

---

[1] « All the Offrings of Money done, the Lord Powys went to the Queere Doore, where Two Gentlemen Ushers delivered him a rich Palle of Cloth of Gould of Tyssue, which he offred to the Corpse, where Two Officers of Armes received it, and laid it along the Corpse. The Lord of Dudley in like Manner offred a Palle, which the said Officers laid over the Corpse. The Lorde Greye Ruthen offred another ; and every each of the Three Earles offred to the Corpse Three Palles of the same Cloth of Gould : The Lowest Earle began first. Alle the Palles were layd crosse over the Corpse. » *Johannis Lelandi antiquarii de Rebus Britannicis Collectanea*, ed. Th. Hearne. Londini, impensis Gul. et Jo. Richardson, M. DCC. LXX., in-8°, vol. V, pag. 380. — *Glossary of ecclesiastical Costume*, pag. 171, not. *.

[2] *Le petit Thalamus de Montpellier*, etc., pag. 385. — *Hist. de la commune de Montpellier*, par A. Germain, tom. II, pag. 270.

du chœur. Sur le catafalque est étendu un drap d'or, bordé de noir, aux armes du consulat. Les seigneurs ouvriers y jettent en outre un drap d'or armorié, avec vingt flambeaux, et les seigneurs consuls de mer un autre drap d'or armorié, avec douze flambeaux également armoriés. Puis certains bons hommes et particuliers de la ville y jettent de même cinq draps d'or, avec soixante flambeaux... — Le 9 décembre, l'Université fait chanter un troisième service aux Frères-Prêcheurs, et y jette un drap d'or, avec vingt-quatre flambeaux. Deux nobles de l'Université y jettent ensuite deux autres draps d'or, avec vingt-quatre autres flambeaux [1]. »

En voyant cette coutume observée aux funérailles de personnages illustres, on serait tenté de croire que les choses se passaient autrement quand il s'agissait de morts obscurs ; cependant nous ne pouvons douter qu'il n'en fût de même. La seule différence consistait dans le nombre et dans le prix des tissus offerts. Comme, suivant toute apparence, des familles plébéiennes, excitées par l'amour-propre ou poussées par l'exemple, prenaient occasion de devoirs pieux rendus à un des leurs pour étaler un luxe excessif, outre-passant ainsi leurs facultés ou empiétant sur les priviléges de la noblesse, les consuls de Montpellier rendirent, le 12 février 1315 (1316), une ordonnance pour réglementer les offrandes aux funérailles [2] ; mais l'Église, dont ce statut diminuait considéra-

Observation de cet usage dans toutes les classes de la société ; abus qui en résultent.

Ordonnance des consuls de Montpellier pour réglementer les offrandes aux funérailles.

---

[1] *Le petit Thalamus*, pag. 391. — *Hist. de la commune de Montp.*, tom. III, pag. 196, 197.

[2] « Item, que a negun cors non auze hom portar drap d'aur ni de ceda ni de lana, mays bocaran o arquisse... — Item, que hom fassa cantar per negun cors, e sia confrayre o confrayressa, no y aia... negun drap d'aur ni de ceda, ni neguna cobertura. » *Cartulaire de Maguelone*, archives du département de l'Hérault, reg. E, fol. 60 verso et suiv.

blement les droits, réclama avec une telle énergie, que les consuls s'empressèrent de le révoquer, protestant qu'ils n'avaient jamais eu l'intention de rien faire contre la liberté de cette sainte mère [1].

Origine orientale de cet usage.

L'habitude où étaient nos ancêtres d'employer de riches étoffes à la sépulture des morts de qualité et à l'ornement des tombeaux des personnages décédés en odeur de sainteté, nous venait probablement de l'Orient [2], comme la plupart des tissus employés à cet usage, et avait créé là, comme chez nous, une classe de malfaiteurs qui violaient les tombeaux pour en retirer la dépouille des cadavres. Déjà au v⁴ siècle, saint Jean Chrysostome s'écriait dans l'une de ses homélies : « Pourquoi, homme, as-tu de toi des idées superbes et magnifiques ? Pourquoi, je te prie, et de quoi te glorifies-tu ? Est-ce à cause de tes habits de soie ? Pourquoi ne pas songer plutôt que ce sont des dépouilles de vers et des inventions des barbares, à l'usage des courtisanes, des gens efféminés, des violateurs de tombeaux et des voleurs [3] ? »

Voleurs de tombeaux en Orient.

---

[1] Stat. consul. du 12 févr. 1315 (1316), rapporté dans l'*Histoire de la commune de Montpellier*, tom. I⁰ʳ, pièces justificatives, n° XII, pag. 346, 347.

[2] Grégoire de Tours, parlant des sept Dormants à Éphèse, dit que s'étant endormis pour ne se réveiller qu'au dernier jour, ils reposent encore au lieu où ils parlèrent à l'empereur Théodose, couverts de petits manteaux de soie, ou de toile de fin lin : « Viri autem usque hodie palliolis sericis, aut carbasinis cooperti, in ipso loco requiescunt. » *S. Greg. Turon. Mirac. Lib. I*, cap. xcv. Il nous est impossible de dire si par *palliolis* l'écrivain entend les linceuls qui recouvraient les corps des sept Dormants, ou les poêles qui ornaient leurs tombeaux.

Il n'est pas hors de propos, ce me semble, de faire remarquer que ceux des sultans qui sont à Constantinople, sont tous couverts d'un châle de cachemire. Pour ne parler que de l'un d'eux, Soliman le Grand est enterré, entre ses deux femmes chéries, dans un pavillon, près de la mosquée qu'il a fait bâtir; chaque tombeau a son châle.

[3] « Τίνος γάρ ἕνεκεν, ἄνθρωπε, μεγαλοφρονεῖς ;... Τίνος ἕνεκεν, εἰπέ μοι, καὶ διὰ τί

Dans un autre de ses ouvrages, le même Père, parlant du riche qui meurt, s'exprime en ces termes : « Il s'en va seul et personne ne l'accompagne, il ne prend même pas ses vêtements. En effet, plus il aura été splendidement vêtu, plus il fournira une table abondante au ver, plus il inspirera de cupidité aux violateurs de tombeaux, et plus il suscitera d'embûches contre son misérable corps; car plus il se pare, plus il se prépare d'outrages, en armant et en provoquant contre lui-même les mains de ceux qui brisent les bières [1]. »

Un autre Père de l'église grecque, saint Grégoire de Nazianze, flétrit ces horribles scélérats dans plus de dix endroits de ses ouvrages [2], et un romancier de la même nation les introduit dans le sien, où ils figurent dans l'un des principaux épisodes [3].

ἀλαζονεύῃ;... Διὰ τὰ ἱμάτια τὰ σηρικά; Εἶτα οὐκ ἐννοεῖς, ὅτι σκωλήκων εἰσὶν ἐκεῖνα νήματα, καὶ βαρβάρων ἀνθρώπων εὑρέματα; ὅτι πόρναι ἐκείνοις κεχρῆνται, καὶ μαλακοὶ, καὶ τυμβωρύχοι, καὶ λησταί; » *S. Jo. Chrysost. in inscript. altar.*, etc. (Oper., ed. bened., tom. III, м. ᴅᴄᴄ. xɪɪ.', pag. 51, E; ed. Gaum., tom. III, pag. 62, 63.)

[1] « ... ἄπεισι μόνος, καὶ οὐδεὶς αὐτῷ συναπέρχεται, ἀλλ' οὐδὲ αὐτὰ λαμβάνων ἄπεισι τὰ ἱμάτια. Καὶ γὰρ ὅσῳ περ ἂν λαμπρὰ περικέηται, τοσούτῳ δαψιλεστέραν ἄπεισι παρασκευάζων τῷ σκώληκι τὴν τράπεζαν, καὶ πλείονα τοῖς τυμβωρύχοις ἐπιθυμίαν, καὶ μείζονα κατὰ τοῦ ἀθλίου σώματος τὴν ἐπιβουλήν. Δι' ὧν γὰρ καλλωπίζει μείζονως, διὰ τούτων ὑβρίζεσθαι σφοδρότερον αὐτὸν κατασκευάζων, τὰς χεῖρας τῶν ἀνορυττόντων τὰς θήκας ἐφ' ἑαυτὸν ὁπλίζων καὶ καλῶν. » *S. Jo. Chrysost. Exposit. in psalm.* xʟᴠɪɪɪ. (Oper., ed. Bened., tom. V, pag. 221, E; ed. Gaum., tom. V, pag. 265.)

[2] S. Greg. Theol. Carmina, tom. II Oper., ed. Caillau. Paris., cur. et sumpt. Parent-Desbarres, м. ᴅᴄᴄᴄ. xʟ., in-fol., pag. 1123, nⁱˢ xʟ, xʟɪ; pag. 1125, nˢ xʟᴠ, xʟᴠɪ; pag. 1127, nⁱˢ xʟᴠɪɪ, xʟᴠɪɪɪ, ʟɪ; pag. 1129, n° ʟɪɪɪ; pag. 1179-1203, nⁱˢ xxxɪ-xᴄɪᴠ.

[3] ΧΑΡΙΤΩΝΟΣ Ἀφροδισίεως τῶν περὶ Χαιρέαν καὶ Καλλιρρόην Ἐρωτικῶν Διηγημάτων λόγοι ἡ. Jacobus Philippus d'Orville publicavit, etc. Amstelodami, apud Petrum Mortier, м ᴅ ᴄᴄ ʟ, in-4°, lib. I, cap. ζ' (ᴠɪɪ), pag. 40 et suiv.; trad. lat., pag. 12 et suiv. — *Amours de Chéréas et Callirrhoé*, trad. du grec par P. H. Larcher, tom. IX de la Collection des romans grecs publiée par J. S. Merlin, in-18, pag. 46 et suiv.

En Espagne, cette sorte de crime se reproduisait assez fréquemment pour que l'on crût devoir en faire l'objet d'une loi. Le *Forum judicum*, ou *Fuero juzgo*, qui nous l'a conservée, condamnait le violateur d'un tombeau, s'il était libre, à payer une livre d'or aux héritiers du mort, ou, à leur défaut, au fisc, à restituer les effets volés et à recevoir cent coups de fouet; s'il était esclave, à en recevoir le double et à être brûlé. La punition était bien moins grave s'il ne s'agissait que d'une bière volée dans un but de prévoyance[1].

Chez nous, les voleurs qui violaient les tombeaux, surtout dans le but de s'approprier les étoffes précieuses qu'ils renfermaient, n'ont jamais manqué à aucune époque[2]. Pour ne citer que deux faits qui appartiennent à la plus éloignée, Grégoire de Tours rapporte que l'une des parentes de la femme de Bozon-Gontran étant morte sans enfants, avait été ensevelie à Metz avec des joyaux et des robes de grand prix. La fête de saint Remi venue, plusieurs étant sortis de la ville avec l'évêque, et principalement les anciens avec le duc, les gens de Bozon vinrent à l'église où cette femme était inhu-

---

[1] Voyez le *Fuero Juzgo en latin y castellano*, cotejado... por la real Academia española. Madrid, por Ibarra, 1815, in-folio, lib. XI, tit. II, pag. 137, 173.

[2] Voyez, sur les violateurs de tombeaux pendant le moyen âge, les Capitulaires de Baluze, tom. Ier, col. 1066; le Glossaire de du Cange, à l'article *Violatores sepulchrorum*, tom. VI, pag. 195, col. 1 et 2; le tom. II des *OEuv. compl. d'Éginhart*, édit. de Teulet, tom. II, pag. 195, et notes, pag. 380, 381; et surtout les pag. 61-84 du traité de Le Grand d'Aussy cité plus loin. (*Lois portées et précautions prises contre le vol des tombeaux.*)

Pour l'Italie, voyez, entre autres, le Décaméron de Boccace, IIe journée, nouv. v.

Je n'ai rien dit de l'antiquité. Ceux qui seraient curieux d'apprendre quelque chose sur les *bustuarii latrones*, feront bien de recourir à une note d'Ad. de Valois au liv. XXVIII, ch. Ier, de son édition d'Ammien Marcellin, pag. 509, col. 2, et pag. 510, col. 1, not. *d*.

mée, fermèrent les portes sur eux, ouvrirent le sépulcre, et emportèrent les bagues et les riches vêtements que l'on avait mis autour de la défunte, avec tout ce qu'ils purent trouver qui valût la peine d'être pris [1].

Ailleurs, le vieil historien raconte qu'Helius, évêque de Lyon, étant mort et ayant été mis au tombeau, la nuit suivante, un païen en vint ôter la pierre, et ayant élevé contre lui le corps du défunt, s'efforça de le dépouiller : ce qu'il ne put faire, par suite d'un miracle qui eut lieu [2].

A partir de l'époque où l'on commença à écrire le français, qu'auparavant on se bornait à parler, les voleurs dont la spécialité était de dépouiller les morts, reçurent le nom de *larrons fossiers*. Euriaut dit au duc de Metz, qu'elle veut détourner de l'épouser :

> Il ot .iij. ans en cest esté
> Que je devinc femme legiere...
> Et sui fille à .j. caretier.
> Encor servi d'autre mestier ;
> Car .j. *larron fossier* sivoie,
> Qui de vair, de gris et de soie
> Me vestoit, k'il aloit emblant.
>
> *Roman de la Violette*, pag. 62, v. 1194.

A tout moment il est question des larrons fossiers dans les poëmes des xiie et xiiie siècles :

> Bien nos ont estormi à cest assaut premier ;
> Mais, par l'ame mon pere, il le comperront chier :
> Tost seront mort et pris, se's ferai escorchier
> Et pendre par les goules comme *larron fossier*.
>
> *Roman de Garin de Monglave*, Ms. de La Vallière n° 78.
> fol. 45 recto, col. 1, dernier vers.

Les larrons fossiers dans les anciens romans français.

---

[1] *S. Greg. Turon. Hist. eccl. gent. Franc.*, lib VIII, cap. xxi
[2] *S. Greg. Turon. Lib. de Gloria conf.*, cap. lxii

Toz l'ors del mont ne vous auroit mestier
Ne voz pandist comme *lairon forsier*.

Extraits du Roman de Gérard de Vienne, v. 415. (*Der*
Roman von Fierabras, Provenzalisch, pag. xvi, col. 2.)

Quant Olivier s'oït si manecier
De pandre as forches comme *lairon forsier*...
Tel doel en ait, le san cuide chaingier.

Id., v. 1356. (*Ib.*, pag. xxvi, col. 1.)

Il en auroit molt aspre gueredon
De pandre as forches comme *forsier lairon*.

Id., v. 2384. (*Ib.*, pag. xxxvi, col. 2.)

Je vos ferai ou pandre ou graelier,
Ou traïner à coe de somier,
La hart ou col comme *lairon forsier*.

Id., v. 2744. (*Ib.*, pag. xl, col. 1.)

Le comte de Poitiers reprochant à sa femme la trahison
dont il la croit coupable, lui dit :

On vous devroit ardoir en cendre
Con laron qui enble par fosse.

Roman du comte de Poitiers, pag. 23, v. 512.

Les femmes même, à ce qu'il paraît, se mêlaient de cet
affreux métier, devant lequel, dans plus d'une circonstance, n'avaient pas reculé des hommes habitués à de plus
nobles exploits [1] :

Frere, bien fustes fox naïs
Quant vos ceenz la herbegastes,

---

[1] Je veux parler des chrétiens qui, en 1098, exhumèrent les Turcs enterrés à
l'une des portes d'Antioche, avec des étoffes de prix. Voyez *Gesta Francorum et
aliorum Hierosolymitanorum*, liv. IV, chap. xviii (*Gesta Dei per Francos*, pag. 13,
lin. 43); *Guiberti abb. Hist. Hierosol.*, chap. xiv (*Ib.*, pag. 506, lin. 21), etc.
Dans une autre circonstance, c'est un comte de Flandre qui fouille des tom-

.   Et qant mon bel nevou livrastes
       A tel ribaude *fossiere*.

De l'Empereri qui garda sa chastée, etc., v. 1644. (*Nouv. Rec.*
de fablidux et contes, tom. II, pag. 53.)

Sépultures des laïques plus exposées aux entreprises des voleurs que celles des ecclésiastiques.

Les sépultures les plus exposées aux attaques sacriléges des larrons fossiers, étaient, sans aucun doute, celles des laïques, d'abord parce qu'on les ensevelissait habituellement dans des linceuls, d'une défaite plus facile, ensuite parce que les tombeaux de cette sorte se trouvaient plus généralement placés dans des cimetières ou dans des églises peu fréquentées, tandis que les membres du haut clergé étaient ordinairement enterrés dans des cathédrales ou des collégiales, qui ni jour ni nuit n'étaient jamais un seul instant désertes.

Ceux-ci enterrés dans leurs habits sacerdotaux.

Là ils reposaient revêtus de leurs ornements sacerdotaux, dont la magnificence nous est attestée par quelques lambeaux heureusement conservés après des siècles, et arrachés au néant, dont il semblait qu'ils dussent être la proie.

Antiquité de cet usage.

On sait que depuis les temps les plus reculés de notre histoire, c'était la coutume d'inhumer les abbés avec les signes honorifiques qui étaient propres à leurs dignités [1],

---

beaux et s'empare des objets précieux, entre autres des soieries, que l'on y avait déposés :

Multi cives posuere sepulchris
Argentam atque aurum, necnon et serica vela,
Et vestes habitusque suos, tyriosque paratus.
Omnia Balduinus rapit, etc.

Angeli de Carribus Sabinis de Excidio civitatis Leodiensis,
lib. VI. (*Vet. script. et mon. ampl. Collect.*, tom. IV,
col. 1495, D.)

[1] « Conspicit... patris epitaphium, corpusque pallio, corona, quam mitram dicimus, et baculo, *more majorum* decenter contectum. » *Vita et invent. S. Goslini abb. S. Solutoris prope Taurin.*, apud Mabillon., *Act. sanct. ord. S. Bened.*, sæc. VI, pars secunda, pag. 140, 141.

Saint Goslin mourut en 1001, et sa translation eut lieu en 1472.

20

les prélats avec leur crosse et leurs habits pontificaux [1], les prêtres avec leurs vêtements sacerdotaux [2]. Grégoire de Tours en offre la preuve en vingt endroits. Parle-t-il de l'évêque d'Auvergne saint Gal, de l'abbé Mars, des ermites Marian, Léobard et Lupicin? Il a soin de remarquer qu'avant de les inhumer, on les revêtit de riches habits [3]. Et, comme le fait encore remarquer le Grand d'Aussy [4], ce qui prouve que cette coutume était propre aux laïques et qu'elle avait été adoptée par le clergé, c'est que, quand Grégoire fait mention des derniers devoirs rendus à Chilpéric assassiné dans une forêt, à son fils Théodebert tué dans un combat, il dit de même : on le revêtit de ses plus riches vêtements [5].

Nous savons, d'ailleurs, que Childéric II et Belihilde, son épouse, dont les cercueils furent ouverts en 1645, avaient été enterrés dans leurs habits royaux. Les ouvriers infidèles qui violèrent ces tombes, avouèrent qu'en ouvrant celle de Childéric, ils avaient vu sur le visage du prince, une toile

(marginalia: Laïques enterrés anciennement avec leurs plus riches habits.)

---

[1] Voyez, dans la Vie de saint Arnoul, évêque de Soissons, ch. xxxiii, le détail des objets que l'on plaçait dans la bière quand on enterrait un évêque. (*Acta sanct. ord. S. Bened.*, sæc. vi, pars secunda, pag. 546.)

[2] Il paraît que semblable chose n'avait pas lieu pour les diacres ; du moins saint Grégoire le Grand rapporte au quatrième livre de ses Dialogues, ch. xl, que, du temps du pape Symmaque, saint Paschase, diacre du siége apostolique, étant mort, un démoniaque qui toucha la dalmatique posée sur le cercueil fut guéri. (*Vit. S. Greg. Magni*, auct. Johan. Diac., lib. III, cap. lix. — *Acta sanct. ord. S. Bened.*, sæc. I, pag. 433.)

[3] « ... ablutum dignisque indutum vestibus, sepelierunt in ecclesia, » etc. *S. Greg. Turon. Lib. de Glor. conf.*, cap. lxxxi.

[4] *Des Sépultures nationales*, etc. A Paris, chez J. Esneaux, 1824, in-8°, pag. 59, 60.

[5] « ... vestimentis melioribus induit, » etc. *Hist. eccl. gent. Franc.*, lib. VI, cap. xlvi. — « ... dignis vestibus est indutus, » etc. *Ibid.*, lib. IV, cap. li.

d'or qui le lui couvrait [1]. Nous savons encore que cette coutume s'était conservée chez les Normands, avec cette différence que leurs suaires étaient de toile cirée.

Toutefois, l'usage d'enterrer les morts revêtus de leurs plus riches habits, usage à peu près général depuis l'antiquité [2], paraît avoir été plus particulièrement, plus longtemps observé pour les ecclésiastiques, en France comme ailleurs. Nous en pourrions citer mille exemples [3]; nous nous bornerons à deux ou trois. En 1827, quand on ouvrit, dans la cathédrale de Durham, le tombeau de saint Cuthbert, mort en 687, on trouva les restes de ses ornements pontificaux, tissus d'or et de soie, dont nous avons déjà longuement parlé. On recueillit avec soin ces débris, précieux à plus d'un titre, et l'on peut les voir aujourd'hui sous verre dans la bibliothèque du chapitre, dont le conserva-

Les ecclésiastiques étaient plus généralement enterrés ainsi.

Découverte des restes de saint Cuthbert.

---

[1] *Les Monumens de la monarchie françoise*, par D. B. de Montfaucon, tom. Ier, pag. 174. — *Discours sur les anciennes sépultures de nos rois*, par D. Mabillon (*Mém. de l'Acad. des Inscript.*, tom. II, pag. 641). — *Des Sépult. nat.*, pag. 310, 311, etc.

[2] Voyez les indications rassemblées dans le Glossaire de du Cange, à l'art. *Sepulchrorum Violatores*, tom. VI, pag. 195, col. 2; et ajoutez-y celles-ci : *Historia Olavi Tryggvii filii*, etc., para I, cap. xxix (*Scripta historica Islandorum*, vol. I, pag. 57); et *Historia Hakonis Hakonidæ*, cap. ccxlii. (*Ibid.*, vol. IX, pag. 426.)

[3] En 678, saint Léger fut enseveli avec les habits qu'il portait au moment où il fut assassiné. (*Vita S. Leodegar. ep. August.*, auct. Ursino, cap. xvii. (*Acta sanct. ord. S. Bened.*, sæc. ii, pag. 704.) Mais il paraît que tel était l'usage pour les gens morts de cette façon, *uti mos est sepeliri interemptos*, au moins trois cents ans après, s'il faut s'en rapporter à Aimoin, qui raconte le même fait de saint Abbon, abbé de Fleuri, tué dans une sédition en 1004. (*Ibid.*, sæc. vi, pag. 56.)

Une chose remarquable, c'est que le même usage existait pareillement en Orient, du moins Mahomet a dit : « Inhumez les martyrs comme ils sont morts, avec leur habit, leurs blessures et leur sang. Ne les lavez pas; car leurs blessures, au jour du jugement, auront l'odeur du musc. » Voyez le *Tableau général de l'empire Othoman*, par Monradgea d'Ohsson, édit. in-8°, tom. II, pag. 322, où ce *hadyts*, ou parole prophétique transmise par tradition, est textuellement rapportée.

Translation
des corps de saint
Wandrille, de
saint Ansbert et
de saint Wulfran.

teur a consacré un volume à l'histoire de la découverte et
à la description de ces reliques. En 728, quand les corps de
saint Wandrille, de saint Ansbert et de saint Wulfran, furent
transférés dans l'église de Saint-Pierre du monastère de
Fontenelle, on les trouva entiers avec les vêtements dont ils
avaient été recouverts, et l'or de celui de saint Wulfran,
fondu vers 1027, produisit une once et demie [1].

Inhumation
de saint Acca
avec ses
ornements ponti-
ficaux; leur
conservation jus-
qu'au XIIᵉ siècle.

Saint Acca, disciple et successeur de saint Wilfrid, évêque
d'Hexham, avait été pareillement inhumé en 740 avec ses ornements pontificaux. On les voyait encore au XIIᵉ siècle, époque à laquelle vivait l'auteur anonyme qui nous a conservé
ce fait [2], et leur parfaite conservation, au lieu d'être attribuée
à une propriété spécifique de la soie, était sans aucun doute
considérée comme un miracle. C'est du moins ce qui arriva

Écharpe de soie
de saint Olaf
trouvée dans un
tombeau

pour une écharpe de soie ayant appartenu à saint Olaf, qui
fut trouvée dans un tombeau intact, tandis que la chair et

---

[1] *Vita S. Wandregisili*, cap. XXVIII. (*Acta sanct. ord. S. Bened.*, sæc. II, pag. 548.)
— *Vita sancti Wulframni episc. Senonens.*, cap. XIV, et *Hist. invent. et mirac.*
S. Wulframni. (*Ibid.*, sæc. III, pars prima, pag. 364, 367.) Plus loin, pag. 369,
on voit que les os du saint évêque furent enveloppés d'une pourpre précieuse et
placés dans une châsse d'argent. — Cf. *De invent. et transl. corp. S. Udalrici.*
(*Ibid.*, sæc. V, pag. 475, n° 3.)

[2] « Habetis certe casulam ejus sericam, similiter et dalmaticam, sudarium quoque lineum, in quibus venustas antiqua servatur, pristina fortitudo durat, » etc.
De Sanctis eccl. Haugustaldens. Lib, cap. X. (*Acta sanct. ord. S. Bened.*, sæc. III,
pars prima, pag. 211.) Cf. Simeon. Dunelme. s., *De Gest. reg. Angl.*, apud Roger.
Twysden, *Rer. Anglic. Script. X*, tom. I, col. 101, lin. 32, 45.
Un autre écrivain monastique du même pays signale la découverte d'ornements
sacerdotaux mis en terre avec un cadavre, et témoigne son admiration pour l'état
de conservation dans lequel ils furent trouvés : « ... casulam et pallium auratis
spinulis affixum cum stola et manipulo invenerunt, ut mirum fuerit tanto spatio
temporis sub putredine corporis potuisse illa saltem in aliqua sui parte durasse. »
Historia Eliensis, lib. II, cap. XXIV. (*Hist. Britannicae, Saxonicae, Anglo-Danicae
Scriptores XV*, opera Th. Gale, tom. II, pag. 507.)

les habits du défunt avaient été décomposés au point d'être méconnaissables [1].

Chez nous, quand, en octobre 1844, on exécuta des fouilles dans la chapelle Notre-Dame à la cathédrale de Troyes, on trouva les restes d'Hervée, soixantième évêque de cette ville, mort en 1223. Le corps était recouvert d'une chape de soie de couleur brune feuille morte, mais probablement passée, à laquelle étaient encore adhérents plusieurs galons de largeurs variées, tissés au métier en fil d'or sur fond de soie teint en violet brun. Les plus étroits bordaient la chape, et les plus larges en formaient le collet et cette bande qui descend jusqu'à la pointe, un peu plus bas que les genoux, tel qu'on le voit aux figures d'évêques du même temps, et notamment à celle d'Hervée, représentée sur l'une des fenêtres du chœur de la cathédrale, ainsi que sur son sceau. Plusieurs autres petits galons réunis et cousus par les extrémités, de manière à former un cercle, ornaient les manches de l'aube ou bordaient les gants, qui étaient brodés d'une façon remarquable [2].

En 1765, lorsqu'on fit la fouille pour la construction du caveau qui devait renfermer les restes du Dauphin dans le

État dans lequel les restes d'Hervée, évêque de Troyes, furent trouvés en 1844.

Découverte du corps de Gautier Cornut, archevêque de Sens.

---

[1] « Funus Björnis cum vestibus conditum fuerat; ubi vero ossa ejus suscepta sunt, tota caro omnesque vestes putruerant, ut nullæ superessent reliquiæ, præter solam fasciam bombycinam, quæ regi Olavo fuerat... Qua in re luculenter apparuit sanctitas regis Olavi... Eadem fascia bombycina postea loco cinguli sacerdotalis adhibita est, et nunc in villa, dicta Gardis in Akraneso, servatur. » Hist. regis Olavi sancti, pars I, cap. LX. (Scripta historica Islandorum, vol. IV, pag. 112.)

[2] Notice sur les objets trouvés dans plusieurs cercueils de pierre, à la cathédrale de Troyes..., par M. Arnaud. (Mémoires de la Société d'agriculture, des sciences, arts et belles-lettres du département de l'Aube, nos 91 et 92, IIIe et IVe trimestres de l'année 1844. Troyes, Bouquot, in-8°, pag. 202, 203, avec deux planches lithographiées.)

chœur de la cathédrale de Sens, on découvrit le corps de l'archevêque Gautier Cornut, mort en 1241; il était complétement revêtu d'une dalmatique et d'une chasuble de soie, de couleur tannée, et jusqu'à son *pallium* se retrouva dans la bière de pierre où il avait été couché[1]. Enfin, quand on ouvrit, le 20 octobre 1793, le tombeau de Matthieu de Vendôme, abbé de Saint-Denis et régent du royaume sous Louis IX et sous son fils Philippe le Hardi, on trouva le haut de sa crosse de cuivre doré et quelque lambeau d'étoffe précieuse, ce qui annonce que, selon l'usage, il avait été enseveli avec ses plus riches ornements d'abbé[2].

Si je n'ose point m'avancer jusqu'à dire que les étoffes anciennes dont je viens de parler étaient du samit, je constate, sur la foi d'un écrivain du moyen âge, que les turbans des musulmans du XIIe siècle, au moins de certains d'entre eux, étaient de ce tissu. Le patriarche de Jérusalem, répondant au pape Innocent II, qui lui avait demandé des détails sur l'Orient, s'exprime ainsi : *Et ipse quidem Saphadinus equitans, filios suos visitaturus, involvit purpurea sindone caput*, ce que l'auteur du traité manuscrit des voyages d'outre-mer cité par du Cange[3] traduit de la sorte : « Saphadins li peres, quant il va voir ses fiex, si chevalche sa teste couvert d'un vermeil samit[4]. »

(marginal notes)
Objets trouvés dans le tombeau de Matthieu de Vendôme, abbé de Saint-Denis.

Turbans en samit.

---

[1] *Recherches historiques et anecdotiques sur la ville de Sens,...* par M. Théodore Tarbé. Sens et Paris, 1838, in-12, pag. 463, en note.

[2] *Notes sur les exhumations de Saint-Denis*, publiées par M. de Chateaubriand, dans une note de la IVe partie, liv. II, ch. IX, du *Génie du christianisme*.

[3] *Observations sur l'Histoire de S. Louys*, pag. 79. Le passage latin que nous venons de rapporter, est tiré du *Speculum historiale* de Vincent de Beauvais, liv. XXXII, chap. LV.

[4] Voyez sur le sens qu'avait le mot *sindon* chez nous, au moyen âge, le Glos-

Ce passage nous servira également à conclure que le samit était répandu en Égypte au xiiᵉ siècle; une phrase d'un roman de la même époque nous l'apprend encore plus positivement, et nous donne à penser que ce pays était l'un de ceux qui en fournissaient à l'Europe :

---

saire de du Cange, tom. VI, pag. 262, col. 1. Dans l'origine, on désignait ainsi les toiles de coton du Sind ou de l'Indus (*Hist. de la peint. au moyen âge*, pag. 145, not. 2); plus tard on étendit ce nom aux belles toiles de différentes espèces, fabriquées dans l'Égypte, dans la Grèce, etc. Les Arabes le donnaient même au brocart, s'il faut s'en rapporter aux lexicographes qui ont recueilli سندس (*sundus*) et qui le traduisent par *præstans, et subtile panni serici genus; Attalicus pannus*, ou par *Attalica tela, auro vel argento intertexta*. Voyez *Franc. Mesgnien Meninski Lexici Arabico-Persico-Turcici... Tom. III*, 2ᵉ edit., pag. 322, col. 1.

Dans notre ancienne langue, *sydoine* désignait également un vêtement, une étoffe et un suaire ou linge :

> Bien fu vestus d'uns dras envaus...
> Si estoit vestus, ce m'est vis,
> D'un *sydoine* fourré de gris.
> > De Blancandin, Ms. de la Bibl. nat. n° 6987, fol. 254 verso, col. 1,
> > v. 59; et fol. 255 recto, col. 1, v. 9.
>
> Ains li ot sa plaie bendée
> Et d'un *sydoine* envolepée.
> > *Ibidem*, fol. 255 recto, col. 2, v. 49.

Je dois ajouter que ce mot, 1° n'a jamais été orthographié dans notre langue comme il l'est en latin, 2° qu'il n'a jamais pu être le synonyme du flamand *sindale*, qui, du reste, correspond parfaitement au nom français d'une étoffe de soie sur laquelle nous nous étendrons bientôt. Il y a donc à signaler une double erreur dans un article du glossaire dont un professeur de l'Université d'Utrecht a fait suivre le texte d'une ancienne traduction hollandaise de l'un de nos romans français. Voyez *Ferguut, Ridderroman uit den Fabelkring van de ronde Tafel, uitgegeven door L. G. Visscher*, etc. Utrecht, bij Robert Natan, 1838, in-8°, pag. 277.

Toutefois il est juste de faire remarquer que dans la version latine des inventaires des biens meubles et immeubles de la comtesse Mahaut d'Artois, pillés par l'armée de son neveu, en 1313, *cendal* est toujours rendu par *sindon*, traduction inexacte, bien qu'émanée du parlement de Paris. Voyez la *Bibliothèque de l'École des chartes*, 3ᵉ série, tom. III, septembre-octobre 1851, 1ᵉ livrais., nᵒˢ 24 (pag. 61, 73), 27 (*ibid.*), 43 (pag. 62, 73).

Iluec seront douné pale et drap et *samit*,
Vassiel d'or et d'argent de la tiere d'Egit.

Li Romans d'Alixandre, pag. 508, v. 4.

Samits de Perse.

La Perse nous avait également envoyé des samits à une époque ancienne, si l'on peut ajouter foi à ce que dit Philippe Mouskés, qui en place parmi les présents d'Haroun-el-Raschid à Charlemagne :

Envoi de soieries
à Charlemagne
par Haroun-el-
Raschid ; motifs
de douter qu'il
s'y trouvât des
samits.

Dont avint que li rois de Perse....
Li envoia .j. pavellon,
Qu'ainc puis si rice ne vit-on ;
Et, se verité vous disoie,
De toutes couleurs fu de soie.
Et si li tramist, comme amis,
Cendaus et pales et *samis*,
Et moult rices aornemens.

Chronique rimée de Philippe Mouskes, tom. 1er, pag. 165, v. 2550

Mais cette désignation est du fait du rimeur du XIIIe siècle, les écrivains antérieurs se bornant à dire qu'Haroun envoya à l'empereur, entre autres présents, des étoffes de soie en grand nombre et de prix [1]. L'empereur dut, à son tour, les donner aux églises, vu le peu d'usage qu'il faisait de cette sorte de tissu pour son costume habituel, quoi qu'en dise le prolixe évêque de Tournay [2], semblable sur ce point à un

---

[1] *Annal. rer. Franc. Loiseliani dicti*, sub ann. DCCCVII, apud D. Bouquet, *Rec. des hist. des Gaules*, tom. V, pag. 56, B et C. Cf. pag. 26, A; 169, C; 254, C; 322, B; 333, B; 354, A; 366, A; 379, C.
[2] *Chron. de Philippe Mouskés*, tom. 1er, pag. 120, v. 2020, et pag. 121, v. 2045. Comparez à cette description du costume de Charlemagne, celles que donnent Éginhard, dans sa biographie de ce prince, ch. XXIII, et le Moine de Saint-Gal, liv. 1er, ch. XXXVI.

ancien poëte espagnol, qui habille un petit roi léonais du
xe siècle, d'un surtout de soie [1].

Que les étoffes envoyées de Perse à Charlemagne fussent,
ou non, des samits, il n'est pas moins vrai que cette espèce
de tissu, comme le cendal, se fabriquait en Orient, du moins
dans les contrées occupées par les musulmans. Ainsi que nous
l'avons vu pour le vêtement attribué à l'abbé Ingon, semblable en cela aux ornements impériaux [2], les pièces d'étoffes
qui nous en arrivaient, portaient fréquemment des inscriptions arabes. En effet, nous ne saurions comprendre autrement le second vers de ce passage du *Lai du Laustic* :

> En une piece de samit,
> A or brusdé e *tut escrit* [3],

Samits
fabriqués dans les
contrees musul-
manes, et décorés
d'inscriptions.

---

[1] Le comte Fernan Gonzalez dit à Sancho Ordoñez, roi de Léon :

> Vos traeis sayo de seda,
> Yo traigo un arnés transado.
>
> *Romancero de romances caballerescos e históricos*, orden. y
> recop. por A. Duran, édit. in-18, part. II, pag. 30, col. 1.

Al-Makkari nous apprend, dans son *Histoire d'Espagne*, qu'Al-Hakim II (mort
en 976) avait envoyé à Ordoño IV un vêtement d'honneur, composé d'une *dorráah*, brochée d'or, et d'un *bornos*, également broché d'or, orné au capuchon
d'un gland d'or massif décoré de pierreries et de rubis. Voyez *Dict. dét. des noms
des vêtem. chez les Arabes*, pag. 79 et 179.

Dans ce mot *dorráah*, n'y aurait-il pas une altération du mot provençal *dorat* ?
Van Ghistele attribue à l'arabe le mot *dorre* avec le sens de *jaune :* cet adjectif m'a
tout l'air de venir de notre français *d'or*. M. Dozy, qui cite le passage du voyageur hollandais, n'a point songé à cette coïncidence, tout en profitant de l'occasion « pour demander aux orientalistes s'ils connaissaient un mot arabe, ayant
tant soit peu le son de *dorre*, et désignant du drap jaune. » Voyez *Dict. dét.*, etc.,
pag. 180, en note.

[2] Voyez ci-dessus, pag. 52 en note, et pag. 84.

[3] Il serait possible, cependant, que, comme aujourd'hui dans l'argot du bas
peuple, le mot *escrire* eût également signifié *broder* dans notre ancienne langue. Le
passage suivant pourrait autoriser à le croire :

> Le tref Lanbert fu de riche façon,
> Bestes sauvages i ot à grant foison,

Ad l'oiselet envolupé;

Un sien vallet ad apelé,

Sun message li ad chargié ,

A sun ami l'ad enveié.

Cil est al chevalier venuz,

De par sa dame li dist saluz;

Tut sun message li cunta ,

Et le laustic li presenta.

Quant tut li ad dit e mustré ,

E il l'aveit bien escuté ,

Del aventure esteit dolenz.

Poésies de Marie de France, tom. Ier, pag. 324.

Ailleurs, le samit est nommé avec une autre riche étoffe orientale, dont, pour le dire en passant, nous n'avons jamais trouvé d'autre mention :

Caperon ot et mances de dui moult riches dras,

Li uns fu uns samis , l'autre *constentinas*.

La Chanson d'Antioche, ch. viii, coupl. 31.; tom. II, pag. 238.

Constentinas , coustentin.

Que le *constentinas*, nommé ailleurs *coustentin*[1], fût ou non une variété de samit, c'est ce qu'il nous est impossible de déterminer; nous croyons seulement, avec M. P. Paris,

---

Très-bien portretes entor et environ....

Le tref fu riche, à or sont li giron;

Escrit i fu la mer et le poisson,

Et tuit li oir de France le roion

Dès Cloevis, qui tant par fu prodom,

Dusqu'à Pepin qui fu de grant renon.

Le Roman d'Aubri le Bourguignon, Ms. de la Biblioth. nat. n° 7227², Baluz. 375, fol. 114 recto, col. 2, v. 22. Voyez l'édit. de Reims, 1840, in-8°, pag. 98.

Cel jor fust eaut, caocuns tresune...

Vestu orent d'un *coustentin*,

Cauchié de paile li mecein.

D'Atis et de Prophelias, Ms. de la Bibl. nat. n° 7191, fol. 75 verso, col. 1, v. 9.

que c'était une étoffe de soie fabriquée à Constantinople, où les Latins, en 1204, trouvèrent tant de samits et d'autres tissus précieux : « Chascun, dit le bon maréchal de Champagne, garni le chastel qui li fu renduz, de sa gent... et les autres genz qui furent espandu parmi la vile, gaaignierent assez; et fu si granz la gaainz, que nus ne vos en sauroit dire la fin d'or et d'argent, et de vasselement et de pierres precieuses, et de *samiz* et de draz de soie, et de robes vaires et grises et hermines, et toz les chiers avoirs qui onques furent trové en terre [1]. »

Une chose à remarquer, c'est que quand les historiens latins parlent de la prise d'une ville orientale, ils omettent rarement de parler des soieries tombées au pouvoir du vainqueur. Pour n'en citer qu'un exemple, dans le sac d'Antioche, en 1098, édifice, mosquée, magasin, tout ayant été forcé, « l'or, dit Matthieu Paris, l'argent, les vêtements précieux, les pierreries, les vases d'un prix inestimable, les tapis, les pièces de soie, furent partagés par égales portions. Ceux qui auparavant mouraient de faim, et mendiaient dans l'armée, se trouvèrent dans l'opulence [2]. »

Abondance des soieries trouvées à la prise de Constantinople, en 1204.

Soieries tombées au pouvoir des croisés au sac d'Antioche, en 1098.

---

[1] G. de Ville-Hardouin, *Hist. de la conquête de Constantinople*, ch. cxxxi et cxxxii. (*Rec. des Hist. des Gaules*, etc., tom. XVIII, pag. 462, C.) Un autre chroniqueur rapporte qu'après le sac de Constantinople, chacun emporta chez lui en Occident, une part du butin. Voyez *Ottonis de Sancto Blasio Chronicon*, cap. xlix. (*Rer. Ital. Script.*, tom. VI, col. 906, B et C.)

[2] Le Bénédictin anglais copie ici Guillaume de Tyr, dont voici les paroles : « Sed tamen in auro, argento, gemmis, vasis preciosis, tapetibus et holosericis, tot et tantæ repertæ sunt copiæ, ut qui prius mendicabat esuriens, nunc factus locupletior, omnibus affluenter abundaret. » *Will. Tyr. arch. Hist. Lib. V*, cap. xxiii. (*Gesta Dei per Francos*, pag. 712, lin. 3.) Plus loin, le même écrivain termine ainsi le récit d'un combat dans lequel les croisés furent victorieux : « ... in castra hostium redeunt, ubi... reperiunt... tan-

Étymologie
du mot *samit*
proposée par
M. Paulin Paris.

L'éditeur du meilleur texte de la relation de Geoffroi de
Ville-Hardouin, aussi bien que de la chanson de geste dont
nous venons de citer deux vers, traduit ainsi le second :
« L'un de ces draps fut une soie de Samos, l'autre un paile
ou drap de Constantinople, » et, après avoir remarqué que
la soie de Samos est la plus belle de l'Orient, et que l'on en
fait encore un grand commerce, il ajoute : « Je crois donc
pouvoir aujourd'hui trouver dans le nom de cette île l'origine du fort drap de soie appelé *samit*. » A ce propos,

Autre étymologie
précédemment
proposée par le
même.

M. Paris rappelle une querelle qu'il eut, il y a treize ans,
avec un de ses confrères à l'Académie des Inscriptions, querelle dans laquelle celui-ci critiqua vivement une explication
du mot *samit* risquée dans les notes de *li Romans de Berte
aus grans piés* [1] et du *Romancero françois*. « *Samit*, écrivait
le premier, pag. 39, not. 1, de ce recueil d'anciennes chansons, fil tissu d'or et de soie. *Samit* me semble donc formé

Elle est combat-
tue par M. Gué-
rard.

de *setæ mixtus*. » — Donc, répondait M. Guérard, le
samit qui est du velours (*hexametum* dans la basse latinité,
et *sammet* en allemand), serait, suivant M. Paulin Paris, un
fil tissu d'or et de poil, *seta*; car *seta* ne signifie pas autre
chose [2]. » M. Paris répliqua en citant un article de du Cange
qui lui donnait raison quant au sens qu'on attachait dans le
moyen âge au substantif *seta* [3], sans chercher à démontrer

---

tas Orientalium divitiarum copias, ut jam auri, argenti, gemmarum, holoserico-
rum et preciosarum vestium, neque numerus esset neque mensura. » Lib. VI,
cap. xxii. (*Ibid.*, pag. 726, lin 44.)

[1] M. Paris le dit, tom. II, pag. 248, not. 1, de la *Chanson d'Antioche ;* mais je
n'ai pu retrouver l'endroit.

[2] *Lettre de M. Benjamin Guérard à son frère, au sujet d'un article de la Quoti-
dienne.* Paris, imprimerie de H. Fournier, 1838, in-8°, pag. 11.

[3] *Lettre de M. B. Guérard... avec les observations de M. Paulin Paris.* Paris,
Techener, 1838, in-8°, pag 23, 24.

que, si son contradicteur était fondé à attaquer l'étymologie de *samit*, il ne l'était nullement à dire que ce mot était l'équivalent de *velours*.

La chose existait-elle au xııᵉ siècle ? sans doute, nous l'avons vu par le manuscrit de Théodulf. Pour le mot, on le trouve déjà à cette époque ; mais jusque dans le siècle suivant, il ne paraît pas qu'il ait signifié autre chose qu'une étoffe de laine ou de lin, velue [1], et une couverture de lit, encore appelée aujourd'hui *berlue* dans l'argot du bas peuple :

Duze liz i ad bons de quivre e de metal,
Oreillers e *velus* e linçous de cendal [2].
Travels of Charlemagne, pag. 17, v. 25.

Existence du velours sous un autre nom au xııᵉ siècle et auparavant. Sens primitif des mots *velus, velox, velous*.

---

[1] Voyez le Glossaire de du Cange, au mot *Villosa*, tom. VI, pag. 833, col. 3.
[2] A ces passages, qui prouvent l'usage des draps de lit en soie, on peut ajouter les suivants :

Dedens son tref estoit Callos pensis,
Isnelement a fait faire son lit...
Cil qui le fist quatre coultes i mist,
Linceus de soie et as flors de samis.
La Chevalerie Ogier de Danemarche, tom. II, pag. 360,
v. 8906.

Lanbert fist fere .j. lit par seignorie,
La coute fu du cendal d'Aumarie ;
Et li drap furent de soie de Persie.
Li covertor fu ovrés par mestrie ;
Tant par fu riche, n'est nus qui le vos die.
Le Roman d'Aubri le Bourguignon, Ms. de la Bibl. nat.
nᵒ 7227², Baluz. 375, fol. 114 verso, col. 1, v. 12.
Voyez aussi l'édit. de Reims, 1849, in-8ᵒ, pag. 48.

« ... un grand prince que je sçay... faisoit coucher ses courtisanes ou dames dans des draps de taffetas noir bien tendus, toutes nues, afin que leur blancheur et delicatesse de chair parust bien mieux parmy ce noir, et donnast plus d'esbat. » *Des Dames gallantes*, deuxiesme discours, art. III. (OEuv. compl. de *Brantôme*, édit. du *Panthéon littéraire*, tom. II, pag. 295, col. 2.)

Dans la Xᵉ journée du Décaméron, nouv. ıx, Boccace parle d'un superbe lit garni de matelas, tous de velours et de draps d'or, que Saladin aurait fait faire conformément à la coutume orientale. Chez nous, une pareille richesse semble

Li lit sont fait mult ben en mi le tref;
Un en i ot richement acesmé,
Linceus de soie et *velox* de cendel.

La Chevalerie Ogier de Danemarche, tom. II, pag. 361,
v. 8915.

Kiute i a bone et linciols chiers,
Rices *velous* et orelliers.

Partonopeus de Blois, tom. Ier, pag. 37, v. 1069.

Li keute fu rice et parée,
De soie estoit, d'oevre menue,
Par lius estoit d'or entissue;
Li linçoel furent de cendé.
Li *velos* fu molt bien ouvré.

Li Sieges de Tebes, Ms. de la Bibl. nat. n° 6987, fol. 51 verso,
col. 1, v. 24.

Tapis velus   Plus tard, ce mot de *velours* ayant été affecté exclusivement à la désignation d'une certaine étoffe, que l'on nom-
mait également *veluel*, *velvet*, *veluyau* et *velours*, peut-être
par une allusion involontaire à la robe de l'ours [1], redevint
ce qu'il était dans l'origine, un adjectif dont on se servit

---

avoir été réservée surtout pour les *coutes*, dans la confection desquelles on employait fréquemment le samit :

Lors fist mettre devant .i. lit
Une grant coute de samit.

Roman de Perceval, Ms. suppl. fr. 430, fol. 53 verso,
col. 1, v. 44.

Sus une couste riche et cointe,
D'un fres samit vermeil porpointe,
Fu en estant li chevaliers.

Ibid., folio 59 recto, col. 2, v. 39.

Au reste, les couvertures de soie étaient déjà en usage dans l'antiquité, au moins
du temps de Julien, qui ne voulut jamais s'en servir : « ... nocte dimidiata semper
exsurgens, non e plumis 'vel stragulis sericis, ambiguo fulgore nitentibus, sed ex
tapete, et σισύρα... Mercurio supplicabat, » etc. *Amm. Marcell.*, lib. XVI, cap. v.
[1] Trois de ces formes paraissent, à peu de distance l'une de l'autre, dans un

pour indiquer une certaine espèce de tapis pour parquets et pour meubles [1].

Mais puisque le velours est aussi ancien, quel nom portait-il en latin ou en français antérieurement au XIVᵉ siècle, époque à laquelle on voit apparaître, chez nous, le *veluel*, *velvet* et *velluyau?* Nous sommes fort embarrassé pour répondre à cette question. Les Allemands, qui ont dans leur langue *sammet* avec la signification de *velours*, et qui entendent toujours ainsi le *samite* de leurs anciens poëmes [2], les

Noms du velours antérieurement au XIVᵉ siècle.

compte de la cour de Bourgogne de 1424-25. Voyez la publication de M. de Laborde, IIᵉ partie, tom. Iᵉʳ, pag. 202.

Au reste, il faut remarquer que si l'on écrivait *velours*, on prononçait toujours *velous*, prononciation qui subsistait encore sous Louis XIII :

> Je dis les cotillons qui plus en vogue estoient,
> Et lesquels seulement les plus riches portoient,
> Au lieu du taffetas dont à present chacune...
> Orgueilleuse se sert, enrichy bravement
> Alentour de six rangs de large passement ;
> Voir mais du damas, que j'avois en mon ame
> Designé de garder pour l'habit de la dame;
> Qui est contrainte avoir la rotte de *velours*,
> Et d'autres de damas et de taffas dessous, etc.

Discours nouveau sur la mode. A Paris, M.DC.XIII., in-8°, pag. 17.

Je lis dans la *Bibliothèque de l'École des chartes*, 3ᵉ série, tom. II, 6ᵉ livrais., Paris, 1851, pag. 533, que l'on a demandé aux élèves de première année l'étymologie de *velours*; mais je n'y trouve pas ce qu'ils ont répondu. Je le regrette.

[1] On trouve un chapitre consacré aux *tappis velus*, au folio 8 recto et verso de l'*Inventaire des meubles... apportez de Pau à Nérac, par commandement du roy de Navarre*, etc. (Novembre 1578.) Archives du département des Basses-Pyrénées, extrait de la liasse 375, n° 14. — « Plus neuf tapis velus, desquels les deux sont grands pour servir soubs les pieds, et les autres sept estoient pour servir à la table et bufet, » etc. *Inventaire des meubles du roy qui sont dans le chasteau de Pau* (1634), chapp°. des tapis, art. 5; mêmes archives, extrait de la liasse 427, n° 9, fol. 9 recto.

[2] C'est probablement cela qui a déterminé M. Henschel à traduire par *velours* le mot *samit* du glossaire français de D. Carpentier, que le savant Bénédictin s'était contenté de rendre par *étoffe de soie*. Voyez *Gloss. med. et inf. Latin.*, tom. VII, pag. 296, col. 2.

Russes qui appellent *axamitt* (аксамить) le velours de soie, comme les Polonais [1] et les Bohémiens [2], ne balanceraient pas un seul instant; encore moins les Italiens, qui peuvent invoquer une variante de l'Histoire de Florence de Giovanni Villani, pour établir la même synonymie entre *sciamito* et *velluto* [3], comme si une différence dans les mots n'en indiquait pas une dans les choses, et qu'au temps de l'annaliste

---

[1] C'est certainement là le motif qui a déterminé M. d'Avezac à traduire par *velours* le mot *samitis* qui se trouve deux fois dans le récit du frère Benoît de Pologne, n° vi. Voyez *Relation des Mongols ou Tartares*, par le frère Jean du Plan de Carpin. Paris, 1838, in-4°, pag. 128, not. 2, et pag. 381.

[2] Æneas Sylvius Piccolomini, parlant d'un Bohémien qui s'était emparé de quelques châteaux de Transylvanie, s'exprime ainsi : « Qui cum sericeam diploidem domino, cui serviebat, olim furatus esset, cognomento *Axamit* appellatus est, quod latine *villosum sericum* sonat. » Voyez *Ad Nicol. V pont. summ. de Clade universal. Eccles. orthod.*, etc., *Epist. CLXII*, dans *Æneæ Sylvii Piccolominei... Opera quæ extant omnia.* Basileæ, ex officina Henricpetrina (M. D. LXXI.), in-fol., pag. 713, A. Voyez encore pag. 301, B : *Examites, Axamite* y est nommé deux fois, dans le livre consacré à l'Europe, ch. x.

Le véritable nom de l'individu en question était *Petrus Aksamjt*, comme on le voit dans des annales publiées par Bongars, puis par Schwandtner, *Scriptores rerum Hungaricarum*, etc., tom. Ier, Vienne, MDCCXLVI, in-fol., pag. 885. *Aksamjt* est en effet le mot encore usité en bohémien pour dire du velours. *Plášť aksamjtu nový*, pallium ex exameto novum. (*Starobylá skládánj.*) — *Planý aksamjt*, subsericum. (*Klatowský Colloquia.*)

Aksamjt ou *axamitt* existe probablement, avec le même sens, dans tous les dialectes slaves; il faut en excepter cependant le serbe, où *velours* se dit *kadiva*, que l'on prononce aussi *kadipa* et *kadifa*, mot emprunté à la langue turque, qui elle-même s'était approprié l'arabe قَطِيفَة, *kathifet.*

[3] « Et ordinarono (i Fiorentini) che si celebrasse la festa (del duomo di San Giovanni) il dì della sua natività con solenni oblationi, e che in quello si corresse uno palio di *sciamito velluto* vermiglio; e sempre per usanza e reverenza s'è fatto in quel giorno per li Fiorentini. » *Historie fiorentine*, etc., lib. 1, cap. LX. (*Antiquit. Ital. med. ævi*, tom. II, pag. 415, E, et pag. 416, A.)

Comme le fait observer Muratori, ce *velluto* paraît être ici une glose ajoutée par quelqu'un pour indiquer ce que c'était que le *sciamito*. « Ce qu'il y a de sûr, dit plus loin l'illustre savant, c'est que l'excellent manuscrit de Recanati dont j'ai fait usage pour donner une nouvelle édition de l'Histoire de Villani dans le tom. XIII du *Rer. Italic. Scriptores*, porte seulement un *pallio di sciamito*. » Quelle que soit

florentin *sciamito* n'eût point été aussi répandu que *velluto*, déjà usité au XIII° siècle[1]. Pour nous, en présence des textes si nombreux où il est question de *samit*, nous devons nous montrer plus circonspect. Toutefois nous nous croyons obligé de représenter à M. Guérard que si, dans notre pays, le samit

Objections contre l'identité du samit et du velours

l'excellence de ce manuscrit, on n'en lit pas moins dans le recueil qui vient d'être cité, *uno palio di velluto vermiglio.* Voyez col. 55, B.

Si Muratori a deviné juste, on peut croire qu'à une époque où le mot *sciamito* avait déjà perdu son sens primitif, quelqu'un tenta de l'expliquer par un autre mot indiquant un tissu de soie très-recherché; mais quelle preuve avons-nous de l'infaillibilité du glossateur?

L'usage, signalé par Villani, de proposer une pièce d'étoffe pour prix de course, d'où le mot *pallio*, encore usité en italien dans ce sens, n'était point particulier à Florence; à Vérone, c'était un drap vert, en laine ou en soie, Dante ne dit pas lequel :

> Poi si rivolse, e parve di coloro
> Che corrono a Verona 'l drappo verde
> Per la campagna, e parve di costoro
> Quegli che vince, e non colui che perde.
> *Dell' Inferno,* cant. XV, al fine.

A Ferrare, c'était une étoffe rouge, du moins Arioste le donne à penser :

> La spada al fianco, e in braccio avea lo scudo,
> E più legger correa per la foresta,
> Ch'al palio rosso il villan mezzo ignudo.
> *Orlando furioso,* cant. I, st. 11.

Le prix proposé était quelquefois une pièce de drap d'or (*Hist. di G. Villani.* lib. X, cap. LXXII, an. 1328; ap. Murat., tom. XIII, col. 649, D); d'autres fois aussi, il ne consistait qu'en une pièce de drap ou de toile de coton, comme au siége de Lucques, en 1330, où les Florentins *fecerono correre tre pali.* Le premier, destiné aux cavaliers, était une grenade fichée à une lance et renfermant vingt-cinq florins d'or neufs; le second, une pièce de drap de couleur sanguine, pour les fantassins; le troisième, une pièce de bougran de coton (*di bacarame bambagino*), pour les filles de joie suivant l'armée. (*Hist. di G. Vill.,* lib. VII, cap. CLXVI; ap. Murat., tom. XIII, col. 704, C.) Ces espèces de tournois avaient souvent lieu en guerre, aux portes d'une ville assiégée, et l'ennemi était invité à voir la fête et à y prendre part en toute sûreté. (*Ib.,* lib. VII, cap. CXXXIX, an. 1290, ap. Mur., col. 334, D; cap. CLXVI, col. 704, D.)

[1] « Et andato in una lettica coperta di velluto carmesino, » etc. *Com. hist. et chron. sur les éphémér. int.* DIURN. DI MESSER MAT. DI GIOVENAZZO, etc., pag. 6, § 33.

fut jamais du velours, ce ne put être qu'antérieurement
au xiv⁰ siècle, époque où ces deux appellations se trouvent
dans les inventaires, souvent réunies de façon à exclure toute
idée que l'une puisse être synonyme de l'autre[1]. D'un autre
côté, nous ferons remarquer à ce savant qu'au xii⁰ siècle, au
moins en Allemagne, le samit est cité en compagnie de la
soie[2], de façon à donner l'idée que cette étoffe n'était pas
nécessairement, exclusivement de cette matière, et pouvait
être ainsi autre chose que le velours proprement dit, idée
qui ressort déjà suffisamment de cette locution encore en

---

[1] Voyez les *Comptes de l'argenterie*, etc., pag. 48. On lit dans un inventaire de
1317, c'est-à-dire du même temps que le compte de Geoffroi de Fleuri : « Item .j.
autre jupel de veluyaut, dont les fleurs de liz sont broudées à maces. — Item .j.
jupel de samit à fleurs de liz broudées diaprées... — Item une cote de veluel à un
parement pour coursier. » *Inventaire des biens meubles de Louis Hutin.* (Copie de la
bibliothèque du château de Fontainebleau.) — « Item uns gantelez de plates con-
vers de veluel, et uns estivaus de plates, couvers de samit, » etc. *Ibidem.* — « Item
.ij. jupiaus, l'un de veluyan et l'autre de samit, .iiij. livres parisis. » *Ibidem.*

Di manige goltborten
Webe geworhten
Daz edele gesmide,
Pellil unde *fide*,
Cindal unde *samit*,
Di scarlachen damit
Di mantele manicfalt, etc.
   Hartmanns Gedicht vom glouben, ed. Massmann, v. 2444 et
      suiv. (*Bibl. der deutsch. Nationallit.*, tom. III, 1ʳᵉ partie,
      pag. 30, col. 1.)

Manchen tvren borten
Mochte man do schowen,
Die trugen die vrowen,
Wol mit golde genat,
Vff die pheleline wat,
Vff *samit* nd vff *side*.
   Heinrichs von Veldecke Eneidt, v. 13760. (*Myllers Samm-
      lung*, tom. Iᵉʳ, pag. 98, col. 2.)

Mais peut-être ne faut-il voir, dans cette association du mot de *soie* à ceux de
cendal et de *samit*, qu'une rédondance permise aux poëtes.

usage : *in sammet und seide einhergehen* (se prélasser dans le velours et dans la soie). En même temps, nous repousserons l'étymologie suggérée par M. Paris, qui aurait dû s'en tenir à celle qu'indique naturellement le passage d'Hugues Falcand dans lequel sont nommés l'*amitum*, le *dimitum* et le *trimitum*, en compagnie de l'*heximitum*. Si, comme le fait observer D. Carpentier, le second de ces substantifs est formé de δίς, deux fois, et de μίτος, fil mêlé à la trame, avec cette étymologie on a celle de *trimitum*, qui indique un tissu à trois fils de chaîne, ou à chaîne triple, et d'*heximitum*, qui signifie ainsi *étoffe à fils sextuples*. Mais il n'y avait pas même besoin de recourir à l'histoire de Sicile; il suffisait d'ouvrir le Glossaire de du Cange, au mot *aurisamitum*, sous *exametum*[1], et de lire les vingt lignes que ce savant consacre à l'examen des étymologies proposées pour le mot en question.

Véritable étymologie du mot *samit*.

Je ne m'arrêterai point à ces désignations d'*amitum*, de *dimitum*, de *trimitum*, qui ne paraissent pas avoir eu grand cours en Occident, bien que la seconde soit restée dans l'italien *dimito* et dans l'anglais *dimity*, et qui sûrement n'ont jamais passé dans notre langue, quoique l'on retrouve *timit* dans une traduction allemande de l'un des romans de notre cycle breton[2]; je ferai seulement remarquer que les Espagnols avaient également *dimite*, que l'on chercherait vainement dans le grand dictionnaire de la langue castillane, dit *des Autorités*. Ruy Gonzalez de Clavijo, dans la relation du-

Amitum, dimitum, trimitum, etc.

---

[1] Ed. in-4°, tom. III, pag. 124, col. 3.
[2] Je veux parler du *Wigalois* (Gui le Gallois), traduit par Wirnt von Gravenberch, vers 1212. Voyez v. 2233 et 3906.

quel nous l'avons rencontré, nous dit que le vêtement attribué à Jésus-Christ et conservé à Constantinople en 1403, était doublé de *dimite* rouge, *que es*, ajoute-t-il, *como cendal*[1] : cette glose, à laquelle M. Mérimée en a ajouté une autre moins heureuse que sa traduction de cette partie de la relation[2], suffit à prouver qu'en Espagne comme ailleurs, le *dimite* n'était point une étoffe courante. Je me hâte de retourner au samit.

Samit
de Palerme. Il n'en venait pas seulement d'Orient; au XIIᵉ siècle, Palerme, que nous verrons plus tard faire concurrence à l'Asie et à l'Afrique pour le cendal, envoyait également chez nous du samit :

> Bel home ot en Sanson, quant il fu bien vestus.
> Ses mantiaus fu hermins, de deseure volsus
> D'un *samit de Palerne* vermeil ou vermenus.
>
> *Li Romans d'Alixandre*, pag. 18, v. 36.

La fabrication du samit et des soieries en général s'étant promptement étendue, comme nous l'avons vu plus haut, de cette île dans l'Italie continentale, Lucques devint fameuse par ses manufactures; il en sortait des samits, avec lesquels on garnissait les meubles de la chambre de nos rois, et dont on faisait surtout des vêtements et des ornements d'église : « Item, lisons-nous dans un ancien compte, une aultre chapelle[3] blanche de samit de Lucques semée de lettres d'or,

---

[1] *Vida y hazañas del gran Tamorlan*, etc., à la suite de la *Crónica de Don Pedro Niño*, édit. de D. Eugenio de Llaguno Amirola, pag. 65.

[2] *Constantinople en 1403*, dans la *Revue générale de l'architecture*, etc., publiée par M. César Daly, tom. II, pag. 171 et 172.

[3] Le sens exact de ce mot nous est donné par cet extrait du testament de Charles comte de Valois, daté de Villers-Coteret, 17 septembre 1325 (*Arch. nat.*, J. 164, n° 54) : « Item, je laisse audit Philippe, mon ainné filz, ma chapele à fleurs

fourrée de samit vermeil et semée d'aubesours [1]. » Dans le testament du cardinal Anglic Grimoard, qui est de 1388, c'est une chapelle de samit noir de Lucques, léguée au collége de Saint-Ruf [2], que ce prélat avait fondé à Montpellier.

Les samits destinés à l'Église, lui étaient généralement donnés par des fidèles, qui, à l'offrande, faisaient ainsi éclater leur libéralité. Au x⁰ siècle, quand Othon, roi des Romains,

Dons de samits aux églises.

> Enz l'iglise de Saint-Oain...
> Fist al maistre autel messe dire,
> Set unces d'or e un *samit*,
> Que riens soz ciel meillor ne vit,
> Offri od grant devotion.
>
> Benoît, *Chronique des ducs de Normandie*, tom. II, pag. 137, v. 19354.

S'il est permis de douter que la pièce d'étoffe donnée par Othon fût réellement du samit, il est établi par ce passage et par mille autres que, déjà à cette époque, c'était l'habitude de placer sur l'autel des offrandes de pièces de soie. En 663, quand l'empereur Constant vint à Rome, il

Coutume de placer sur l'autel des offrandes de pièces de soie.

---

de lys d'or, c'est à savoir : dras d'ostel, dossel, trois chappes de cuer, tunique, dalmatique, trois aubes parées tout d'une suiance, trois rochés, trois seurçaintes, deux bacins d'argent, un missel, un grael et un encensier d'argent douré, un ourcel d'argent douré à yeaue benoite, deus chandeliers d'argent pour servir la chapele, et une touaille parée qui est de mes armes et des armes ma chiere compaigne l'empereriz, une croiz d'argent dourée et deus buretes d'argent dourées. »

[1] *Le Compte de l'execution du testament... de feue... la royne Jehanne de Evreux, jadis royne de France et de Navarre* (1372), tom. XIX, pag. 154, de la *Collection des meilleures dissertations*, etc., de M. Leber.

Dans un compte antérieur de trente ans, publié dans le même volume, on trouve : « Une pièce de samit tenant six aulnes, pour couvrir les cariaux du roy de sa chambre et des nappes. » Voyez pag. 89.

[2] *Vitæ paparum Avenionensium*, auct. Steph. Baluzio. Parisiis, apud Franciscum Muguet, MDCXCIII, in-4°, tom. II, col. 1036.

offrit sur l'autel de Saint-Pierre une pièce de drap d'or, *pallium aurotextile*, comme dit Anastase le Bibliothécaire, qui rapporte le fait[1]. Au ixe siècle, saint Guillaume, au moment de faire profession dans le monastère de Gellone, déposait sur l'autel des habits de soie, avec des étoffes tissues d'or et des pièces d'étoffes ou des tapis d'outre-mer[2]. L'auteur de l'Histoire des évêques d'Auxerre nous apprend que, vers l'an 923, l'un de ces pontifes offrit de cette manière deux excellents poéles, *pallia optima*, à l'église d'un monastère[3], et les chroniqueurs du Mont-Cassin enregistrent nombre de dons de cette nature[4]. Vers la fin du xie siècle, Adèle, fille de Guillaume le Bâtard et

---

[1] *De l'it. Roman. Pontif.*, n° LXXVII. S. Vitalian., A. C. 655. (*Rer. Ital. Script.*, tom. III, pag. 141, col. 1, B.)

[2] « Oblatis muneribus tam sanctis tamque preciosis... vestibus sericis cum stolis aurotextis et palliis transmarinis, positisque omnibus reverenter super altare sancti Salvatoris, ipse solo prosternitur, » etc. *Vita S. Willelmi ducis et monachi Gellonensis*, circa an. DCCCXII. (*Acta sanct. ord. S. Bened.*, sæc. IV, pars prima, pag. 82.)

[3] *Hist. episc. Autiss.*, cap. XLIV. De Gualdrico. (*Nov. Bibl. manuscript. libr.* Tom. I, pag. 444.)

[4] « Prima igitur vice, quando idem abbas Regium perrexit ad eos, donavit ei dux (Robertus Guiscardus) sexcentos bizantios et quinque pallia... Alia vice pallia, et unum magnum, et gemmas... Quando prima vice venit huc, et ivit in Campaniam, posuit in capitulo duodecim libras auri, et centum bizanteos, et super altare sancti Benedicti trecentos sheifatos et tria pallia... Item secunda vice, quando perrexit super civitatem Tiburtinam, posuit in capitulo duodecim libras auri, super altare vero centum sheifatos et unum pallium,... Uxor præterea ipsius (Sicelgaita), quando ægrotavit, misit beato Benedicto quadraginta et quinque libras argenti et pallium unum, » etc. *Chron. S. monast. Casin.*, lib. III, cap. LVIII. (*Rer. Ital. Script.*, tom. IV, pag. 470, col. 2, D, et seq.)

Un autre moine du Mont-Cassin, Aimé, rend le même témoignage de la libéralité de Robert Guiscard et de son épouse, qui étaient fort attachés à l'abbé Didier : « Quant il venoit, dit-il, li donnoient diverses coses, et à l'onor de l'Eglize li donnoient divers pailles, » etc. *L'Ystoire de li Normant*, liv. VIII, ch. XXXV; édit. de M. Champollion, pag. 250. Voyez encore auparavant, ch. IV, XXI et XXII; pag. 234, 248, 249.

femme. d'Étienne Henri, comte de Champagne, offrait sur l'autel d'un monastère, dont saint Aile avait été abbé, une pièce d'étoffe d'un grand prix, *pallium condigni pretii*, que l'on exposait encore longtemps après dans l'église les jours de grandes fêtes [1]. En 1137, Floride, femme de l'empereur Lothaire, après avoir entendu la messe dans l'église de Saint-Barthélemi de Bénévent, offrit sur l'autel du saint une pièce de soie et une livre, sans doute d'or [2]. De même, chez nous, à la fin du même siècle, Philippe Auguste plaçait pieusement sur l'autel de l'abbaye de Saint-Denis une pièce de soie précieuse, en gage d'amour et de dévotion [3].

Pour peu que l'on parcoure nos chansons de geste, nos anciens romans, on trouvera à chaque pas des traces de cet usage :

> En l'eglise trestuit ensemble
> Entrent por oïr le servise.
> Molt ot belle gent en l'eglise,
> Et molt i fu l'offrande grans.
> Li rois offri .xxx. besans,
> Et la royne d'un sien coffre
> Fist traire .j. pourpre que elle offre.
>
> *Roman de Perceval*, Ms. suppl. fr. n° 430, fol. 57 verso, col. 2, v. 19.

Traces de cet usage dans nos anciens romans, dans nos chansons de geste.

[1] *Mirac. S. Agili, abb. Resbacens. primi*, lib. I, n° 49. (*Acta sanct. ord. S. Bened.*, sæc. II, pag. 331.)

[2] *Falconis Beneventani Chronic.*, apud Murator. (*Rer. Ital. Script.*, tom. V, pag. 133, col. 1, A). C'était peut-être de la même manière qu'Emma, femme de notre roi Lothaire, et fille d'un roi d'Italie du même nom, avait offert un drap d'or et deux chapes qu'on vit longtemps dans l'abbaye de Saint-Thierry de Reims. Voyez les *Trésors des églises* de cette ville, par M. Tarbé, pag. 283.

[3] *Rigord. de Gestis Philippi Augusti*, etc. (*Rec. des hist des Gaules*, tom. XVII, pag. 43, A, et pag. 50, E.)

Au matin lievent cil provoire ordené,

La messe chantent par les maistres autés.

Begues ofri un vert paile roé,

Et la roïne ofri un autretel.

Li Romans de Garin le Loherain, tom. II, pag. 28.

Le Bourgoins velt aler à Sains-Denis...

Donner i veut deus de ses pailles bis [1], etc.

Le Roman d'Aubery le Bourgoing, Reims, 1849, in-8°,
pag. 110. Voyez encore pag. 138.

Au grant mostier s'an est Bernier alés,

I paile offri desor le maistre autel;

Julliens a as ymaige ouvret.

Li Romans de Raoul de Cambrai, coupl. ccxxxix, pag. 320.

---

[1] Un autre passage du même roman, que nous tirons d'un manuscrit, montre clairement qu'il ne faut pas toujours traduire *bis* par *noir, gris, brun*, comme l'ont fait tous les lexicographes jusqu'à M. Henschel (*Gloss. med. et inf. Latin.*, tom. VII, pag. 63, col. 3) :

Son paveillon a fait tendre Auberis,

Li draps en fn d'un *vermel* paile *bis*,

Et el pomel estoit l'aygle d'or mis,

Et li paisson pointuré et assiz...

N'a el mont beste, ce conte li escrips,

Qui n'i soit pointe por amors ou envis;

Neiz serpant i sont escript ausiz.

Ms. de la Bibl. nat. n° 7227², fol. 223 recto, col. 2, v. 25.

Le mot *bis*, dans le second de ces vers, est, à n'en pas douter, l'adverbe latin *bis*, employé dans le même sens que dans un hexamètre que nous avons rapporté plus haut, pag. 61.

Néanmoins le sens le plus ordinaire de notre ancien adjectif *bis*, comme du mot italien *bigio*, est *gris*. On le voit par ces vers de Dante comparés à un passage d'un poème français plus ancien :

Quando li regi antichi venner meno

Tutti fuor ch'un rendato in panni *bigi*,

Trovami stretto nelle mani il freno

Del governo del regno, etc.

Del Purgatorio, cant. XX, st. xviii.

Gris dras d'on frere ad pris por estre mielz celez.

Leben des h. Thomas von Canterbury, Altfranzösisch, herausgegeben von Immanuel Bekker. Berlin, 1838, in-8°,
pag. 33, v. 19.

. Desus la rive s'estut li rois des Frans,
Et s'oï messe à Saint-Malme le grant...
Kalles i offre un paile à or luisant
Et trente mars à or fin et argent.

> *La Chevalerie Ogier de Danemarche*, tom. II, pag. 367,
> v. 9075.

Al grant mostier Saint-Gile font la mese chanter.
Li dus Raimont offert .iiij. pailes roez.

> *Li Romans de Parise la duchesse*, pag. 40.

Messe lor chante li eveskes Morant ;
Lai ot offert maint chier paile et jant.

> *Extraits du Roman de Gérard de Vienne*, v. 3802. (*Der Ro-
> man von Fierabras*, pag. 2, col. 1.)

Dinas li preuz , qui molt fu ber,
Li aporta .j. garnement
Qui bien valoit .c. mars d'argent,
.I. riche paile fait d'orfrois...
Et la roïne Yseut l'a pris
Et par buen cuer sor l'autel mis.
Une chasuble en fu faite[1],
Qui jà du tresor n'ert hors traite
Se as grans festes anués non.

> *Le Roman de Tristan*, tom. Ier, pag. 143, v. 2949.

A le messe des espousailes
N'ot pas ofrande de meailles ;
Mars d'or osfrent et pailes blans,

---

[1] Telle était, en effet, la destination la plus ordinaire de ces présents d'étoffes. Nous avons déjà vu, pag. 137, not. 5, Louis le Débonnaire ordonner que les vêtements et les épices offerts au tombeau de saint Martin resteraient à l'église , tandis que les autres offrandes devaient revenir en partie aux moines du lieu; plus tard, un cardinal fondant une église, prenait des dispositions presque semblables : « Sacrista... habebit oblationes omnes, exceptis pannis aureis et sericis; sed fiet compositio cum rectore parrochiali in cujus parrochia dicta ecclesia existit. » *Testam. Petri de Judicia*, card., an, 1376. (*Vitæ paparum Avenionensium*, tom. II, col. 782.)

Et li plus povre osfrent besans ;

Et quant vint endroit le secroi,

A orison jurent li roi

Et Gaudins et lor trois oissors,

Sor dras de soie de colors,

Si conme costume est et us :

Trois chiers palies tint-on desus [1].

A le pais prendre sont levé,

Et li palie furent gardé

Dès ci que après le servise,

Dont furent doné à l'eglise.

Partonopeus de Blois, tom. II, pag. 197, v. 10799.

Fréquentes
mentions d'of-
frandes de riches
étoffes aux
églises

Indépendamment de ces largesses de soieries et autres tis-

---

[1] Voyez, sur l'antique usage d'étendre un poêle sur la tête des époux pendant la célébration de leur mariage, le savant traité de D. Martene, *De antiquis Ecclesiæ Ritibus*, lib. I, pars secunda, cap. IX, art. III, n° IV, pag. 608, 609.

En lisant les détails que nous avons donnés plus haut sur la coutume où étaient autrefois les hommes et les femmes de faire des offrandes sur les autels, on est tenté de s'élever contre l'autorité du laborieux Bénédictin. En effet, que trouve-t-on dans son ouvrage ? que l'accès de l'autel était interdit aux femmes (liv. Ier, ch. III, art. IX, n° IX ; tom. Ier, pag. 336-338), et que, parmi les laïques, les seuls empereurs y apportaient directement leurs offrandes (liv. Ier, ch. IV, art. VI, n° VII ; tom. Ier, pag. 380, 381) : or, il est certain que ces dispositions de l'ancien rituel romain ne furent jamais rigoureusement observées, surtout chez nous. Une dernière preuve que j'en puis donner, c'est l'habitude où étaient nos ancêtres de faire des offrandes aux tombeaux des saints. Nous avons parlé plus haut, pag. 137, not. 5, de celles qui avaient lieu sur les sépulcres de saint Cybar et de saint Martin ; nous pouvons ajouter que celui de saint Germain d'Auxerre n'était pas moins bien traité, et, parmi les présents les plus notables qui lui furent adressés, nous citerons les vases et les étoffes précieuses qu'il reçut de la reine Ingonde, femme de Clotaire, s'il faut en croire saint Heric, qui r   orte le fait. (*Mirac. S. German. ep. Autiss.*, lib. I, cap. XXVI ; ap. Bolland.,   *anctorum Julii*, tom. VII, pag. 263, col. 2. Cf. Lebeuf, *Mem. concern. l'hi   s. et civ. d'Auxerre*, etc. Paris, MDCCXLIII, in-4°, tom. Ier, pag. 73, en note.,   enant il faut se rappeler que ces tombeaux étaient presque toujours surmontés .   'u moins accompagnés d'un autel. Voyez *De antiquis Ecclesia Ritibus*, liv. Ier, .   III, art. VI, n° VIII, tom. Ier, pag. 303 ; et *Traité historique de la liturgie sacrée...* par Bocquillot. A Paris, chez Anisson, M. DCCI., in-8°, liv. Ier, ch. III, pag. 55.

sus précieux, qui avaient lieu de la manière que j'ai indiquée plus haut, les écrivains du moyen âge parlent sans cesse de présents faits aux églises, dont certaines devaient posséder, en ce genre, des richesses immenses. On a déjà pu voir, par les emprunts que nous avons faits à Anastase le Bibliothécaire, ce qu'étaient celles de Rome; dans le reste du monde chrétien, c'était à qui offrirait des étoffes au saint de son choix. J'ouvre au hasard les premiers volumes des collections auxquelles j'ai déjà puisé, et j'y trouve, à chaque page, des mentions de splendides vêtements sacerdotaux, de poêles tissus d'or et d'étoffes de soie [1], et même de costumes civils faits de cette matière et appropriés ensuite aux besoins du culte, comme les manteaux dont parlent deux chroniques islandaises [2], et sans doute les

---

[1] « ... ecclesias ipsius monasterii (S. Eugendi) munivit pretiosissimis indumentis... pannis sericis. » *Vita S. Claudii, ep. Vesont.* [Ann. Ch. DC. XCVIII.], n° 10. (*Acta sanct. ord. S. Bened.*, sæc. II, pag. 1068.) — « In ecclesia sancti Salvatoris sanctique Richarii (Centulensis)... pallia auro texta, stolas auro paratas cum fanonibus, casulas multiplices, albas sericas, cappas de pallio, pallia, tapetia, » etc. *Vita S. Angilberti abb.* [Ann. Ch. DCCC. XIV.], auct. Anschero. (*Ib.*, sæc. IV, pars prima, pag. 127.) — « Ad ornatum ecclesiæ B. Stephani unum dedit pallium optimum. » *Hist. ep. Antissiod.*, cap. LVII. (*Nov. Bibl. manuscript. libr. Tom. I*, pag. 469.) — « Ad ornatum ecclesiæ pannum unum sericum valde bonum et magnum, et duo minora, pretiosa tamen, contulit ad ornatum altaris, » etc. (*Ib.*, cap. LIX. *Ib.*, pag. 488.) — « Insignia pontificalia multa ibi composuit, ornamenta alia plurima, scilicet calices argenteos, capas sericas, etc. *Vita B. Geraldi, archiep. Bracar.* [Ann. Ch. M. CX.] Cap. V. (*Steph. Baluzii Miscellan. Lib. III*, ed. in-8°, pag. 182.) — « Hic etiam venerabilis pastor... dedit ecclesiæ B. Petri Eboraci xxxij capas sericas preciosas pro choro, quorum una medietas erat indi coloris, altera vero rubei, » etc. *Actus pont. Eborac.*, aut. Th. Stubbs. (*Hist. Angl. Script. X*, tom. II, col. 1725, lin. 12. De Waltero Gray, qui ob. A. D. M. CC. LV.)

[2] « Funus Hallfredi (Difficili-poetæ) repertum... est. Ex annulo calix confectus est, ex amiculo bombycino stragula altaris, e galea lychnuchi. » *Hist. Olavi Tryggvii filii*, pars extr., cap. CCLXIV. (*Scripta historica Islandorum*, etc., vol. III, Hafniæ, 1829, in-8°, pag. 32.) — « Eidem (Thoreri Steigensi rex Haraldus)

vêtements qu'Éthelbert Ier, roi de Kent, donna, en 605, par une charte, à l'abbaye de Saint-Augustin de Canterbury, après les avoir reçus du pape saint Grégoire le Grand, qui avait enrichi le même monastère de reliques et de divers ornements ecclésiastiques [1].

On lit dans la vie de saint Hubert que Carloman, fils et successeur de Pépin, orna de présents magnifiques l'église où reposait le corps de ce saint; et que parmi ces présents il y avait des étoffes précieuses de fabrique étrangère [2]. L'auteur de la vie de saint Gower, qui écrivait vers 850, rapporte que Charlemagne étant passé sur le Rhin près du monastère du saint confesseur, sans vouloir s'y arrêter, quelques instances que lui fit l'abbé, faillit recevoir le châtiment de son refus; mais qu'ayant reconnu sa faute, il envoya, pour rentrer en grâce avec le saint, vingt livres d'ar-

Présents
de soieries faits
par Carloman,
Charlemagne et
un marchand
frison, à l'église
de Saint-Hubert
et au monastère
de Saint-Gower

---

pallium suum dedit, ex purpura Phœnicea, albis pellibus subsutum... Testatus est [Thorgils Snorrii filius,] se vidisse linteum velando altari ex hoc pallio concinnatum, » etc. *Historia Haraldi Severi*, cap. xx. (*Script. hist. Island.*, vol. VI, Hafniæ, 1835, in-8°, pag. 175.)

Un autre historien islandais parle de coussins de soie, dont l'enveloppe avait été transformée en une chape de chantre : « Is (pulvinus) episcopo datus est; erat nova bombyce coccinea circumdatus, et in suo genere præstantissimus... ex pannis bor-bycinis, quibus pulvini obducti erant, saga præcentoria in usum ejusdem cathedræ (Skatholtensis) facta. » *Historia Haraldi Gillii et Magni Cæci*, cap. xvi. (*Script. hist. Island.*, vol. VII, Hafniæ, 1836, pag. 194.)

[1] « Aruigaisin oloserica, camisiam ornatam quod michi de domino papa Gregorio directum fuerat. Quæ omnia supradicto monasterio gratanter optuli. Quod etiam... Augustinus sanctorum apostolorum ac martyrum reliquiis, variisque ecclesiasticis ornamentis ab apostolica sede sibi transmissis, copiose ditavit, » etc. Cart. Ethelb., ap. Guill. Thorne, *De Rebus gestis abbatum S. Aug. Cant.*, c. 1, § 9. (*Hist. Angl. Script. X*, tom. II, col. 1762, lin. 5.) Cf. cap. xxxix, § 9 (*ibid.*, col. 2124, lin. 29), ubi legitur *armiliasla*.

[2] *Vita S. Huberti*, cap. xx. (*De probatis sanctorum Vitis*, ed. Laurent. Surio, 3 Nov., pag. 19.)

gent et deux pièces de soie [1]. De même, un marchand frison, échappé au danger qu'il avait couru pour être passé
devant le monastère sans y entrer, s'empressa de témoigner sa reconnaissance à saint Gower par le don d'un habit
de soie [2].

Plus tard, le monastère de Saint-Emmeram de Ratisbonne
recevait de l'empereur Arnould des présents d'étoffes (*pallia*)
de couleurs différentes, dont l'une, d'une seule pièce, n'a-
vait pas moins de trente coudées de longueur [3]; et celui de
Croyland, qui devait déjà à Witlaf, roi de Mercie, le don du
manteau écarlate qu'il portait à son couronnement, était
l'objet d'une libéralité semblable de la part du roi Harold [4],
et voyait ainsi son trésor s'accroître de deux vêtements pré-

Présents
d'étoffes faits
à divers monas-
tères d'Allema-
gne, d'Angle-
terre, de France,
par des souve-
rains et par un
particulier

---

[1] *Vit. S. Goar. presb.*, auct. Wandelbert., diac. et mon. Prum., cap. VIII. (*Ib.*,
Jul. 6, pag. 111.)

[2] *Ib.*, cap. XIV. (*Ib.*, pag. 113.)

[3] *De B. Tutone Ratisponensi*, etc. (*Acta sanct. ord. S. Bened.*, sæc. V, pag. 109,
n° 6.)

[4] Il paraît, au reste, que telle était la coutume des rois saxons. Un ancien historien de l'abbaye de Glastonbury, parlant d'Edgar, qui vivait en 956-978, nous dit :
« Vestem etiam regalem, in qua fuerat coronatus, pretiosissimam contulit (Edga-
rus), ut altaris cederet ornamento. » Gul. Malmesb., *de Antiquit. Glaston. eccles.*,
ap. Th. Gale, *Hist. Britan.*, Saxonic., *Anglo-Dan. Script. XV*, tom. III, pag. 322.

Ailleurs, nous voyons le même prince donner son manteau à l'église d'Ely, où
il est transformé en chape : « Idem rex clamidem suam de insigni purpura ad modum loricæ auro undique contextam illuc contulit, de qua infula facta est. »
Histor. El. eccl., ap. Dugdale, *Monast. Anglic.*, nov. ed., tom. I, pag. 474,
col. 1. C'est ce même roi dont la fille, sainte Eadgith, aimait les habits tissus ou
brodés d'or. Voyez l'anecdote rapportée par Guillaume de Malmesbury, *De Gest.
reg. Angl.*, liv. II, ch. XIII; éd. de M.DCI., pag. 90, lig. 23.

Les anciens ducs d'Aquitaine étaient pareillement tenus d'offrir leur manteau à
l'autel de l'église où ils avaient été sacrés : « Post consummationem missæ redeat
iterum dux ad altare, et offerat ibi clamydem, » etc. *Ad benedicendum ducem Aquitaniæ. Ex ms. codice S. Stephani Lemovicensis. (De antiquis Ecclesiæ Ritibus*,
tom. III, lib. II, cap. XI, ordo I, pag. 228.)

cieux, sans parler d'un voile d'or sur lequel était représentée
la ruine de Troie [1]. Chez nous, quand on ouvrit les châsses

---

[1] « Offero etiam secretario dicti monasterii... chlamydem coccineam, qua indutus eram in coronatione mea, ad capam sive casulam faciendam, et... velum
meum aureum, quo insuitur excidium Trojæ, in meo anniversario... in parietibus
suspendendum. » Charta Witlaf. Mercior. regis pro monast. Croyland., in Ingulphi Histor. (*Rer. Anglie. Script. post Bed. præcip.*, ed. M. DCL., pag. 850, lin. 55.)

« Ipse (Haroldus) dedit monasterio nostro chlamydem coronationis suæ de
serico, aureisque floribus intextam, quam postea secretarius commutavit in cappam. » Ingulph. Hist. (*Ib.*, pag. 905, lin. 16.)

Le sujet représenté sur le voile donné par Witlaf, était l'un de ceux qu'affectionnaient le plus nos ancêtres; on le voyait sur les voiles d'un navire décrit par
un trouvère :

> Li single furent de soie à or batus,
> Portrais i est et Castor et Polus,
> Lor suer Elaine et rois Menelaus ;
> De Troie i est li cembiaus et li nus,
> Comment Ector fu mors et confundus,
> Et Achilles et li rois Patroclus
> Et Antenor et li ber Troilus,
> Comment de Troie fu li murs abatus,
> La cités arse et Ylions fondus...
> Et li chevals ens saciés par les murs,
> U li Grieu erent, ki bouterent les fus
> En la cité, dont il erent confus.
> > *Roman d'Anseis de Carthage*, Ms. de la Bibl. nat. n° 7191,
> > fol. 11 recto, col. 2, v. 6.

Plus loin, c'est un riche tapis sur lequel l'ouvrier avait retracé en partie les
mêmes scènes :

> Droit en mi l'aire de la sale pavée
> Ont estendu une grant kieute ovrée
> D'un inde paile, d'or fu eskiequerée ;
> D'un blanc diaspre estoit entor bordée,
> Sor le blanc fu de vermel porfilée.
> Toute l'estore com Troie fu gastée.
> > *Ibid.*, fol. 54 recto, col. 1, v. 1.

Dans un autre Ms., il est vrai, ces vers sont un peu différents :

> Dreit emer la salle pavée
> Ont estendu une coltre sielée ;
> Molt ricement estoit entorno ovrée,
> D'un pallio estoit environée,
> E sor le blancho le vermel porfillé,
> E tuite l'estorie como Troie fu trové.
> > Ms. de la Bibl. nat. n° 7618, fol. 93 verso, col. 1, v. 27.

de saint Denis et de ses compagnons, sous le règne de Henri Ier, vers l'an 1050, ce prince, qui assistait à l'ouverture, ne se retira qu'après avoir donné en présent un poêle d'un grand prix [1]. Ailleurs, un certain Guillaume Pantol faisait preuve d'une générosité princière en donnant à l'abbaye de Saint-Évroult quatre pièces des plus précieuses étoffes de soie brochées d'or, qu'il eût rapportées de la Pouille. On en fit quatre chapes de chantres, qui était encore en usage du temps d'Orderic Vital [2].

En communication constante avec la Grèce, la Pouille et la Sicile devaient être plus abondamment fournies de soieries que les autres contrées de l'Europe, dont les églises reçurent plus d'une fois des tissus précieux des souverains de ces pays. Deux d'entre eux, qui se souvenaient sans doute de leur origine presque française, couronnèrent la magnifique réception qu'ils firent à Hildebert, évêque du Mans, en lui donnant, pour son église de Saint-Julien, entre autres présents d'une grande valeur, cinq pièces d'étoffes précieuses [3].

Présents de soieries par des princes italiens à la cathédrale du Mans

Enfin il n'y avait pas jusqu'à la guerre qui ne fût pour les églises une source de richesses en ce genre. Au dire d'un vieil historien anglais, Charlemagne ayant, en 795, subjugué les Huns, leur prit quinze chariots pleins d'or, d'argent et de soieries, que ce prince ordonna de distribuer aux églises et

La guerre, source de richesses en ce genre pour les églises : soieries prises sur les Huns, aux sacs d'Antioche et de Mayorque, distribuées en tout ou en partie aux églises.

---

[1] *Histoire de l'abbaye royale de Saint-Denys en France*, par Dom Michel Félibien, pièces justificatives, pag. clxix.

[2] *Ord. Vital. Hist. eccl. Lib. V*; ed. August. Le Prevost, tom. II, pag. 433.

[3] *Act. pontif. Cenom. in urbe degent.*, cap. xxxv. (*Vetera Analecta*, etc., ed. in-fol., pag. 315, col. 1.)

aux pauvres [1]. En 1098, la ville d'Antioche ayant été prise par les croisés, tout ce qu'on y trouva de belle pourpre, de soie précieuse et d'ornements, fut distrait du butin et transformé en chasubles, en dalmatiques et en chapes, à l'usage des églises [2]. Plus tard, en 1114, les Pisans ayant détruit la ville de Cassaro et mis à sac toute l'île de Mayorque, partagèrent entre eux l'immense butin qu'ils avaient fait dans cette circonstance; mais ils commencèrent par prélever la part de l'église de Pise, qui reçut ainsi des présents très-considérables en étoffes de soie et en vêtements, en outre des insignes royaux du souverain maure, dans le trésor duquel on trouva des richesses inestimables, nommément en soieries [3]. Enfin, dans l'une des dernières années de ce siècle, Richard Cœur-de-Lion, ayant battu et pris Isaac, roi de Chypre, s'empara de ses trésors, où il trouva en abondance de l'or, de la soie et des pierres précieuses. Il abandonna l'argent et les vivres à son armée; mais, moins généreux envers l'Église, il se borna à lui donner l'étendard du vaincu [4].

Grand nombre des présents de soieries faits aux églises.

Si je voulais faire entrer ici tout ce que j'ai recueilli de passages relatifs à des présents de soieries aux églises, ces détails rempliraient à eux seuls un volume entier. Sans donc

---

[1] *Simeon. Dunelm. de Gest. reg. Angl.*, sub. an. 795. (*Hist. Anglic. Script.* A, tom. I, col. 113, lin. 35.)

[2] *Albert. Aquens. Hist. Hierosol.*, lib. V, cap. 1. (*Gesta Dei per Francos*, pag. 300, lin. 10.) — *Will. Tyr. archiep. Hist. Lib. VI*, cap. XXIII. (*Ib.*, pag. 737, lin. 40.)

[3] *Gesta triumphalia per Pisanos facta*, apud Murat., *Rer. Ital. Script.*, tom. VI, col. 104, D et E.

[4] *Chronicon Ricardi Divisiensis de Rebus gestis Ricardi primi...* cur. Josepho Stevenson. Londini: sumptibus Societatis, M.DCCC.XXXVIII., in-8°, pag. 40, A. D. 1191. Voyez encore ci-dessus, pag. 139, not. 3.

revenir aux rois saxons[1], sans m'arrêter aux libéralités en ce
genre de Henri III, roi d'Angleterre, et de sa femme[2], à
celles de Matthieu Paris lui-même[3] qui nous a conservé le
détail des présents faits par le couple royal, tant au monastère de Saint-Alban qu'aux églises de France ; ni à l'offrande
du dauphin Humbert II à une église d'Italie[4] ; ni aux quatre
draps d'or qu'Isabeau de Bavière donna à la trésorerie de
Notre-Dame, lors de son entrée à Paris[5]: ni au baldaquin
brodé d'or, du prix de vingt saluts, qu'un duc de Bourgogne
faisait donner par son aumônier à la grande église de Liere,
à son entrée dans cette ville[6]; sans faire autre chose que de
renvoyer à l'*Histoire de Charles VI* par Juvénal des Ursins
et au *Ceremonial françois*, pour les draps d'or et les ornements donnés à l'église de Saint-Denis par les exécuteurs
testamentaires du roi d'Angleterre Henri V et de Charles VI,

---

[1] Après avoir rapporté la lettre de Cnute dont nous avons parlé, pag. 62, not. 1,
Ingulph dit que ce roi, à son retour de Rome, donna à l'abbé Brichtmer un orne-
ment complet de soie, avec des aigles d'or brochés. Voyez le recueil de Th. Gale,
Rer. Anglic. Script. vet. Tom. I, pag. 61, lig. 7, etc.

[2] *Matth. Paris. Hist. maj.*, sub an. 1244 (ed. Lond. 1640, pag. 653, lin. 11);
sub an. 1251 (*ibid.*, pag. 818, lin. 17, et pag. 826, lin. 17); sub an. 1255 (*ib.*,
pag. 903, lin. 17; pag. 910, lin. 44); sub an. 1256 (*ib.*, pag. 931, lin. 8); sub
an. 1257 (*ib.*, pag. 956, lin. 37), etc.

[3] Excerpt. ex libel. de Annulis et Gemmis et Pallis, quæ sunt de thesauro
Sanct-Albanens. eccles., ad calc. Adversar., not. et emend. in Hist. Matth. Paris.,
ult. fol. vers: sig. Xxxx.

[4] « Item, pro panno de auro donato per nos ecclesiæ sancti Nicolai de Baro...
Unc. I. » *Extr. computi Joannis de Ponciaco... ab ann.* 1333 *usque ad ann.* 1336,
etc. (*Histoire de Dauphiné*, etc., par Bourchenu de Valbonnais, tom. II,
pag. 276.)

[5] *Chroniques de sire Jean Froissart*, an. 1389, liv. IV, ch. 1er.(Édit. du *Panthéon
littéraire*, tom. III, pag. 6, col. 1.)

[6] *Les Ducs de Bourgogne*, par M. de Laborde, 2e partie, tom. 1er, pag. 302,
n° 1032. (Compte de 1432-33.)

24

morts la même année[1], et pour « un moult riche drap d'or, qui fut prisé cinq cens escus d'or, et mis devant l'image Nostre-Dame dudit lieu (de Bayonne), » par le comte de Foix, lieutenant du roi, lors de son entrée dans cette ville le 21 août 1451[2], je reviendrai au samit qui m'a fourni l'occasion de me livrer à une aussi longue digression sur l'affectation des soieries en général, et de cette étoffe en particulier, aux sépultures des personnages considérables et aux offrandes qu'ils faisaient aux églises.

Redevance annuelle d'un samit envers l'abbaye de Cluny.

C'était, à n'en pas douter, pour une destination semblable que l'archevêque de Patras s'engageait, en 1210, à faire envoyer, chaque année, un samit à l'abbé de Cluny. Antelme, dont je veux parler, avait été élevé dans ce célèbre monastère[3]; en fils reconnaissant et pieux, et probablement

---

[1] *Hist. de Charles VI, roy de France*, etc., édit. de Denys Godefroy, pag. 395 et 397, ann. 1432.

[2] *Le Ceremonial françois*, édit. in-fol., tom. Ier, pag. 1006, 1007. Quoi qu'on puisse induire d'un passage de Juvénal des Ursins, qui, pag. 377, à l'occasion du mariage de Henri V avec Catherine de France, en 1420, parle des offrandes en numéraire que les deux époux firent à l'église de Saint-Jean de Troyes, on voit que l'usage, si général, d'offrir aux églises des étoffes précieuses, à l'égal d'or et d'argent monnayés, était encore en vigueur au milieu du xve siècle. Il subsistait encore au xvie, surtout parmi le clergé, qui le suivait sous sa forme primitive. Nous voyons, en effet, Poucher, évêque de Paris, lors de son entrée dans cette ville le 21 mai 1503, offrir sur le grand autel de Notre-Dame, après y avoir baisé les reliques, un drap d'or sur champ cramoisi. Voyez *le Ceremonial françois*, édit. in-fol., tom. II, pag. 808. Dans le courant du même siècle, Ambrosio de Morales, proposant à Philippe II de retirer un certain nombre de reliques des églises dans lesquelles on les conservait, conseillait de leur donner en échange une certaine quantité d'étoffes de soie et de toile d'or pour en faire un ornement complet. Voyez *Viage de Ambrosio de Morales*, etc. En Madrid : por Ant. Marin, año de 1765, in-fol., pag. 210, 211.

[3] L'exemple d'Antelme n'est pas le seul de moines grecs en France. En 1044, il y en avait dans notre pays. Voyez *Carta Pontii ep. Massil. de monachis Græcis in ecclesia Sancti Petri de Auriol*, etc. (*Vet. script. et mon. ampl. Collect.*, tom. I, col. 408.)

peu après son élévation à la dignité de métropolitain de
l'Achaïe, il remit à l'abbaye de Cluny, du consentement de
son chapitre, la propriété du prieuré de Sainte-Marie d'Ie-
rocomata, qui doit être le monastère de Hiero Komio d'aujourd'hui. En échange d'un certain nombre de messes et de
prières pour le prélat, pour ses successeurs et les moines de
Sainte-Marie, ceux-ci étaient tenus d'offrir tous les ans, à
l'abbé de Cluny, un beau samit, *exsamitum optimum*,
dont l'archevêque devait faire les fonds aux religieux de
Morée [1].

C'était sûrement un samit de cette espèce que l'empereur
Manuel Comnène avait envoyé, en 1151, à Wibald, abbé
de Corbey et de Stavelot, en lui faisant part de l'offre qu'il
faisait à l'empereur Conrad de mettre à sa disposition les
forces grecques contre les Siciliens [2].

Je ne veux pas faire ici le relevé des dons de la même nature
que les empereurs byzantins firent, à différentes époques, à
des églises latines, depuis Justinien Ier, c'est-à-dire revenir
sur un point que j'ai touché dans le commencement de ce
travail [3]; mais je dois faire remarquer que des redevances
d'étoffes, pareilles à la rente établie au profit de l'abbaye de
Cluny, avaient été constituées en faveur de plusieurs autres

Don d'un samit
par un empereur
byzantin à un
abbé.

Tribut annuel
de soieries par
des empereurs
grecs à des églises
d'Occident.

---

[1] *Bibliothèque de l'École des Chartes*, 2e série, tom. V, Paris, 1849, pag. 308-
312.

[2] « Missum est tibi examitum megalo... gmon diplarium album. » *Epist. imp.
CP. ad Wibald.*, abb. Corb. et Stabul., apud DD. Marten. et Durand., *Vet. script.
et mon. ampl. Collect.*, tom. II, col. 498, C.

[3] Voyez ci-dessus, pag. 7, not. 4; pag. 14, not. 2; pag. 64 et 65. Aux vêtements indiqués là et ailleurs, on peut ajouter la robe sacrée, ἱερὰν στολὴν, que l'empereur Constantin avait donnée à Macaire, évêque de Jérusalem, pour s'en servir
lorsqu'il conférerait le baptême; elle était de toile d'or, ou du moins tissue de fils
d'or. Voyez l'Histoire ecclésiastique de Théodoret, liv. II, ch. xxvii.

églises par les empereurs d'Orient. L'un d'eux, Michel VII, dit *Ducas*, en avait constitué une de vingt-quatre livres d'or et de quatre pièces d'étoffes, qui devaient être envoyées chaque année du palais de Constantinople au monastère du Mont-Cassin [1]. Un autre, Manuel Commène, dont nous venons de voir la libéralité envers l'abbé de Corbey, se montrait bien plus large à l'égard de l'archevêque de Pise, auquel il avait l'habitude d'envoyer chaque année une pièce de soie et quarante besants, en sus d'une espèce de tribut qu'il avait également coutume de payer à la république, et qui consistait en cinq cents besants et deux pièces de soie [2].

Les empereurs grecs s'étaient pareillement obligés d'en donner une chaque année, comme une sorte d'hommage, à l'église cathédrale de Saint-Laurent, en reconnaissance des services importants qui leur avaient été rendus par les Génois. Ces étoffes, que les chroniqueurs latins désignent par le terme vague de *pallia*, devaient être d'une grande richesse, si l'on en juge par celle que l'on voit encore dans la maison des *Padri del comune*, à Gènes. Elle est de couleur rouge et brodée en or; la broderie représente divers traits de la vie et du martyre du pape saint Xyste, et de l'histoire du diacre et martyr saint Laurent [3].

Je dois encore signaler une redevance semblable imposée dès 1278, au monétaire de Fulde, en faveur de l'abbaye.

Richesse de ces sortes d'étoffes.

Redevance imposée au monétaire de Fulde, envers l'abbaye.

---

[1] *Chron. S. monast. Casin.*, lib. III, cap. xxxix. (*Rer. Ital. Script.*, tom. IV, pag. 458, col. 1, A et B.)

[2] *Breviar. hist. Pisan.*, an. Ch. 1172. (*Ibid.*, tom. VI, pag. 188, A.)

[3] *Rapport sur les recherches faites dans les archives du gouvernement et autres dépôts publics à Gènes*, par M. Silvestre de Sacy. (*Histoire et mémoires de l'Institut royal de France*, classe d'histoire et de littérature ancienne, tom. III, pag. 99.)

Tous les ans, cet officier était tenu de verser quatre talents en monnaie légale de l'endroit ; avec cet argent on achetait une pièce de pourpre vulgairement appelée *samit*, ou un baldaquin, ce que l'on pouvait avoir de mieux pour la somme, et le jour de la fête de saint Boniface, l'étoffe était offerte sur son autel par les mains du doyen, afin d'obtenir l'intercession du saint martyr et des autres patrons du monastère, en faveur de Tragebodon, qui avait institué la redevance, et de Cunégonde, son épouse. Après la cérémonie, l'étoffe était convertie en ornement d'église et ne devait plus sortir du vestiaire de l'abbaye [1].

Après ce qui précède, on doit penser que le cadeau le plus agréable que l'on pût faire à un ecclésiastique, était celui de quelque pièce de soie : c'est ce que témoignent les présents d'étoffes et de broderies faits à Matthieu Paris, par Henri III, la reine sa femme, et le roi de Norvége Hacon [2], et l'envoi d'un samit de couleur verte choisi entre d'autres soieries, annoncé par le cardinal Théodwin, dans une lettre adressée,

Présents d'étoffes et de broderies faits à Matthieu Paris par des souverains. Envoi d'un samit vert à Thomas Becket.

---

[1] « Statuit enim, ut monetarius Fuldensis qui pro tempore fuerit, omni anno in festo purificationis Beatæ Virginis ad librariam sive ad armarium nostrum... quatuor talenta legalium Fuldensium denariorum... representet, de qua pecunia comparabitur purpura, quæ vulgariter dicitur *samyt*, vel baldekin, quod pro ipsa pecunia melius poterit comparari, et in die patroni nostri Beati Bonifacii, per manus decani, qui tunc pro tempore fuerit, ad altare ejusdem offeretur, ut idem preciosus martyr una cum aliis patronis nostris pro peccatis et erratibus memorati Tragbotonis et uxoris suæ Cunigundis antedictæ, dignetur intercedere apud Deum ; de purpura quoque prædicta ornatus aliquis tunc magis utilis... formabitur in servitio divino, in nostro vestiario perpetuo permanendus, » etc. *Tradit. Tragebodon. de Bienbach*, an. 1278 ; ap. Schannat, *Corpus traditionum Fuldensium*, etc. Lipsiæ, an. M.DCC.XXIV., in-fol., n° DCLX, pag. 276.

[2] Excerpt. ex libel. de Annul. et Gem. et Pal., quæ sunt de thes. Sanct-Alban. eccles., ad calc. Adversar. in Hist. maj., ed. Lond. 1640, ult. fol. verso sig. Xxxx.

en 1170, à Thomas Becket[1]. Il est probable que le saint prélat ne manqua pas d'en faire confectionner des ornements sacerdotaux semblables à ceux que l'on couserve dans le trésor de la cathédrale de Sens et qui lui ont appartenu[2].

Vogue
du samit vert
aux xii° et xiii°
siècles.

A ce propos, qu'il me soit permis de faire remarquer que le samit de couleur verte paraît avoir été particulièrement estimé pendant les xii°, xiii° et xiv° siècles. L'auteur, ou si l'on aime mieux, le traducteur allemand de Gui le Gallois, décrivant le costume d'un chevalier, dit :

Sin wafenrok von borten was.
Ein samit, grüne alsam ein gras,
Was ze der banier gesniten.

Wigalois der Ritter, etc. Berlin, 1819, in-8°, pag. 18, v. 400.

« Sa cotte d'armes était de galons[3].

[1] *Epist. S. Thomæ Cantuar. archiep. CCXC*, apud *Script. rer. Gallic.*, tom. XVI, pag. 445, E.

[2] Ces ornements, d'abord signalés par les deux bénédictins auteurs du second *Voyage littéraire*, pag. 77, et, après eux, par Millin, tom. I°, pag. 97, de son *Voyage dans les départements du midi de la France*, ont été depuis gravés dans les *Arts au moyen âge* de M. du Sommerard, Album, 10° série, pl. 26, et dans la belle publication de M. Henry Shaw, intitulée : *Dresses and Decorations of the middle Ages*. London : William Pickering, 1843, deux volumes in-4°. La description et la représentation de la mitre et des robes du saint y occupent six feuillets non chiffrés. Voyez encore les *Annales archéologiques* de M. Didron, tom. VI, n°° 1, 2 et 3 de la pl. jointe à la suite du travail de M. Victor Gay sur les ornements sacerdotaux, pag. 158-169. Ceux qui seraient curieux de le lire en entier, pourront recourir au tom. I° du même recueil, pag. 61-69 ; au tom. II, pag. 38, 39, 151, 164 ; au tom. IV, pag. 354-368 ; et au tom. VII, pag. 143-150.

[3] *Borts*, ruban fort de soie et d'or, qui se portait aussi en ceinture. Ce mot était également usité chez nous avec cette acception :

J. bort d'œuvre sarrazinoise
Ot cele fet, qui molt fu sage, etc.

Roman de Perceval, Ms. suppl. fr. n° 430, fol. 87 verso, col. 1, v. 28.

> Un samit, vert comme l'herbe,
> Était taillé en bannière. »

Plus loin, nous retrouvons du samit vert dans cette description du costume d'une jeune fille :

Description
du costume d'une
jeune fille, tirée
d'un ancien
poëme allemand.

So was diu juncfrouwe gekleit,
Nach ir rehte, harté wol,
Als ein edel maget sol.
Si trúc einen rok witen,
Von zwein samiten
Gesniten vil geliche,
Eben unde riche.
Der eine was grüne als ein gras,
Der ander roter warwe was,
Von golde wol gezieret.

. . . .

Ein hemde was dar under.
Des nam den riter wunder
Daz ez so rehte luter was.
Als ein lichtez spiegelglas
Was daz selbe hemde.

. . . .

Ez was wiz sidin
Mit guldiner næte [1].

Wigalois, pag. 30, v. 743.

---

[1] Les vers suivants complètent cette description :

Diu magt trúc ein schapel,
Daz was weiten unde gel,
Rot, brun und wiz ;
Dar an lac vil grozzer fliz
Von golde und von siden.

Wigalois der Ritter, pag. 34, v. 851.

« La pucelle portait un chapeau,
Qui était bleu et jaune,
Rouge, brun et blanc ;
Il y avait beaucoup de travail
D'or et de soie. »

« La pucelle était vêtue,
Comme il lui convenait, durement bien,
Comme il faut à une noble demoiselle.
Elle portait une robe large,
De deux samits
Taillés également ;
Lisses et riches.
L'un était vert comme l'herbe,
L'autre était de couleur rouge,
Bien orné d'or.

. . . .

Elle était sous une chemise
Dont se merveillait le chevalier
Comment elle était si diaphane.
Comme une glace de miroir bien claire
Était cette chemise.

. . . .

Elle était de soie
Avec une couture d'or. »

Couverture
de cheval en par-
tie de samit

Plus loin encore, c'est une couverture de cheval dans laquelle il entrait du samit vert pour la moitié :

Er reit ein ors swarz gevar,
Mit einer kovertiure gar
Bedechet von samite.
An der zeswen site
Was si grüne alsam ein gras ;
Da ze der linchen hant si was
Tunchel rot als ein blût.

Wigalois, pag. 242, v. 6851.

« Il montait un cheval de couleur noire,
Avec une couverture toute
Couverte de samit.
Au côté droit
Elle était verte comme l'herbe ;

> Au côté gauche elle était
> D'un rouge foncé comme le sang. »

Le *timit*, variété du samit, est toujours vert dans le même poëme, comme on le voit, v. 2233, et dans ce passage :

> Ein timit, grün alsam ein gras,
> Was gebunden an sin sper.
>
> *Wigalois,* pag. 146, v. 3906.

> « Un timit vert comme l'herbe
> Était attaché à sa lance. »

Boccace nous montre aussi une jeune fille vêtue d'un samit vert et très-parée [1], et Arioste habille de vert les folâtres demoiselles qui introduisent Roger dans le paradis d'Alcine [2].

Dans une des ballades du cycle de Robin Hood, Clorinde, la reine des bergers, est représentée vêtue d'un velours vert comme le gazon :

> As that word was spoke, Clorinda came by,
> The queen of the shepherds was she;
> And her gown was of velvet as green as the grass,
> And her buskin did reach to her knee.
>
> *Robin Hoods Birth, breeding, valour, and marriage,* st. xxvii.
> (*Robin Hood,* etc. London : printed for Longman, etc.,
> 1820, in-12, pag. 111.)

Même costume, ou peu s'en faut, portait la reine des fées, quand elle apparut à Thomas d'Erceldoune avant de l'emmener dans la terre des *Elves*; sa robe était de soie vert d'herbe, son manteau de velours fin :

---

[1] « ... vestita d'uno sciamito verde, et ornata molto, » etc. *Il Decamerone,* giorn. VII, nov. ix.

[2] *Orlando furioso,* cant. VI, st. lxxii.

Her shirt was o' the grass-green silk,
Her mantle o' the velvet fyne, etc.

Thomas the Rhymer, part 1st, st. 1. (*Minstrelsy of the Scottish Border*, etc., by Sir Walter Scott.)

« Sa chemise étoit de soie vert d'herbe,
Son manteau de fin velours, » etc.

Le samit est généralement vert ou rouge au xiv⁰ siècle.

On retrouve également « un remaneaunt de samit vert » dans l'inventaire des bijoux de Pierre de Gaveston, favori d'Edward II, dressé en 1313 [1], et dans les comptes de l'argenterie des rois de France au xiv⁰ siècle, on ne rencontre que des samits vermeils et des samits verts.

Motifs que l'on avait pour préférer la couleur verte.

Quel motif pouvait-il y avoir à préférer la couleur verte à toute autre? Le vert, comme le dit Armado dans les *Peines d'amour perdues*, de Shakspere [2], est la couleur des amants. Il était aussi celle de l'inconstance, ainsi que le fait remarquer Tyrwhitt dans l'une de ses notes aux *Canterbury Tales* de Chaucer [3].

Emploi du samit pour faire des enseignes, des bannières et des tentures.

Vert ou non, le samit, comme nous le verrons plus tard, servait aussi à faire des enseignes et des bannières, usage auquel on l'employa jusqu'au xv⁰ siècle [4], et des pavillons ou tentes;

---

[1] *De Receptione et acquietantia pro jocalibus, cum Petro de Gavaston nuper captis*, apud Rymer, *Fœder.*, *convent.*, etc., ed. III, tomi II pars 1 et 11, pag. 32, col. 2.

[2] Act. I, sc. 11.

[3] Dans une ballade sur une dame inconstante, qui fait partie des additions de Stowe aux ouvrages de ce poëte, le refrain est :

Instede of blew thus may ye were al grene.
Ed. d'Urry, pag. 551.

Tous li a l'escu perchié
Et son aubert si desmaillié,
Que très par mi le gros del pis
Passe l'ensegne de samit.

C'est de Troies, Ms. 6987, fol. 86 verso, col. 4, derniers vers.
Voyez encore fol. 87 recto, col. 2, v. 53.

au moins celle du roi Jean, en 1356, était-elle de cette riche matière [1]. On l'employait encore en tentures, comme le jour de l'entrée d'Isabeau de Bavière à Paris, où Froissart nous montre le grand Pont « couvert et paré si richement que rien on n'y sceust ni peust amender, et couvert d'un ciel estellé et de vert et de vermeil samis [2]. » On en faisait toujours aussi des vêtements, même de cérémonie. En effet, dans l'*Ordonnance et mystere du sacre et coronation du roy Loys II de Sicile*, en 1389, il est dit que ce prince « fut vestu de blanc d'une cote longue... et par dessus avoit un mantel fendu devant... et estoient ladite cote et mantel de samit blanc [3], » etc. Ce qui me rappelle que quand, près d'un siècle plus tard, Charles le Téméraire épousa Marguerite d'York, « elle estoit vestue d'un drap d'or blanc en habit nuptial, comme il appartient en tel cas [4]. » Or, nous savons que le samit était une espèce de drap d'or.

Vêtements de sacre en samit blanc.

Vont s'en vers la Rochelle les .vi. dont vous di...
Banniere desploie de soie et de *samis*.
    Chronique de Bertrand du Guesclin, tom. II, pag. 285, col. 2.

[1] *Les Chroniques de sire Jean Froissart*, liv. IV, ch. 1er, an. 1389; édit. du *Panthéon littéraire*, tom. III, pag. 5, col. 2. Plus loin, le même écrivain dit : « Le grand pont de Paris estoit tout au long couvert et estellé de vert et de blanc cendal. »

[2] *Les Chroniques de sire Jean Froissart*, liv. 1er, part. II, ch. xxxii; édit. du *Panth. litt.*, tom 1er, pag. 343, col. 2.
On lit dans une ancienne chanson de geste :

Rendez vos fust en vostre traf *samin*,
Ne fust la tor que firent Sarrazin.
    Agolant, fol. 171   (*Der Roman von Fierabras*, etc., pag. 186.)

[3] *Histoire de Charles VI, roy de France*, etc., par J. Juvenal des Ursins, édit. de Denys Godefroy, pag. 566.

[4] *Mémoires d'Olivier de la Marche*, édit. du *Panthéon littéraire*, pag. 530, col. 1, an. 1474.

Je me fais seulement une question : à partir du xiv° siècle, où nous voyons apparaitre une variété de samit [1], cette étoffe était-elle aussi belle, aussi précieuse que nous l'avons vue au xii° et au xiii°? Il est à croire que non, bien qu'au commencement de cette époque elle fût toujours de soie [2]. J'estime que l'on continua de la faire de cette matière, contrairement à l'opinion de D. Godefroy, qui dit que le samit « est une espèce de drap de demy soye. » Une pareille explication, surtout quand elle est donnée à propos de vêtements royaux et d'ornements de sacre, s'expose à être repoussée comme improbable.

Prix du samit
a la fin
du xv° siècle.

Quant aux prix, il nous est difficile, comme à M. Douët-d'Arcq, de dire quelque chose de précis; il importe toutefois de remarquer avec lui [3], que ces prix étant le plus souvent donnés par pièces, elles contenaient fort peu d'aunage. Dans le compte de Geoffroi de Fleuri, une pièce de samit vermeil, ou, comme on disait, un samit vermeil, n'est payée que 9 l., tandis qu'un demi-samit d'estive en coûte 12 [4]. On y voit aussi du samit à 32 s. l'aune [5]. Dans le compte d'É-

---

[1] « Item. Casula rubea de cotsamit palliata , » etc. *Ornamenta ecclesiastica in vestiario ecclesiæ Christi Cantuariensis... A. D. 1315. (The History and Antiquities of the cathedral Church of Canterbury, etc., by the Rev. J. Dart, the Appendix n° vi, pag. x.)* Il ne serait pas impossible, cependant , qu'il n'y eût ici une faute de copie ou de lecture.

[2] « To Vanne Ballard , for pieces of silk and gold tissue, of fustian , and of flame-coloured silk , *samit' ardens*, for the making and for the chariots of the Queen and the ladies of her court; 3 l. 18 s. 3 d. » *A brief Summary of the Wardrobe Accounts of the 10th, 11th, and 14th years of Edward II... by Thomas Stapleton, etc. (Archaeologia, tom. XXVI, pag. 342, 343.)*

[3] *Comptes de l'argenterie des rois de France au xiv° siècle*, notice , pag. xxv.

[4] *Despens fais pour le sacre nostre seigneur le roy*, janvier 1317. (*Comptes de l'argenterie*, etc., pag. 47.) Voyez encore pag. 57, et , pour la valeur de l'argent en 1316, pag. 333, en note.

[5] *Comptes de l'argenterie*, etc., pag. 48.

tienne de la Fontaine, une pièce de samit vermeil en graine est payée 20 écus[1], c'est-à-dire près du double de ce que coûtait le cendal; elle était destinée à couvrir les huit carreaux de la chambre du roi. Ailleurs[2], nous voyons une pièce et demie de samit vert, au prix de 24 écus le tout, et six pièces de la même étoffe, à 13 écus la pièce, employées à pareil usage, et plus loin[3], quatre pièces de samit, dont la couleur n'est pas spécifiée, achetées pour faire un matelas et un coussin à l'infortunée Blanche de Bourbon, qui allait devenir reine de Castille.

On trouve encore des indications d'articles de mobilier faits de samit, dans les *Honneurs de la cour*, de la vicomtesse de Furnes, qui écrivait après 1484[4]. Dans ce siècle, qui n'est pas le dernier de l'existence du samit, nous avons encore des données sur le prix de cette étoffe[5]; mais nous renonçons à les mettre en œuvre, dans l'ignorance où nous sommes, non de la valeur actuelle des monnaies du temps, mais de la largeur, du poids et de la qualité de la denrée.

Indications d'articles de mobilier faits de samit, à la fin du XVe siècle.

Les dernières indications de samit que j'aie rencontrées, se trouvent dans le tarif des douanes de 1540[6], et dans une *villanesque* de Mellin de Saint-Gelais, qui dit de Catin :

Dernières indications de samit.

---

[1] *Comptes de l'argenterie*, etc., pag. 185. Voyez, pour la valeur de la monnaie à l'époque de ce compte (du 4 février au 1er juillet 1352), pag. 338.

[2] *Comptes de l'argenterie*, etc., pag. 109, 115.

[3] *Ib.*, pag. 186.

[4] Voyez les *Mémoires sur l'ancienne chevalerie*, par M. de la Curne de Sainte-Palaye, édit. de M.DCC.LIX., tom. II, pag. 223, 224, 228, 230, 235.

[5] « A lui pour LIIII aulnes de samit estroit et XXVIII aulnes de large, LIX f. et demi; sont XLVII l. XII s., » etc. Compte de 1419-20. (*Les Ducs de Bourgogne*, seconde partie, tom. Ier, pag. 165, n° 538.)

[6] *Edict du roy François sur les draps d'or, d'argent et de soye*, etc. A Lyon, par Antoine Jullieron, M.DC.LXI., in-8°, pag. 24.

Elle avoit son beau collet mis
De samis,
Son beau surcot rouge et ses manches
Des dimanches.

OEuvres poétiques de Mellin de S. Gelais, etc. A Paris,
M.DCC.XIX., in-8°, pag. 211.

Je me trompe, on retrouve encore ce mot au commencement du xvii° siècle, dans le *Thresor de la langue françoyse*, de Nicot, qui traduit *samy* par *une espece de drap de demi soye, qui ressemble en lustre au satin*, ajoutant qu'il est plus étroit et de plus de durée; il se rencontre aussi dans le tarif de la douane de Lyon de 1632, où l'on trouve quatre sortes de samits tarifés, savoir les samits de Florence, de Bologne et de Naples, et le samit sans soie [1]. Comme on voit, le samit avait eu le même sort que le *sciamito* italien, qui, après avoir été un précieux tissu de soie, n'est plus qu'une étoffe de filoselle.

L'étoffe de soie, le plus employée avec le samit, pendant la seconde moitié du moyen âge, était le *cendal*, *cendax*, *cendé*, *cendex*, ou *cendel* [2], que les écrivains de la basse latinité appellent, à partir du ix° siècle, de plus de noms encore [3]. Le cendal, s'il n'était pas la même chose que le

---

[1] *Dictionnaire universel du commerce*, etc., par Jacques Savary des Bruslons, art. *Samis ou Samilis*. L'auteur définit ces mots par « étoffe très riche lamée ou tramée de lames d'or. » Il ajoute : « Cette étoffe est de manufacture vénitienne, mais peu connue présentement. Il s'en porte pourtant encore à Constantinople. »

[2]   La dame le conroie à un pan de *cendex*.
Li Romans de Parise la Duchesse, pag. 76.

Il li planoie les flans et les costés
A son bliaut c'ot vestu de *cendel*.
La Chevalerie Ogier de Danemarche, v. 10690 ; tom. II, pag. 443.

[3] « Insuper donavimus ibi... de *cendato* (casulas) quinque, » etc. *Angilbert*.

samit, en différait cependant si peu, que ces deux étoffes ont pu être confondues l'une avec l'autre. C'est ainsi qu'un écrivain pouvait dire que

> Oriflamme est une banniere...
> De *cendal* roujoiant et simple,

pendant qu'un autre la décrivait « d'un vermeil *samit*, à guise de gonfanon à trois queues, » ajoutant qu'elle « avoit, entour, houppes de verde soye [1]. »

Dans le joli roman du comte de Poitiers, la vieille Alotru coupe un morceau de la robe de la comtesse :

> Del bon *samit* qu'ele ot vestu
> Trencha .i. pau del gron devant.
> Pag. 14, v. 300.

Elle le livre au duc de Normandie, qui le présente au mari en lui disant :

> Vés chi l'anel que li donastes
> A icel jor que l'espousastes,
> Et ceste ensagne de *cendal*
> Fu pris au bon *samit* roial
> Que vostre feme avoit vestu.
> *Ibid.*, pag. 16, v. 315.

Script. de perfect. et dedic. Centul. eccles., ap. Hariulf. (*Acta sanct. ord. S. Bened.*, sæc. IV, pars prima, pag. 118.)

Outre *cendatum*, que nous venons de voir dans un écrivain du IXe siècle, on trouve postérieurement *cendalum, cendalium, cendallum, cendalus, cendale*, et même, bien qu'assez rarement, *pallium cendatum, pannus cendatus* : « Fuit enim (papa) in civitate... honorifice receptus. Galea, in qua venerat, et aliæ in quibus erant cardinales, *palliis cendatis* et deauratis erant coopertæ per totum. Dominus archiepiscopus cum universo clero... obviam venerunt ei... coopertis carubiis civitatis *pannis deauratis* et *cendatis*, » etc. *Bartholom. scrib. Annal. Gen.*, ab anno MCCXXIV, sub an. D. 1244. (*Rer. Ital. Script.*, tom. VI, col. 506, A et B.)

[1] *Cronique de Flandres*, etc. A Lyon, par Guillaume Rouille, M.D.LIII., in-fol., ch. LXVII, pag. 134.

Philippe Mouskés, après avoir rapporté le miracle de la couronne d'épines, qui reverdit et refleurit en présence de Charlemagne, ajoute :

> Charles, ki son cuer i ot mis,
> Prist une pièce de *samis* ;
> Des flors reciut en sa main destre...
> Et Karles avant s'aprocha,
> Des espines a donqes prises
> Et si les a el *cendal* mises...
> Si volt les flors espandre luès
> El *samit*, ki fu nés et nuès,
> U les espines ot posées, etc.

> *Chronique rimée*, v. 11216, 11231, 11211; tom. Iᵉʳ.
> pag. 133, 431.

Identité du cendal avec le taffetas; l'oriflamme était faite de la première de ces étoffes.

Malgré ce qui précède, on peut dire que le cendal était une espèce de taffetas ; du moins, c'est l'opinion de du Cange [1] et de bien d'autres, et Sandoval le dit positivement [2]. Ce qu'il y a de sûr, c'est que la bannière de l'abbaye de Saint-Denis, qui portait le nom d'*oriflamme*, était faite de cette étoffe :

> Vexillum simplex, *cendato* simplice textum,
> Splendoris rubei.

> *Guill. Britonis Armorici Philippidos lib. XI*, v. 33. (*Rec. des hist. des Gaules*, tom. XVII, pag. 257.)

La bannière royale de France était également de cendal, comme les bannières de Flandres et la bannière royale d'Espagne.

La bannière royale de France était également de cendal, au moins au temps de Philippe Auguste, ou plutôt de Guillaume Guiart, qui a traduit les vers du chapelain de ce

---

[1] *Observations sur l'Histoire de saint Louys*, pag. 34. Voyez aussi la XVIIIᵉ dissertation du même auteur, sur le même ouvrage, et surtout la Notice de M. Douët-d'Arcq sur les Comptes de l'argenterie, pag. XXII, XXIII.

[2] « Comenzaron é desenvolver las santas reliquias que estaban cada una por sí en *cendales*, ó tafetanes de seda. » *Historia del emperador Carlos V*, lib. XVI, § 5.

prince [1]. Le poëte, parlant des efforts que font les gens d'armes du roi pour entrer dans Acre, ajoute :

> Près de l'une est jà la baniere
> D'azur fin sur cendal parfaite,
> Et à fleur de lys pourtraite.
>
> *La Branche des royaux lignages*, v. 1423. (*Chron. nat. fr.*, tom. VII, pag. 80.)

Le même écrivain décrit les bannières de Flandre comme étant également de cendal :

> El milieu d'eus ot cinq banieres :
> De Flandres sont les trois plus chieres,
> De fin cendal à or, semblables,
> A un lyon rampant de sable.
>
> *Ibid.*, v. 9072. (*Ibid.*, tom. VIII, pag. 311.)

De même, la bannière royale d'Espagne, ou plutôt celle des anciens rois chrétiens de Léon, était de même étoffe. Ambrosio de Morales, historiographe de Philippe II, qui la vit dans cette ville pendant le voyage qu'il fit par ordre du roi, en 1572, pour inspecter les reliques des saints, les sépultures royales et les manuscrits des cathédrales et des monastères, en donne une description qui nous fait regretter de ne pas l'avoir vue, si elle existe encore [2].

Mais sans pousser plus loin nos recherches sur les bannières et les enseignes, qui ont déjà fourni matière à plus

Emploi du cendal pour les bannières, les enseignes et les gonfanons en général.

---

[1] Ceux qui sont relatifs à l'oriflamme se lisent dans sa *Branche des royaux lignages*, v. 1151. (*Chron. nat. fr.*, tom. VII, pag. 69.) Les deux vers que nous avons cités plus haut, pag. 199, font partie de ce passage. Voyez la liste des dissertations consacrées à l'oriflamme et aux différentes bannières de nos rois, dans la *Bibliothèque historique de la France*, liv. III, ch. vii, § xii, nos 31820-31831; tom. III, pag. 167, 168.

[2] *Viage de Ambrosio de Morales*, etc., pag. 50, 51.

d'un ouvrage intéressant, hâtons-nous de dire que jusqu'au xv° siècle inclusivement, les bannières, les enseignes, les gonfanons, étaient généralement de cendal :

> Là véissiez les haubers endosser
> Et les enseignes de *cendal* venteler.
>
> *Li Romans de Garin le Loherain*, coupl. xviii; tom. I°°, pag. 68.

> Li os s'aroute, qui fu belle et furnie...
> A mil pennons de *cendal* de Candie.
>
> *Ibid.*, coupl. xxix; tom. I°°, pag. 94, 95.

> Devant lui vienent cinq meschin...
> Et portent cinq lances letrées,
> De frès sinoples colorées,
> En mi ax confenons noveax,
> De *cendal* d'Inde , bons et beax.
>
> *Partonopeus de Blois*, tom. II, pag. 93, v. 7769.

> Mos senher Bochartz tenc .i. peno de *sendal*, etc.
>
> *Histoire de la croisade contre les hérétiques albigeois*, pag. 152, v. 2122.

« Item pour demy-*cendal* pour faire lesdites (trois) bannieres des trompettes de mondict seigneur de Guienne , du pris de iij escuz. » Compte de 1413-15. (*Les Ducs de Bourgogne*, par M. de Laborde, seconde part., tom. I°°, pag. 94, n° 265.)

« A lui pour deux aulnes de *cendral* noir pour les banieres de mondict seigneur, chascune aulne xx s., » etc. Compte de 1419-20. (*Ibid.*, pag. 159, n° 510.)

« A Thoumas le Roy pour iii aulnes de *cendal* noir pour faire banieres, chascune aulne x s., » etc. *Ibid.*, pag. 160, n° 513.

Légèreté du cendal.

Pour ne point alourdir une lance, et pour que le pennon pût flotter au vent et montrât les armoiries de son maître, il fallait que l'étoffe sur laquelle elles étaient représentées, fût légère : ce que nous savons d'ailleurs. En effet, les poëtes du temps, signalant un grand coup, ne croient pouvoir mieux le faire comprendre qu'en disant que la cuirasse ne lui résista pas plus qu'un cendal bleu ou rouge :

> Erec son roide espiel d'achier
> Li fist dusqu'en le cuer glachier,
> Que li escus ne li haubers
> Ne li valut .i. *cendal* pers.
>> *Erec et Enide*, Ms. de la Bibl. nat., fonds de la Vallière, n° 78,
>> fol. 147 verso, col. 2, v. 7.

> Ne li valut la broigne ne c'uns vermoilz *cendas*.
>> *La Chanson des Saxons*, tom. 1er, pag. 179.

> La broigne ne li vaut ne c'uns vermez *cendax*[1].
>> *Ibid.*, pag. 195.

Le vermeil était, à ce qu'il paraît, la couleur la plus ordinaire du cendal [2], dont on ne faisait pas seulement des pennons et des bannières, mais des couvertures, des habits,

Cendal vermeil ; on en faisait des couvertures et des habits.

---

[1] Plus loin on lit :

> La broigne ne li vaut ne c'uns porriz *cendax*.
>> *Ibid.*, tom. II, pag. 76.

Mais le cendal ne figurait point exclusivement dans ce lieu commun ; on y voit quelquefois le samit et le siglaton :

> Li bers se tint, que pas ne l'abati,
> Ainçois le fiert com chevaliers jentis,
> Si que la maille de blanc halberc tresliz
> Ne li valut la monte d'un *samis*.
>> *La Mort de Garin le Loherain*, pag. 55, v. 561.

> Li cercles d'or i ont poc de foison :
> Ausi les tranchent com pans de *ciglaton*.
>> *Extraits du Roman de Gérard de Vienne*, v. 2483. (*Der*
>> *Roman von Fierabras*, pag. xxxvii, col. 2.)

[1,2] Nos ancêtres tenaient beaucoup aux étoffes brillantes, surtout à la couleur écarlate. On peut voir, à ce sujet, une note de le Grand d'Aussy, tom. 11 de ses *Fabliaux ou Contes*, édit. de Renouard, pag. 231.

La Curne de Sainte-Palaye fait remarquer que « l'écarlate, ou toute autre couleur rouge, étoit appropriée aux chevaliers, à cause de son éclat et de son excel-

des corsets [1], des matelas et des coussins [2], des tentures de chambres et de lits :

> Sor une coute vermeille de *cendé*
> Sunt, lez Garin, li grant prince aresté.
>
> *Li Romans de Garin le Loherain*, coupl. xxxi; tom. Ier, pag. 97.

> A son ostel est Begues retornés ;
> Sor une coute vermeille de *cendé*
> S'assit li dus, si l'a-on bien armé.
>
> *Ibid.*, la 2e chanson, coupl. xxiii ; tom. II, pag. 29.

> Deus puceles virent venir...
> De vermax *cendax* sunt vestues
> Tut senglement à lor cars nues.
>
> *Lai de Lanval*, v. 470. (*Poésies de Marie de France*, tom. Ier, pag. 236, 238.)

> La dame ot o li .c. puceles...
> Sor .i. vermel *cendal* se sist.
>
> *Roman du comte de Poitiers*, pag. 6, v. 95.

> A stede of Spayne, Y understonde,
> Every lorde ledd in hys hande...
> Al was covyrde with redd *sendell* [3].
>
> *Le bone Florence of Rome*, v. 160. (*Ancient English metrical Romanceès*, tom. III, pag. 8.)

---

lence ; elle s'est conservée, ajoute-t-il, dans l'habillement des magistrats supérieurs et des docteurs. » *Mémoires sur l'ancienne chevalerie*, part. iv, tom. ", pag. 201. Voyez aussi la note 14, pag. 343-345, et le *Journal du regne du roy Charles VI*, à la suite de l'histoire de ce prince, par Juvénal des Ursins, pag. 506, an. 1420.

En dépit de l'usage et des règlements, le prévôt des marchands et les échevins de Paris ne craignirent pas d'aller tous vétus de vermeil, le 2 décembre 1431, à la rencontre d'Henri VI, roi d'Angleterre, sans doute parce que cette couleur était celle de ce souverain. Voyez le *Journal du regne du roy Charles VII*, à la suite du précédent, pag. 515.

[1] *Comptes de l'argenterie*, etc., pag. 8, 9, 12, 13, 14, 26, etc.
[2] Invent. de Charles V, n°s 3794-3801. (Ms. de la Bibl. nat. n° 8356, fol. iij[e]. xix. verso et iij[e]. xx. recto.)
[3] On trouve ailleurs des chevaux couverts de cendal, mais sans désignation de

« Item pour deux aulnes de *sindal* vermeil que l'on a mis en ladicte chappe, xiiii s. » Compte de 1432-33. (*Les Ducs de Bourgogne,* seconde partie, pag. 299, n° 1054.)

Il y avait aussi des cendaux verts et bleu sombre, nous l'avons déjà vu. Quand Guillaume le Bâtard débarqua en Angleterre, Cendaux verts et bleu sombre.

> Ses cevaus fu de fier couvers,
> Par deseure ot .i. *cendal piers,*
> A flours d'or des armes le roi
> De France, et s'ot tout le conroi.
>
> *Chronique rimée de Philippe Mouskés,* tom. II, pag. 194, v. 17406.

Un autre poëte de la même époque rapporte que, dans une circonstance,

> Les greignors tors et les plus beles...
> De *vers cendaus* furent celées.
>
> *Roman du comte de Poitiers,* pag. 57, v. 1348.

Boccace, enfin, habille de cendal vert le héros de l'un de ses contes [1].

Ailleurs, il est fait mention de cendaux jaunes, bleus, gris, et *partis,* ou de plusieurs couleurs à la fois : Cendaux jaunes, bleus, gris, et de plusieurs couleurs à la fois.

---

couleur. Voyez *The Awntyrs of Arthure,* st. xxx, v. 373 (*Syr Gawayne... by Sir Frederic Madden,* pag. 113); et *Poema del Cid,* v. 1515. (*Coleccion de poesias castellanas... por D. T. Ant. Sanchez,* tom. Iᵉʳ, pag. 386.)

Ailleurs, c'est du cendal employé pour vêtements, mais sans désignation de couleur. Voyez le *Roman de la Violette,* pag. 80, v. 1575; le *Romancero castellano,* édit. de 1844, tom. IIᵉ, pag. 352, col. 1, n° 97; et le *Décaméron* de Boccace, journ. X, nouv. VI et IX.

En 1320, c'est « un cloke pour la royne, où il entra iij pieces de cendaus » (*Collection des meilleures dissertations,* etc., tom. XIX, pag. 64); et, plus tard, du cendal pour faire des brayes. (*Ibid.,* pag. 94, 95.)

[1] « ... di dosso gittatasi la schiavina e ogni habito pellegrino, in una giubba di zendado *verde* rimase, » etc. *Il Decamerone,* giorn. III, nov. VII.

Les autres deus en ont mené
Perceval, si l'ont desarmé
En la sale qu'il ont trovée
Si richement encortinée
Et portandue de *cendaus*
Jaunes et yndes et vermaus.

> *Roman de Perceval*, Ms. de la Bibl. nat., Colbert 2584, reg. 7523¹·⁵., fol. 235 recto, col. 1, v. 6.

Puis li revest en maintes guises
Robes faites par grans maistrises,
De biaus dras de soie ou de laine,
D'escarlate ou de tiretaine,
De vert, de pers ou de brunete...
Puis les li oste, puis ressoie
Cum li siet bien robe de soie,
Cendaus, molequins arrabis,
Indes, vermaus, jaunes et bis,
Samis, diapres, camelos [1].

> *Le Roman de la Rose*, édit. de Méon, tom. III, pag. 294, v. 21193.

Gerars, li viex quens de Melans,
Amena ses filles vaillans...
Vestues de *cendaus* partis.

> *Roman du comte de Poitiers*, pag. 44, v. 1300.

« A lui (Baudin de Bailleul, peintre) pour *cendal* vermeil iii aulnes, et pour xi aulnes de bleu, vii l. viii s. » Compte de 1419-20. (*Les Ducs de Bourgogne*, par M. de Laborde, seconde part., tom. I⁰ʳ, pag. 165, n° 538.)

Si après avoir cité des romans dont le moins ancien est du commencement du xiv⁰ siècle, j'ai invoqué un compte du xv⁰, ce n'est pas que dans l'intervalle il soit rarement ques-

---

[1] Voyez, sur ce passage, cité dans une note de la *Chanson d'Antioche*, les observations de M. Paulin Paris, tom. II, pag. 252.

tion de cendal, bien au contraire. On trouve dans le compte
de Geoffroi de Fleuri du cendal noir, des cendaux verts, des
cendaux indes, du cendal tanné [1], et un plus grand nombre
de variétés dans le compte d'Étienne de la Fontaine [2], auquel il faut ajouter, vers la même époque, l'inventaire de
Charles V pour du cendal cendré et du cendal *ploncque* [3];
mais j'ai voulu arriver à montrer que le cendal était quelquefois orné de peintures. On le voit encore plus clairement
par un article du même inventaire, consacré à deux draps
ouvrés de cendal jaune, « de quoy l'un est paint à chasteaulx, à rivieres et à gens par maniere de mappemonde,
et l'autre à bestes et à oiseaulx [4]. »

Il y avait encore des cendaux *porpres* et *porprins* [5], mot
que nous n'osons nous risquer de rendre par *purpurins*,
avant de savoir, ce que nous rechercherons plus loin, ce que
nos ancêtres entendaient par le mot *pourpre*.

Cendaux porpres et pour-prins.

---

[1] *Comptes de l'argenterie*, etc., pag. 35.

[2] *Ibid.*, pag. 357; table des mots techniques, au mot *Cendal*.

[3] « Item, une autre couverture de drap de soye d'oultre-mer royé de jaune, de lettres d'oultre-mer et de bestelettes, bordée de cendal cendré, » etc. Ms. de la Bibl. nat. n° 8356, fol. vj^{xx}. recto, n° 1136.
« Item, une chambre de sortail de cendal ploncque à chauves souriz, » etc. *Ibid.*, fol. iij^e. ij. verso, n° 3565. — Pour la signification de ce mot *sortail*, que l'on rencontre encore dans le même inventaire, n°s 3552, 3565, 3569, 3587, 3634, 3788, voyez la table des mots techniques des *Comptes de l'argenterie*, au mot *Sourtail*, pag. 403, col. 1.

[4] Ms. de la Bibl. nat. n° 8356, fol. ij^e. iiij^{xx}. ix verso, n° 3391.

Ses escus fu couvers de ii. cendaus porprins.
        Li Romans d'Alixandre, pag. 120, v. 6.

Mantel de méismes avoit
Fourré d'un *porpre cendal* cier,
Pour tost aler et plus legier.
        D'Amaldas et d'Idoine, Ms. de la Bibl. nat. n° 6987, fol. 318 verso, col. 1, v. 19.

A l'époque où l'on écrivait les poëmes auxquels nous venons de renvoyer, le cendal venait surtout d'outre-mer :

> Cil iert privés de li, si ne s'i celoit mie...
> Et li donoit biax dons, dont bien estoit garnie,
> Et biax chevaus d'Arrabe et mules de Surie,
> Et riches palefroiz et destriers de Hongrie,
> Et siglatons d'Espaigne et soie d'Aumarie
> Et *cendaus* de Tyres et le vair de Roussie,
> Dyapres d'Anthyoche, samis de Romenie,
> Des chainses [1] d'Alemaigne qu'ele avoit en baillie.
>
> *L'Estoire d'Alixandre d'Allier*, Ms. de la Bibl. nat., fonds de
> Cangé n° 11 *bis*, fol. 2 recto, col. 1, v. 8.

---

[1] Le *chainse* ou *chamsil* était une espèce de surplis de lin, plissé comme ceux de nos prêtres, et à l'usage des deux sexes. Un trouvère du XIIIe siècle, parlant des dames de son temps, dit avec ironie :

> Il pert bien à lor vestéure
> Que eles n'ont mais d'amer cure :
> N'usent mais blans *cainses* ridés,
> Ne las de soie à lor costés,
> Ne ces longes mances ridées
> N'ievent mais à tornois portées ;
> Ces beaus bliaus, ces dras de soie,
> Ces grans treces, jetent en voie :
> Tot ce tienent à vanité
> Et à grant superfluité.
>
> *Partonopeus de Blois*, tom. II, p. 104, v. 8003.

Garin le Lorrain

> Vint en la chambre à bele Biatris ;
> Ele cosoit un molt riche *chamsil*.
>
> *La Mort de Garin le Loherain*, pag. 10, v. 172.

Ce même mot désignait aussi une toile de lin ou de chanvre, dont ces sortes de vêtements étaient faits :

> La reine apelet Clere de Paris : ;
> « Prenetz drap de *cuncil* e var e gris. »
>
> *Roman de Gérard de Rossillon*, Ms. 7991[3], fol. 90 verso, v. 35.

Voyez le Glossaire de du Cange, aux mots *Camisile*, *Camisilis*, etc., tom. II, pag. 57, col. 2, et pag. 58, col. 1.

> D'un *cendal* vert et *aufricant*
> Ot gonfanon ki li banlloie, etc.
>> *D'Atis et de Prophilias*, Ms. de la Bibl. nat. n° 7191,
>> fol. 145 verso, col. 1, v. 21.

> .J. dromont fit loer, molt fu pleniers et granz,
> Et ot ensemble o lui jusqu'à .xx. marcheanz
> Qui portoient *cendals* et pailes *effriquanz*.
>> *Roman de la Prise de Jérusalem*, Ms. de la Bibl. nat.
>> n° 7498², Colb. 3031. fol. 76 recto, col. 1, v. 21.

Plus haut, nous avons vu du cendal de Candie, qui nous rappelle les étoffes précieuses, les tapis de pourpre, sans doute fabriqués dans cette île, que l'on vit à Constantinople, au triomphe de Nicéphore Phocas [1].

Cendal de Candie

Et le cendal ne venait pas seulement d'Orient par la Méditerranée; il en arrivait aussi par la mer Noire : d'où le nom de *cendal de Russie*, qu'on lui donne quelquefois, comme dans ce passage :

Cendal de Russie, c'est-à-dire de la Chine et de l'Inde.

> Si grant cop li dona, que ne li fait aïe
> Ne escus ne haubers ne *cendaus de Rousie*.
>> *Li Romans d'Alixandre*, pag. 130, v. 13.

Ce cendal venait de la Chine et de l'Inde, où cette fabrication était très-répandue, comme on le voit par la relation de Marco Polo, qui s'y connaissait bien. Il nomme plus de trois endroits dont l'industrie, de son temps, consistait à *labourer dras de soie et de cendaux moult beaux* [2].

---

[1] « Ἐφράτο γὰρ χρυσὸς καὶ ἄργυρος παμπληθής, καὶ νόμισμα βαρβαρικὸν ἀπέφθου χρυσοῦ, πέπλοι τε χρυσόπαστοι, καὶ τάπητες ἁλουργοί, καὶ παντοδαπὰ κειμήλια, εἰς ἄκρον τέχνης ἐξειργασμένα, χρυσῷ καὶ λίθοις μαρμαίροντα. » *Leon. diac. Cal. Hist. Lib. .V*, e rec. C. B. Hasii. Bonnae, MDCCCXXVIII, in-8°, lib. II, cap. VIII; pag. 28, l. 15.

[2] Voyez le *Voyage de Marc Pol*, édit. de la Société de géographie, ch. CVI, pag. 118 (texte latin, liv. II, ch. XIX, pag. 391); ch. CXIV, pag. 125 (lat., liv. II, ch. XXXVI, pag. 397); ch. CXXXI, pag. 149 (lat., liv. II, ch. LI, pag. 414); ch. CLXXXIII, pag. 224 (lat., liv. III, ch. XXXIII, pag. 466).

On vendait aussi concurremment du cendal de Palerme :

> Aristes le feri, qui de riens de l'espargne...
> Tout son hauberc li ront qui fu fais à Biterne,
> Par mi le cors li met l'ensegne de *Palierne*, etc.
>> *Li Romans d'Alixandre*, pag. 369, v. 33.

Cendaux d'Adria.

La fabrication des étoffes de soie s'étant, comme nous l'avons vu, promptement étendue de la Sicile à l'Italie continentale, les Vénitiens s'empressèrent de s'emparer de cette précieuse industrie. Ils l'exerçaient déjà au xii° siècle, si l'on peut tirer cette induction d'un vers du poëme du Cid, qui paraît avoir été composé à cette époque, vers dans lequel il est question des bons cendaux d'Adria :

> Quien vió por Castiella tanta mula preciada...
> Mantos é pielles é buenos *cendales d'Adria* [1].
>> *Poema del Cid*, v. 1976 y 1980. (*Coleccion de poesias castellanas... por D. Th. Ant. Sanchez*, tom. I°, pag. 303.)

Cendal de Milan, de Lucques et autres villes d'Italie ; marchands italiens qui le vendaient en France.

Plus tard, la fabrication des soieries s'étant répandue dans le reste de l'Italie, on y fit du cendal partout, nommé-

---

[1] Dans la bouche et sous la plume de nos ancêtres, *Adria* est devenue *Andre* et même *Dendre* :

> Antigonu et Salemandre
> Voient le roi au cendal d'*Andre*.
>> *Li Sieges de Tebes*, Ms. 6987, fol. 54 recto, col. 1, v. 40.

> Un paile d'*Andre* out desus l'erbe mis :
> Là adoba Kallemainne son fil.
>> *La Chevalerie Ogier de Danemarche*, tom. II, pag. 295, v. 7306.

> Un paille d'*Andre* li ont desor lui mis.
>> *Le Roman de Garin le Loherain*, cité par du Cange, au mot *Paliosus*, tom. V, pag. 36, col 2.

> En un vermel cendal de *Dendre*
> Remest Fregus tous desfublés.
>> *Le Roman des Aventures de Fregus*, pag. 69.

ment à Milan [1], et des marchands italiens établis dans nos
villes les plus importantes, principalement à Montpellier et
à Nîmes, où il y en avait des colonies [2], et aux foires de Champagne et de Brie [3], vendaient du cendal de toutes les couleurs pour divers usages, surtout du cendal de Lucques, qui
était aussi renommé que la futaine de Plaisance en Lom-
bardie [4]. L'un d'eux, « Chute Clare, de Florence, qui vent
cendaux, » est marqué pour 6 l. dans le livre de la taille
de Paris pour l'an 1292, paroisse Saint-Paul [5]. Plus tard, un
autre marchand, Édouard Thadelin ou Teodolin [6], fournis-

Cuirie ot bonne ferrée largement,
Cote à armer d'un cendel de *Melant ;*
Plus est vermeille que rose qui resplent.
  Roman de Gaydon, Ms. de la Bibl. nat. n° 7327[5]. Colb. 658,
        fol. 34 recto, col. 2, v. 32.

[2] Voyez, pour les Italiens établis dans la première de ces deux villes, l'*Hist.
de la commune de Montpellier,* tom. Ier, pag. 292, et tom. II, pag. 214, 215,
en note. Secousse a inséré dans les *Ordonnances des rois de France de la troisième
race,* tom. IV, pag. 668-672, les priviléges accordés aux marchands italiens commerçants dans la ville de Nîmes, par Charles V, à Paris, en juillet 1366; on y lit,
pag. 670, cet article, qui nous renseigne sur la place que tenait le cendal dans l'é-
chelle des tissus : « De pecia *cendalli,* duos denarios ; de pecia panni aurei, quatuor denarios ; de pecia cameloti, duos denarios ; de pecia panni lanei, unum
denarium ; de pecia bougerani, unum denarium ; de pecia fustane, unum denarium ; et de pecia tele, unum denarium emptor, et totidem venditor. »
Trois lignes plus haut, après avoir déclaré lesdits marchands exempts de telle
ou telle charge, en payant pour leurs marchandises les droits et redevances qu'ils
avaient l'habitude de payer à Montpellier, le rédacteur de l'ordonnance ajoute :
« De qualibet libra cerici, unum denarium turonensem venditor, et unum denarium emptor ; et de qualibet cargia grane, duos solidos venditor, et duos solidos
emptor. »
[3] Voyez l'ordonnance de Charles le Bel, concernant ces foires, en date du mois
de mai 1327, art. 7 et 9. (*Ordonn. des rois de France,* etc., tom. Ier, pag. 801.)
[4] *Proverbes et dictons populaires... aux* xiiie *et* xive *siècles...* publiés par G. A.
Crapelet, pag. 92, 93.
[5] *Paris sous Philippe le Bel...* publié... par H. Géraud, etc., pag. 3, col. 1.
[6] Il est nommé *Adelin* dans l'inventaire de Charles V, n° 1187 : « Item deux

sait des cendaux azurés et d'autres nuances pour les obsèques de Philippe de Valois et la maison de son successeur,
concurremment avec Prince Guillaume, également marchand de Lucques et bourgeois de Paris[1], qui, comme son
confrère, cumulait le commerce des étoffes de soie avec
celui des draps d'or et d'argent. On le voit par les comptes
des argentiers royaux de l'époque[2].

Emploi du cendal
en doublure.

Ils nous apprennent encore, qu'outre les usages que nous
avons constatés plus haut, le cendal était également employé, au milieu du xive siècle, à recouvrir des vêtements en
fourrure, comme les pelisses[3], et à doubler de riches étoffes,
quelquefois même de simples draps. On lui donnait déjà
cette dernière destination au xiiie siècle, peut-être même
auparavant. L'un de nos meilleurs prosateurs anciens, le
contemporain et l'émule de Geoffroi de Villehardouin et du
sire de Joinville, racontant l'entrevue qui eut lieu en 1225,
entre Louis VIII et le faux Baudouin, nous dit que celui-ci
« ot viestue une grant cape fourée de cendal vert, et fu
d'escarlate, et ot i. capiel de bonnet el cief[4], » etc. Un établissement des consuls de Montpellier, de l'an 1273, qui in-

---

draps de soye royez au long, que Edouart Adelin donna pieça au roy. » Ms. de la
Bibl. nat. n° 8356, fol. vjᵐ. iiij. recto.

[1] Cette seconde qualification, qui s'accorde assez mal avec la première, me
donne à penser que Prince Guillaume, aussi bien que le plus grand nombre des
marchands de Lucques qui paraîtront plus tard, devaient ce titre uniquement à
la provenance des marchandises qu'ils vendaient, semblables en cela aux marchands génois de Bordeaux, qui vendent de l'huile de Port-Maurice et d'autres
épiceries, autrefois apportées et débitées par des commerçants natifs de Gênes.

[2] *Collect. des meilleures dissertations*, etc., par M. Leber; tom. XIX, pag. 95. —
Comptes de l'argenterie, etc., pag. 90, 91, 109, 112, 117, 158, 183, 185, etc.

[3] *Comptes de l'argenterie*, etc., pag. 31, 32, 34, 35, 44, etc.

[4] *La Chronique de Rains*, publiée... par Louis Paris, etc. Paris, Techener, 1837,
in-12; ch. xxiii, pag. 170.

terdit aux dames de cette ville l'usage de la soie, leur permet le cendal; encore ne pouvaient-elles l'employer qu'en doublure [1], faculté qui paraît n'avoir point existé pour les prostituées d'une ville voisine, auxquelles un règlement de police de l'an 1350 avait défendu de porter de cette étoffe [2]. Un trouvère de cette époque, parlant d'une *pucelle*, nous dit que

> Longe fu et graillete, tenre et acesmée,
> En capo d'escarlate et *de cendal forée*.
>
> Roman de Garin de Monglane, Ms. de la Bibl. nat., fonds de
> la Vallière, n° 178, fol. 20 recto, col. 1, v. 1.

On lit dans un ancien roman allemand, traduit de l'un des nôtres :

> Nu kom gegen im geloufen her
> Uf dem wege ein garzun,
> Der trûc einen schapperun
> Gesniten von fritschale ;
> Mit rotem *zendale*
> Was er gefurrieret.
> Sin hût der was gezieret
> Mit blûmen und mit loube.
> Sus lief er in dem stoube.
> Des roten seites van der gran
> Trûc er einen rok an.
>
> *Wigalois der Ritter*, etc., pag. 55, v. 1416.

Description de costume tirée d'un ancien roman allemand.

---

[1] « Item establem que non porton vestidura deguna de ceda, ni d'aur ni d'argen, mais cendat puescou portar en folraduras de lur vestirs, et estiers non. » *Le petit Thalamus de Montpellier*, pag. 146. Voyez également les *Ordenansas subre los estatz de las donas.et aussi dels hommes* de l'an M.CCC.LXV., dans le même volume, pag. 163.

[2] « Item quod aliqua vilis meretrix prostibuli non sit ausa... defferre. . cendatum... sub pena perdendi raubam superiorem, » etc. *Réglement de la cour royale ordinaire de Nismes*, etc. (*Histoire... de la ville de Nismes...* par M. Ménard, tom. II, preuves, pag. 138, col. 2.)

> « Et maintenant vint en courant vers lui
> Un garçon sur le chemin.
> Celui-ci portait une cape
> Taillée d'une étoffe précieuse,
> Fourrée de cendal.
> Son chaperon était orné
> De fleurs et de feuillages.
> Ainsi il courut dans la poussière.
> Il portait une robe
> D'une étoffe de soie[1] de couleur rouge
> Comme graine. »

Véritable sens de notre ancien mot fourrer.

On pourrait traduire cependant ce mot *fourrer* par *ouater*, sur l'autorité d'un article des statuts des tailleurs de la ville de Troyes, de l'année 1399, par lequel il est ordonné « que lesdiz ouvriers ne mettront d'ores en avant coton viez, ou autres viez estouffes, en gippons neufz pour vendre, se ce n'est ung contre-envers ou ung contre-endroit, ou bourres ou escroes de soie ou de *cendalx*, bonnes et souffisans[2]. » Mais outre que nous ne sommes pas assez sûr de la signification exacte du mot *escroes*[3], nous pouvons à ce passage en opposer nombre d'autres où le cendal est représenté dans le rôle de doublure, qu'il remplissait le plus souvent. Philippe le Long avait à son sacre une cotte de samit doublée de cendal[4], et l'un de ses successeurs possédait une chapelle de samit violet et des ornements de diapre noir fourrés de

Cendal employé en doublure au XIVe siècle.

---

[1] C'est ainsi que nous croyons pouvoir traduire *seites*. Voyez le *Glossaire de la langue romane*, de Roquefort, au mot *Sains*, tom. II, pag. 509, col. 1.

[2] *Ordonn. des rois de Fr. de la troisième race*, tom. VIII, pag. 387, art. 8. — *Coll. des meill. dissert.*, tom. XIX, pag. 380.

[3] M. Douët-d'Arcq traduit le mot *escroes* par *ordre signé*, ce qui ne saurait convenir ici. Voyez *Comptes de l'argenterie*, etc., pag. 5, not. 4.

[4] *Comptes de l'argenterie*, etc., pag. 10, 47.

cendal jaune [1]. Enfin, Eustache Deschamps recommande, pour conserver la santé,

> Robe de fin drap ou de soye,
> Legiere avoir et sans courroie,
> Double de cendal, qui l'ara.
>
> *D'un notable Enseignement pour continuer santé en corps d'omme*, v. 77. (*Poésies morales et historiques d'Eustache Deschamps*, édit. de Crapelet, pag. 165.)

Au commencement du xve siècle, cet emploi de l'étoffe en question paraît avoir été encore plus général. Un compte de 1413-15 contient un article relatif à un cendal employé à doubler deux cottes d'armes [2], et un inventaire, quelque peu postérieur, en nous donnant le détail des diverses pièces d'une chapelle doublées de cendal *tiercelin* vermeil [3], nous donne en même temps le nom d'une variété de l'étoffe qui nous occupe, variété qui figurait déjà dans l'inventaire de Charles V [4], et qui peut-être ne diffère en rien du cendal *tiersain* nommé ailleurs [5].

Même emploi au xvie siècle.

Cendal tiercelin, cendal tiersain.

---

[1] Inventaire de Charles V, M⁵⁵., à la Bibl. nat. n° 8356, fol. cxviij. recto, n° 1120, et fol. cxv. recto, n° 1097.

[2] *Les Ducs de Bourgogne*, seconde partie, tom. Ier, pag. 94, n° 265.

[3] Chapelles du roi Charles VI (1424), dans la *Collection des meilleures dissertations*, tom. XIX, pag. 234, 235.

[4] « Item quatre pièces de *cendal tiercelin* vermeil. » Ms. 8356, fol. ij^c. iiij^{xx}. iiij. verso, n° 3324. — « Item une autre coultepointe de *cendal tiercelin* doublé de cendal jaune. » *Ibid.*, fol. iij^c. xxiiij. verso, n° 3883.

[5] « ... pour 1 pièce de *cendal tiersain* blanc, royé de bateure, d'œuvre de Paris, contenant 2 pièces entières, prisées 8 escuz. » Inv. de l'argent. dressé en 1353. (*Comptes de l'argenterie*, etc., pag. 327.) — « Item, xii pièces de *sandaux tiersains* vermaulx, pour fourrer les robes qui ont esté faictes desdiz veluaux, au feur de viii frans la pièce. » Compte de l'an 1391. (*Louis et Charles duc d'Orléans*, etc., par Aimé Champollion-Figeac. Paris, 1844, in-8°, Ire partie, ch. iii, pag. 65.)
Ce qu'on appelait du cendal *battu* ou *de bateure*, était l'étoffe sur laquelle on avait appliqué de minces feuilles de métal, or ou argent, découpées en diverses figures. Voyez des articles de cendal pareil dans l'inventaire de Charles V, fol. iij^c. ij. recto, n° 3537, et dans les *Comptes de l'argenterie*, pag. 17, 19, 327, etc.

Cendal tiercelin
employé à cou-
vrir des livres.

On employait aussi le cendal tiercelin, *pour doublure*, à d'autres usages, comme à couvrir des livres : je vois, en effet, mentionné dans un compte de 1426 « ung aulne de satin vermeil, ensamble *cenduel tiercelin*, pour doublure, pour couvrir ung livre pontifical [1], » etc.

Tiercelin
employé comme
doublure, ou
doublé avec du
samit.

Ailleurs, nous trouvons *tierchelin* ou *tiercelin* tout court, et nous voyons que l'étoffe de ce nom servait de doublure [2]; nous y reviendrons plus tard. Pour le moment, contentons-nous de faire remarquer que, dans le même article, le samit est nommé avec la toile et le tiercelin comme employé à cet usage, tandis que, plus loin, c'est le samit qui sert de doublure au tiercelin [3]. Dans un inventaire antérieur, ce rôle est rempli par du cendal vert, dont est *fourrée* une grande courte-pointe de tiercelin vermeil [4].

Cottes d'armes
tierchaines

Les cottes d'armes *tierchaines*, mentionnées dans un autre article du même compte, me semblent être des vêtements doublés de tiercelin [5]; du moins, le prix en est le même que pour « neuf cottes d'armes de drap de Damas et de tiercelin noir, » confectionnées six ans auparavant [6].

Nature
du tiercelin.

Si, comme le croit le Duchat, le tiercelin était mêlé de

---

[1] *Les Ducs de Bourgogne*, seconde partie, tom. Ier, pag. 244, n° 825.

[2] « A Rifflart d'Yppre, pour une aulne de *tierchelin* renforcié pour mettre dedens le heaulme de Mds, » etc. Compte de 1421-22. (*Ibid.*, pag. 187, v. 622.)

« Toutes icelles couvertures doublées de toille et *tierchelin* ou samit dessus, » etc. Compte de 1424-25. (*Ib.*, pag. 203, n° 690.)

Voyez encore pag. 289, n° 1017; pag. 290, n° 1024; pag. 293, n° 1038; pag. 339, n° 1138; pag. 341, n° 1145, etc.

[3] Compte de 1454-55. (*Ib.*, pag. 450, n° 1695.)

[4] Inventaire de Charles V, Ms. 8356, fol. iij[c]. xxiiij. recto, n° 3869.

[5] « Pour douze autres cottes d'armes *tierchaines* pour les heraulx et poursuiuans... audit pris de six livres piece, valent LXXII l. » Compte de 1454-55. (*Les Ducs de Bourgogne*, seconde partie, tom. Ier, pag. 432, n° 1587.)

[6] Compte de 1448-49. (*Ib.*, pag. 396, n° 1409.)

trois choses, comme soie, fil et laine [1], nous devons le distinguer soigneusement du cendal proprement dit, et revenir à celui-ci, sur lequel il nous reste encore quelque chose à dire.

Pour ce qui était du prix des cendaux aux XIVe et XVe siècles, et du système adopté pour leur vente, on voit par le compte de Geoffroi de Fleuri, argentier du roi Philippe le Long, qu'au commencement du XIVe siècle, on les vendait au poids, que les cendaux vermeils étaient les plus chers, et que les noirs coûtaient moins que tous les autres. Le poids de la pièce de cendal, dans ce compte, varie depuis seize onces jusqu'à vingt et un onces; les prix, depuis deux sous quatre deniers jusqu'à quatre sous l'once. Dans le compte d'Étienne de la Fontaine, commencé en 1352, les cendaux sont indiqués comme vendus à la pièce, les moins chers à huit écus, les plus chers à onze; quelquefois même on en trouve de vendus à la botte [2], qui contenait six pièces. Enfin, au commencement du siècle suivant, on les vendait à l'aune, autant qu'il est permis de tirer une pareille conséquence d'un article d'un compte de 1419-20, qui porte qu'il fut payé à un peintre « pour cendal vermeil III aulnes et pour XI aulnes de bleu VI l. VIII s. [3]. » Par une ellipse également employée pour les draps, on disait un cendal, un demi-cendal, pour dire une pièce, une demi-pièce de cendal; et l'on distinguait, dans les cendaux, des forts ou renforcés, des faibles, des étroits et des larges [4].

Prix et mode de vente du cendal aux XIVe et XVe siècles.

---

[1] *Ducatiana*, etc. A Amsterdam, chez Pierre Humbert, M. DCC. XXXVIII., in-8°, tom. Ier, pag. 80.

[2] Voyez les *Comptes de l'argenterie*, etc., pag. 91, 114, 183, etc.

[3] *Les Ducs de Bourgogne*, 2e partie, tom. Ier, pag. 165, n° 538.

[4] « Pro aliis quinque cendatis inforciatis, VIII l. » *Recepta et expensa anno*

28

Au xvıᵉ siècle, le cendal subsiste toujours; seulement il en
est moins souvent question dans les inventaires et dans les
comptes, où il est remplacé par le taffetas, dont on trouve
déjà une mention dès l'an 1316 [1]. Le mot de *cendal* était
même tellement tombé en désuétude avant 1550, qu'un ancien traducteur du Décaméron, ou plutôt son secrétaire,
ne l'emploie jamais pour rendre le substantif italien *zendado*,
qu'il rencontre au moins trois fois dans le cours de son travail [2]. Cependant le cendal n'avait pas complétement disparu ;
il existait toujours, sinon dans la boutique des marchands,
au moins dans le style des rédacteurs d'inventaires ; mais
son nom avait subi une altération orthographique, due sans

M.CC.XXIII., dans le *Recueil des historiens de France*, tom. XXI, pag. 244, D.

« Dedit etiam quinque paria vestimentorum pontificalium... quorum unum par
est... de cendato inforciato rubro. » *Actus pontif. Cenoman. in urbe degent.*,
cap. XLIV. (*Vetera Analecta*, ed. in-fol., pag. 335, col. 2.)

« Item capa Roberti le Moyne de cendato afforciato albo, » etc. *The Hist. of
St. Paul's Cathedral*, pag. 317, col. 2. — « Item capa Gileberti de Stratton, de
panno aureo, lineato cum sendato rubeo afforciato. » *Ibid.*, pag. 318, col. 1.

Voyez encore les *Comptes de l'argenterie*, etc., pag. 109, 112, 114, 144,
158, etc.

[1] *Comptes de l'argenterie*, etc., pag. 35.

[2] « ... et ogni habito pellegrino, in una giubba di *zendado* verde rimase, » etc.
Giornat. III, nov. VII. — « Adonc il osta ses habits peregrinaux et demeura en
ung pourpoint de *soye* verte. » *Le Cameron, autrement dit les cent nouvelles... mises
en françoys par* Laurens de Premier faict. On les vend à Paris... par François
Regnault, etc., M. D. XLI., in-8°, fueil. xciii. recto.

« ... venero le due giovanette in due giubbe di *zendado* bellissime con due gran-
dissimi piatelli d'argento, » etc. Giorn. X, nov. VI. — « ... les deux pucelles, vestues de belles robes de *soye* et bien attournées, apporterent deux pleins bacins qui
estoient d'argent, » etc. *Le Cameron*, fueil. ccclvii. recto.

« ... fattesi venire per ciascuno due paia di robe, l'una foderata di drappo, e
l'altra di vaio, non miga cittadine nè da mercatanti, ma da signore, e tre giubbe
di *zendado*, e panni lini, » etc. Giorn. X, nov. IX. — « Si fist la dame devant soy
apporter trois robes, dont les deux estoyent doublées de drap de soye, et l'autre
fourrée de noble penne, et troys gypons de *drap de soye* et chemises fort fines. »
Le Cameron, fueil. ccclxxiii. recto.

doute à la couleur habituelle de cette étoffe, couleur semblable à celle que donne le bois de sandal, dont on se sert, comme chacun sait, pour faire une teinture rougeâtre. Toujours est-il que nous lisons *sandal* dans l'inventaire du trésor de l'empereur Charles-Quint [1] et ailleurs, jusque dans le *Traité sur le commerce de la mer Noire* [2], où il est question des « sandals ou taffetas unis et rayés de Scio, » et nous trouvons *santal* dans le *Dictionnaire du commerce*, de Savary, qui dit que « on appelle Santal en taffetas une sorte de taffetas qu'on apporte de Constantinople, à qui on fait prendre la teinture du Santal rouge en poudre, en le faisant bouillir avec quelques acides ; son usage, ajoute l'auteur, est pour le mal des yeux au lieu de taffetas verd, dont plusieurs se servent pour les essuyer quand ils sont pleureux et pleins de sérosités. »

Un mot maintenant sur l'étymologie de *cendal*. Suivant certains auteurs cités par Covarruvias, ce substantif dériverait de *sedal*, fil de soie, ou du grec σινδών ; selon le P. Guadix, Juan Lopez de Velasco et Gaspar Escolano, il viendrait de l'arabe [3] : c'est là un point que nous laissons à décider aux

Étymologie du mot cendal

---

[1] « Item, au floron du cousté senestre deans lequel a une croix d'or enveloppée en ung *sandal*, dedens laquelle a trois pieces de la vraye croix... Item, au milieu, traversant ladite fleur de lis sont une petite piece de toille bleue et une de *sandal* rouge seullement, et tient l'on que c'est où l'on aura enveloppé autresfois lesdites reliques, » etc. Ms. de la Bibl. nat., suppl. fr. n° 2338*, fol. 801 verso.

Dans les lettres de François Ier, des années 1529 et 1530, il est question de la magnifique fleur de lis qu'il a donnée en payement pour sa rançon. Ce pourrait bien être la même dont l'inventaire du trésor de Charles-Quint nous a conservé la description exacte, sous le titre de *Declaration et specifficacion de la riche fleur de lis*.

[2] Tom. Ier, pag. 39.

[3] *Parte primera del Tesoro de la lengua castellana*, Madrid, 1611, in-4°, pag. 185, col. 1. — *Diccionario de la lengua castellana... comp. por la real Acad. esp.*, in-fol., tom. II, pag. 264, col. 2. — *Dict. dét. des noms des vêt. chez les Arabes*, pag. 126, en note. Voyez encore la *Chrestomathie arabe* de M. de Sacy,

orientalistes, nous bornant à renvoyer le lecteur à ce qui a déjà été dit là-dessus.

Demi-cendal

Après le cendal, il convient de parler de l'étoffe appelée *demi-cendal*; malheureusement, ce n'est pas chose facile, car il n'existe, à notre connaissance, qu'un seul passage où il en soit question[1], et, pour comble de malheur, ce passage est à la fois peu étendu et assez obscur. M. Douët-d'Arcq, à qui revenait naturellement le soin d'en tirer parti, a renoncé à le faire et s'est contenté d'écrire le mot *sic* après l'expression qui nous occupe, indiquant par là qu'il la considérait comme une erreur de copiste. Pour nous, qui ne pensons point que tel soit le cas, nous croirons jusqu'à plus ample informé que le demi-cendal de l'inventaire de 1353, était ou une étoffe moins forte que le cendal ordinaire, ou un cendal de demi-largeur.

Siglaton.

Le siglaton paraît avoir eu au XIIᵉ et au XIIIᵉ siècle, autant de faveur que le samit et le cendal. Le Cid, répondant à Feran Gonzalez, qui lui demande ses filles pour les infants de Carrion, lui dit :

> Hyo quiero les dar axuar tres mil marcos de plata...
> E muchas vestiduras de paños é de *ciclatones.*
>
> *Poema del Cid*, v. 2680. (*Coleccion de poesias castellanas,*
> tom. 1ᵉʳ, pag. 327.)

Plus loin, s'apprêtant à décrire l'indigne traitement que

2ᵉ édit., tom. 1ᵉʳ, pag. 234; et le Voyage de Marco Polo , pag. 253, lig. 6. Dans le premier de ces deux ouvrages on trouve le mot arabe سندس (*sundus*), que nous avons expliqué déjà à l'aide du grand dictionnaire de Meninski. en Arménien

[1] « ...Pour 54 annes de demi-cendal azuré batu à fleurs de liz d'or, les uns de 2 pieces et les autres d'une, pour faire bordeures d'encourtinemenz, prisié 10 s. l'aune. » Inventaire de l'argenterie dressé en 1353. (*Comptes de l'argenterie*, etc., pag. 327.)

les mêmes infants firent essuyer aux filles du Cid, le poëte
s'exprime ainsi :

> Allí las tuellen los mantos é los pellizones,
> Paranlas en cuerpos é en camisas é en ciclatones.
>> *Id.*, v. 2730. (*Ibid.*, pag. 333.)

Le traitement fut si cruel, que

> Limpia salie la sangre sobre los *ciclatones*...
> Tanto las maiaron que sin cosimente son
> Sangrientas en las camisas é en todos los *ciclatones*.
>> *Id.*, v. 2749-2753. (*Ibid.*, pag. 334.)

Le siglaton était donc employé à faire des vêtements de
femme ; les passages suivants en fournissent de nouvelles
preuves :

*Emploi
du siglaton pour
vêtements de
femme.*

> Sebile estoit issue hors de son paveillon...
> Toz nuz piez et dechauce, en pur .i. *siglaton*.
>> *La Chanson des Saxons*, tom. 1er, pag. 235, en variante.

> Tant par se dote d'Aubri le Borgenon...
> Qui fut l'autr'ier là sus en cel dongon,
> Si come feme vestus d'un *siglaton*.
>> *Roman d'Aubri le Bourguignon*, à la suite du Roman provençal
>> de Fierabras, pag. 155, col. 1.

L'amie du héros qui donne son nom à un roman que nous
avons déjà souvent cité, était également vêtue d'une robe
de siglaton :

> Bien fu vestue Melior
> De *siglaton* à cercle d'or.
>> *Partonopeus de Blois*, tom. II, pag. 193, v. 10693.

La couette de son lit en était pareillement faite :

*Couette
et oreillers de
siglaton.*

> Chiute de dum d'alerion
> Envolsé d'un blanc *siglaton*.
>> *Ibid.*, pag. 181, v. 10323.

De siglaton aussi étaient les oreillers de son palais en-
chanté :

> Al fu s'asiet sor beaus tapis,
> Sor orelliers dè *siglaton*[1].
>
> *Ibid.*, tom. 1er, pag. 58, v. 1691.

Dans un petit poëme que nous avons déjà eu aussi l'occasion de citer, l'impératrice de Rome dit :

> Les *syglatons*, les dras de soie...
> Guerpiz por estre poure none.
>
> *De l'Empereri,* etc., v. 3528. (*Nouv. Rec. de fabl.*, tom. II,
> pag. 112.)

Cape de siglaton

L'auteur du roman de Gui le Gallois donne à l'une de
ses héroïnes une cape de siglaton :

> Ouch fûrt die maget reine
> Einen rok von pliate.
> Von rotem *siglate*
> Fûrte si ein kappen an, etc.
>
> *Wigalois der Ritter,* pag. 91, v. 2405.

> « La chaste pucelle portait aussi
> Une robe de *pliat.*
> D'un rouge siglaton
> Elle portait une cape, » etc.

Dans un roman de la même époque et du même cycle,
une jeune fille, parlant de celui qu'elle aime, s'écrie em-
portée par la passion :

---

[1] On trouve fréquemment, dans les anciens inventaires, des mentions de coussins couverts de siglaton ou d'autres tissus précieux : « Pulvinar S. Edithæ de
panno de ciglatun. » *The Hist. of St. Paul's Cathedral,* pag. 316, col. 1. —
« Item, unum pulvinar consutum de serico scutelato, » etc. *Ibid.*, col. 2. —
« Item duo pulvinaria antiqua breudata. Item, septem alia consuta de serico, et
duo de panno inciso, et unum opertum de ciglatoun, » etc. *Ibid.*

> S'il avoit un sac endossé,
> Et jou un *siglaton* ouvré,
> S'est-il de moi plus biaus cent tans.
>> *Le Roman des Aventures de Fregus*, pag. 219.

Mais le siglaton n'était pas uniquement réservé aux femmes; les hommes portaient également des habits de cette étoffe. Dans le *Roman de Perceval*,

> Li rois le couvertoir osta,
> Et le chevalier esgarda
> Qui ot vestu .i. auqueton
> De samit et de *siglaton*.
>> Ms. de la Bibl. nat. n° 430, fol. 141 recto, col. 1, dernier vers.

Plus loin, Chrétien dit d'un autre personnage :

> Si remaint en .i. auqueton
> Pourpoint d'un vermeil *ciglaton*.
>> *Ibid.*, fol. 155 verso, col. 1, v. 37.

Le comte de Poitiers, en face d'un lion ,

> Le mantel sebelin li tent,
> Et li lions tot le porfent,
> Le bliaut du cher *siglaton*, etc.
>> *Roman du comte de Poitiers*, pag. 26, v. 584.

Le Cid, dans les grands jours, se vêtait de siglaton :

> No s' detiene por nada el que en buen ora nació...
> Vistió camisa de ranzal tan blanca como el sol...
> Sobr'ella un brial primo de *ciclaton* ;
> Obrado es con oro, parecen poró son.
>> *Poema del Cid*, v. 3095. (Colec. de poes. cast., tom. I. pag. 347.)

Foulques, neveu de Gérard de Rossillon, se rendant à Orléans auprès de Charles Martel, était vêtu de siglaton, lui et sa suite :

Emploi du siglaton pour vêtements d'homme.

> Era s'en vai dons F. e siei baro,
> E so .c. chevalier d'aital faiso,
> Vesten bliaut de pali e *cisclato*, etc.
>
> *Roman de Gerard de Rossillon*, fol. 15 verso, v. 10.

Guillems se rendant aux bains où il doit trouver son amie,

> Blisaut portet de *cisclaton* ,
> Ben fait e fronzit per razon.
>
> *Flamenca*, Ms. de Carcassonne, fol. ct recto, v. 9.

Ailleurs, ce sont les guerriers de l'armée de Simon de Montfort qui portent des vêtements de cette étoffe :

> Mots ausbercs an vestitz e mot bon gonion,
> E desus mot perpung e suot de *sisclaton*.
>
> *Histoire de la croisade contre les heretiques albigeois*, pag. 182.
> v. 3553.

Au banquet du couronnement d'Arthur,

> Le senescax Kex avoit non,
> Vestus d'un vermel *siglaton*
> Cil servi al mangier le roi.
>
> *Le Roman de Brut*, tom. II, pag. 107, v. 10, 711.

Cottes d'armes de siglaton.

On en faisait des cottes d'armes qui portaient le nom de l'étoffe elle-même. Dans une certaine occasion, on en put voir une à Henri de Transtamarre,

> Qui devant sa bataille venoit sor un gascon,
> Armez et haubergez, couvert du *siglaton*.
>
> *Chronique de Bertrand du Guesclin*, tom. II, pag. 96, v. 16135.

Le siglaton répandu en Angleterre.

Comme chez nos voisins du midi, le siglaton était également répandu en Angleterre à la même époque. Dans un de ses contes, Chaucer représente Sir Thopas vêtu d'une robe de cette étoffe :

His robe was of *chekelatoun*,
That coste many a jane.

> The Rime of Sire Thopas, st. iv. (The Canterbury Tales, etc.
> London : printed for W. Pickering, MDCCCXXII, in-8°, vol. III.
> pag. 70, v. 13664.)

Tyrwhitt fait observer, à cet endroit, que plusieurs manuscrits donnent *ciclaton* : il eût mieux fait encore en adoptant cette version ; de même que Sanchez, dans la vie de saint Dominique de Silos, aurait dû imprimer *ciclatones* au lieu d'*ojolatones* :

> Con almátigas blancas de finos *ciclatones*
> En cabo de la puent estaban dos varones,
> Los pechos ofresados, mangas é cabezones.
>
> Copl. 232. (Colec. de poes. cast., etc., tom. II, pag. 30.)

Jusqu'à présent nous avons vu le siglaton employé pour des vêtements supérieurs ; on en faisait encore des chausses. Un trouvère décrivant le costume d'un Sarrasin, qu'il habille à la façon des barons de l'Occident, nous dit que

Chausses de siglaton.

> Il ot mantel de paile, bliaut de pourpre tir,
> Cauches de *siglaton*, blanches com flor de lis.
>
> La Chanson d'Antioche, ch. v, coupl. xv ; édit. de M. P. Paris,
> tom. II, pag. 29.

Qui sait si le chantre des malheurs de Parise n'a point songé au siglaton quand il représente Béranger promettant à un garçon l'habillement d'un gentilhomme :

> Un hermin peliçon,
> Unes chauces de paile, soliers poinz à lion[1] ?
>
> Li Romans de Parise la duchesse, pag. 9.

---

[1] L'éditeur a le tort d'écrire *Lion* avec un *L*, et le tort plus grand d'écrire en note : « L'art de la broderie s'exerçait déjà en la ville de Lyon, et jusque sur les chaussures communes aux deux sexes. » Peut-être aussi M. de Laborde n'est-il pas

Coup d'œil
sur les chausses
au moyen âge.

Ces chausses, pendant longtemps, consistèrent en une enveloppe de feutre et en bandelettes que l'on croisait dessus. Plus tard, cette enveloppe en vint à être d'une

---

plus fondé à écrire avec une grande lettre un mot qui se trouve dans un compte de 1432-33 : « Pour xviii regnardeaux miz et employez en la fourrure d'une robe à façon de Lyon, » etc. *Les Ducs de Bourgogne*, IIe part., pag. 304, n° 1066.

Les *soliers poinz à lion* que nous avons vus tout à l'heure, me paraissent avoir été des souliers sur lesquels se voyait en broderie, ou autrement, la représentation de cet animal, que l'on aimait à multiplier sur les vêtements et ailleurs. J'ouvre les *Comptes de l'argenterie*, et j'y vois, pag. 139, une somme marquée « pour la façon et paine de broder et cointir lesdiz sollers : c'est assavoir ouvrez de broderie à une frese d'or trait par losenges, et sur la frete, ajoute Étienne de la Fontaine, a quintes feuilles d'or trait.., et sur le losenge un lyon, » etc. Le roi Magnus, mort en 1103, portait deux lions sur sa cotte d'armes de soie rouge, l'un par devant, l'autre par derrière. (*Hist. Magni Nudipedis*, cap. xxxv.—*Scripta historica Islandorum*, etc., vol. VII, pag. 71), et Geoffroi le Bel, que le moine de Marmoutier nous montre, dans une circonstance, chaussé de chausses de soie, *caligis holosericis*, avait des lionceaux d'or peints sur son écu (*Joann. mon. Major. Monast. Hist. Gauffred. duc. Norman.*, etc. Paris., M.DC.X., in-8°, pag. 17, 18), décoration assez ordinaire pour autoriser un trouvère à dire dans le récit d'un combat :

Parmi les escus à lions
Se passerent les gonfanons.
    C'est de Troies, Ms. 6987, fol. 87 verso, col. 2, v. 55.

Je ne serais point surpris que nos ancêtres n'eussent attaché quelque idée superstitieuse à cette représentation du lion, dont la peau était employée en médecine, au xiiie et au xive siècle, à cause des vertus que l'on lui supposait. Gui de Chauliac enregistre, parmi les préservatifs du mal de reins et de la gravelle, la coutume où l'on était jadis de porter autour du corps, dans une ceinture de veau marin ou de peau de lion, l'image d'un lion sculptée en or, pendant que le soleil séjournait dans le signe du Lion. (*Dn. Guid. de Cauliaco, Chirurg.*, tract. VI, doctrin. II, cap. 7. *De lapide in vesica.*) Sur quoi, un médecin du xvie siècle, Laurent Joubert, le traducteur et le commentateur le plus renommé de Gui de Chauliac, ne craint pas d'affirmer l'efficacité de ce remède, sur la foi du Conciliateur, qui dit avoir éprouvé *lui-même* « que la figure du Lyon imprimée en or, le Soleil estant au milieu du ciel, avec le cœur du Lyon, regardant Iupiter ou Venus, les mauvais et infortunez signes descendans, oste la douleur des rognons. » Voyez *Annotations de M. Laurent Joubert*, sur *toute la Chirurgie de M. Guy de Chauliac*. A Tournon, par Claude Michel, 1598, in-8°, pag. 255.

On trouve dans l'inventaire des joyaux de Pierre de Gaveston, dressé en 1313, et publié par Rymer (*Fœdera*, etc., ed. tertia, tom. sec. pars I et II, pag. 31,

étoffe précieuse, sur laqu   on laçait la chausse proprement dite :

> Sor un brun paile fit sa chauces lacier...
> Ses conoisances furent d'un paile chier.
>
> *Roman d'Aubri le Bourguignon*, à la suite de celui de Fiera-
> bras, pag. 183, col. 2.

L'étoffe du pennon du roi de Frise, dont il s'agit, nous
révèle celle des chausses royales, ou plutôt du fond sur
lequel on les laçaiı; car par le mot *paile* nous entendons un
tissu de prix, et nous savons que les bannières et étendards,
grands et petits, étaient de soie. S'il n'était point rare de voir,
chez nos ancêtres, des chausses de pareille matière, on peut
dire qu'il y avait là certainement un grand luxe, comparable
à celui des Grecs du Bas-Empire, auxquels saint Jean Chrysostome adressait le reproche de mettre à des chaussures la
soie qu'il n'est pas honnête, dit-il, d'employer à des vêtements [1].

Nous avons vu plus haut le cendal employé à des ten-

(marginal note: Chausses d'une étoffe pré-cieuse en tout ou en partie)

(marginal note: Tentures en siglaton.)

---

col. 1), « une autre ceinture de quir de lioun, harnessé d'or od camaeux, » et
l'inventaire de Charles V renferme, sous le n° 787, « ung courroye de cuir de lyon
sans nulle ferrure, en laquelle a cousu encontre en ung cendal troys enseignes
d'or qui ont esté faictes pour le mal des rains. » Ms. 8356, fol. iiij^xx vj verso.

Pour en revenir aux souliers peints ou brodés qui nous ont donné lieu à faire
ces remarques, il paraît que leur usage fut de bonne heure général en Europe. Ils
étaient ornés de dessins en fils de soie ou d'or, au témoignage d'un historien du
nord, qui nous apprend que la mode en vint dans son pays sous le roi Olaf, avec
bien d'autres habitudes de luxe. Voyez *De Magno et Olavo, Haraldi filiis*, cap. III.
(*Scripta historica Islandorum*, vol. VI, pag. 411.)

[1] Φέρε οὖν αὐτὸ ἐξετάσωμεν, καὶ ἴδωμεν ὁποῖόν ἐστι κακόν. Ὅταν γὰρ τὰ νήματα τὰ
σηρικὰ, ἃ μηδὲ ἐν ἱματίοις ὑφαίνεσθαι καλὸν, ταῦτα ἐν ὑποδήμασι διαῤῥάπτητε, πόσης
ὕβρεως, πόσου γέλωτος ταῦτα ἄξια; S. Joann. Chrysost. in Matthæum Homil. XLIX,
al. L. (Oper. ed. Paris. pr., in-fol., tom. VII, pag. 510, B; ed. alt. Paris.,
in-8°, tom. VII, pag. 574.)

tures : il paraît que l'on se servait aussi du siglaton pour le même usage ; du moins un ancien trouvère parle

> D'une grant chambre portendue
> De *syglatons* et de cendaus.
>
> Roman de Perceval, Ms. suppl. fr. n° 430, fol. 187 verso,
> col. 1, v. 41.

Couvertures de cheval en siglaton.

On couvrait également les chevaux de bataille, surtout quand ils devaient figurer dans des cérémonies et dans des tournois, de housses faites de siglaton et d'autres tissus précieux :

> Unques ne fu cevalx de sa fachon :
> Noire ot la teste et vermel le crepon...
> Les crins goutés comme penne de paon [1],
> Qui plus reluisent que or fin ne laiton ;
> Covers estoit d'un vermeil *siglaton*.
>
> La Chevalerie Ogier de Danemarche, tom. II, pag. 507,
> v. 12160, 12166.

Dans son combat contre Olivier, Roland lui porte un

---

[1] Ce vers explique de la façon la plus satisfaisante le mot *gouté*, qu'on lit dans les vers suivants :

> Son el[me] lace, s'a la coiffe noée
> A .xiij. laz d'une soie goutée ;
> One n'ot plus riche jusqu'à là mer Betée.
>
> La Chevalerie Vivien, citée dans le Glossaire et index de la
> Chanson de Roland, pag. 220, col. 1.

Voyez encore le *Roman de Troies*, Ms. 6987, fol. 81 verso, col. 3, v. 14 ; fol. 92 verso, col. 1, v. 5 ; et le *Compte Lucas le Borgne*, etc. (1340), dans la *Collect. des meill. dissert.*, etc., tom. XIX, pag. 85.

Je me figure que la cotte d'armes de Charles-Quint, quand l'abbé Maurolyco le vit pour la première fois, en 1536, à son entrée à Messine, était de soie *goutée* : « Memini me tunc... primum vidisse Cæsarem equo baio vectum, sericato sago punctis aureis distincto, galero annulatim texto venientem. » *Select. loc. quorumd. insig. cons. omiss. in lib. VI Rer. Sican. Maur. abb.*, etc. (*Steph. Baluzii Miscell. Lib. II*, edit. in-8°, pag. 330. — *Sican. rer. Compend.*, cl. Fr. Maurol. abb. auth., etc. Messanæ, ann. MDCCXVI., in-fol., pag. 244, col. 1.)

coup terrible qui tranche le feutre de siglaton rouge dont le cheval de son adversaire était couvert :

> Li colz dessant contreval à bandon,
> Derrier l'arson consui l'aragon,
> Tranche le fautre dou vermoil *siglaton* [1].

Extraits du Roman de Gérard de Vienne, v. 2371. (*Der Roman von Fierabras, Provenzalisch,* pag. xxxvi, col. 1.

Un autre romancier, parlant d'un infidèle, dit :

> Premier s'est desrengé Hervieu de Mobrandon,
> Et sciet sur ung cheval qui couroit de rendon.
> Le payen l'eust couvert d'un vermeil *singlaton.*

Le Lievre du roy Charlemaine, Ms. du Musée britannique. Bibl. reg. 15. E. vi., fol. xxv verso, col. 1, v. 3.

Dans nos anciens romans il est souvent question de chevaux couverts de soie, entre autres de siglaton :

> Qui donc fust en l'ost, si véist maint baron....
> Et tant corant cheval arabi et gascon
> Covert de riche paile dès ci que au talon,
> Et li pluisor de pourpre, auquant de *siglaton.*

La Chanson d'Antioche, ch. iv, coupl. xxxiii; édit. de M. Paris, tom. Ier, pag. 252.

> Ci vient la plus fiere oz c'onques véissiez mais.....
> N'a cheval an la rote qi soit las ne estrais,
> De riche drap de soie est coverz li plus lais.

La Chanson des Saxons, tom. Ier, pag. 71.

Chevaux couverts de pourpre et de soie.

La mode de parer ainsi les chevaux était même devenue si générale, qu'elle s'étendait jusqu'aux chevaliers du

Extension de la mode de parer ainsi les chevaux.

[1] Dans un autre roman, il est également question de feutre de siglaton :

> Sor .j. *feltre de siglaton*
> Le colcierent, s'el desarmerent.

C'est de Troies, Ms. de la Bibl. nat. n° 6987, fol. 99 recto, col. 3, v. 18.

Temple, auxquels saint Bernard reprochait, entre autres choses, les housses de soie de leurs dextriers, leurs cottes d'armes, les peintures de leurs lances, de leurs écus et de leurs selles [1].

Cette mode était également usitée en Orient

Sous ce dernier rapport, pour le dire en passant, les Templiers ne faisaient qu'obéir à la mode qui régnait alors [2] : Pour ce qui est de l'usage de couvrir les chevaux de riches étoffes de soie, s'il n'avait point été pris des Orientaux, au moins il existait chez eux à la même époque, à un siècle près. Marco Polo, parlant *de la grant feste que fait le grant Can de lor chief de l'an*, ajoute : « Et encore celui jor hi vienent les sien leofant, qe bien sunt cinq mille, tuit covers de biaus dras entailliés à bestes et à oisiaus [3]. »

Un rimeur du xiv siècle, parlant des Égyptiens, à qui Pierre de Lusignan faisait la guerre, dit :

> Leur cheval estoient couvert
> L'un de jaune, l'autre de vert,
> De moult d'estranges couvertures
> Et de sauvages pourtraitures.
>
> *La Prise d'Alixandre*, par Guill. de Machaut, Ms. de la Bibl.
> nat., suppl. fr., n° 43, fol. cc. xxviij recto, col. 3, v. 5.

---

[1] S. *Bernard. abb. Lib. de Laude nov. milit. ad milit. Templi*, cap. 11. (S. *Bern. Oper.*, vol. I, Paris., m dcc xix, in-fol., col. 551, D.) Voyez aussi la Dissertation I. de du Cange, sur l'Histoire de S. Louys, par Jean sire de Joinville, pag. 128, 129.

[2]
> Des seles furent tuit doré li arçon
> A flors, à beste pointuré environ.
>> *Roman de Gérard de Vienne*, cité à la suite de celui de
>> Fierabras, pag. 166, col. 1.

[3] *Voyage de Marc Pol*, édit. de la Société de Géographie, ch. lxxxix, pag. 57. Le texte latin correspondant, qui se trouve liv. II, chap. xv, pag. 378, est ainsi conçu : « Et in illa die veniunt simul ad eum plus quam quinque millia elefantorum, et omnes sunt cooperti pannis de auro et de sirico. »

Parmi ces couvertures il y en avait sans doute de siglaton, bien que cette étoffe paraisse avoir été surtout rouge[1]. En effet, le siglaton, nous l'avons vu il n'y a qu'un instant, était ouvré comme le samit, soit au métier, soit à l'aiguille; on y représentait, entre autres, des bêtes et des oiseaux :

Dessins
retracés sur le
siglaton ; bêtes et
oiseaux

> In a robe ryght ryall bowne,
>   Of a redd syclatowne,
>   Be hur fadur syde;
>   A coronell on hur hedd sett,
> Hur clothys wyth bestes and byrdes wer bete,
>   All abowte for pryde.
>
> Le bone Florence of Rome, v. 175. (Anc. Engl. metr. Rom.,
>   tom. III, pag. 8 et 9.)

Il y a donc lieu de croire qu'Esmeré était vêtu de siglaton :

> Esmerez fu vestiz d'une robe jolie,
> Qui estoit de fin or, à brodure furnie.
> N'avoit au siecle oisel, tant com li mons tournie,
> Dont la robe ne fust en samblanche querquie.
>
> Li Romans de Bauduin de Seboure, ch. 11, v. 868; tom. 1er,
>   pag. 58.

Toutefois, on peut croire que l'ornementation du siglaton ne se bornait pas à un seul dessin; nous en trouvons un autre décrit dans un roman quelque peu antérieur :

Siglaton vert
semé de croix
d'or.

> Apresté sont li garnement,
>   Merveilles riche et bon et bel;

---

[1] L'autre jour en .i. paveillon
Plus vermeil que nul siglaton,
Ving, etc.
        Roman de Perceval, Ms. suppl. fr. n° 430, fol. 254 recto,
            col. 1, v. 3.

D'un *siglaton* frès et novel,
Vert à crois d'or estincelé.

Roman de Guillaume de Palerne, Ms. de la Bibl. de l'Arsenal, B. L. F. in-4°, n° 178, folio 441 verso, col. 2, v. 22.

Place occupée par le siglaton parmi les tissus précieux. Le siglaton méritait donc bien le nom de drap d'or qu'il porte dans certains inventaires[1], l'épithète de *riche* et la place qu'on lui donne dans les romans, où il est fréquemment nommé avec les étoffes les plus luxueuses, avec les métaux précieux :

Moult tost sont li cendal et li paile aporté,
Li riche *siglaton* et li samit ouvré[2].

La Chanson d'Antioche, ch. II, coupl. XI; édit. de M. Paris,
tom. I⁰ʳ, pag. 90.

Moult i ont trové or et paile d'Aumarie,
Argent et *siglatons* et sables de Roussie.

Ibid., ch. IV, coupl. XXV; tom. I⁰ʳ, pag. 239.

Assés aurés chiens et oiseaus...
Pailes, *siglatons* et cendaus,
Dras rices et emperiaus.

Partonopeus de Blois, tom. I⁰ʳ, pag. 50, v. 1449.

Il lor dist : « Chargiés à plenté
Sour les sommiers dras d'escarlates,
Et biaus joiaus d'or et de plates,

---

[1] « Item, capa Johannis Mauasel, de panno aureo qui vocatur ciclatoun. » *Visit. facta in thesauro S. Pauli Lond... An. Grat.* MCCXCV, etc. (*The Hist. of St. Paul's Cathedral*, etc., append., n° XXVIII, pag. 318, col. 2.)

[2] Les variantes donnent :

Moult sont tost li cendal et li paile aporté,
Et li vert bogeran et li samit roé;

et

Moult tost sont li bliaut et li paile aporté,
Et li vair *siglaton* et li samit roé.

Voyez la note de l'éditeur.

> Et dras où il a maintes roies,
> Vairs et gris, *siglatons* de soie.

Roman de Mahomet, pag. 11, v. 202.

Les siglatons les plus prisés venaient d'Espagne, sans aucun doute de l'Espagne musulmane, et plus particulièrement d'Alméria, sur la côte d'Andalousie :

> Cil est privés de li, ne l' mescreés-vos mie,
> Qui par armes conquist pris de cevalerie ;
> Et lor donoit grans dons, car de biens est garnie,
> Les biaus cevaus d'Arabe et les murs de Surie,
> Les *siglatóns* d'Espagne, les pales d'Aumarie.

Li Romans d'Alixandre, pag. 4, v. 20.

Il en venait aussi d'Alexandrie, qui était, au moyen âge, le principal entrepôt du commerce des chrétiens avec les Sarrasins. Partonopeus arrivé au donjon du château de son amie,

> Iluec descent, entre en la tor....
> Et quant est venus as creteaus....
> Esgarde vers solel levant,
> Et voit la mer qui dure tant
> Que nus n'en puet véir le fin.
> Par là li palie alixandrin
> Vienent et li bon *siglaton*,
> Li muelekin et li mangon, etc.

Partonopeus de Blois, tom. Ier, pag. 66, v. 1615.

Comme le fait remarquer M. Dozy, le *siklatoun* (سقلاطون) de Bagdad jouissait d'une grande réputation [1]. On faisait éga-

Provenance des siglatons : siglaton d'Alméria.

Siglaton d'Alexandrie.

Siglaton de Bagdad, de Perse et d'Arménie.

---

[1] Le savant Hollandais cite an-Nowairi, *Encyclopédie*, man. 273, pag. 96 ; Ibn-Haiyán *apud* Ibn-Bassám, man. de Gotha, fol. 4 r., où on lit, dit-il سقلاطونى . Il ajoute : « Le mot allemand *ciclát* répond, non pas à سقلاطون, mais à سقلاط, que l'on rencontre dans les *Mille et une Nuits*, dans l'*Histoire d'Égypte*, par an-

lement du siglaton en Perse et dans la grande Arménie, comme on le voit par le traité arabe de géographie de Cazouyni, qui dit que dans la ville de Tauris il se fabriquait, entre autres étoffes, du *siclatoun*[1], et par le dictionnaire persan indigène, intitulé *Borhani-Cathi* et imprimé à Calcutta en 1818, où l'on trouve, sous les mots *siclathoun, siclathyn*[2], que c'était le nom d'une étoffe de Naktchivan.

Il est donc bien prouvé que le siglaton, comme son nom, venait de l'Orient. Seulement on peut se demander si le terme arabe n'a pas été emprunté à quelque autre langue. Du Cange dérive, avec assez de vraisemblance, le mot

---

Nowairi (man. 2 a, fol. 33 r.), etc. J'ignore s'il y a quelque différence entre le ســقلاط et le ســقلاطون; mais ces mots dérivent tous les deux de *cyclas*. » Voyez *Histoire de l'Afrique et de l'Espagne intitulée* Al-Bayâno 'l mogrib, *par Ibn-Adhâri* (*de Maroc*), etc., second vol., Leyde, chez E. J. Brill, 1849-1851, in-8°, glossaire, pag. 24, au mot ســقلاطون, que M. Dozy traduit par *étoffe de soie brochée d'or.*

Ibn Alathir, comme veut bien me l'apprendre M. Defrémery, rapporte que le khalife de Bagdad, Mostarchid-Billah, mort en 1135, ayant aboli la ferme du fil d'or, mit par là un terme aux vexations auxquelles les fabricants de siklatoun et de momavvadj (Cf. Dozy, *Dictionn.*, pag. 328, note), et les autres artisans qui employaient cette matière, étaient en butte de la part des préposés. واطلق ضمان غزل الذهب وكان صناع السقلاطون والممزج (sic) وغيرهم ممن يعمل منه يلقون شدة من العمال عليها واذى عظيما (*Histoire universelle*, Ms. arabe de la bibl. nationale, supplément n° 740 bis, tom. V, fol. 147 recto.)

[1] *Atsar-al-bilad*, édit. de Gœttingue, 1848, in-8°, pag. 227.

[2] *Siclatoun* s'écrit également *siclat* et *sidjlat*. On trouve aussi les formes *sekerlat* et *eskerlat*, ce qui répond évidemment à notre mot *écarlate*. Dans le dictionnaire que nous avons cité, on trouve *sekirlat, sekirlath* et *sekillath*, avec la signification d'étoffe de laine qui se fabrique dans le pays des Francs et dans celui des Romains (l'empire grec). C'est probablement à cet ouvrage qu'a été emprunté ce qui se trouve dans le Dictionnaire arabe, persan et turk de Meninski. Voyez les remarques de M. Reinaud sur le mot *ciclatum* de la *Chanson de Roland*, dans l'*Illustration*, n° du 2 août 1851, vol. XVIII, n° 440, pag. 70, col. 1 et 2.

siglaton du grec κύκλος, à cause de la forme du vêtement qui portait primitivement ce nom [1], et il appuie son opinion de passages qui me paraissent l'établir d'une manière inébranlable. Il faut donc s'inscrire en faux, avec lui, contre l'étymologie qu'assigne à ce mot Guillaume le Breton, dans un passage important pour l'histoire de la petite ville de Damme, qui recevait dans son port, dit-il, des marchandises apportées par mer de toutes les parties du monde, entre autres, les étoffes des Phéniciens, les produits de l'industrie des Sères et des Cyclades :

Stamina Phœnicum , Serum , Cycladumque labores.

Guill. Brit. Philipp., lib. IX, v. 383. (*Rec. des hist. des Gaules*, tom. XVII, pag. 234, D.)

---

[1] Dans l'Histoire Auguste, le mot *cyclas* se prend toujours dans le sens de robe , de tunique de prix. Suétone (*C. Caligula*, cap. LII) rapporte que le successeur de Tibère paraissait quelquefois en public avec une robe de soie et une tunique ornée d'une riche bordure, *aliquando sericatus , et cycladatus*. Lampride (*Alexander Severus*, cap. XL) nous apprend que cet empereur vendit toutes ses pierreries, disant que ce luxe ne convenait point aux hommes, et que les femmes de la cour devaient se contenter, entre autres choses, d'une robe de cérémonie où il y eût tout au plus six onces d'or, « *et cyclade quæ sex unciis auri plus non haberet.* » Enfin Vopisque, dans sa vie de Saturnin, dit qu'il fut revêtu d'une robe de femme faite de pourpre enlevée à une statue de Vénus, et qu'en ce costume il reçut les hommages des soldats qui l'entouraient : *Deposita purpura ex simulacro Veneris*, cyclade *uxoria militibus circunstantibus amictus, et adoratus est*.

Ce mot conserva sa signification pendant le moyen âge. Le moine de Marmoutier décrivant le costume de son héros, s'exprime ainsi : « Gauffredus bysso retorta ad carnem induitur, cyclade auro texta supervestitur, » etc. (*Joann. mon. major. Monast. Hist. Gauffr. duc. Normann.*, etc., Paris., M.DC.X., in-8°, lib. 1, pag. 17.) Henri de Knyghton, racontant l'entrée de Richard II à Londres, en 1392, nous apprend que les bourgeois étaient vêtus de riches habits, *vestibus culoribus, aureis et argenteis, velvetis, syndonicis sicaldibus*. Voyez *Henr. de Knyghton de Eventibus Angliæ*, liv. V (*Hist. Anglic. Script. X*, tom. II, col. 2740, lin. 51, 52), sans oublier de remarquer le changement qu'apporterait une virgule avant *sicladibus*, qui pourrait ainsi être rendu par *de siglaton*.

Au XIV° siècle, le siglaton cessa de nous être exclusivement fourni par l'Orient; il en arrivait aussi de Lucques,
comme le prouve un article de l'inventaire du garde-meuble
de l'argenterie dressé en 1353, où l'on voit marquée « une
pièce de *chigaton de Lucques*... prisée xv escuz [1]. »

Avec le samit, le cendal, le siglaton et d'autres étoffes
précieuses répandues en Occident pendant les XII°, XIII° et
XIV° siècles, nous avons déjà vu mentionner des diapres, et
citer ceux d'Antioche : cette ville était, à ce qu'il paraît, véritablement renommée pour ce genre d'étoffes [2], dont on
faisait, chez nous, des ornements d'église, comme en témoignent nombre d'articles d'anciens inventaires [3], et que
l'on employait également au costume des classes élevées :

---

[1] *Comptes de l'argenterie*, etc., pag. 328 et 361, col. 1.

[2] « Item capa domini Edmundi comitis Cornubiæ de quodam *diaspero* Antioch':
coloris, tegulata cum arboribus et avibus diasperatis, quarum capita, pectora
et pedes, et flores in medio arborum sunt de aurifilo contextæ. » *Visit. facta in
thesaur. S. Pauli Lond.*, *An. Grat.* M CC XCV, etc. (*The Hist. of St. Paul's Cathedral*, etc., append., n° XXVIII, pag. 318, col. 2.)

[3] « Item tria paria tunicarum et dalmaticarum de albo *diaspro*... — Item tunica
et dalmatica de albo *diaspro*... — Item tunica et dalmatica de albo *diaspro*, cum
citacis viribus in ramunculis. » *Ibid.*, pag. 322, col. 1.

« Item tunica de *diaspro* marmoreo spisso, stragulata cum aurifrigio. » *Ibid.*,
col. 2.

« Item une chapelle fournie cotidianne d'un *diapre* blanc à testes et à piez
d'oisiaux d'or, » etc. Inventaire des biens meubles de Louis le Hutin, en 1317.

« Primo una capella de *diaspro* rubeo... — Item tercia capella de *diaspro* ni-
gri coloris, » etc. Testament de Guillaume, cardinal du titre des Quatre Couronnés, etc., du 31 août 1342. (Bibl. nat., collect. Doat, tom. XLIII, fol. 239 recto
et verso.)

« Item invenimus plus quædam vestimenta sacerdotalia viridia pretiosa de
diaspris viridis... — Item invenimus plus quædam vestimenta sacerdotalia alba,
de *diaspris* albis... » Inventaire... des images... et autres ornemens d'église trouvés
au tresor de l'eglise de Fargues, etc. (Bibl. nat., coll. Doat, tom. CXIII, fol. 387
verso et 388 recto.)

„Vestus fu de *diaspre* [1], ouvrés à grant mestrise ;
Mantiel ot de samis à une penne grise.

> *Li Romans d'Alixandre*, pag. 538, v. 17.

D'un blanc *diaspre* estoit vestus.

> *D'Atis et de Prophelias*, Ms. de la Bibl. nat. n° 7191,
> fol. 124 verso, col. 1, v. 30.

Si fu d'un *dyapre* vestue
Blanc comme fleur, d'œuvre menue.

> *Roman de Perceval*, Ms. de la Bibl. nat. suppl. fr.
> n° 430, fol. 46 verso, col. 2, v. 31. Voy. encore fol. 214
> recto, col. 1, v. 5.

Devant li s'est agenoulliés,
Si l'a prise par le mantel
Fait d'un *dyaspre* rice et bel.

> *D'Amaldas et d'Idoine*, Ms. de la Bibl. nat. n° 6987, fol. 316
> recto, col. 4, v. 17.

Un *diaspre* vestic que lutz e flameya ;
Pus suau que pimen, de bon odor flayra.

> *Der Roman von Fierabras*, etc., pag. 129, v. 4355.

Emploi
du diaspre en or-
nements d'églises
et en vêtements
pour les classes
élevées

Ailleurs, ce sont des tentures faites de diapre, une couverture de lit formée de deux pièces de cette étoffe, et des
coussins recouverts de même :

> De jons, de metastre et de glais
> Sont totes joincies les rues,
> Et par desore portendues
> De cortines et de tapis,
> De *dyaspres* et de samis.
>
> > *Erec et Enide*, Ms. la Valliere n° 78, fol. 137 verso, col. 1, v. 7.

Tentures,
couvertures de
lits, coussins
en diapre.

---

[1] Le texte adopté par M. Michelant porte *bissarde*, et *diaspre* est rejeté en variante dans les notes. Nous ignorons ce que peut vouloir dire *bissarde* ; nous savons seulement que l'on appelait *bisette*, un passement, une sorte de dentelle,
nommée une fois dans un compte de 1352 (*Comptes de l'argenterie*, etc., pag. 298) ;
et deux fois dans les *Parties pour l'anniversaire du roy Philippe (VI)*, etc. (*Collection
des meilleures dissertations*, etc., tom. XIX, pag. 98.)

.I. couvertoir de .ii. *diapres*
Ot estendu desor la couche.

Le Roman du Chevalier de la Charrette, Reims, 1849, in-8°,
pag. 37, v. 24.

Auc no i a banc, mais de cuissis
Qu'eran tut cubert de *diaspres*[1].

Flamenca, Ms. de la Bibl. publ. de Carcassonne n° 681,
fol. 9 verso, v. 13.

Suaire,
Lousse de cheval
en diapre;
dessins retraces
sur cette étoffe.

Dans d'autres romans de la même époque, il est parlé de blanc diapre, employé comme suaire et comme housse de cheval, de blanc diapre ouvré en échiquier, de diapre à fleurettes d'or et de diapres *frès* :

Il le firent tout nu de ses dras despoillier,
Puis ont le cors lavé et très-bien fait nier,
D'un riche blanc *diaspre* le font estroit lier ;
En une haute biere le fisent puis couchier,
Couverte d'un sidoine qui moult fist à prisier.

La Chanson d'Antioche, ch. VIII, coupl. XLIV, tom. II,
pag. 253[2].

Puis demande son ceval blanc.....
Si fu covers d'un cier *diaspre*.
La vestéure del destrier
Font les dames apareillier ;
Tote fu broudée à orfrois.

De Blancandin, Ms. de la Bibl. nat. n° 6987, fol. 257 recto,
col. 2, v. 16.

Sour un bai sist Artumides.....
Tous fu covers d'un blanc *diaspre*.

D'Atis et de Prophelias, Ms. de la Bibl. nat. n° 7191,
fol. 163 verso, col. 4, v. 17.

---

[1] Comme dans le passage précédent, la rime du vers correspondant est *aspres* : ce qui ne laisse aucun doute sur la prononciation de ce mot.

[2] Voyez la note correspondante.

On li amaine un aufferrant coursier,
Et fu couvers d'un blanc *diaspre* chier [1]
Menuement ouvré à esquiekier.

Roman d'Ansëis de Carthage, Ms. 7191, fol. 9 verso,
col. 1, v. 19.

Baudoins, li niés Karlon, venoit toz sox errier...
Et sist ou vair d'Espaigne, qui molt fist à prisier,
Covert d'un blanc *dyaspre* ouvré à eschaqier [2].

La Chanson des Saxons, tom. Ier, pag. 110.

Une robe ot molt délitable
D'un *dyapre* à florettes d'or [3].

Roman de Perceval, Ms. de la Bibl. nat., suppl. fr. n° 130,
fol. 177 verso, col. 1, v. 34.

François facent le pont, cui vos donez l'or mer
Et les *diapres* frès qi tant font à prisier.

La Chanson des Saxons, tom. II, pag. 37.

Nous retrouvons encore le diapre dans un poëme de la fin du XIVe siècle. Henri de Transtamare, apprenant de Gilet la prise de Pierre le Cruel,

Son mantel qui estoit d'un *diapre* furnis,

---

[1] On trouve ailleurs le même dessin :

Sor son haubert ot connissance
De .ij. coulors de pailes ciers
Et entaillié par eskiekiers.

Li Sieges de Tebes, Ms. de la Bibl. nat. n° 6987, fol. 51
verso, col. 1, v. 30.

[2] L'un des trois manuscrits que nous avons choisi pour notre texte, porte *Covert d'un drap de soie*, etc., et l'autre *Dou blanc drapei*, etc.
[3] Plus loin, c'est une housse d'étoffe brune à fleurs d'argent :

Lez li la blanche mule estoit,
Atournée molt richement
De blanc lorain de fin argent
Et de sambue de brun paile
A fleurs d'argent fet à entaille.

Ibid., fol. 178 verso, col. 2, v. 35.

D'un ermine fourrez, tantost fu devestis;
A Gilet le donna, etc.

Chronique de Bertrand du Guesclin, tom. II, pag. 116,
v. 18706.

Provenance
du diapre

D'où venait cette étoffe? Vraisemblablement de Grèce; du moins Chrestien de Troyes nous dit d'Erec :

S'ot cote d'un *diaspre* noble
Qui fu fais en Costantinoble.

Roman d'Erec et d'Enide, Ms. de la Bibl. nat., fonds de la
Vallière, n° 78, fol. 119 verso, col. 2, v. 15.

Étymologie
du mot *diaper*

Cette indication d'origine et la couleur blanche généralement attribuée au diapre dans nos anciens poëmes, tout cela me fait pencher vers l'opinion de ceux qui pensent que ce mot vient du grec διασπρον, **deux fois blanc. Toutefois il**

Il y avait
des diapres de
toutes couleurs

faut prendre garde qu'il y avait des diapres de toutes les couleurs avant, mais surtout pendant le XIVᵉ siècle. Ainsi on lit dans le *Roman de Perceval* :

La coutepointe fu à or
D'un vert *dyapre* à bendes d'or.

Ms. de la Bibl. nat., suppl. fr. n° 430, fol. 142 recto, col. 1, v. 29.

On trouve dans l'Histoire des évêques d'Auxerre mention de quatre paires d'ornements sacerdotaux de diverses couleurs, tant de samit que de diapre [1]; et dans l'inventaire des ornements de l'église de Saint-Victor de Marseille, indication d'une dalmatique et d'un *floquet* [2] de diapre rouge.

---

[1] Cap. LXIV. (*Novæ Bibliothecæ manuscript. librorum Tomus primus*, pag. 505.)
Le donateur de ces ornements, Erard de Lesignes, fut évêque d'Auxerre depuis 1371 jusqu'en 1278.

[2] Voyez, sur ce mot, dont la signification n'a pas encore été clairement déterminée, le Glossaire de du Cange, au mot *Floquetus*, tom. III, pag. 324, col. 2. On y trouve la mention, d'après un ancien inventaire, d'une chapelle violette de diapre de diverses couleurs.

Notre roi Charles V possédait une « chappelle entiere de *dyapre* ynde azuré, semé de serpentelles et le bout des fueilles d'or de Chippre [1], » plusieurs chapelles de diapre noir, et une chape de même étoffe qui était « à lyons de soye et d'or [2]. » Enfin, l'un de ses successeurs, Charles VI, avait également « une chapelle entiere de *diapre* noir semé de solaiz [3], » et « une autre chapelle entiere de *diapre* vermaux à soleils d'or de Chypre [4]. »

A la même époque, il y avait en Angleterre une sorte de napes appelées *of dyaper work* dans des comptes de 1480 [5], et qui devaient sans doute ce nom, dont on trouve encore l'équivalent employé dans le siècle précédent pour désigner du métal travaillé d'une certaine façon [6], à leur ressemblance, pour le dessin, avec le diapré d'alors, plutôt qu'avec les diapres des âges plus anciens, depuis longtemps tombés dans l'oubli. En effet, il ne serait pas impossible que le diapré du xve siècle, au lieu d'être le fils du diapre en usage au xiiie, n'en fût que le petit-fils, et n'eût succédé directement à l'étoffe appelée *drap diapré* pendant le xive. Dans les

Napes of dyaper work, en Angleterre.

Filiation du diapré du xve siècle.

---

[1] Invent. de Charles V, Ms. de la Bibl. nat. n° 8356, fol. c.xiiij. verso, n° 1094.

[2] *Ibid.*, fol. cxv. verso, n° 1099. Voyez aussi les n° 1096, 1097, 1098.

[3] Chapelles du roi Charles VI (1424), dans la *Collection des meilleures dissertations*, etc., tom. XIX, pag. 230, 231.

[4] *Ibid.*, pag. 230.

Voyez bon nombre de passages latins cités dans le Glossaire de du Cange, aux mots *diasprus*, *diasperus*, *diapretus*, *diaspre* et *diasperatus*, tom. II, pag. 840, col. 1 et 2.

[5] *The Wardrobe Accounts of King Edward the Fourth*, à la suite de *Privy Purse Expenses of Elizabeth of York*, pag. 131, 139.

[6] « Duas cruces de argento, unam de *diaspro*, et unam de crystallo... paria, etc., tria paria candelabrorum de argento, et unum de *diaspro*, » etc. *Lib. anniversar. Basil. Vatic.*, fol. 144, ubi de Bonifacio VIII PP. (*Gloss. med. et inf. Latin.*, v° *Diasprus*, tom. II, pag. 840, col. 1.)

31

comptes qui nous restent de ce siècle et du suivant, le substantif des étoffes, surtout de celles de laine, est généralement omis, certainement parce qu'il l'était dans la conversation, et elles ne sont désignées que par leur couleur. Ainsi l'on disait un blanc, un blanc-gris, un gris, un noir, un bleu, un pers, un vert, un tanné, un marbré, etc., usage dont on retrouve des traces bien plus anciennes[1]. Seulement cette ma-

---

[1] Cette habitude existait déjà au xiiiᵉ siècle, pendant lequel, toutefois, elle parait avoir été moins répandue que dans les suivants :

Mabilete au cler vis s'est tantost atornée,
D'une cape de *pers* s'est molt bien atornée.
Roman de Garin de Monglane, Ms. du fonds de la Vallière,
n° 78, fol. 118 recto, col. 1, v. 28.

Ses robes estoient de *gris*.
Roman de la Manekine, pag. 179.

« ... et donoit robes aus chevaliers et aux nobles homes de *vert* ou d'autre drap de ceste maniere. » *Vie de saint Louis*, par le confesseur de la reine Marguerite, a la suite de l'*Hist. de saint Louis*, par J. de Joinville, édit. du Louvre, pag. 349. — « Il vesti puis tousjors robes de *blou* ou de *pers* tant seulement, » etc. *Ibid.*, pag. 361. Voyez aussi pag. 362.

« Et uus granz chevaliers va encontre sor un palefroi, une chape vestue de *brun* fresche. » *Roman de Lancelot du Lac*, pag. 18 de la publication de M. Jonckbloet, intitulée le *Roman de la Charrette*, etc. La Haye, Belinfante frères, 1850, in-4°.

Sans nous arrêter à un vers de la *Chronique de Bertrand du Guesclin*, par Cuvelier (tom. II, pag. 144, v 17518), nous ferons observer que cette manière de désigner les tissus par la couleur, était également usitée chez nos voisins. Dans le Décaméron (journ. VIII, nouv. II) une jeune fille parle de sa *gonella del perso*. L'écuyer de Chaucer

A yeman hadde he, and servantes no mo...
And he was cladde in cote and hode of *grene*....
And hom he bare, the baudrik was of *grene*.
The Canterbury Tales of Chaucer, the prologue, v. 105,
103, 116.

La prioresse

Of smale corall about hire arm she bare
A pair of bedes, gauded all with *grene*.
Ibid., v. 158.

On trouve dans l'inventaire des joyaux de Pierre de Gaveston « une autre chesible, tunicle, dalmaticle... de un drap de *vert* poudré de oiseaus et de poissons

nière de parler semble avoir été réservée pour les couleurs
les plus usitées, et l'on ne trouverait pas, je pense, ces expressions, un rose, pour dire un drap rose [1]; mais on rencontre aussi fréquemment des mentions de drap vert, de
drap gris, de drap brun. Quoi qu'il en soit, au xive siècle, les
draps diaprés étaient d'or et de soie, et venaient de Lucques [2].

---

d'or. » *De recept. et acquiet. pro jocal. cum P. de Gav. nup. capt.*, A D. 1313.
(*Fœd., conv.*, etc., ed. tertia, tom. sec. pars I et II, pag. 31, col. 3.)

Pour ce qui est de cette expression *poudré*, voyez-en d'autres exemples dans *The
Squyr of lowe Degree*, v. 840 (*Anc. Engl. metr. Rom.*, tom. III, pag. 180); et dans
l'*Index and Notes to the Wardrobe Accounts of King Edward IV*, pag. 242, col. 2.

[1] Les tissus de couleur rose, assez répandus autrefois, comme nous l'avons vu,
sous le nom de *rodinum*, étaient employés à toutes sortes d'usages, et l'auteur de la
vie de saint Eudes, archevêque de Canterbury (*Acta sanctor. ord. S. Bened.*,
sæc. v, pag. 295, n° 16), rapporte que le bienheureux, mort en 961, apparut
couvert d'un habit rose. Plus tard, cette couleur paraît avoir été exclusivement
affectée aux femmes d'origine noble. Un poëte du xiiie siècle dit d'une *dame :*

> Sa robe estoit d'un drap partis,
> Dont la color estoit rosine.
> *Roman de l'Esc ffle*, Ms. de l'Arsenal, B.-L. fr. in-4°,
> n° 178, fol. 17 recto, col. 1, v. 14.

Dans le compte de Geoffroi de Fleuri (1316), on voit « une escarlate *rosée*...
pour faire une robe à madame la royne; » et dans un compte de 1388 figure une
cotte hardie de même étoffe pour Isabeau de Bavière. Voyez les *Comptes de l'argenterie*, etc., pag. 28 et 365, col. 2.

Les « vingt pièces de draps d'or très-fins sur champ roze, » mentionnées dans
l'inventaire de Charles V, fol. ije. x. recto, n° 2334, étaient vraisemblablement
destinées de même à l'usage de quelque noble dame.

A Bologne, depuis une ordonnance rendue en 1453 et rapportée par Hüllmann
(*Stædtwesen des Mittelalters*. Bonn, 1829, in-8°, tom. IV, pag. 141), qui cite les
Statuta Bononiæ I. 363, les dames ou demoiselles de l'ancienne noblesse pouvaient
porter des vêtements de satin ou de laine de couleur cramoisie ou d'un rouge rose;
et dans un compte de la cour de Bourgogne, publié par M. de Laborde, nous
trouvons « sept aulnes de drap de layne rose, » pour une noble demoiselle à qui
cette nuance était permise en raison de son rang. Voyez *les Ducs de Bourgogne*,
IIe partie, tom. Ier, pag. 454, n° 1737.

Il n'est personne qui ne sache qu'encore aujourd'hui le rose est la couleur affectée aux jeunes enfants du sexe féminin. S'agit-il d'en baptiser un, le confiseur
ne manque jamais d'attacher les bonbons avec des faveurs roses.

[2] « Pour vj. dras d'or et de soye diapré couvert d'or, le plus de blanc, et viij.

On en peut dire autant d'une autre étoffe dont le nom s'éloigne bien peu de celle dont il vient d'être question. Je veux parler du *dyaspmel* ou *dyaspinel*, qui peut-être n'était pas autre chose que le diapre du XIVe siècle, et qui certainement était en usage chez nous à cette époque; on l'employait à faire des chasubles, des chapes et autres ornements d'église[1] : ce qui indique suffisamment que c'était une étoffe de prix. L'épithète de *viez* qu'on lui donne dans un inventaire de 1389, autorise presque à penser qu'il y avait du *dyaspmel* dès le XIIIe siècle.

A cette époque existait déjà le tabis, espèce de gros taffetas ondé, dont je n'ai rencontré le nom que dans un seul écrivain contemporain[2], mais qui est souvent mentionné dans l'inventaire de Charles V, où l'on trouve des pièces, des robes, des houppelandes, des surcots, des custodes de *zatabiz*, de toutes les nuances[3]. Sûrement cette étoffe était de soie; toutefois on est autorisé à la croire mélangée de coton,

---

dras d'or et de soye diapré blancs de Lucques, et v dras diaprez et vermeils de Lucques, et trois dras diaprez d'azur de Lucques... xiiij l. tz. la pièce, » etc. *C'est le compte de Michel de Bourdene des choses appartenans à la chambre le roy* (Philippe le Bel), etc., ann. 1306, 1307. (*Coll. des meill. dissert.*, tom. XIX, pag. 46, 47.)

Outre le Glossaire de du Cange, voyez, pour le sens exact du mot *diapré*, une note de Warton à un vers de *The Squier of low degree*, dans *The History of English Poetry*, sect. V; édit. de 1840, vol. I, pag. 177, not. *y*.

[1] « Une chasuble... dalmatique et tunique... tout de drap de *dyaspmel* de Lucques, forment usez, » etc. *Inventaire après le décès de Richard Picque, archevéque de Reims*, 1389. (Société des bibliophiles de Reims, M DCCC XLII, in-18, pag. 39; *Trésors des églises de Reims*, pag. 97.) — « Une chappe noire de drap de *dyaspinel*, » etc. *Ibid.* — « Une chasuble d'un viez *dyaspinel*, » etc. *Invent.*, pag. 39; *Trésors*, pag. 98.

[2] *Vincent. Bellovac. Spec. hist.*, lib. XXXI, cap. CXLII.

[3] Voyez les n°s 3334, 3335, 3353, 3358, 3359, 3484-3486, 3491, 3494, 3495, 3497, 3498, 3509 et 3533.

en lisant dans l'article du voyageur Ibn-Djobaïr sur Bagdad, ce passage qui fixe à merveille l'étymologie et le véritable sens de عتابي (*atabi*), d'où est né le mot qui nous occupe : « Parmi les quartiers de la ville, dit-il, il y en a un qui porte le nom d'*otâbïiah*, où l'on fabrique les étoffes appelées *otabi*, qui se composent de soie et coton de diverses couleurs[1]. »

Etymologie du mot tabis.

Au xiiie siècle, et même auparavant, il y avait encore une étoffe nommée *escarimant*, dont il nous est impossible de déterminer la nature, mais qui certainement était tenue en grande estime : Charlemagne ayant trouvé le roi Hugon où il était occupé à labourer,

Escarimant.

> Là sist l'emperere sur un cuisin vaillant.
> La plume est de oriol, la teie d'*escarimant*,
> Desus ad jetet un bon paile grizain.
>
> *Travels of Charlemagne*, pag. 12, v. 289.

A la réception et à l'armement de Raoul de Cambrai comme chevalier,

> Li rois li donne son bon destrier corant....
> Bien fu couvers d'un riche bouquerant,
> Et la sorcele d'un riche *escarimant*,
> De ci à terre geronnée par devant.
>
> *Li Romans de Raoul de Cambrai*, coupl. xx, pag. 20.

Mais ce mot, qui est ici employé substantivement, paraît, quelques pages plus haut, comme épithète de *paile*, rôle qu'il joue souvent dans les poëmes de la même époque :

Pailes escarimants.

> Bien fu vestus d'un paile *escariman*.
>
> *Ibid.*, coupl. xiv, pag. 14.

---

[1] *Dictionn. dét. des noms des vêtements chez les Arabes*, additions et corrections, pag. 436, 437; addit. à la note 7, pag. 110.

Il les a fait vestir d'un pale *escarimant*.
> *Li Romans d'Alixandre*, pag. 351, v. 5.

L'uel cuvri Aristotes d'un pale *escarimant*.
> *Ibid.*, pag. 496, v. 18.

Cauces de palie *escarimant*
Et escapins à or luisant.
> *Partonopeus de Blois*, tom. II, pag. 190, v. 10407.

Bliauds escarimants.

De même qu'il y avait des bliauds *siglatons*[1], il y avait aussi des bliauds *escariman* :

Set mil chevalers i troverent seant
A pelicuns ermins, bliauz *escariman*.
> *Travels of Charlemagne*, pag. 14, v. 336.

Lai on lhi dui marques justo enan,
Ne lor valent escut per una glan,
Ni ausbercs .j. bliaut *escariman*.
> *Roman de Gerard de Rossillon*, Ms. du fonds de Cangé
> n° 48, fol. 45 verso, v. 28.

Étymologie du mot escarimant.

Maintenant que pouvaient être cet *escarimant*, ces *pailes escarimants?* En vérité, nous ne savons trop que dire. Toutefois, nous nous garderons de bien traduire, comme M. le Glay, *escarimant* adjectif, par *garnitures*, *ornements*, et de donner pour racine à ce mot le verbe *scarire*[2]. Il est plus raisonnable, ce nous semble, de le tirer de *scaramanga*, *scaramangum*, qui désigne un manteau dans les écrivains latins du moyen âge, comme σκαράμαγγον dans ceux du Bas-

---

[1] Prist Vivien par l'ermin peliçon,
Si le desus le bliaut *siglaton*.
> *Les Enfances Viviens*, Ms. de la Bibl. nat. n° 6985, fol. 174
> verso, col. 3, vers antépénultième.

Puis li afuble .i. bliaut *ciglaton*.
> *Ibid.*, fol. 175 recto, col. 1, v. 30.

[2] *Li Romans de Raoul de Cambrai*, pag. 14, not. 2.

Empire [1], et de s'arrêter, dans la recherche de ce que pourrait être l'escarimant, à une étoffe de soie de couleur pourpre, pareille à celle dont se vêtaient les empereurs [2]. Ce mot
aurait-il également donné naissance à l'*escarin de pro* dont
avait été faite la coiffe du Cid [3]? C'est là une question à la-

Escarin de pro

---

[1] *Gloss. med. et inf. Latin.*, tom. VI, pag. 97, col. 2 et 3. — *Gloss. ad script.
med. et inf. Græc.*, tom. II, col. 1383, v° Σκαράμαγκον.— *Antiquit. Ital. med. ævi*,
tom. II, col. 408, E.

De *scaramanga* a été fait *scaramanginus*, que l'on appliquait aux vêtements faits
de l'étoffe de ces manteaux byzantins : « Qui videlicet (Pandulfus Marsorum,
episcopus obtulit in hoc loco planetam *scaramanginam*, » etc. *Chron. S. monast.
Casin.*, lib. II, cap. xcviii. (*Rer. Ital. Script.*, tom. IV, pag. 410, col. 1, B.) Cf.
not. 4.

[2] Dans la liste des ornements d'église laissés en 1087, au Mont-Cassin, par le
pape Victor III, qui avait été abbé de ce monastère, on voit figurer *scaramangæ
imperatorum duodecim.* Voyez *Chron. S. mon. Casin.*, lib. III, cap. lxxiv. (*Rer.
Ital. Script.*, tom. IV, pag. 486, col. 2, B.)

[3] *Poema del Cid*, v. 3105. (*Colec. de poes. castell.*, etc., tom. I, pag. 347.)

Quel est au juste le sens de l'expression *de pro*, que nous venons de voir? Le
cas n'est point encore décidé. Giov. Villani, parlant de la manière dont se vêtaient
les dames de Florence avant 1260, dit que les plus huppées portaient une robe *di
grosso scarlatto di pro*, etc. (*Hist. fiorent.*, lib. VI, cap. lxx. — *Rer. Ital. Script.*,
tom. XIII, col. 202, not. *d*), et Muratori a conjecturé avec assez de bonheur que
le mot était mal orthographié et qu'il fallait lire *d'Ipro*, d'Ypre, ville célèbre, pendant le moyen âge, pour ses draps (*Antiquit. Ital. med. ævi*, tom. II, dissert. xxv,
col. 417, B); mais M. Depping n'est pas de cet avis. Suivant lui, le mot *pro* dériverait du nom de Provins, et, à l'en croire, les marchands italiens auraient appelé
les étoffes de cette ville *coperture di Prò*. Il est fâcheux que l'auteur de l'*Histoire
du commerce entre le Levant et l'Europe*, qui se prononce ainsi, ch. vi, tom. I°,
pag. 312, ait oublié de citer ses autorités.

Pour en revenir au poëme du Cid, nous y lisons v. 2826, pag. 337, *vestidos de
pró*, et pag. 325, v. 2528, *la mi mugier de pró*. Dans ce dernier passage, au moins,
il est évident que *de pró* signifie *de valeur*, *de prix*, sens qu'a cette expression,
pag. 388, v. 2848, et ailleurs ; mais il n'est pas impossible qu'après avoir été apportée en Espagne par les Italiens, qui l'employaient pour qualifier la draperie
fine, elle n'ait servi plus tard à indiquer toute espèce de supériorité : ce qui devait
arriver d'autant plus facilement que le mot *pro*, comme chez nous *preux* et *prou*,
existait déjà en castillan avec un sens analogue, indiquant excellence. Voyez le
glossaire placé à la fin de chacun des quatre volumes de la Collection de Sanchez.

quelle il me serait bien difficile de répondre; tout ce que je puis dire, c'est que je ne vois aucune raison pour m'associer à l'opinion de Sanchez, qui traduit ce mot par *tela fina de color de escarlata*, et qui est tenté de regarder *escarin* comme un synonyme de ce substantif[1].

Boffu, bofu ou boufu.

Nous réussirons peut-être mieux à déterminer ce que pouvait être le *boffu, bofu*, ou *boufu*, qui figure parmi les tissus précieux en usage au xiie et au xiiie siècle. Ce qu'il y a de certain, c'est que nos ancêtres donnaient ce nom à une étoffe de soie :

> Quant il pot aler et venir,
> Ot Guivrés fait .ij. robes faire,
> L'une d'ermine et l'autre vaire,
> De deus dras de soie dyvers.
> Li un fu d'un osterin pers,
> Et l'autre d'un *bofu* roié,
> Qu'en present li ot envoié
> D'Escoce une soie cousine.

> *Erec et Enide*, Ms. du fonds de la Vallière, n° 78, fol. 161 recto, col. 2, v. 26.

Boffu, employé à l'habillement des deux sexes.

Le *boffu* était employé pour l'habillement des deux sexes :

> Soixante dames vestues de *boufus*,
> Femes de rois, d'amiraux et de dux, etc.

> *La Chevalerie Ogier*, v. 12959, tom. II, pag. 554. Voy. encore pag. 555, v. 13001.

> Un riche hermin li a Balan tendu
> Et un mantel d'un molt riche *boffu*.

> *Extr. du Roman d'Agolant*, v. 1100. (*Der Roman von Fiera-bras*, pag. lxiv, col. 1.)

> Et si sachiés de verité

---

[1] *Ind. de las voc. antiq.* etc. (*Ibid.*, pag. 387.)

Qu'il erent molt bien acesmé ;
Car cascun d'aus a bien vestu
Cote et mantel d'un chier *bofu*.

> *Lai du Trot*, v. 117, pag. 76.

Il eurent sanglement vestu,
Li uns un samit, l'autre .j. *boffu*.

> *Li Sieges de Tebes*, Ms. de la Bibl. nat. n° 6987, fol. 38
> verso, col. 3, v. 53.

Mainte reube i ot de *boufu*
Et de pourpres et de samis,
U il avoit bons orfrois mis.

> *Chronique rimée de Philippe Mouskes*, tom. II, pag. 441,
> v. 31190.

On faisait encore bien d'autres choses avec le boffu, par exemple, des suaires, ou mouchoirs, des couvertures de lit, des chausses et des enseignes : *Suaires, couvertures de lit, chausses et enseignes en boffu*

La mere fait vestir sen fil
Jusques as piés d'un buen cainsil,
Bliaut de paile li vestirent
Que .iij. damoisieles tisirent,
A or l'orent tout entissu.
Li suaires fu d'un *bofu*.

> *Le Roman de Brut*, Ms. de la Bibl. nat., suppl. fr., n° 180,
> fol. 123 verso, col. 1, v. 26.

Li rois Lohiers sist à bel feu
Sor le chiute d'un palie bleu,
Partonopeus dejoste lui ;
Et furent acosté andui
Sor un kievecuel de *bofu*.

> *Partonopeus de Blois*, tom. II, pag. 170, v. 10013.

D'un drap de soie erent vestu,
Estroit caucié d'un vert *bofu*.

> *D'Atis et de Prophelias*, Ms. de la Bibl. nat. n° 7191,
> fol. 81 verso, col. 2, v. 14.

32

Là véissiés flamboier maint escu,
Et tante ensengne de paile et de *bofu.*

Le Roman d'Ansëis de Carthage, Ms. 7191, fol. 26 verso,
col. 2, v. 11.

Comme le mot *escarimant* que nous avons vu tout à l'heure, *boffu* devenait quelquefois adjectif, et alors il s'associait avec *paile :*

Dedens son tref s'asist sor.i. pale *bofus.*

Li Romans d'Alixandre, pag. 53, v. 25.

Etymologie
du mot *boffu.*

Malgré tous les passages que nous venons de voir, dire ce que nos ancêtres entendaient au juste par *boffu*, me semble difficile; mais il l'est beaucoup moins, j'imagine, de déterminer l'origine de ce mot. Je la vois dans le grec δίβαφος, qui a passé dans le latin *dibaphus*, d'où nos ancêtres ont tiré *boffu*, traitant la première syllabe comme si elle eût été un article. Au reste, pour eux, le tissu qui portait ce nom, était une étoffe de fabrique grecque :

A Pérceval ont fet .i. lit
Haut, de nouvel estrain batu ;
Coutepointe i ot de *bofu*
Qui fu faite en Coustentinoble,
Qui molt estoit et cointe et noble.

Roman de Perceval, Ms. suppl. fr. n° 430, fol. 170 verso,
col. 2, v. 15.

De leur côté, les Orientaux ont également adopté δίβαφος, d'abord les Persans, qui en ont fait *dibah*, ديباه ou ديبا, puis les Arabes, dans la langue desquels le mot *dibàdj* désigne un habit de soie de diverses couleurs et à dessins, ou plutôt une étoffe brochée[1]. C'est, à n'en pas douter, de ce substantif que

---

[1] Voyez *Solwan; or Waters of Comfort.* By Ibn Zafer... By Michele Amari, etc. London : Richard Bentley, 1852, petit in-8°, note 14 au ch. v, vol. II, pag. 295, 296.

les Espagnols ont tiré leur mot *dibujo*, dessin, qui a produit à son tour *dibujar*, dessiner. Il est encore plus positif que le terme *diba*, par lequel on désignait autrefois un brocart fameux qui se fabriquait à Venise [1], n'a pas d'autre origine.

On voit que l'on serait mal fondé à identifier le boffu avec le biface, étoffe sans envers, comme semble l'indiquer ce nom, que nous n'avons trouvé que dans un seul de nos anciens poëmes :

Biface, différent du boffu.

> Ele ot d'un *biface* treslis
> Cote et mantel qui li traîne.
>
> *Roman de l'Escoufle*, Ms. de l'Arsenal, B.-L. fr. in-4°,
> fol. 75 recto, col. 2, v. 2.

Après tous ces tissus, il nous faut parler maintenant des baldaquins, auxquels leur richesse mériterait sans doute le premier rang, mais qui ne viennent ici à la suite d'étoffes moins riches peut-être, que parce qu'ils paraissent n'avoir pas été aussi répandus pendant les xii° et xiii° siècles; du moins, je n'ai jamais trouvé mention du baldaquin dans des ouvrages écrits en langues vulgaires à ces deux époques, si ce n'est peut-être dans une de nos chansons de geste et dans trois poëmes étrangers [2]. On ne saurait douter, cependant, que le baldaquin

Baldaquins.

---

[1] *Traité sur le comm. de la mer Noire*, par M. de Peyssonel, tom. Ier, pag. 36, 40.

[2] Ensegne avoit d'un chier drap *baudekin*.
> *Roman d'Anséis de Carthage*, Ms. de la Bibl. nat. n° 7191,
> fol. 46 recto, col. 1, v. 17.

> Balanquines é purpuras, xamit et escarlata.
> *Signos del Juicio*, st. 21. (Colecion de poesias castellanas, etc.,
> tom. II, pag. 276.)

Un ancien rimeur anglais parle
> Of *baudekines* and purpel pelle,
> Of gold and silver and cendel.
> *Arthour and Merlin*, etc. Edimburgh, M DCCC XXXVIII, in-4°,
> pag. 275, v. 7427.

Mais, suivant toute apparence, l'auteur est postérieur à ceux que nous venons de

ne fût déjà connu sous ce nom, qu'il doit à celui de Bagdad, où
cette étoffe était originairement fabriquée. On trouve *baldeluno* dans une charte de 1197, rapportée, selon toute apparence, fort incorrectement, par Ughelli[1], et, sans tirer parti
des nombreuses indications consignées dans le Glossaire de
du Cange[2], nous nous bornerons à faire observer qu'il est à
tout moment question, dans la grande Chronique de Matthieu Paris, et ailleurs, de baldaquin de prix, soit comme
vêtement royal[3], soit comme présent de la royauté à l'É-
glise[4], soit enfin comme offrande de funérailles[5], et nous
nous élèverons contre l'induction, très-contestable à notre
sens, que M. Henschel prétend tirer d'un passage du testa-

---

citer, surtout à Heinrich von Veldeck, dont nous verrons plus loin, pag. 351, en
note, un passage où se trouve *baldekin*.

[1] *Italia sacra*, tom. VII (Romæ, MDCLIX, in-fol.), col. 1274, D.
De même je conjecture qu'il faut lire *baudekino*, au lieu d'un mot qui me semble
mal écrit dans cet article d'un inventaire de 1295 : « Item casula de *daudekino*,
quam dedit rex ad altare S. Radegundis, » etc. *Append. in Hist. eccl. S. Pauli*,
pag. 323, col. 2.
[2] *Gloss. med. et inf. Latin.*, tom. I, pag. 548, col. 3 et seq., v° *Baldakinus, bal-
dekinus*.
[3] *Matth. Paris. Hist. Maj.*, sub ann. 1247; ed. 1640, pag. 736, lin. 43.
[4] *Id.*, sub ann. 1255 (*ibid.*, pag. 903, lin. 13); sub ann. 1257 (*ibid.*, pag. 956,
lin. 33).
On lit dans un inventaire de 1295 : « Item baudekynus purpureus cum magnis
rotellis, et griffonibus, de dono domini E. regis, » etc. — « Item baudekynus
purpureus, cum magnis rotellis, et piscibus infra rotellas, de dono H. regis. —
Item baudekynus purpureus cum columpnis et arcubus, et Sempson fortis infra
arcus, de dono domini Henrici regis.— Item baudekynus purpureus cum magna
lista, rotellis, et leopardis, et nodis extra, de dono H. regis. » *Append. in Hist.
eccl. cath. S. Pauli*, n° XXVIII, pag. 328, col. 1, etc., etc.
[5] « Item baudekynus rubeus cum ymagine S. Petri, de funere domini Henrici
de Alemannia. — Item baudekynus rubeus cum magnis rotellis, cum aquilis et leopardis in rotellis, de funere J. de Muchegros. — Item baudekynus purpureus
cum columpnis et arcubus, et hominibus equitantibus infra, de funere comitissæ
Britanniæ. — Item baudekynus purpureus, cum una lista pulchra, et nodis, et

ment d'un archevêque de Mayence, en date de 1418. Suivant
cet érudit, le baldaquin, au commencement du xɪvᵉ siècle,
aurait été moins estimé que la soie en pièces : c'est là une
de ces conclusions qui, pour être présentées d'une manière
trop absolue, deviennent tout à fait fausses. Sans doute il y
avait des baldaquins de soie mélangée de lin ou de coton,
comme des baldaquins de soie pure [1]; mais, en général, on
entendait par ce mot une étoffe de grand prix. Dans la
plupart des passages auxquels nous venons de renvoyer, le
tissu en question est appelé *pretiosus, pretiosissimus*, et,
dans le premier, il est indiqué comme rehaussé d'or. Il est
vrai que ces textes se rapportent au xɪɪɪᵉ siècle, comme le
passage de Vincent de Beauvais signalé par du Cange; mais
il n'en est pas autrement pour le xɪvᵉ siècle. Je n'en veux
pour garant que l'historien des archevêques de Trèves, qui,
racontant le sacre de Henri VII, en 1308, nous dit qu'il offrit
à l'église de Cologne, qui possédait les reliques des trois rois
mages, trois baldaquins très-précieux ornés d'orfrois, ainsi
que de l'or et des pierres précieuses [2]. Plus loin, le même

(marginnote) Baldaquins de soie mélangée de lin ou de coton.

(marginote) Baldaquins indiqués comme très-précieux.

---

avibus infra nodos, de funere domini Ricardi de Mountfichet. » *Ibid.*, art. *Bau-dekyni.*

Les articles qui précèdent feront mieux comprendre ces vers de la description de Gérion, par Dante :

> Lo dosso e il petto et ambedue le coste
> Dipinte avea di nodi e di rotelle.
>   Con più color sommesse e soprapposte
> Non fer mai drappo Tartari nè Turchi, etc.
>   *Dell' Inferno*, cap. xvɪɪ, st. 5, v. 11.

[1] « Item. 19 panni baudekyni novi de serico puro. — Item. 2 baudekyni de serico puro. — Item. 47 panni baudekini de serico mixto... — Item. 6 baudekyni novi de serico mixto. » Invent. 1315. (*Dart's History of Canterbury Cathedral*, pag. xvɪ, the Appendix.)

[2] *Gesta Trevirens.* archiep., lib. II, cap. ɪɪ. (*Steph. Baluzii Miscellaneorum Liber*

écrivain, décrivant le couronnement et la marche triomphale du même prince dans Milan, nous dit qu'il s'avançait à cheval sur un palefroi de très-haute taille, sous un dais fait de samits pourpres et de baldaquins très-précieux [1].

Ce qui prouve encore que cette étoffe l'était réellement, c'est le prix qu'elle coûtait à la même époque. On trouve mentionnés dans le journal de la dépense du roi Jean, en Angleterre, à la date de juin 1360, « pour une piece de baudequin de soie de Donas (de Damas) [2], contenant 4 dras, pour une chambre... 80 escuz. — Item, 4 pieces de baudequin de soie rouge pour ladicte chambre, la piece 19 escus... — Item, pour 4 pieces d'autre baudequin de soie, 18 escuz piece... pour ladicte chambre [3]. »

Cette étoffe
devient plus com-
mune à la fin
du xive siècle.

A la fin du xive siècle, il fallait que le baldaquin fût devenu bien commun pour que l'on pût voir, à l'entrée d'Isabeau de Bavière à Paris, douze cents bourgeois de cette ville « tous à cheval et sur les champs, rangés d'une part du chemin et de l'autre part, parés et vestus tous d'un parement de gonnes de baudequin vert et vermeil [4]. » A partir de cette époque, on trouve fréquemment des mentions de baldaquin, et toutes concourent à nous donner l'idée d'une

primus, ed. in-8°, pag. 114. — *Vet. script. et mon. ampl. Collect.*, tom. IV, col. 388, D.)

[1] Lib. II, cap. x. (*St. Bal. Misc. Lib. I*, pag. 121. — *Ampl. Coll.*, col. 393, D.)

[2] Nous trouvons ailleurs la même désignation, qui se rapporte sans doute à une variété de baldaquin : « Domina Elizabetha de la Souche dedit huic ecclesiæ unum vestimentum... de panno albo quem *baldekynum de Damasco* vocamus, dorsum vero et pectorale optime serico texuntur et auro. » *Nomina benefact. abbat. S. Albani*, ap. Dugdale, *Monast. Anglic.*, ult. ed., tom. II, pag. 221, col. 2.

[3] *Comptes de l'argenterie*, etc., pag. 266.

[4] *Les Chroniques de sire Jean Froissart*, liv. IV, ch. 1er; édit. du *Panthéon littéraire*, tom. III, pag. 3, col. 1. — *Le Ceremonial françois*, édit. in-fol., tom. Ier, pag. 637.

étoffe des plus riches. Ainsi, dans un inventaire de 1469, nous voyons l'indication « de six cortibaulx de drap d'or de baudequin pour les enffans [1]; » et ailleurs, après la mention de trois pièces de baldaquin achetées, le 13 avril 1406, de Michel Moricon, marchand de Lucques à Paris, pour faire un tabart à Jean sans Peur [2], après un autre article relatif à seize aulnes de baudequins de plusieurs couleurs, destinés à couvrir la chaire de l'oratoire ducal, et achetés au même marchand pour la somme de 38 écus d'or [3], nous trouvons une pièce de la même étoffe, brochée d'or [4], une autre pièce brochée d'or de Chypre, que Philippe le Bon avait fait mettre en sa chapelle « pour couvrir et faire la solennité d'esposées et aultres samblables choses [5]; » enfin, « deux pieces de baudequin, brochié d'or de Chypre, bien riche, pour faire un drap de siege et carreaulx pour son oratoire, à xl salus la piece [6]. » L'épithète de *bien riche* convenait sans doute aussi au « baudequin brochié d'or à ouvrage de paon, » dont Charles le Téméraire possédait cinq quarterons d'une robe [7],

---

[1] *Extrait de l'inventaire des reliques, etc., du chapitre de Saint-Hilaire, etc.* (*Bibliothèque de l'École des Chartes*, 3ᵉ série, tom. Iᵉʳ, pag. 497.)

[2] *Les Ducs de Bourgogne*, seconde partie, tom. Iᵉʳ, pag. 20, nᵒ 86. Ces trois pièces figurent dans le compte pour 39 francs d'or.

[3] Compte de 1416. (*Ibid.*, pag. 145, nᵒ 460.)

[4] Compte de 1432-33. (*Ibid.*, pag. 292, nᵒ 1032.) On disait aussi *un baudequin* tout court : « Item, ung baudequin entier broché d'or. » Inventaire de Charles le Téméraire. (*Ibid.*, tom. II, pag. 102, nᵒ 2839; pag. 191, nᵒ 3823.)

[5] Compte de 1432-33. (*Ibid.*, tom. Iᵉʳ, pag. 293, nᵒ 1036.)

[6] *Ibid.*, nᵒ 1036. Voyez aussi l'inventaire de Charles le Téméraire, nᵒˢ 2814 et 3893. (*Ibid.*, tom. II, pag. 101 et 193.)

[7] Nᵒˢ 2841 et 4827. (*Ibid.*, pag. 102 et 191.) On trouve auparavant « un drap de siege, de drap d'or vert et rouge... à ouvrages de plumes de paon. » Voyez nᵒ 2194, pag. 22.

avec bien d'autres pièces et objets de semblable étoffe, toutes brochées d'or, à l'exception d'une seule « de baudequin vert à ouvrage sans or [1], » qui ne précède que de quelques pages « une petite pièce de baudequin brochié d'or vert, noir et blanc [2]. »

Baldaquins, ribaudequins de Lucques.

Tous ces baldaquins venaient, selon toute apparence, de Lucques, comme le baldaquin vermeil, donné par Philippe le Bon, à l'église de Saint-Pierre de Gand, « pour sa joyeuse entrée en icelle eglise [3], » et le « ribaudoquin vermeil, brochié d'or de Lucques, » donné par le même duc à la chapelle de Notre-Dame d'Arras, « quant il fist faire l'obseque de feue madame la duchesse de Bedfort, sa suer [4]. » Ils étaient

Marchands italiens d'étoffes de soie dans les Pays-Bas.

apportés dans les Pays-Bas par des marchands italiens, qui en fréquentaient les marchés depuis la fin du xiiie siècle ou le commencement du xive; du moins Guichardin assigne à l'an 1318 l'arrivée à Anvers de cinq navires vénitiens, chargés d'épicerie et de drogues [5]. Quoique l'historien ne parle pas de soieries, on peut croire avec M. Depping, que les navires

Anvers, grand entrepôt de soieries au moyen âge.

en question en portaient aussi dans leurs chargements. Ce qu'il y a de certain, c'est qu'Anvers, à cette époque, était un grand entrepôt de cette sorte de denrée. Barthélemi de

---

[1] Nos 2843 et 3828. (*Les Ducs de Bourgogne*, seconde partie, tom. II, pag. 102 et 191.)

[2] Nos 2901 et 3790. (*Ibid.*, pag. 105 et 189.)

[3] Compte de 1420-21. (*Ibid.*, tom. 1er, pag. 180, no 602.)

[4] Compte de 1432-33. (*Ibid.*, pag. 274, no 970.) Ce *ribaudoquin* façonné en poêle, « bordé entour de tiercelin noir, doublé de toille noire, » est compté vingt sous.

D'habitude, un ribaudequin était toute autre chose. Voyez les *Mémoires de Pierre de Fenin*, édit. de Mlle Dupont, pag. 19, an. 1411; et la *Chronique de J. de Lalain*, par G. Chastelain, ch. xciv. (Édit. du *Panthéon littéraire*, pag. 714, col. 2.)

[5] Lud. *Guicciardini Belgium universum*, etc. Amstelodami, apud Joannem Janssonium, 1646, in-fol., pag. 96, col. 1.

Longchamps, abbé de Saint-Laurent de Liége, mort en 1504, ayant à faire emplette d'étoffes pour ornements sacerdotaux, profita d'un petit voyage dans cette ville et y acheta un beau baldaquin, dont il fit pour lui une belle dalmatique bleue [1]. Un pareil emploi, dont on pourrait citer d'autres exemples [2], achève de nous montrer que le baldaquin n'était inférieur en rien aux autres tissus qui ont déjà passé sous nos yeux.

En Angleterre, où nous avons vu l'étoffe en question répandue au xiiie siècle, elle n'avait pas cessé de l'être au xve; mais, contrairement à ce que présentent nos comptes, dans ceux de nos voisins, au moins dans ceux de la garde-robe d'Edward IV, les baldaquins sont spécifiés comme étant de soie [3] : ce qui achève de nous convaincre qu'il y en avait d'autre matière. Cette observation s'applique également à un passage de Matteo Villani, dans lequel parlant, sous l'année 1354, d'une litière funèbre, il dit qu'elle était couverte de fines étoffes et de baldaquins de soie : *con fini drappi e baldacchini di seta* [4].

Le baldaquin paraît avoir été connu en Espagne sous le

Le baldaquin répandu en Angleterre au xve siècle.

Le baldaquin en Espagne.

[1] *Hist. monast. S. Laurent. Leod.*, n° 131. (*Vet. script. et mon. ampl. Collect.*, tom. IV, col. 1151, D et E.)

[2] « Item, une vielle couverture d'autel de baudequin. » *Inventaire de Charles le Téméraire*, n° 2226. (*Les Ducs de Bourgogne*, 2e partie, tom. II, pag. 27, 28.) — « Item, une chasuble de baudequin vermeil, broché d'or, » etc. *Ibid.*, n° 2255. (*Ibid.*, pag. 31.) Voyez encore n° 3812. (*Ibid.*, pag. 190.)

[3] « For *baldekyn of silke*, at xxxiij s. viij d. the piece. » *Wardrobe Accounts of King Edward the Fourth*, A° 1480. (*Privy Purse Expenses of Elizabeth of York*, etc. London, William Pickering, mdcccxxx, in-8°, pag. 116.) — « *Baldekyns of silk*, vij peces. » *Ibid.*, pag. 135.

[4] *Istorie di Matteo Villani*, lib. III, cap. lxiii. (*Rer. Ital. Script.*, tom. XIV, pag. 198, D.)

même nom, au moins dès la fin du xiv⁰ siècle : nous croyons, en effet, que le *valdoque*, nommé en même temps qu'un autre tissu précieux, dans une description des figures de saint Ferdinand et de son épouse, qui existaient encore en 1383 dans la cathédrale de Séville [1], ne saurait être autre chose.

Mustabet.   Dans l'un des romans que nous avons déjà eu plus d'une fois l'occasion de citer, on lit, en tête d'une nomenclature de tissus qui ont passé sous nos yeux, le nom d'une étoffe que nous n'avons point encore vue :

> Devant l'entrée d'un vergier
> Se fist li rois Bilus logier. •
> Là ot maint rice tré tendu
> De *mustabet* et de boufu ;
> De dyaspres et d'osterins
> Et de pailes alixandrins,
> De cendals d'Andre et d'Aumarie,
> Et des autres de Romenie
> Des dras de soie estoit li pire.
>
> *D'Atis et de Prophelias*, Ms. de la Bibl. nat. n° 7191,
> fol. 106 recto, col. 2, v. 9.

*Nature
de cette étoffe;
pays où on
la fabriquait.*   Quelle pouvait être cette étoffe ? A coup sûr, elle était précieuse; mais là se borne ce que nous en entrevoyons, et il nous est impossible de dire la matière dont elle était faite, le pays où on la fabriquait. A en croire le même romancier, c'était une étoffe ouvrée, connue sous ce nom en Espagne et en Gascogne, d'où elle venait :

---

[1] « F. están todos tres vestidos mantos pellotes, é sayas de *valdoque*, é dicen que tienen vestidos sus paños, camisas, paños menores.... E está en cabo la reyna Doña Beatriz su muger, vestida de paños de turques, » etc. *Anales eclesiasticos y seculares de la... ciudad de Sevilla...* por Don Diego Ortiz de Zúñiga, etc., tom. II. Madrid, en la imprenta Real, año de 1795, in-4°, liv. VI, pag. 144.

> Li quars [1] fu d'œvre bien asise,
> D'une œvre ouvrée en mainte guise;
> *Mustabet* le welent nommer :
> Ensi le welent apeler
> Cil Espaignol et cil Gascoing,
> Qui en counoissent la fachon.
>
> *Ibid.*, fol. 108 verso, col. 1, v. 8.

Dans le cas où ces détails seraient exacts, le mustabet serait une étoffe de laine, telle que l'on en fabriquait en Espagne et dans le midi de la France; mais je me demande quelle peut être la racine de ce mot. Il existe, il est vrai, dans la langue arabe, un substantif qui présente une physionomie presque identique : c'est مسطبة (*mesthabet* et *misthabet*), مصطبة (*misthabè*); mais si ces diverses formes du même mot ont été complétement traduites par les lexicographes [2], il reste à montrer le rapport qu'il peut y avoir entre une étoffe et un banc, une auberge, ou un cabaret. C'est un soin que je laisse aux orientalistes, en profitant de l'occasion pour leur demander s'ils ne trouvent point un air de famille entre *mustabet* et *motenfes*, qui désigne une étoffe d'Europe nommée dans une relation arabe [3].

Un autre tissu que je n'ai pareillement rencontré que dans un seul roman, c'est le samadan. Le jour où Seneheut épouse Gascelin,

(note marginale : Conjectures sur l'étymologie du mot mustabet.)

(note marginale : Motenfes.)

(note marginale : Samadan.)

---

[1] Le quatrième quartier de la tente de Bilas.

[2] Voyez, entre autres, *Francisci a Meagnien Meninski Lexic. Arabico-Persico-Turcic.*, tom. IV, pag. 540, col. 1; pag. 575, col. 2; et pag. 576, col. 1.

[3] « Il (le sultan de Melli, dans le Soudan) porte ordinairement une robe rouge faite d'une étoffe de fabrique européenne (*roumiya*), qui se nomme *motenfes*, مطنفس. » *Voyage dans le Soudan*, par Ibn-Batouta, traduit de l'arabe par M. le baron Mac Guckin de Slane. (*Journal asiatique*, mars 1843, pag. 209.)

Vestue l'ont d'un *samadan* fresté.

Le Roumans d'Auberi et de Lambert d'Orideun, Ms. de
la Bibl. nat. n° 7227², fol. 136 verso, col. 2, v. 12.

Mais je soupçonne qu'il y a ici une faute de copiste, et qu'il faut lire *samit d'or fresté*.

Drap d'Arest.   Je pourrais pareillement, à l'aide d'une conjecture déjà présentée par D. Carpentier[1], rendre compte du mot *Arest*, qui figure dans un ancien inventaire anglais; mais je n'y vois rien qui me détermine à me ranger à l'opinion du savant Bénédictin, c'est-à-dire à identifier le tissu de ce nom avec les tapisseries d'Arras. La seule remarque que je veuille faire pour le moment sur le drap d'Arest, c'est qu'il était de soie[2], souvent d'une très-grande richesse, et qu'on l'employait fréquemment, à l'égal des autres étoffes que nous avons déjà vues, en dons aux églises et en présents de funérailles[3].

Drap d'Ache.   A côté des draps d'Arest, il nous faut placer ceux d'Ache[4], qui figurent dans un ancien inventaire sous le nom d'*Acca*[5],

---

[1] *Gloss. med. et inf. Latin.*, tom. I, pag. 386, col. 1, v° *Arest*.

[2] « Item tunica et dalmatica de serico albo diasperato de Arest. » *Append. in Hist. S. Pauli*, pag. 322.

[3] « Item tres magni panni penduli consuti, in quorum quolibet continentur sex panni *de Arest*, parvi valoris... Item unus pannus de *Arest*. — Item unus pannus, cujus campus est aureus, et cum avibus rubeis super ramunculos arborum, et pavonibus contextis inter aves, datus pro anima domini Hugonis de Vienna, A° Domini MCCXCVI°. — Item unus pannus, cujus campus est rubeus, cum leonibus et aquilis bicapitibus de aurifilo contextis in philetris rubeis, datus pro anima domini W. de Valencia, militis... — Item duo panni, quorum campus rubeus cum historia passionis Domini, et sepulturæ ejusdem, de dono domini Edwardi regis... A° Domini MCCXCVII. » *Ibid.*, pag. 220, col. 1 et 2 (*Panni de Arest*), etc., etc.

[4] « Item, 50 draps d'Ache... desquiex il en ot 23 en l'eschafaut du roy et de la royne, et 27 pour donner aus eglises, 55° pour piece, valent 137ˡ 10ˢ. » *Compte de Geoffroi de Fleuri*, parmi ceux de l'argenterie, pag. 54.

[5] « Dominus Willielmus de Clinton, comes Huntingdoniæ, dedit huic ecclesiæ unum vestimentum... de panno, quem *Accam* dicimus, cujus campus est aerius.

que l'on pourrait être tenté de dériver du nom arabe de la ville d'Acre en Syrie ; mais je crois plutôt que ce mot est une variante d'un autre qui servait à désigner une étoffe surtout répandue dans le xıv⁰ siècle. Je veux parler du *nac, nak, naque* ou *nachiz*, que je trouve cité depuis le xı⁰ [1], et qui figure dans un inventaire de la cathédrale de Canterbury de l'an 1315 [2], dans le compte de Geoffroi de Fleuri, établi l'année suivante [3], dans les inventaires de Louis Hutin et de sa femme Clémence de Hongrie [4], dans un inventaire de l'argenterie de France dressé en 1353 [5], et dans celui de la Sainte-Chapelle qui le fut dix ans plus tard [6].

Le *nac*, ainsi nommé du mot par lequel on désigne en

Nac, nak, naque, nachiz.

Nature du nac ; lieu où on le fabriquait.

In reliquis vero partibus resultat auri fulgor. » *Nomina benefactorum ecclesiæ sancti Albani*, apud Dugdale, *Monast. Anglican.*, tom. II, pag. 221, col. 1. — « Magister Johannes Appelby, decanus sancti Pauli, dedit huic ecclesiæ unam capam cujus campus est viridis, in quo diversæ bestiæ aureæ inseruntur. Pannus vero *Acca* vulgariter appellatur. » *Ibid.*, pag. 221, col. 2.

[1] « ... papa cum *nacco* equitans... ad ecclesiam Sancti Paulini processit. » *Gesta Trev. archiep.*, sub an. MCXLVIII, n⁰ 75. (*Vet. script. et mon. ampl. Collect.*, tom. IV, col. 203, E.) Cf. *Gloss. med. et inf. Latin*, tom. IV, pag. 597, col. 1 et 2, v⁰ *Nactum*.

[2] « Item. Casula de albo panno de Tharse de *nak* palliata, » etc. *Hist. of the Canterbury Cathedral*, the Append., n⁰ vi, pag. xvi.

[3] « Pour 5 *naques* vermeus... pour faire cote, seurcot et mantel à la roine, 11ˡ 10ˢ pour piece, » etc. *Comptes de l'argenterie*, etc., pag. 57. — « Pour 1 *nachiz*, dont le champ est de soie ardant semé de roseles d'or... pour faire une chappe a la royne, » *Ibid.*, etc., pag. 58.

[4] « Item une cote d'un veluyau soucie, et une cote de *nac* vert. » Invent. de Louis Hutin, copie de la Bibl. du château de Fontainebleau. — « Item un *nassis* d'or de Cipre, presié 40ˡ. » Inv. des biens de la reine Clémence de Hongrie, en tête du II⁰ vol. des Mélanges de Clérembaut, pag. 49, n⁰ 369. (*Velaians, çaintures et autres choses et bourses.*) Au n⁰ suivant on lit : « Item 2 *natez*, demie-anne mains, 20ˡ. par. » Ces *natez* seraient-ils la même chose que les *nassis* ?

[5] « ... pour 1 drap d'or appellé *nac*, de 5 annes et 3 quartiers de long, prisié 8 escuz. » *Comptes de l'argenterie*, etc., pag. 325.

[6] *Gloss. med. et inf. Latin.*, tom. IV, pag. 597, col. 2.

arabe cette espèce de tissu, était une sorte de brocart dont
il est souvent question dans les écrivains musulmans, comme
on le voit par les passages recueillis dans le Dictionnaire de
M. Dozy [1]. Cette étoffe se fabriquait, par exemple, dans la
ville de Nisabour, comme l'atteste un passage d'Ibn-Batoutah,
cité par le même savant [2], et surtout à Bagdad, ainsi que
nous l'apprend Marco Polo : « En Baudac, dit-il, se laborent
de mantes faison de dras dorés et de soie. Ce sunt *nassit* et
nac et cremosi, et de deverses manieres laborés à bestes et
ausiaus mout richemant [3]. »

Examen
d'un passage de
Marco Polo
S'il faut en croire M. Defrémery, au lieu de *nassit*, il faut
évidemment lire *nassij* (نسيج), ce qui signifie un tissu, en
général, et désigne particulièrement une étoffe de soie de la
même espèce que le *nekh*. Quant aux étoffes sur lesquelles
étaient figurés des animaux et des oiseaux, le même orien-
taliste croit qu'il faut y reconnaître le *thardwehch* (طردوحش)
sorte d'étoffe de soie qui, comme son nom l'indique, représentait des scènes de chasse. On sait que l'usage de ces représentations est très-ancien en Orient, comme on le voit dans
des passages de Philostrate et de Quinte-Curce rapportés par
Mongez [4].

---

[1] Voyez pag. 220, 221, en note.
[2] Voyez pag. 221. On peut consulter aussi, sur le mot en question, les détails
donnés par M. Defrémery, en note des *Voyages d'Ibn-Batoutah dans la Perse et
dans l'Asie centrale*, pag. 155 , et des *Fragments de géographes et d'historiens arabes
et persans relatifs aux anciens peuples du Caucase*, etc. (*Journal asiatique*, septembre
1850, tom. XVI, pag. 166, not. 2.) Voyez encore les *Voyages d'Ibn-Batoutah dans
l'Asie Mineure*, traduits par le même. (*Nouvelles Annales des voyages*, 5e série,
7e année, 1851, avril, pag. 14.)
[3] *Voyage de Marc Pol*, éd. de la Société de géographie, ch. xxv, pag. 21.
Voyez aussi le texte latin, liv. Ier, ch. xvi, pag. 314 du même volume.
[4] *Mémoire sur le costume des Perses*, dans les *Mémoires de l'Institut national*, littérature et beaux-arts, tom. IV, pag. 32.

Il est encore question du *nekh* et du *nécidj* dans un autre passage de Marco Polo relatif à une province de Tartarie, dont les habitants vivaient de commerce et d'industrie : « car, dit ce voyageur, il se laborent dras dorés que l'en apelle *nascisi* fin et *nach*, et dras de soie de maintes manieres. Ausint con nos avon les dras de laine de maintes manieres, ausint il ont 'dras dorés et de soie de maintes manieres[1]. »

Autre passage du même écrivain relatif à des tissus de soie.

Ce passage et celui d'Ibn-Batoutah, qui fait partie de l'un des extraits publiés par M. Defrémery, nous montrent le *nac* ou l'*an-nekh* en usage chez les Tartares, qui en habillaient surtout les femmes [2]. Au reste, écoutons encore le vieux voyageur vénitien, il nous dira que, parmi ce peuple, « lez riches homes vestent dras dorés et dras de soie[3], » etc.

Le nac en usage chez les Tartares.

Le *nac* ou *nachiz* était donc, comme je l'ai dit plus haut, une sorte de brocart qui nous venait d'Orient; toutefois, quand l'art de fabriquer les soieries eut été introduit dans l'Europe latine, les Italiens ne manquèrent pas de faire aussi du *nachiz*. Nous le voyons par un fragment de compte d'Étienne de la Fontaine, de l'an 1350, où sont marqués, « pour

---

[1] *Voyage de Marc Pol*, ch. LXXIV, pag. 75. Voyez aussi ch. LXXXIX, pag. 97. Le texte latin correspondant au passage que nous venons de citer, se trouve liv. Ier, ch. LXIII, pag. 359 du même volume.

[2] *Journal asiatique*, septembre 1850, pag. 166. Voyez aussi pag. 167.

[3] *Voyage de Marc Pol*, ch. LXX, pag. 68; texte latin, liv. Ier, ch. LVI, pag. 352. Plus loin, Marco Polo signale Cacianfu comme une « ville de grant mercandie et de grant ars. Il ont, ajoute-t-il en parlant des habitants, soie en grande habundance. Il hi se font maint dras d'or et de soie de tous fasionz. » Voyez ch. CX, pag. 121, et ch. CXI, pag. 122. L'auteur dit la même chose, presque dans les mêmes termes, des habitants de la cité de Pauchin (ch. CXLI, pag. 158. — Texte latin, liv. II, ch. LVII, pag. 419), des gens de la province de Nanghin (ch. CXLV, pag. 160), des habitants de la cité de Saianfu (ch. CXLVI, pag. 161), de ceux de la cité de Cinghianfu (ch. CXLIX, pag. 165), etc., etc.

2 pièces de drap d'or *naciz* de Luques pour offrir… à Rheims, 70 écus, à 15 s. parisis par écu, 52 l. 10 s. parisis[1]. »

Identité
du drap d'Ache
et du nac.

Avant de quitter le nac, je crois devoir revenir sur un point qui me paraît exiger autre chose qu'une assertion pure et simple. Je veux parler de l'identité que j'ai signalée entre les mots *Ache*, *Acca*, et le principal nom de l'étoffe dont il vient d'être question. Comme nous l'avons vu, on disait *un nac*, et les clercs ignorant la racine de ce mot, l'écrivaient de trois manières différentes. Bientôt, par une opération dont il ne manque pas d'exemples dans notre langue, la première lettre du mot disparut au contact de l'*n* d'*un*, et de là *nac* devint, en latin, *acca*, d'autant plus que ce mot, étant, à la dernière lettre près, le nom latin de la ville d'Acre, se trouvait en rapport avec la provenance orientale de l'étoffe. Enfin, au lieu de traduire *acca* par *nac* qui lui avait donné naissance, on se contenta de transporter matériellement le premier de ces deux mots de la langue latine dans la nôtre, et voilà comment *Ache*, *drap d'Ache*, a pu se trouver dans le même compte, avec *naque* et *nachiz*, qui peut-être, il faut bien le dire, avaient dans l'esprit du rédacteur une signification différente.

Palmât,
palmât side.

Chez nos voisins d'outre-Rhin, il est souvent question, dans les poëtes, d'un tissu qu'ils appellent *palmât* ou *palmât side*, et dont je ne trouve pas d'analogue dans les ouvrages de nos trouvères ou de nos troubadours. C'était sans doute une étoffe de soie ornée d'un dessin de palmes et semblable à celle dont parle Fortunat[2], ou un tissu de filaments de

---

[1] *Comptes de l'argenterie*, etc., table des mots techniques, pag. 302, col. 1

[2]   Jusserit et Dominus cum membra redire sepulta .
        Vestibit genitos tunc stola pulchra tuos;

palmier. Wolfram d'Eschenbach nomme le palmât en décrivant dans son *Parzivâl* les diverses pièces du lit de Gâwân :

Description
d'un lit tirée d'un
ancien roman
allemand.

> Einez was ein pflumît,
> des zieche ein grüener samît;
> des niht von der hôhen art :
> ez was ein samît pastart.
> Ein kulter wart des bettes dach,
> niht wan durch Gâwâns gemach,
> mit einem pfellel, sunder golt
> verre in heidenschaft geholt,
> gesteppet ûf *palmât*.
> Dar über zôch man linde wât,
> zwei lîlachen snêvar.
> Man leit ein wanküssen dar,
> unt der meide mantel einen,
> härmîn niwe reinen.

Éd. de Lachmann, st. 552, v. 9, pag. 261, col. 2.

« L'un était tout entier de duvet,
sa taie était de samit vert ;
non de l'espèce fine :
c'était un samit bâtard.
Puis une couverture piquée était le toit du lit
(la chambre de Gawan n'y gagnait pas),
avec un paile de noble or,
cherché loin dans le pays des païens,
brodé sur du *palmat*.
Là-dessus on tirait comme douce housse,
deux blancs draps de lit.
On y mettait un oreiller

Aut palmata chlamys rutilo contenta sub auro,
Et variis gemmis frons diademate gerit.

Venant. Honor. Clem. Fortunat. Oper., lib. IX. Ad Chilpericum regem et Fredegundam reginam, v. 123.

et un des manteaux des filles,
de la plus pure hermine. »

Matelas
de palmât.

Au mênte endroit, le poëte raconte qu'Artus était assis
sur un matelas de *palmát* :

Palmâts ein dicke matraz
lac underm künege aldâ er saz,
dar ûf gestept ein pfelle breit.
Juncfrouwen clâr und gemeit
schuohten îsrîn kolzen
an den künec stolzen.
Ein pfelle gap kostlîchen prîs,
geworht in Ecidemonîs,
beidiu breit unde lanc,
hôhe ob im durch schate swanc,
an zwelf schefte genomn.

St. 683, v. 12.

« Un gros matelas de *palmat*
fut sous le roi, où il était assis ;
un large paile y était brodé.
De jeunes filles claires et belles
chaussaient de chaussures de fer
le roi hardi.
Un paile il y avait d'une précieuse valeur,
tissu à Ecidemonis,
et large et long ;
haut au-dessus de là il se balança en ombrageant,
tenu à douze bâtons. »

Soie
du palmier.

Gottfried de Strasbourg, parlant du petit chien d'Isolde, dit :

Nu duhte Tristanden,
dô er ez handelen began,
er griffe *palmâtsîden* an,
sô linde was ez überal.

Tristan und Isolt, herausgegeben von H. F. Massmann.
(*Dichtungen des deutschen Mittelalters*, tom. II, col. 399.
v. 8.)

« Maintenant il semblait à Tristan ,
quand il commençait à le caresser,
qu'il touchait de la soie de palmier,
tant il était doux partout. »

Enfin, Conrad de Würtzburg dit dans son poëme sur la
guerre de Troie, fol. 206 :

> Dô schuof ein hemede wol gebriten
> uz blanker *palmâtsîden*,
> daz er in dâ versnîden
> Nicht mohte.

« Là fut une chemise bien étendue
de blanche soie de palmier,
de sorte qu'il ne voulait pas
y couper. »

Et plus loin :

> Doch half din *palmâtsîde*
> dem herren der geniste.

« Cependant la soie de palmier
aidait le seigneur qui guérissait. »

Un tissu qu'il est tout aussi difficile de déterminer, est le
pliat, *blyat*, *blyant*, *blihand*, dont nous avons déjà vu le
nom [1] et que l'on rencontre dans les anciens romans allemands et anglais. L'auteur de celui de *Tristrem* représente ce
chevalier vêtu d'une robe de cette étoffe :

*Pliat, blyat,
blyant, blihand*

> In o robe Tristrem was boun,
>   That he fram schip hadde brought ;
> Was of a *blihand* broun,
>   The richest that was wrought.
>   *Sir Tristrem*, fytte first, st. xxxviii, v. 1.

---

[1] Voyez ci-dessus, pag. 222, un passage de *Wigalois der Ritter*, pag. 91, v. 2406.
Plus loin , nous verrons Conrad de Würtzburg donner à Hélène une robe et un
manteau faits de cette étoffe.

In *blehand* was he cledde.
St. XLI, v. 10.

Plus loin, il est question d'un vêtement semblable, de couleur de *blihand* :

His robe is of an hewe
Bliand withouten les.
St. LV, v. 5.

Couleur
du blihand; man-
teau de cette
étoffe.

Cette couleur était brune, à s'en rapporter au premier des passages précédents rapproché de .celui-ci, que j'emprunte à un roman de la même époque. Cette fois, ce n'est plus une robe de *blihand* brun, mais un manteau de pareille étoffe, richement brodé et garni d'hermine :

A cheyer by-fore þe chemne, þer charcole brenned,
Watȝ graypþed for syr Gawan, graypely wᵗ clopeȝ,
Whyssynes upon queldepoyntes, þa koynt wer boþe;
And þenne a mere mantyle watȝ on þat mon cast,
Of a broun *bleeaunt*, embrauded ful ryche,
And fayre furred wyth inne wᵗ felleȝ of þe best,
Alle of ermyn in erde, his hode of þe same.

Syr Gawayn and the Grene Knyght, st. XVI, v. 875. (Syr Gawayne... by Sir Fr. Madden, pag. 33.)

Bleaunt se représente encore plus loin [1]; mais cette fois il désigne une sorte de vêtement. On pourrait expliquer de la même manière le *blihand* du second passage de *Sir Tristrem*, voire même le troisième, surtout si l'on faisait suivre *hewe* d'une virgule; mais il n'est pas non plus impossible, et nous l'avons vu pour bien d'autres, que le nom de l'étoffe en question ayant été étendu aux vêtements qui en étaient faits, *bleaunt, blihand*, dans quelque sens qu'on les prenne,

[1] St. XXIII, v. 1928, pag. 71.

ne soient qu'un seul et même mot. Il est bien vrai que *bliaus*, *bliaut*, *bliaud*, en ancien français, comme *bliaudus*, *blialdus*, *blisaudus*, dans la basse latinité, servaient à désigner une sorte de vêtement de dessus : nous en avons déjà vu nombre d'exemples, on en trouve quantité dans le Glossaire de du Cange [1], et le mot est encore en usage dans de certaines provinces de France et en Flandre, parmi le peuple, pour désigner un surtout ou sarrau de toile à l'usage des hommes, vêtement que l'on appelle encore *blaude* et *blouse*, et qui, pour le dire en passant, est généralement *bleu ;* mais la parenté de *bliaud* avec *blihand* est encore à démontrer. Je suis donc porté à partager l'opinion d'Ihre, qui voit dans ce substantif le nom d'une riche étoffe dont on faisait des habits [2], et les extraits suivants suffiront, je l'espère, pour appuyer cette interprétation. Un vocabulaire allemand de 1482, rend le mot *blyand* par « byssus jacinthus, *Edel seyden gewandt.* » Dans le dictionnaire gallois de Davies nous avons « Bliant, *sindon* [3] ; » et dans celui de W. Owen, on trouve le même mot traduit par *fine linen, as, cambric, or lawn* [4], etc. J'ouvre l'ancienne chronique suévo-gothique rimée citée par Ihre, et je vois l'étoffe en question classée avec le baldaquin :

> Och war thera bröllops klædhi
> Af baldakin ock *blyant.*

---

[1] Tom. Iᵉʳ, pag. 703, col. 2.

[2] *Glossarium Suiogothicum*, etc. Upsaliæ, an. MDCCLXIX. in-fol., pag. 216, col. 2, v° Blyant.

[3] *Antiq. ling. Britannicæ... Diction. duplex*, etc. Londini, 1632, petit in-fol., non paginé.

[4] *A Dictionary of the Welsh Language*, etc. London : printed for E. Williams, 1803, deux vol. in-8°, sans pagination.

« Et étaient leurs habits de noce
de baldaquin et de *blyant.* »

Dans un manuscrit sur saint Brandan, cité par Scherz[1], on lit : « Der mantel was von *bliant* darauf ein zobel wohl bewand. »

Il est possible, comme cela arrive fréquemment, que deux mots aient été confondus, et que *bliaut* n'ait aucun rapport avec *bliant*, de quelque manière qu'on l'écrive; ou bien, je le répète, le nom d'une étoffe peut avoir, avec le temps, servi à désigner l'habit qui en était habituellement fait. Ihre voudrait que *blihand* fût dérivé du gothique *blya*, briller, et il a peut-être raison. Benecke, dans son édition du *Wigalois*, explique *pliat* par *ein kostbarer Seidenstoff*[2], et Oberlin, dans ses spécimens de Conrad de Würtzburg, le rend par *byssus*[3].

Toutefois je soupçonne *pliat*, en particulier, d'avoir une autre origine dont personne ne s'est douté jusqu'à présent, et de dériver d'une source romane. Il paraîtrait qu'à une époque ancienne il y avait une sorte de tissus précieux que l'on appelait *ployés*, peut-être parce qu'ils nous venaient d'Orient dans des boîtes, comme encore aujourd'hui les crêpes de Chine, tandis que les soieries communes étaient roulées :

Des soumiers i ot mors, mult ricement cargiés

Tissus
dits *ployes.*

---

[1] *Glossarium Germanicum medii ævi*, etc., ed. Jer. Jac. Oberlino, tom. II, col. 1231, v° *Pliat, Pliant.* Cf. col. 1232, v° *Plyat.*

[2] *Wigalois der Ritter*, etc. Berlin, 1819, in-8°, pag. 679.

[3] *Diatribe de Conrado Herbipolita*, etc., auct. Jerem. Jac. Oberlino. Argentorati, A. MDCCLXXXII, in-4°, pag. 48, not. *bb*.

De rices dras de soie et de pales *ploiés*,
Et de fin or d'Arrabe qui mult est convoitiés [1].
Li Romans d'Alixandre, pag. 451, v. 33.

Il n'est pas défendu de conjecturer que la boîte de fabrique orientale où la chasuble de saint Regnobert est encore conservée, pourrait bien être celle dans laquelle serait venu *ployé*, d'Espagne, d'Afrique ou d'Asie, le *paile* qui fut transformé plus tard en ornement d'église.

Nous avons à parler encore de deux tissus dont l'existence ne nous est révélée que par une seule mention pour chacun

Hulla. Calais.

---

[1] Les nombreuses mentions de l'or arabe que l'on trouve dans les écrivains du moyen âge, montrent combien grande était sa célébrité. Gui, évêque d'Amiens, nous dit que la couronne de Guillaume le Conquérant en était faite :

Misit Arabs aurum, gemmas a flumine Nilus.
Widonis Carmen de Hastingæ prælio, v. 759. (*Chron. anglo-norm.*, tom. III, pag. 34.)

On lit ailleurs :

De l'or d'Arabe vit la mer tanceler.
La Chevalerie Vivien, Ms. de la Bibl. nat. n° 6985, fol. 104 verso, col. 2, v. 31. Voyez aussi fol. 195 recto, col. 3, dernier vers.

Je vous dorroi .M. mars d'or arrabis
Du grant tresor que Lambert ot conquis.
Le Roman d'Aubery le Bourgoing, Reims, 1849, in-8°, pag. 126

En la cambre de la bastrie
U l'ors d'Arrabe reflambie, etc.
C'est de Troies, Ms. n° 6987, fol. 95 verso, col. 1, v. 13.

Auparavant, fol. 71 verso, col. 3, v. 53, il est question de l'or espagnol, qui est vraisemblablement le même que l'or arabe. Voyez encore *li Romans d'Alixandre*, pag. 122, v. 29, et pag. 390, v. 15; le *Roman de Guillaume d'Orange*, Ms. n° 6985, fol. 207 recto, col. 3, v. 37, et Henry de Knyghton, *De Eventibus Angliæ*, lib. I. cap. v. (*Hist. Anglic. Script. X*, tom. II, col. 2322, l. 32.)
Je soupçonne encore l'or d'Arcage nommé dans le *Roman de Perceval* (Ms. suppl. fr. n° 430, fol. 171 verso, col. 1, v. 11), d'être de l'or espagnol; du moins nous trouvons dans un roman dont la scène se passe de l'autre côté des Pyrénées, un personnage appelé *Balcabe d'Arcage*. Voyez *li Romans de Cleomades*, Ms. du fonds La Vallière n° 52, fol. 95 recto, col. 2, v. 25.

d'eux; mais cette indication suffit pour nous convaincre du haut prix des étoffes en question, et les recherches auxquelles nous nous sommes livré sur le nom qu'elles portaient au moyen âge nous renseignent parfaitement sur leur provenance. L'une, appelée *hulla* dans une lettre d'Innocent III, qui reproche aux moines de Monreale en Sicile d'avoir donné à un certain Capparoni une précieuse dalmatique de ce tissu enlevée au trésor de l'archevêque [1], avait été fabriquée dans le pays, si elle ne venait pas ou de l'Orient ou de l'Espagne musulmane; en effet en arabe, *hollah* (حلة), pluriel *holal* (حلل), signifie un manteau [2]. Le second tissu, nommé avec d'autres étoffes de prix, dans un inventaire de 1231, venait de la Chine, si l'on peut tirer une pareille induction du nom de *catais*, qui lui est donné dans ce document [3] : chacun sait en effet que nos ancêtres appelaient ainsi le Céleste Empire, par suite d'un emprunt également fait aux Arabes, qui en désignent la partie septentrionale sous le nom de *Khitaï* (خطا). Il n'est point inutile d'ajouter que *hulla*, comme

[1] « Insuper, thesauro ecclesiæ (Montis Regalis) profligato... prædictum Capparonum... datis uxori suæ magnis cupis argenteis et dalmatica de *hulla*, valente plus quam mille tarenos, ad hoc induxistis, ut homines ipsius archiepiscopi caperet, torqueret et mutilaret, » etc. *Innocentii PP. III epistol. monachis Montis Regalis, Jati et Calatetrasii castella tenentibus*, etc., A. D. 1203. (Innocent PP. III Epist. lib. VI, ep. xciii, ap. Bréquigny, *Diplomata, chartæ*, etc., pars alt., tom. I, pag. 303, col. 1.)

[2] M. Freytag traduit ce mot par « Vestis qua nudum corpus tegunt et pallium sive striatum sit sive alio modo textum. » Voyez *Lexicon Arabico-Latinum*, etc., tom. Ier, pag. 413, col. 1.

[3] « Et est ibi... quædam capa de purpura... Et est ibi capella episcopi in qua habet dalmaticam de samit purpureo et capam de *catais* deauratam... et sandalias de samit purpureo deauratas, » etc. *Memoriale indument. ecclesiast. quæ fuere dom. Falconis... episc. Tolos.* (1231), ap. Guill. de Catel, *Mémoires de l'histoire du Languedoc*, etc. A Tolose, par Pierre Bosc, m. dc. xxxiii., in-folio, liv. V, pag. 902. Voyez encore pag. 901.

catais, a été omis par du Cange et par les divers éditeurs de son Glossaire.

Avant de dire adieu à l'Allemagne, où j'étais tout à l'heure, je demande à dire un mot d'un tissu que l'on y fabriquait, ou plutôt à citer deux passages d'un ancien roman dans lesquels il en est question :

> D'un mout delié *ysenbrun*
> D'Alemaigne, noir et deugié,
> A fleurs, à foellies detrencié,
> Est couvers li cevaus de pris.
>
> D'Amaldas et d'Idoine, Ms. de la Bibl. nat. n° 6987, fol. 323 verso, col. 4, v. 43.
>
> Som blanc escu qu'il ot couvert
> De l'*isembrun* noir detrencié,
> Li a .j. des vallés baillié.
>
> Ibid., fol. 324 recto, col. 1, v. 5.

Ces deux passages prouvent que l'isembrun, quoique certainement il ne fût point de soie[1], était quelquefois considéré comme un tissu précieux, et nous justifient de lui avoir donné place ici; seulement nous nous en tiendrons à ces citations, renvoyant pour le reste au Glossaire de du Cange[2].

Nous prendrons le même parti pour les chemises d'outremer appelées *berniscrist* dans une charte de l'an 800[3]. Sans doute ce nom était aussi celui de l'étoffe dont elles étaient

Berniscrist.

---

[1]
> Desus les altres dras out d'*isebrun* mantel...
> N'ont vestu vair ne gris, ne samit ne cendel.
>
> Leben des h. Thomas von Canterbury, alt-französisch, herausgegeben von Immanuel Bekker, pag. 156, v. 21.

[2] *Gloss. med. et inf. Latin.*, tom. III, pag. 903, col. 1, v° *Isembrunus*, et pag. 460, col. 3, v° *Galabrunus*.

[3] *Collection des cartulaires de France*, tom. III. — *Cartulaire de l'abbaye de Saint-Bertin.* A Paris, M DCCC XL, in-4°, pag. 66.

faites ; mais cette étoffe, d'où venait-elle? D'Irlande ou
d'Afrique? Pourquoi était-elle nommée ainsi? C'est ce que je
ne puis pas plus décider que M. Génin [1], qui aurait bien pu
renvoyer au Glossaire de du Cange, où se trouvent rassemblées toutes les conjectures hasardées sur ce sujet [2]. Devine
qui pourra quelle était la substance des *berniscrist* ; toujours
est-il que ce n'était point de la soie, puisqu'elles servaient à
l'habillement des moines.

Nous sommes tout aussi fondé à croire que le *fusticotinc-*
tum, nommé par Reginald de Durham [3], n'était pas plus
précieux. Il est vrai que l'historien des miracles de saint
Cuthbert parle de ce tissu comme destiné à faire des habits
honorables (*indumenta honoratiora*) à une jeune fille en àge
d'être mariée ; mais c'est après nous avoir dit que le père,
vir quidam, n'avait ni bien ni crédit, et que sa femme et lui
avaient fait tout leur possible pour habiller d'une façon con-
venable leur unique enfant. Le *fusticotinctum*, où je suis
assez tenté de voir de la futaine de couleur, pouvait bien
mériter l'épithète que lui donne Reginald ; mais à coup sûr
ce n'était pas ce que nos ancêtres auraient appelé un *puile*
cier.

Ce mot de *puile*, par lequel nous avons traduit le *pfelle*
allemand, et qui doit l'être dans notre langue actuelle par

Fusticotinctum.

*Mots
par lesquels les
tissus étaient
ordinairement
désignés au
moyen âge.*

[1] *La Chanson de Roland*, introd., ch. III, pag. XLIII, en note.
[2] *Gloss. med. et inf. Latin.*, tom. I, pag. 681, col. 2.
[3] *Regin. mon. Dunelm. Libellus de admir. B. Cuthb. virtut.*, etc., cap. LVIII,
pag. 243. Dans ce chapitre, il s'agit d'une jeune fille punie par saint Laurent, pour
avoir travaillé le jour de sa fête. Le moine de Fontenelle, qui nous a conservé les
miracles de saint Wandrille, rapporte pareillement la vengeance que le saint tira
d'une femme qui tissait dans une circonstance semblable. Voy. *Acta sanct. ord.
S. Bened.*, sièc. II, pag. 547.

étoffe de prix[1], joue un grand rôle dans l'histoire des tissus précieux au moyen âge, qui le plus souvent étaient désignés par ce terme vague, ou par celui de *drap*, accompagné du nom d'un lieu de production ou de provenance, quand ils n'étaient pas indiqués plus brièvement encore par ce nom de lieu tout seul.

Le premier, dans l'ordre alphabétique, est celui de l'Afrique. Charles Martel, ayant chargé d'un message auprès de Gérard de Rossillon, Pierre, fils de Gautier, celui-ci fait sa toilette :

Étoffes d'Afrique.

> A la guia de Fransa si conreat....
> Braguas viest e camia tot de cansil,
> Causas causet de *pali*, d'un *african*,
> Sollars vermelhs ab flors que son denan . .
>   Un pelisso vestit tot nou ermin,
> Ben entalhat ab bestas de marmori;
> Afiblet un mantel frees sembeli :

Toilette d'un personnage d'une ancienne chanson de geste.

---

[1] Voyez sur ce mot, conservé dans l'anglais *pall* et dans notre substantif *poële*, une note de Ritson. (*Anc. Engl. metr. Rom.*, tom. III, pag. 405.)

On lit dans le *Roman de Perceval* :

> Riche chape de *poille* avoit.
>   Ms. suppl. fr. n° 430, fol. 134 recto, col. 2, v. 59.

Dans la basse latinité, le substantif *pallium* avait un sens beaucoup plus étendu, et se disait des tentures et des tapisseries, qui n'étaient pas toujours en soie. Au milieu de mille exemples, j'en choisis un dans l'histoire d'Ingulph; cet écrivain, après avoir fait mention du don fait par l'abbé Egelric, mort en 992, de plusieurs tapis de pied, grands et petits, représentant des lions ou des fleurs, ajoute : « Dedit etiam multa pallia suspendenda in parietibus ad altaria sanctorum in festis, quorum plurima de serico erant, aureis volucribus quædam insita, quædam intexta, quædam plana. » (*Rer. Anglic. Script. post Bed. præcip.*, ed. H. Savile; Francof. M.DCI., pag. 889, lig. 17.)

On lit auparavant, dans le même recueil, ce qui suit sur Siricius, archevêque de Canterbury, de 1000 à 1005 : « ... nutriculæ suæ (Glastoniensi cœnobio) septem dedit pallia, de quibus in anniversario ejus tota antiqua ornatur ecclesia. » *Will. Malmesb. de Gest. reg. Anglor.*, lib. II, cap. II. (*Ibid.*, pag. 75, lin. 35.)

La voltura d'un *pali* vermeil polpri,

Am bela orladura d'un ufarin,

Ae anel e boto de mier aur fi.

> *Roman de Girard de Rossillon*, fol. 12 recto, col. 2, dernier vers.

Nous avons vu plus haut des marchands

Qui portoient cendals et *pailes effriquanz.*

Seneheut, le jour de son mariage avec Gascelin,

Si fu vestue d'un paille *auffriquant.*

> *Roman d'Aubri le Bourguignon*, Ms. de la Bibl. nat. n° 7227⁵, fol. 222 verso, col. 2, v. 34.

Au camp des Grecs devant Troie,

Mainte aigle d'or resplendissant

Et maint cier paile escarimant,

Vert et vermel et *aufricant*

I puet-on trouver sans mesure.

> *C'est de Troies*, Ms. de la Bibl. nat. n° 6987, fol. 83 verso, col. 3, v. 54[1].

La courtepointe du lit de la fée, maîtresse de Gugemer, était de drap d'Afrique tissu d'or. Ce chevalier, dit Marie,

En mi la nef trovat un lit....

D'un *drap d'Aufrique* à or tissu

Ert la coute qui dedens fu.

> *Lai de Gugemer*, v. 172. (*Poésies de Marie de France*, tom. I⁰ʳ, pag. 62.)

Ufricanæ opes.   N'y aurait-il pas ici un souvenir des *Africanæ opes*, dont parle Vopisque dans le vingtième chapitre de sa biographie de Carin, expression par laquelle nous entendons, avec Casaubon, des tuniques d'Afrique renommées, ou par la matière, ou par la main-d'œuvre, ou par la couleur?

---

[1] Voyez encore plus loin, fol. 90 recto, col. 4, v. 14.

Quoi qu'il en soit, la ville de cette partie du monde la plus célèbre par ses tissus, était Alexandrie, dont les *pailes* sont devenus comme un lieu commun de nos anciens romans, où ils sont nommés à chaque instant :

Tissus
d'Alexandrie

> Son chapel n'iert pas de festus,
> Ainz estoit d'un noir sebelin,
> Couvert d'un *poille alexandrin*.
>
> Roman de Perceval, Ms. suppl. fr., n° 430, fol. 73 verso,
> col. 2, v. 33.

> Ne i ot nul n'eust robe vaire
> De rice *palle d'Alixandre*.
>
> Roman d'Erec et Enide, Ms. la Vallière n° 78, fol. 131
> verso, col. 1, v. 23.

> Chascun aveit vestu bliaut ynde u purprin,
> E Horn ert conreet d'un *paile alexandrin*.
>
> Roman de Horn et Rimenhild, pag. 2, v. 12.

> Alixandres li rois fu levés par matin
> Vestus d'une cemise deliie de lin,
> Et caucés unes cauces de *pale alixandrin*.
>
> Li Romans d'Alixandre, pag. 133, v. 30.

> L'une li vait aparillier....
> Cauches de *paille alixandrin*.
>
> Le Roman des Aventures de Fregus, pag. 171.

> Rois Anséis fu en la tour perrine....
> Voit tante ensengne de *paile alixandrine*.
>
> Roman d'Anséis de Carthage, Ms. de la Bibl. nat. n° 7191,
> fol. 22 recto, col. 1, v. 1.

> Dusk'en la vile ensi s'en vont,
> Où tant d'apparaus véu ont....
> Tant *drap de soie alixandrin*, etc.
>
> Roman de la Manekine, pag. 252.

> Li covertors vint d'*Alixandre*;
> Si est dedens de salemandre

Qui hors de feu ne seit garir,
Ne fus ne puet son poil bruir.
Devant le lit gist uns tapis,
Qui est de plumes de fenis [1].

Partonopeus de Blois, tom. 1er, pag. 38, v. 1084

Mais les *pailes* alixandrins sont-ils bien des *pailes* d'Alexandrie en Égypte, plutôt que des étoffes de Grèce, patrie d'Alexandre? Nous faisons cette question, parce que nous nous souvenons d'avoir lu dans une chanson de geste ces deux vers qui feraient pencher vers la seconde opinion :

Il n'ot si bel enfant ne de telle doctrine
Dès si jusques en Gresse, la terre *alixandrine*

Li Romans de Bauduin de Sebourc, chant 1er, v. 158;
tom. 1er, pag. 6.

Fréquentes mentions des étoffes d'Alexandrie dans les écrivains arabes

Toutefois, on revient facilement à la première en voyant les étoffes d'Alexandrie nommées à tout moment dans les ouvrages arabes. Par exemple, on lit dans les *Mille et une Nuits* : « Le calife ôta deux habits de soie, l'un d'étoffe d'Alexandrie, l'autre d'étoffe de Baalbek [2]. » Ailleurs, ce sont cinq pièces d'étoffes d'Alexandrie mentionnées par un historien musulman [3].

---

[1] Voyez, tom. II, pag. 181, la description du lit de Mélior, à la suite de laquelle est rapportée une tradition sur le phénix, dont la plume rembourrait un oreiller.

[2] Édit. de Habicht, tom. III, pag. 130. — *Dict. dét. des noms des vêtem. chez les Arabes*, pag. 82 et 83. Comme le fait remarquer plus loin M. Dozy, pag. 402, not. 2, la ville de Baalbek était plus connue par ses étoffes de coton blanc; suivant Ibn-Batoutah, elle était fameuse par la fabrication de certaines couvertures. Voyez encore un passage d'Ebn-Aïas cité par M. Quatremère (*Histoire des sultans mamlouks de l'Égypte*, tom. Ier, pag. 150, not. 23), et une note de M. Defrémery. (*Nouvelles Annales des voyages*, février 1852, tom. Ier, pag. 135.)

[3] Histoire d'Égypte, de Nowaïri, citée par M. Dozy, pag. 368, en note.

En voyant ces denrées désignées par le nom de cette ville, on serait tenté de croire qu'elles y étaient fabriquées; cependant il est probable qu'on se tromperait. Alexandrie n'était que l'entrepôt des marchandises de l'Orient et de l'Occident, le marché principal où venaient s'approvisionner les grands négociants du moyen âge. Marin Sanut, qui écrivait vers l'an 1320 son *Liber secretorum fidelium crucis*, nous apprend que les navires des Latins y apportaient, entre autres denrées, de la soie, des draps, des laines, des soieries et des toiles [1]. Comme on le voit, les temps étaient changés; mais il n'est pas moins sûr qu'Alexandrie recevait en même temps des étoffes de la Perse et de l'Inde par les caravanes, et que, malgré la rude concurrence que leur faisaient les grandes manufactures de l'Occident, ces étoffes soutenaient toujours leur antique réputation et n'avaient point cessé d'être recherchées.

En 1368, le commerce de soieries, de draps d'or et d'autres denrées de prix, qu'Alexandrie faisait avec l'Europe par l'intermédiaire des Italiens, était encore si considérable, que les communes italiennes, menacées d'une ruine complète par la guerre d'outre-mer, firent tous leurs efforts auprès du pape pour mettre un terme à celle qui était engagée entre le roi de Chypre, Pierre Ier, et le sultan d'Égypte [2], guerre pendant le cours de laquelle bien des richesses du genre de celles qui nous occupent avaient péri [3] :

---

[1] Lib. 1, pars 1, cap. v. Hanoviæ, typis Wecheliauis... MDCXI, in-fol., pag. 24.

[2] *Des relations politiques et commerciales de l'Asie Mineure avec l'île de Chypre, sous le règne des princes de la maison de Lusignan*, par M. de Mas Latrie, 2e article. (*Bibl. de l'École des chartes*, 2e série, tom. Ier, pag. 518.)

[3] Guillaume de Machaut, parlant du sac de Satalieh en 1361, dit :

   Là véist-on maint drap de soie

Et pour ce que marchandise

Estoit toute perdue à Pise,

A Venise, à Romme, à Gennes,

De draps d'or, de soye et de pannes...

Et encement en Remmenie,

En Puille, en Calabre, en Sesile

Et en maint autre bonne ville,

Plusieurs cités tramis avoient

Au saint pere et li supplioient

Très-humblement que bon accort

Mettre li pléust en descort

Du roy de Chippre et du soudan.

La Prise d'Alixandre, Ms. de la Bibl. nat., suppl. fr. n° 43,
fol. cv. xxxiij recto, col. 2, v. 26.

**Renommée
des étoffes
d'Alexandrie au
XV° siècle**

Dans le siècle suivant, les étoffes d'Alexandrie étaient encore comptées au nombre des plus précieuses. En 1414, le sultan Mohammed Ier ayant envoyé à Nàsser Mohammed, sultan d'Égypte, pour le congratuler sur son avénement au trône, des présents consistant en cinq *neuvaines* de pièces d'étoffes de Grèce, trois de celles qui se fabriquaient dans le pays des Francs, et en deux paquets d'étoffes de Perse, celui-ci lui répondit en lui envoyant à son tour, deux beaux chevaux richement harnachés, cinq *neuvaines* de pièces d'étoffes d'Égypte, et quatre de celles des Indes et d'Alexandrie[1].

**Célébrité
des étoffes de
Tennis, de Da-
miette, de Schata,
etc.**

Alexandrie n'était pas le seul point de l'Égypte qui fût réputé pour ses belles étoffes; Tennis, Damiette, Schata et

---

Et de fin or qui reflamboie,
Ardoir, etc.

La Prise d'Alixandre, Ms. de la Bibl. nat., suppl. fr. n° 43,
fol. cc.xiiij verso, col. 3, v. 9. — *Des Relat. polit. et
comm.*, etc., pag. 494.

[1] *Notice d'un Recueil de pièces en turk, en arabe et en persan*, etc., par le Cte Langlès. (*Notices et extraits des manuscrits*, etc., tom. V, pag. 674, 675.)

bien d'autres localités, étaient célèbres par leurs produits dans ce genre d'industrie : « Tennis, dit l'un de nos plus illustres savants, étoit une grande ville qui renfermoit beaucoup de monumens antiques. Ses habitans étoient riches, et s'adonnoient au commerce. La plupart étoient tisserands. On fabriquoit à Tennis des robes de lin si belles, qu'il ne s'en faisoit point ailleurs qui pussent leur être comparées. On y fabriquoit pour le khalife une robe appelée *Badnah*, dans laquelle il n'entroit pour la chaîne et la trame que deux *oukiah* de fil, le reste du tissu étoit d'or. Cette robe étoit d'un travail achevé, et n'avoit pas besoin d'être façonnée et cousue. Le prix alloit à mille dinars. Il n'y avoit au monde que les fabriques de Tennis et de Damiette où une robe toute de coton, et dans laquelle il n'entroit pas d'or, se vendit cent dinars [1]. »

Un peu plus loin, M. Quatremère, traduisant Makrizi, s'exprime ainsi : « A Dabik, à Domaïrah, à Touneh, et dans les autres îles du lac, on fabriquoit des étoffes fines, mais qui n'approchoient pas de celles de Tennis, de Damiette et de Schata. Jusqu'après l'année 360, l'exportation de ces étoffes pour l'Irac seulement, alloit annuellement de vingt à trente mille dinars; mais le vizir Iakoub-ben-Keles ayant été chargé de l'administration des finances, anéantit, par ses vexations, cette branche de commerce. Tennis et Damiette étoient habitées par des chrétiens tributaires [2]. »

Je lis encore dans le même ouvrage, dont l'auteur puise

Étoffes de Dabik, de Domaïrah, de Touneh, etc.

Voile de la Kabah fabriqué à Touneh.

---

[1] *Mémoires géographiques et historiques sur l'Égypte*, etc., par Ét. Quatremère. Paris, F. Schœll, 1811, in-8°, tom. Ier, pag. 308.

[2] *Ibid.*, pag. 309.

toujours à la même source : « Parmi les lieux qui faisoient partie du territoire de Tennis, on comptoit le bourg nommé Touneh, où se fabriquoient des étoffes pareilles à celles de Tennis. Quelquefois même on y faisoit le voile de la Kabah. » « J'ai vu, dit Fakehy, un tapis donné par Haroun-al-Ras- « chid ; il étoit de l'étoffe appelée *kabaty*, et on y lisoit ces « mots . Au nom de Dieu, que la bénédiction de Dieu soit « sur le khalife Raschid-Abdallah Haroun, prince des fidèles « (que Dieu répande sur lui ses faveurs!). Ce tapis a été fait « par ordre de Fadl-ben-Reby, dans la fabrique de Touneh, « l'an 190 [1]. »

Voile de la Kabah
fait à Schata

Schata partageait avec cette localité l'honneur de fournir des tapis à la Kabah. Fakehy rapporte, en effet, avoir vu dans ce temple un voile dont il donnait une description presque entièrement semblable, sinon qu'il portait le nom de Schata et la date de 191 [2].

Étoffes de Dabik.

Dabik, dont je dirai encore un mot d'après Makrizi tra- duit par M. Quatremère, est un bourg du territoire de Da- miette ; c'est de là que l'on tirait les robes tissues d'or, les turbans de lin de diverses couleurs, et l'étoffe à fleurs d'or dite *dabiky*. On y fabriquait des turbans de lin, enrichis d'une broderie d'or, qui avaient cent coudées de longueur. La quantité d'or qui entrait dans chacun, allait à cinq cents dinars, sans compter la soie et le fil [3].

Anecdote
rapportée par
Nowairi.

A ces témoignages ne se bornent pas les passages des écrivains orientaux relatifs à l'industrie textrine en Égypte.

---

[1] *Mémoires géographiques et historiques sur l'Égypte*, etc., tom. Ier, pag. 335, 336
[2] *Ibid.*, pag. 339.
[3] *Ibid.*, pag. 340.

On lit, par exemple, dans l'histoire de ce pays par Nowaïri, qu'un certain musulman, en possession de la faveur de son maître, en était venu à ce point d'orgueil qu'il faisait fabriquer pour son usage, à Damiette et à Tennis, des habits qui ne devaient servir qu'à lui seul; ils étaient faits de laine blanche, tissue d'or [1]. En les portant, il revêtait par-dessus ceux-ci des *goffdrahs* de soie [2].

Nous ne savons à quelle époque ce passage se rapporte; mais ce que nous pouvons dire, c'est qu'au commencement du xive siècle, on faisait beaucoup d'étoffes de lin en Égypte, soit en employant cette substance seule, soit en la mêlant avec de la soie apportée du dehors; ces marchandises étaient continuellement enlevées par des navires chrétiens et sarrasins, qui les acheminaient vers l'Océan, pour les pays du nord, par la Turquie et l'Afrique [3].

D'après tout ce qui précède, il n'y a donc rien que de très-croyable dans le récit que font Bernard le Trésorier et Jacques de Vitry, quand ils disent que les croisés, s'étant emparés de Damiette, en 1249, y trouvèrent, entre autres richesses, abondance d'étoffes de soie chez les négociants, *pannos sericos negotiatorum in abundantia* [4].

Étoffes de lin fabriquées en Égypte

---

[1] Voyez, pag. 392, en note, de l'ouvrage cité plus bas, un autre passage de Nowaïri, dans lequel il est question du brocart de Damiette et de Tennis.

[2] *Dictionnaire détaillé des noms des vêtements chez les Arabes*, pag. 318.

[3] *Lib. secret. fid. Crucis...* cuj. auct. Marin. Sanut., lib. I, pars I, cap. III ; ed. MDCXI, pag. 24, lin. 20. Voyez sur l'excellent lin de Beni Suayd, dit d'Alexandrie, que l'on transportait en beaucoup de pays d'Europe, le *Dict. dét.* de M. Dozy, page 39, note 3.

[4] *Bern. Thesaur. de Acquisit. Terræ sanctæ*, cap. CC, apud Murat., *Rer. Ital. Script.*, tom. VII, col. 838, B. — *Jacobi de Vitriaco Histor. Orient.*, lib. III. (*Gesta Dei per Francos*, etc., pag. 1141, lin. 8.) L'auteur applique aux Égyptiens deux passages de l'Écriture ainsi indiqués en marge : *Apoc.* 19, 8, 16, et *Isaïæ* 19, 9.

La soie défendue
aux hommes
chez les
musulmans

Ces étoffes étaient vraisemblablement destinées à l'exportation, d'autant plus qu'au moyen âge les musulmans faisaient peu d'usage de la soie, seulement permise aux femmes et défendue aux hommes. Le Prophète s'est prononcé en termes très-forts contre les vêtements de cette matière : « Quiconque, dit-il, s'est revêtu de soie dans cette vie, bien certainement il ne s'en revêtira pas dans la vie future. » Et encore : « Celui-là seulement se revêt de soie, qui n'a point de part à la vie future. » Les Hanéfites permettent aux hommes de porter des vêtements dont la chaîne est de soie et la trame d'une autre étoffe. Le contraire, savoir que la trame soit de soie et la chaîne d'une autre étoffe, n'est licite que dans la guerre (*Molteka*). Les Malékites ne sont pas d'accord entre eux, s'il est permis de porter l'étoffe appelée خز, dont la chaîne est de soie et la trame de laine ; mais la plupart des docteurs le condamnent [1]. Il faut prendre garde, cependant, que la soie prohibée pour les habits, ne l'est point ailleurs ; ainsi on lit dans l'ouvrage intitulé *Madjma al anhor* : « La loi ne défend pas que la couverture du berceau soit faite de soie, parce qu'elle n'est point un vêtement [2]. »

Étoffes
d'Almeria.

Si d'Afrique nous passons en Europe, sans sortir de *puenise*, comme eussent dit nos ancêtres, nous trouverons tout d'abord les *pailes* d'Almeria, ville de la côte méridionale d'Espagne [3], qui jouissait d'une réputation proverbiale pour

---

[1] *Dictionnaire détaillé des noms des vêtements chez les Arabes*, pag. 6.

[2] Édit. de Constantinople, tom. II, pag. 259, citée par M. Dozy (*ibid.*, pag. 411, en note).

[3] Au rebours de Matthieu Paris, qui appelle Ceuta une ville d'Espagne (*Hist. Maj.*, pag. 430, lig. 53, an. 1236), un de nos trouvères a l'air de croire qu'Al-

la beauté et la finesse de ses tissus de soie [1], vantés dans mille endroits de nos vieilles chansons de geste, de nos anciens poëmes :

> Soldans l'avoit tramis del regne de Persie
> A Soliman de Nique, que il s'avouerie
> Li envoiast de l'an, quinze muls de Surie...
> Et vingt somiers cargiés de *pailes d'Aumarie*.
>
> *La Chanson d'Antioche*, ch. 1er, coupl. xiii; édit. de M. P.
> Paris, tom. 1er, pag. 24.

> Il reviersa le pale de soie d'*Aumarie*.
>
> *Li Romans d'Alixandre*, pag. 532, v. 32.

> Evos Audain la bele, l'eschevie;
> Vestue fuit d'un paile d'*Amarie*
> A un fil d'or tressié par maistrie.
>
> *Roman de Gerard de Vienne*, v. 4711. (*Der Roman von*
> *Fierabras*, pag. xxx, col. 1.)

Ces pailes d'Almeria devaient être du siglaton, ou au moins du samit, d'autant que l'on en faisait des manteaux et des tentures :

Manteaux, tentures en soie d'Almeria.

---

meria était située en Afrique. Voyez *li Romans de Baudain de Sebourc*, ch. xvii, v. 503; tom. II, pag. 139.

Un peu plus loin, on lit :

> Une baniere porte de soie d'*Aumarie*.
>
> Ch. xxiii, v. 815; tom. II, pag. 334.

Un autre trouvère a l'air de vouloir placer Almeria en Esclavonie :

> N'ot pas li cuens alé plus d'une archie,
> Quant d'un aguet li saut de Turs .x .m.
> De la mesnie Mariemas d'Aumarie,
> .j. riche roi des mielz d'Esclavonie.
>
> *Roman de Guillaume d'Orange*, Ms. de la Bibl. nat. no 6985,
> fol. 186 recto, col. 3, v. 37.

[1] *Proverbes et dictons populaires aux* xiiie *et* xive *siècles*, publiés par G. A. Crapelet, pag. 93. — *Rogeri de Hoveden Annalium pars poster.*, Richardus primus. (*Rer. Anglic. Script. post Bed. præcip*, ed. m.dci., pag. 671, lin. 13.)

Un mantel prinst de soie d'*Aumarie*.

Roman d'*Ansers de Carthage*, M. de la Bibl. nat. n° 7191.
fol. 5 recto, col. 2, v. 26.

Ele defuble son mantel d'*Aumarie*,

Au messagier le done en baillie.

Li Romans de Raoul de Cambrai, compl. CCCXXIX, pag. 348.

Garde tost soit ceste ville joinchie,

Et portendue de soie d'*Aumarie*.

Ibid.

**Enseignes
en soie d'Almeria.** Toutefois, on en taillait aussi des enseignes, ce qui donne à penser qu'Almeria nous expédiait aussi du cendal, et faisait, sous ce rapport, concurrence à Alexandrie, dont les *poiles* se transformaient souvent en pennons et en gonfanons :

Par mi le cors li passe l'ensegne d'*Aumarie*.
Li Romans d'*Alixandre*, pag. 29, v. 34.

N'i a cel n'ait roiele et fort cane brunie,

Et teus i ot ensegne de soie d'*Aumarie*.

Ibid., pag. 119, v. 46.

Là véissiez tantes hanstes brandie

Et tante anseigne de soie d'*Amarie*.

Extraits du Roman de Gérard de Vienne, v. 1611 (Der
Roman von Fierabras, pag. XXVIII, col. 2.)

**Ancienne
prosperité de la
culture et de
la fabrication de
la soie dans le
royaume de
Grenade.** Il ne faut pas croire que cette réputation des étoffes de soie d'Almeria vint de ce que cette ville était, sous la domination des Arabes, le port d'où partaient et où arrivaient les navires levantins[1]; à l'époque à laquelle appartiennent les textes que je viens de citer, et même auparavant[2], la culture et la fabrication de la soie étaient des plus prospères à Al-

---

[1] Depping, *Histoire du commerce entre le Levant et l'Europe*, tom. 1er, pag. 275.
[2] Il est bien entendu qu'antérieurement au XIVe siècle, l'Espagne, comme le reste de l'Europe, tirait d'Orient ses étoffes, ses vêtements de prix : le *Forum judicum* ne

meria, et en général dans le royaume de Grenade, dont
cette ville faisait partie : « Dou royaume de Grenate vient
cire, *soie*, figues, raisins et amendes, » est-il dit dans une
espèce de catalogue des marchandises apportées en Flandre
et dans le pays de Bruges, aux XIIIe et XIVe siècles [1]. Othon
de Friesingen, rapportant, en 1154, l'arrivée d'une ambas-
sade génoise à la cour de Frédéric Ier, parle du sac récent de
deux villes notables d'Espagne, Almeria et Lisbonne, célé-
bres par leurs manufactures de soieries [2].

_____

laisse aucun doute à cet égard. Voyez liv. XI, tit. III, art. 1er. (*Fuero Juzgo*, édit.
de 1815, in-folio, pag. 137, col. 1; pag. 173, col. 1.)

Parmi les présents que les walis Ahmed ben Saïd Abou Amer et son frère Abdel-
melic firent au khalife de Cordoue Abderhaman en 950, il y avait, au dire d'Ibn
Khalican, trente pièces de toile d'or et de soie, quarante-huit couvertures de
cheval ou caparaçons d'or et de soie, tissés à Bagdad, quatre mille livres de soie en
écheveaux, trente tapis de Perse, etc. Voyez Condé, *Historia de la dominacion de los
Arabes en España*, etc. Madrid, 1820, in-4°, cap. LXXXIV, tom. Ier, pag. 442. Suivant toute apparence, la totalité de ces étoffes provenait de fabriques orientales.

[1] *Prov. et dict. popul. aux XIIIe et XIVe siècles*, pag. 132.

[2] *Ottonis de Gestis Frid. I. imp. Liber secundus*, cap. XIII. (*Germaniæ historicorum
illustrium... Tomus unus*, ed. Chr. Urstisio, pars prior, pag. 454, lin. 50.)

Au lieu de recourir à l'ouvrage d'Othon, qui se trouve encore ailleurs, M. de
Santarem a préféré citer un mémoire de M. Pardessus, qui en a fait usage sans
nommer les deux villes maures saccagées par les Génois : il est résulté de cette né-
gligence que le savant Portugais s'est privé d'un témoignage précieux, qui lui eût
permis de faire remonter jusqu'au XIIe siècle, au plus tard, l'introduction de l'industrie de la soierie en Portugal. Voyez *de l'Introduction des procédés relatifs à la
fabrication des étoffes de soie dans la Péninsule hispanique sous la domination des
Arabes*, etc. Paris, Maulde et Renou, 1838, in-8°, pag. 40.

Au reste, il faut dire que le passage d'Othon de Friesingen ne paraît pas avoir
été connu des écrivains qui, chez nous comme en Portugal, se sont occupés de
l'histoire de ce pays. Pour n'en citer qu'un seul, M. A. Herculano, dont l'ouvrage est justement estimé, n'en fait aucune mention dans son *Historia de Portugal*,
liv. II, où il parle de la prise de Lisbonne par les croisés. Voyez tom. Ier (Lisboa,
em casa da viuva Bertrand e filhos, M DCCC XLVI, in-8°), pag. 379, et notes
XXII et XXIII, pag. 505-509.

Mais l'Almeria nommée par Othon est-elle bien la ville du royaume de Grenade?
A voir la distance qui la sépare de Lisbonne, il est permis d'en douter, et de pen-

Au premier aspect, il ne semble pas que par ce mot il faille entendre les draps d'or et d'argent; autrement on ne s'expliquerait guère les prétentions des Maures de la première de ces deux villes, qui, ayant fait prisonnier l'amiral catalan, chef de l'expédition, demandaient, pour sa rançon, entre autres valeurs, cent draps d'or fin; mais il faut prendre garde que ce n'est plus un chroniqueur qui parle, mais un poëte, un rimeur de romances, bien postérieur au xii° siècle :

> Cien doncellas pide el Moro...
> Y cien paños de oro fino, etc.
>
> *Romancero Castellano...* por G. B. Depping, edit. de 1844, tom. II, pag. 283, n° 203.

La seule chose qu'il faille conclure du dernier de ces vers, c'est que, du temps de l'auteur, on ne fabriquait plus à Almeria de ces riches étoffes brochées d'or, pour lesquelles cette ville était autrefois célèbre.

Dans un passage d'Ibn-Saïd, cité par Al-Makkari[1], on lit : « Les villes d'Almeria, de Malaga et de Murcie, possèdent seules des fabriques de l'étoffe appelées *waschi*, qui est en-

Cette prospérité cesse de bonne heure

Témoignages des écrivains arabes relativement aux fabriques d'Almeria

---

ser qu'à l'exemple de Henri de Huntingdon (*Hist.*, lib. VIII, apud Savile, *Rer. Anglic. Script. post Bed. præcip.*, ed. M.DCI., pag. 394, lin. 53), l'historien de Frédéric Ier a voulu parler d'Almada, village situé en face de la capitale du Portugal, de l'autre côté du Tage, et dont le nom est correctement donné par Roger de Hoveden. (*Annal.*, pars prior, ibid., pag. 489, lin. 8.) Qui sait si à cette première erreur, Othon n'en aura pas ajouté une seconde, celle d'attribuer à la fausse Almeria, et, par suite, à Lisbonne, ce qui appartenait peut-être exclusivement à la véritable? Lisbonne a été certainement un entrepôt de draps d'or et d'étoffes de soie; mais c'est à la fin du moyen âge, quand des flottes venaient y apporter les richesses de l'Inde. Voyez *Alfonsi Ciacconii epist. IV ad principem cardinalem*, A. D. MDLXX. (*Vet. Script. et mon. ampl. Collect.*, tom. I, col. 1324, D.)

[1] *Histoire d'Espagne*, Ms. de Gotha, fol. 40 verso.

tremélée d'or, et dont la belle fabrication met en étonnement les Orientaux qui en voient un échantillon[1]. »

Un autre écrivain arabe, Ibn-al-Khatib, vante le commerce
et la richesse d'Almeria : « Il y avait dans cette ville, dit-il,
un bassin, où l'on construisait de très-beaux navires; la côte
était sûre et bien fréquentée. Mais ce qui rendait Almeria supérieure à toute autre ville du monde, c'étaient ses diverses manufactures de soie et d'autres étoffes, telles que le *dibáj*[2],
qui est une sorte de drap de soie préférable, pour la qualité et la durée, à tout ce qui se fait ailleurs; le *tiráz*, cette
étoffe dispendieuse sur laquelle les noms des sultans, des
princes et d'autres riches personnages, sont inscrits, et
dont il n'existait pas moins de huit cents métiers à la fois[3].
Pour les tissus de soie de qualité inférieure, comme le
holol[4] et les brocarts, il y avait mille métiers; le même
nombre était sans relâche occupé à tisser l'étoffe appelée

Étoffes
fabriquées à
Almeria

---

[1] *Dictionnaire détaillé des noms des vêtements chez les Arabes*, pag. 134, en
note.

Un mot de l'*Histoire des Abbasides* de Nowaïri, rapporté un peu plus bas par le
même auteur, fait soupçonner que le *waschi* était une espèce d'écarlate. Édrisi
(*Géographie*, trad. de M. Amédée Jaubert, tom. II, pag. 168) nous apprend que
l'on fabriquait aussi cette espèce d'étoffe à Ispahan. Suivant un auteur persan
(صور البلدان, *Siwar-al-boldan*, les Figures des pays) cité par Sir William
Ouseley (*Travels in various Countries of the East*, etc. London, 1819-21, in-4°,
tom. II, pag. 109, en note), on en faisait aussi à Djehrom dans le Fars.

Voyez encore d'autres exemples de l'emploi des mots *waschi* et *dabikî*, dans les
Additions et corrections du Dictionnaire de M. Dozy, pag. 437, et dans l'*Essai sur
l'histoire des Arabes*, etc., par Caussin de Perceval. Paris, Firmin Didot frères,
1847-48, trois vol. in-8, liv. III, tom. 1er, pag. 302.

[2] Voyez ci-dessus, pag. 250.

[3] Suivant Makarri, cité par M. Quatremère, « dans la ville d'Almeria se trouvaient huit cents métiers pour tisser les écharpes de soie. » Voyez *Histoire des sultans mamlouks de l'Égypte*, tom. II, 1re partie, pag. 103, not 123.

[4] Voyez ci-dessus, pag. 272.

iskalaton[1]. On en comptait aussi mille employés à la fabrication de robes appelées *al-jorjáni* (géorgiennes, s'il faut en croire Don Pascual de Gayangos), mille encore à celles des étoffes nommées *isbaháni*, c'est-à-dire d'*Ispahan*, et tout autant pour les *'atabi*[2]. Les manufactures de damas pour rideaux et turbans de femmes, de couleurs gaies et éblouissantes, employaient un nombre de bras égal à celui des bras occupés à confectionner les articles ci-dessus[3]. »

Renommée du commerce et de la richesse d'Almeria.

Dans un autre ouvrage, Ibn-al-Khatib vante le commerce et la richesse d'Almeria[4]. Autant en fait le géographe maure Siradj-Eddin Omar ben al-Wardi[5]. Dans le livre attribué à Rasis, on trouve également l'éloge des manufactures de cette ville : « Almeria, y est-il dit, est au Levant; c'est la clef du gain et de tout bien, et la demeure des habiles maîtres de galères; on y fait beaucoup d'étoffes de soie brochées d'or et très-nobles[6]. » Un autre écrivain arabe, cité par Conde, nous apprend que le roi maure Aben Alahmar, qui régnait en 1248, protégea beaucoup la culture et la fabrication de la soie; et il ajoute que cette fabrication avait fait de tels pro-

---

[1] Voyez ci-dessus, pag. 233, 234.

[2] Voyez ci-dessus, pag. 245, et l'*Histoire des sultans mamloucks de l'Égypte*, tom. Ier, Ire partie, pag. 209 et 241; tom. II, Ire partie, pag. 70, 71.

[3] *The History of the Mohammedan Dynasties in Spain; extracted from... Ibn-al-khattib, by Ahmed Ibn Mohammed al-makkari...* translated... by Pascual de Gayangos, etc. London : printed for the Oriental Translation Fund, etc., M.DCCC.XL.-XLIII., in-4°. book I, ch. II, vol. I, pag. 51 et 358.

[4] Abou Abdallah ben al-Khatib al Salem, *Granatæ ejusque regum Historia*, pars secunda : *De Granatæ Regionibus, locisque ad eam pertinentibus*, ap. Casiri, *Bibliotheca Arabico-Hispana Escurialensis*, tom. II, pag. 254, col. 1.

[5] *Ibid.*, tom. II, pag. 1, col. 2.

[6] *Vida de san Indalecio y Almeria ilustrada*, etc., por el Doctor Don Gabriel Pascual y Orbaneja, etc. Almeria, por Antonio Lopez Hidalgo, 1699, in-folio, part. I, cap. VII. — *Historia de Granada...* por D. Miguel Lafuente Alcántara.

grès, que la soie de Grenade était préférée à celle de Syrie[1].

Mais le royaume de Grenade n'était point le seul favorisé sous ce rapport. La culture de la soie, introduite dans la péninsule Ibérique, avant le xiie siècle, comme nous le voyons par le traité d'un auteur arabe de Séville, qui vivait à cette époque[2], était déjà florissante au xe, s'il faut en croire les écrivains de cette nation consultés par Condé; ils nous apprennent qu'au temps des califes de Cordoue, de la dynastie des Ommiades, et notamment sous le règne d'Abderrahman III, l'Espagne envoyait au dehors une grande quantité de soie brute et d'étoffes de soie. Les Arabes de la Péninsule exportaient ces denrées, non-seulement chez nous, mais principalement pour le nord de l'Afrique et pour la Grèce, et, en échange, ils rapportaient de ces pays, surtout d'Alexandrie, plusieurs autres articles de luxe.

Ce qu'il y a de bien certain, c'est que les étoffes d'Espagne

Culture de la soie en Espagne au xe siècle; exportation de soie brute et onvrée sous les Ommiades.

Renommée des étoffes d'Espagne dès le xe siècle.

Granada, imprenta y librería de Sanz, 1843-46, in-8°, tom. II, pag. 153, en note. Voyez encore tom. III, pag. 105, en note.

On trouvera des détails sur Almeria durant la domination des Maures, dans les *Recherches sur l'histoire... de l'Espagne pendant le moyen âge*, par R. P. A. Dozy, tom. Ier (Leyde, chez E. J. Brill, 1849, in-8°), pag. 82-86; et une longue note sur Ahmed Ibn Mohammed Ibn Músa Ar-rázi, parmi les *Notes and Illustrations* de *The History of the Mohammedan Dynasties in Spain*, vol. I, pag. 314, not. 10, au liv. Ier, ch. Ier. Voyez encore, sur le même sujet, la not. 40, pag. 320 et 321.

[1] *Historia de la dominacion de los Arabes en España*, etc. Madrid : imprenta que fué de Garcia, 1820-1821, in-4° esp., tom. III, pag. 37, 38.

[2] *Libro de agricultura, su autor el doctor excelente Abu Zacaria Iahia... Ebn el Awam, sevillano*, traducido al castellano y anotado por Don Josef Antonio Banqueri, etc. Madrid, en la Imprenta real, año de 1802, in-fol., part. I, tom. I, cap. vii, art. 23 (*Del plantío del arbol fersád, que es el moral, ó el llamado moral arábigo ó de seda*), pag. 289-293.

Voyez sur l'introduction de la soie en Espagne, le peu que donne le chanoine Escolano dans sa *Decada primera de la historia de... Valencia*, etc., primera parte.

étaient célèbres dès le ixᵉ siècle; Anastase le Bibliothécaire en parle en quatre endroits sous le nom de *spaniscum*, qu'il emploie comme substantif et comme adjectif[1]; et en plaçant ce tissu à la suite du *fundatum* et du *stauracin*, il nous donne suffisamment à entendre qu'il était de grand prix et sans doute de soie comme eux. Un biographe de saint Ansegise, abbé de Fontenelle, mort en 835, place de même une couverture d'Espagne, *stragulum Hispanicum unum*, à la suite de tapis ou de tentures (car le mot *pallia* signifie tout cela) de *fundatum* et de *stauracin*[2].

Tapis d'Espagne.

A une époque qu'il nous serait difficile de préciser, un poëte latin vantait les tentures précieuses à sujets, et les tapis d'Espagne; mais là on voit que ce sont des tissus de laine :

> Tunc preciosa suis surgunt aulaea figuris
> Ac in se raptis ora tenent animis;
> Tunc operosa suis *Hispana tapetia* villis
> Hinc rubeas, virides inde ferunt species.

> *De Conflicta Ovis et Lini*, v. 547. (*Poesies populaires latines
> antérieures au* xiiᵉ *siècle*, par M. Édélestand du Méril,
> pag. 396.)

*Étoffes
d'Espagne citées
par d'anciens
écrivains grecs
et latins.*

Il est tout aussi malaisé de déterminer la matière des étoffes qu'un écrivain byzantin du xiiᵉ siècle nous dit fabriquées en Espagne et aux colonnes d'Hercule, et de là transportées par le commerce dans l'antique Macédoine et à Thessalonique[3];

En Valencia, por Pedro Patricio Mey, 1610, in-folio, lib. IV, cap. vi (*Del origen
de la seda, y quien la trazo a España, y en especial a... Valencia*, etc.), col. 704-707.

[1] Anast. Biblioth., *De Vit. Roman. Pont.*, nᵒ cv. S. Leo IV, A. C. 847. (*Rer. Ital.
Script.*, tom. III, pag. 231, col. 2, D; pag. 243, col. 1, B; pag. 244, col. 2, A;
pag. 245, col. 2, B.)

[2] *Acta sanctor. ord. S. Bened.*, sæc. iv, pars prima, pag. 634.

[3] *Trimario, sive de Passionibus ejus, dialogus*, etc., ed. C. B. Hase. (*Notices et*

mais l'expression τῶν ἐπίπλων τὰ κάλλιστα nous permet de croire qu'elles étaient de soie en tout ou en partie, ou du moins qu'elles étaient comptées parmi les tissus précieux.

Il faut entendre ainsi le mot *pallia*, que nous trouvons dans un autre poëme du XIIe siècle, contenant la relation des faits et gestes des Pisans dans l'île de Mayorque en 1114 et 1115 :

> Circuiens properat captam gens sancta per urbem,
> Ferrea captorum dissolvens vincula fratrum,
> Cui fuerant ostrum, byssus, seu purpura, vestes,
> Aurum cum gemmis, *Hispanaque pallia* prædæ.
>
> *Laurentii Veronensis... Rerum in Majorica Pisanorum...anno salutis* MCXIV *et* MCXV, lib. VII. (*Rerum Ital. Script*. tom. VI, pag. 157, col. 2, E.)

Un historien anglais du XIIIe siècle, racontant un événement de la fin du précédent, le mariage de Philippe, comte de Flandre, avec Béatrix, fille du roi de Portugal, est, à ce qui me semble, beaucoup plus explicite sur l'espèce des étoffes que l'Espagne produisait alors : « Le roi, dit Raoul de Dicet, chargea les navires envoyés de Flandre, des trésors de l'Espagne, c'est à savoir d'or, d'habits en draps d'or ou ornés de broderies d'or, de pierres précieuses, d'étoffes de soie et plus tard de vivres de tout genre en abondance [1]. »

Il n'y avait pas jusqu'à Saragosse qui ne produisit des draps d'or et de soie. On le voit par ces extraits d'un roman du XIIIe siècle :

> Colcie s'est eneslepas

Étoffes d'Espagne au XIIe siècle

Draps d'or et de soie de Saragosse

---

extraits des manuscrits de la Bibliothèque impériale, etc., tom. IX, seconde partie, pag. 173.)

[1] *Ymagines historiarum aut. Radulfo de Diceto*, sub an. 1184. (*Hist. Anglic. Script. X*, tom. I, col. 623, lin. 35.)

En un cier lit d'or et d'argent...
Keute i ot grant, et fu de paile,
Ainques millor n'ot à Tessaille,
Et linceus blans, deugiés, de soie...
Molt i ot rices orilliers...
Covreteors rices asses;
D'unes bestes fu tors orlés
Et reluisans com ors pieumens...
Vols fu d'un drap *sarragoçois*
D'or et de soie trestos frois.

C'est de Troies, Ms. de la Bibl. nat. n° 6987, fol. 71 recto, col. 3, v. 4.

Quant remés fu en l'auketon,
Qui fu d'un drap *sarragoçois*...
Or est rompus et sans colour, etc.

Ibid., fol. 89 verso, col. 2, v. 26.

Hector fu vestus ricement
D'un drap vermel *saragoçois*
Ouvrer (sic) à lioncels d'orfrois.

Ibid., fol. 92 verso, col. 2, v. 12.

Escu et lance et confanon
Ot de l'uevre *saragoçoise*.

Ibid., fol. 104 recto, col. 2, v. 58.

On sait maintenant comment il faut entendre ces deux vers de l'un de nos trouvères, probablement contemporain du chroniqueur :

Couverture et *entreseigne*
Avoit cascuns de drap d'Espaingne.

D'Atis et de Prophelias, Ms. de la Bibl. nat. n° 7191, fol. 139 recto, col. 2, v. 2.

Prospérité de l'industrie de la soie en Espagne au XIII° siècle. Au XIII° siècle, époque du mariage du comte de Flandre avec Béatrix, l'industrie de la soierie était si prospère dans la Péninsule, que le célèbre géographe Édrisi, qui la parcourait

alors, pouvait dire qu'il y avait, dans le seul territoire de
Jaen, trois mille villages où l'on élevait des vers à soie[1]. Quant
à Séville, nous savons que, sous la domination des Maures,
elle comptait à elle seule six mille métiers pour les étoffes
de soie. On voit par là ce qu'il faut penser de l'étrange assertion de Cascales, qui donne pour certain que la culture
de la soie n'existait pas en Espagne antérieurement au
xve siècle, et cela, parce que dans le royaume de Murcie,
où l'on s'occupe surtout d'élever des vers à soie, il n'a pas
trouvé, dit-il, de trace de cette industrie dans les archives
de la capitale[2]. Nous verrons plus tard le *drap de Mulce*[3] cité
par Chrestien de Troyes, qui florissait à la fin du xiie siècle,
et, au xiiie, nous trouvons les étoffes de Murcie rangées
avec celles d'Almeria, parmi les plus précieuses[4].

Malgré toutes ces diverses sources de production, l'Espagne, à ce qu'il paraît, était toujours tributaire de l'étranger

Importation
de tissus de soie
en Espagne.

---

[1] *Géographie d'Édrisi*, traduite de l'arabe en français... par M. Amédée Jaubert, etc., tom. II, pag. 50.

[2] *Discursos históricos de Murcia y su reyno*, etc., segunda impresion... Año de
1775, en Murcia, por Francisco Benedito, in-folio, discurso XVI, cap. i, pag. 330,
col. 1.

[3] Il n'y a pas à douter que ce mot ne signifie *Murcie*, nom que les trouvères
accolaient à celui d'Almeria :

> Li rois de *Mulce* et d'Aumarie...
> Tous fu covers d'un drap de soie.
>   *D'Atis et de Prophelias*, Ms. de la Bibl. nat. n° 7191, fol. 162
>   verso, col. 2, v. 27.

[4] Les parents et les amis d'Athis et de Gayte, en vue de l'union prochaine de
ces deux personnages,

> Querent cendals et singlatons...
> Cers dras de *Murce* et d'Aumarie,
> Et des mellors de Romenie.
>   *D'Atis et de Prophelias*, Ms. de la Bibl. nat. n° 7191, fol. 123
>   verso, col. 1, v. 20

pour les tissus de soie, du moins pour les plus magnifiques, ceux que Pachymère nous montre sortant des mains des ouvriers grecs [1]. Nous sommes, en effet, tenté d'identifier avec elles les riches draps d'or, de soie et de pierreries, dont était couvert, suivant un poëte, le banc que le Cid avait gagné au roi maure de Valence lorsqu'il le vainquit dans cette ville [2].

Une autre romance, dont le fond appartient à l'histoire du XIVᵉ siècle, nous représente un roi d'Aragon, peut-être Jayme II, contemplant la mer d'Espagne, sur laquelle naviguaient des vaisseaux chargés de soie et de riches étoffes, les uns vers le Levant, les autres vers la Castille [3]; je me hâte d'ajouter qu'il est fort possible que le poëte ait voulu parler d'étoffes exportées des royaumes de Grenade et de Séville pour la Castille et le Levant. Les règlements municipaux dont les manufactures de ces villes ont été l'objet [4], suffiraient

Réglements municipaux relatifs aux manufactures de soie de Grenade et de Séville ; aliments de ces fabriques.

---

[1] Voyez ci-dessus, pag. 44

[2] *Romancero de romances caballerescos é históricos*, éd. de D. Ag. Duran, in-8°. part. II, pag. 152, col. 2.

[3] *Romancero castellano*, édit. de 1844, tom. Iᵉʳ, pag. 404, n° 289.

[4] Voyez *Ordenanças de Sevilla...* año de 1632, in-folio, fol. 183 verso — 185 verso (*De los texedores de terciopelo*); fol. 185 verso — 187 verso (*De los hiladores del torno de seda*); fol. 187 verso — 190 verso (*De los sederos*); fol. 191 recto — 194 verso (*De los toqueros*).

Voyez encore « Don Martin de Ulloa, *Discurso sobre las fábricas de seda de Sevilla*, que está en el prim. tom. de las Memorias de la Real sociedad patriótica de aquella ciudad, » cité par D. Juan Sempere dans son *Historia del Luxo*, tom. II, pag. 34, en note, et par Capmany, dans le tom. III de ses *Memorias históricas sobre la marina, comercio, y artes de la antigua ciudad de Barcelona*, pag. 349, not. 7, et pag. 352, not. 10. Ce dernier ouvrage renferme, pag. 344-355, un bon aperçu de l'industrie de la soie en Espagne, principalement à Séville et à Tolède.

Nous croyons savoir que les règlements municipaux de cette dernière ville n'ont jamais été imprimés, sort qui leur est peut-être commun avec ceux de Grenade.

Enfin nous renverrons encore le lecteur curieux de se rendre compte de l'histoire de la culture et de l'industrie de la soie en Espagne, à un ouvrage important, et cependant peu connu, intitulé : *Memorias políticas y económicas sobre los frutos,*

à eux seuls pour nous apprendre que l'industrie de la soie y fut de plus en plus florissante pendant toute la durée du moyen âge; ces fabriques étaient alimentées par les campagnes environnantes, où la culture de la soie était généralement répandue, ainsi que le prouvent les lois fiscales qui la régissaient [1]. Il fallait qu'elle le fût bien dans les Alpujarras, sous Charles-Quint, pour que, comme on le voit par la Chronique de D. Frances de Zuñiga, Fernando d'Aragon, duc de Calabre, troisième mari de la reine Germaine, pût tirer un revenu de 20 000 maravédis, d'autres disent de 30 000 ducats, des vers à soie de ces montagnes [2].

Avec un pareil état de choses, il n'y a rien d'étonnant à ce que l'usage de la soie ait été grandement répandu en Espagne à toutes les époques du moyen âge. Jeter ici un coup d'œil sur les lois somptuaires de ce pays serait nous embarquer sur une mer nouvelle, suffisamment explorée par Sempere [3]; nous nous bornerons à signaler les draps d'or et de

Abondance des soieries en Espagne pendant le moyen âge; draps d'or et de soie donnés en 1327 à une infante de Castille; riches étoffes trouvées dans les coffres de l'un des ministres de Don Pedre le Cruel.

---

comercio, fabricas y minas de España... por don Eugenio Larruga. En Madrid : año de MDCCLXXXVII-XCII, vingt-un volumes petit in-4°.

[1] Voyez Recopilacion de las leyes destos reynos, etc., Alcala de Henares, año de M.D.XCVIII, in-folio, libr. IX, tit. XXX (De los derechos de la seda del reyno de Granada, y condiciones que se arrienda), segund. part., fol. 366 verso, col. 1 — fol. 376 recto, col. 2.

[2] Ueber den Hoffnarren Kaiser Carl's V, genannt El Conde don Frances de Zuñiga, und seine Chronik, von F. Wolf. (Sitzungberichte der Kaiserl. Akademie der Wissenschaften, Philosophisch-historische Classe, in-8°, vol. V, pag. 51, livraison de juin 1850.)

[3] Toutefois il ne serait pas difficile de signaler dans ce livre nombre d'omissions, surtout pour ce qui regarde les juifs. Dans le cas où quelqu'un songerait à le réimprimer, ou ce qui vaudrait mieux, à le refaire, je l'engagerais à recourir à un manuscrit de la Bibliothèque nationale, supplément hébreu n° 79, fol. 20 verso et 21 recto : il y trouvera des règlements faits par une assemblée de rabbins et de notables juifs, sous la présidence de D. Abraham de la Corte, à Valladolid, en 1432.

soie, aussi nombreux que variés, que D. Pedro de Luna, archevêque de Saragosse et frère de D. Jayme, roi d'Aragon, apporta, en 1327, à l'infante Léonore, sœur d'Alphonse XI, à l'occasion de son mariage avec le roi d'Aragon du même nom [1], et nous ferons remarquer la prodigieuse quantité de pareilles étoffes que possédait l'un des ministres de D. Pèdre le Cruel, dans la maison duquel, située à Tolède, on trouva, entre autres choses, cent vingt-cinq coffres de draps d'or et de soie [2].

Un pareil amas de tissus précieux pouvait avoir plus d'une origine : ou don Simuel en retenait une partie en nantissement pour des prêts d'argent, ou il faisait le commerce des soieries, qui alors se trouvait presque exclusivement entre les mains des banquiers et des changeurs, tous juifs, comme Simuel, ou italiens. Ces derniers, qui devaient naturellement rechercher les marchandises peu encombrantes, d'une défaite facile et d'une valeur équivalente à celle des métaux précieux, ne pouvaient manquer d'entrer en relations d'affaires avec l'Espagne méridionale, si abondante en soies brutes et ouvrées : aussi voyons-nous de bonne heure les Génois sur le littoral des royaumes de Valence et de Grenade. On trouve dans les archives secrètes du gouvernement, à Gènes, un traité de paix et de commerce entre la république et le roi mahométan de Valence, Boabdele (Abou-Abd-allah) Mahomet, fils de Saïd, conclu pour dix ans, l'an 544

Les Génois de bonne heure sur le littoral des royaumes de Valence et de Grenade.

---

[1] *Crónica de D. Alfonso el Onceno*, etc., seg. edic. por D. Francisco Cerdá y Rico, part. I. En Madrid : en la imprenta de D. Antonio de Sancha, año de M.DCC.LXXXVII., in-4°, cap. LXXXI, pag. 146.

[2] Pero Lopez de Ayala, *Crónica del rey D. Pedro*, año onceno (1360), cap. XXII; edit. de D. Eugenio de Llaguno Amirola, tom. Iᵉʳ, pag. 323.

de l'hégire (1149 de Jésus-Christ). Le roi, entre autres clauses, exempte de tout droit et de toute avanie les Génois qui feront le commerce dans ses États, et leur accorde deux *fondaco*, l'une à Valence et l'autre à Denia, pour y demeurer et y faire le commerce. De leur part, les Génois établis à Almeria et Tortosa ne feront aucun tort aux sujets du roi, etc. [1] Dans un autre traité en date de 1278, entre Boabdile Macomet (Mohammed Abou-Abd-allah, deuxième roi de la famille des Benou-Naser), roi de Grenade, et son fils, d'une part, et Samuel Spinola et Boniface Embriaci, ambassadeurs de Gènes, d'autre part, on trouve le détail des différentes marchandises que les Génois exportaient des États des Sarrasins d'Espagne [2].

Si nous nous sommes étendu si longuement sur les étoffes de l'Espagne, et en particulier sur celles d'Almeria, il nous serait difficile d'en agir de même pour le *drap antigonois*. La seule chose que nous en puissions dire, c'est qu'il n'était pas ordinaire; car nous ne l'avons jamais vu cité qu'une seule fois dans un roman, où il est associé à un travail précieux : [Drap antigonois]

> Une mance ridée, plus blance que n'est nois,
> Ouvrée ricement d'un drap *antigonois*,
> Ot li bers en son branc, à guise de François.
>
> *Li Romans d'Alixandre*, pag. 122, v. 21.

Nous n'avons pareillement trouvé le drap d'Antioche cité que dans un seul roman, celui de Perceval, qui est du [Drap d'Antioche]

---

[1] *Rapport sur les recherches faites dans les archives du gouvernement et autres dépôts publics à Gènes*, par M. Silvestre de Sacy. (*Histoire et mémoires de l'Institut royal de France*, classe d'histoire et de littérature ancienne, tom. III, pag. 105.)
[2] *Ibid.*, pag. 110, 111.

xii° siècle [1]; mais au xiii° et au xiv°, il est à tout moment question de cette étoffe dans les inventaires. Dans l'un, qui est de 1295, c'est une chape d'un certain drap d'Antioche sur champ noir, avec des ornements tissus en fil d'or [2]; dans un autre, qui porte la date de 1315, c'est une chasuble rouge appelée *Antioche*, avec des oiseaux rouges brodés [3], ce sont des vêtements de drap blanc d'Antioche diapré [4], de drap rouge d'Antioche avec des oiseaux bleus à tête d'or, enfin de drap bleu d'Antioche avec des oiseaux d'or [5]. Tous ces détails prouvent à suffisance que l'étoffe en question était des plus riches, et il n'y a pas à douter qu'elle ne fût de soie, comme le drap d'Arest que nous avons déjà vu [6], et qui devait son nom à une ville de Syrie voisine d'Antioche [7]. En se reportant à un passage que nous avons cité plus haut à propos du diapre, on sera disposé peut-être à considérer le drap d'Antioche comme rentrant dans cette catégorie de tissus.

---

[1]
> D'autre part l'yaue en mi le pré
> Avoit tendu .i. riche tré
> D'un drap d'*Antioche* molt chier.
>
> Ms. suppl. fr. n° 430, fol. 458 recto, col. 2, v. 4.

[2] « Item capa ejusdem de quodam panno *Antiocheno*, cujus campus niger, cum ereminis de aurifilo contextis. » *Visit. facta in thesaur. S. Pauli Lond.*, etc. (*The Hist. of St. Paul's Cathedral*, append., n° xxviii, pag. 318, col. 2.)

[3] *Ornam. ecclesiast. in vest. eccles. Christi Cantuar.*, etc. (*The Hist. and Antiquit. of the cathed. Church of Canterbury*, by J. Dart, the append., n° vi, pag. iv.)

[4] *Ibid.*, pag. vi et ix.

[5] *Ibid.*, pag. ix. Voyez ci-dessus, pag. 32, not. 3, et encore pag. 208 et 236.

[6] Voyez pag. 260.

[7] Je veux parler de Hârem (حارم), dont les historiens des croisades ont plus ou moins altéré le nom, devenu *Areth* sous la plume de l'archevêque Baudry, l'un d'eux. Voyez *Historia Ierosolymitana*, liv. II, dans le recueil de Bongars, pag. 102, lig. 10, pag. 104, lig. 55; et *Histoire des sultans mamlouks de l'Égypte*, par M. Quatremère, tom. I°, deuxième partie, append., pag. 265.

Il m'est plus facile de dire ce que pouvait être le drap d'Aquitaine, mentionné deux fois dans le même roman :

> En son tref l'ont coucié sor .i. *drap d'Aquitaine*.
> *Li Romans d'Alixandre*, pag. 67, v. 11.

> Caperon ot et mances d'un cier *drap d'Aquitaine*.
> *Ibid.*, pag. 478, v. 7.

Suivant toute apparence, le trouvère a donné le nom d'*Aquitaine* aux draps de Languedoc, province célèbre de bonne heure par ses manufactures d'étoffes de laine [1]. Outre Narbonne, Béziers, Carcassonne, Perpignan, Castelnaudary, Montréal, Limoux, etc., nommés par Uzzano [2], il y avait encore Avignonet, aujourd'hui commune de deux mille deux cent soixante-sept habitants, qui n'est pas même un chef-lieu de canton, et que Froissart appelle « une grosse ville et marchande et où on fait foison de draps [3]. »

Viennent ensuite les pailes, les draps de soie, la soie de Bagdad, que nous avons déjà vus sous le nom de *baldaquins*, de *baudequins*, étoffes en pure soie [4], ou mélangées de coton [5], qui se fabriquaient dans cette ville, ou y étaient apportées par les caravanes, et de là se disséminaient dans les ports du littoral, fréquentés par les navires latins :

> Raoul mc sires est plus tel que Judas,

---

[1] Voyez l'*Hist. du comm. entre le Levant et l'Europe*, etc., tom. 1er, pag. 299, 300.

[2] *Pratica della mercatura*, cap. LXIII : *Valuta di panni di Lingua d'Oca.* (*Della Decima*, etc , tom. IV, pag. 174, 175.)

[3] *Chroniques de sire Jean Froissart*, liv 1er, part. II, ch. XIX ; édit. du *Panthéon littéraire*, tom. 1er, pag. 315, col. 1.

[4] « On lit dans Ibn-Khaldoun (*Histoire d'Espagne...*) : « Quarante-huit couvertures de brocart, fabriquées à Bagdad, pour en parer les chevaux. » *Dict. dét. des noms des vêt. chez les Arabes*, pag. 402, not. 2. Voyez ci-dessus, pag. 287, lig. 5 et 6 des notes.

[5] Voyez ci-dessus, pag. 253, not. 1.

Il est me sires; chevals me donne et dras
Et garnemans et pailes de *Baudas*.

Li Romans de Raoul de Cambrai, coupl. t.x, pag. 56.

La roïne out de soie dras,
Aporté furent de *Baudas*.

Le Roman de Tristan, tom. Ier, pag. 185, v. 3867.

E cenh una correya de seda de *Baudrat*.

Der Roman von Fierabras, v. 2025, pag. 63.

Pailes de Biterne ou Bisterne.

Puis ce sont les pailes de Biterne ou Bisterne, lieu dont je serais bien embarrassé pour indiquer la position au juste :

Bien fu vestue d'un paille de *Biterne*.

Le Roman de Garin cité par du Cange, *Gloss. med. et inf*
Latin., tom. I, pag. 500, col. 2, v° *Aurifrigia*.

La reine Candace, voulant faire un présent à Alexandre représenté par un ambassadeur,

.C. pales de *Bisterne*, trestous d'une color,
Li a fait aporter à .i. sien vavasor :
« Antigone, fait-ele, ce donras ton signor,
Et tu, qui es mesages, aras por soie amor
.J. mantiel sebelin d'un pale paint à flor;
Et tant ti conpagnon seront por toi millor.
Cescuns ara .ii. pale d'Inde superior.

Li Romans d'Alixandre, pag. 382, v. 28.

Le roi et son fil et s'oissor
A fait seoir el lieu greignor ;
Desor .j. paile de *Bisterne*
Sist la roïne de Palerne.

Roman de Guillaume de Palerme, Ms. de la Bibl. de l'Arsenal, B.-L. fr. in-4°, n° 178, fol. 189 verso, col. 2, v. 20.

Pays designé au moyen âge par le nom de Biterne ou Bisterne

Quelle idée nos ancêtres pouvaient-ils attacher à ce nom de *Biterne* ou *Bisterne*? C'est ce qu'il n'est peut-être pas impossible de découvrir. Remarquons d'abord qu'il se trouve quelquefois accolé à un nom d'homme :

. A cies paroles ès pognant Alori,
   Qui de *Bisterne* iert fix à l'aumarchis.

> *La Chevalerie Ogier de Danemarche*, tom. Ier, pag. 13, v. 300.

   Lors point et broche le cheval,
   Et vait ferir .j. chevalier,
   .J. damoisel fil d'un princier ;
   Poonciax ot non de *Bisterne.*

> *Roman de Guillaume de Palerme*, Ms. de l'Arsenal, B.-L. fr.
> in-4°, n° 178, fol. 131 verso, col. 1, v. 11.

D'après le premier de ces deux passages, auquel on en pourrait joindre bien d'autres[1], il semblerait que le nom de *Bisterne* serait celui d'un pays musulman ; mais il y a fort à parier que nos anciens trouvères ne se rendaient pas bien compte du sens primitif de ce mot, qui revient sans conteste à la géographie fantastique du moyen âge. On le voit par l'itinéraire d'un héros de roman :

Itinéraire d'un héros de roman

   Blancandins o son dru Sadoine
   S'en vont par mer à fier estoire ;
   Passent les roces de Montoire
   Et les illes de Bocident,
   Très par devant l'Arbre qui fent,
   Et passent Europe le grant :
   Illuec conversent li gaiant ;
   Passent les (*sic*) de Loquiferne
   Et de Baudaire et de *Biterne*
   Et le goufre de Saternie,
   Et passent devant Femenie,
   U il n'en a se femes non ;
   Et passent le regne arragon,
   Tant que il voient Alixandre

---

[1] Voyez le Glossaire et index de mon édition de la *Chanson de Roland*, pag. 175, col. 1 et 2.

Et la grant tor de Salimandre,

Et Persie qui tostans art.

Tant ont costoié cele part

Le grant palagre de Surie,

Que il ont Tormadai coisie.

De Blancandin, Ms. n° 6987, fol. 265 recto, col. 1, v. 13.

A mon avis, *Biterne* dérive, non pas du nom des Bastarnes, peuple scythique dont il est fait mention dans l'histoire romaine dès le temps de Philippe de Macédoine et de Persée[1], mais de *Finibus terre*, dont la tête aura été détachée dans l'idée que c'était une épithète, et ainsi *Biterne* veut dire le *bout du monde*. Dans ces deux vers de la Chronique de Jordan Fantosme, v. 140, copiés sur le manuscrit de Durham :

Les baruns de Bretaine, vus le savez asez,

Tresqu'en Finebusterne sunt en mes poestez,

le manuscrit de Lincoln donne comme variante *Finiebus, terre*. Une dernière observation, qui n'est peut-être pas déplacée ici, c'est qu'autrefois on jurait par le diable de Biterne[2], et qu'aujourd'hui on envoie au diable celui que l'on souhaite le plus loin possible.

Un mot encore avant d'en finir avec *Biterne*. Après avoir produit ce mot, *Finibus terre* est devenu *Fine-Poterne* ; du moins, quand Froissart veut nommer *Saint-Matthieu-Fin-de-Terre*, il dit toujours *Saint-Matthieu-de-Fine-Poterne*[3], alté-

---

[1] Flav. Vopisc., *Probus*, cap. XVIII.

[2] Voyez, sur l'origine de ce juron, le *Dueatiana*, Amsterdam, chez Pierre Humbert, M.DCC.XXXVIII., in-8°, tom. II, pag. 493.

[3] *Chroniques de sire Jean Froissart*, liv. Ier, part. I, ch. CLXXXI; part. II, ch. CCCLXVIII et CCCLXXXIII. (Édit. du *Panthéon littéraire*, tom. Ier, pag. 156, col. 1; pag. 667, col. 2, et pag. 696, col. 2.)

rant ainsi étrangement un nom qui, au xive siècle, était à peu près le même qu'aujourd'hui [1].

Nous ne dirons rien des *pailes* de Bénévent, de Castille et de Césarée, sinon qu'ils sont mentionnés par le même trouvère, qui m'a bien l'air d'avoir pris ces noms au hasard :

Cil l'acaterent maintenant...
Trente mars d'or et vingt d'argent
Et vingt pailes de *Bonivent*.
Et vingt mantiax indes porprins.

> *Flore und Blanceflor*, altfranzöischer Roman... herausgege-
> ben von Immanuel Bekker. Berlin, bei G. Reimer, 1844,
> in-12, pag. 15, v. 435.

.J. riche drap de *Bonnevent*
Offri li quens au maistre autel,
Si bel c'onques hom ne vit tel;
Puis en a fait l'autel covrir.

> *Roman de l'Escouffle*, Ms. de l'Arsenal, B.-L. fr. in-4°,
> n° 178, fol. 2 verso, col. 1, v. 21.

La covreture de la sele
Ert d'un brun paile de *Castele*,
Tote florée à flors d'orfrois.

> *Flore und Blanceflor*, pag. 41, v. 1137.

En une cambre entrai l'autr'ier...
En cele cambre un lit avoit,
Qui de paile aornés estoit.
Moult par ert boins et ciers li pailes,
Ainc ne vint miudres de *Cesaile*.
Li pailes est ovrés à flors,
Dindés, tirés, bendés et ours.

> *Ibid.*, pag. 2, v. 39.

---

[1] *Miracles de S. Louis*, par le confesseur de la reine Marguerite, à la suite de l'*Hist. de S. Louis*, par Jehan de Joinville, édit. du Louvre, pag. 498.

Parmi les draps d'or qui nous venaient d'Orient, il est fait mention, à toutes les époques, de celui que l'on fabriquait dans l'île de Chypre. Déjà, au xii° siècle, Chrestien de Troyes, décrivant une tente, nous dit qu'elle avait une portière

D'un drap de *Chypre* bien ouvrez.

Roman de Perceval, Ms. suppl. fr. n° 430, fol. 116 verso, col. 3, v. 7.

Au xiv° siècle, nous trouvons un vêtement sacerdotal fait de la même étoffe[1], et au xv°, surtout au xvi°, elle paraît plus fréquemment dans les inventaires. Le coûtre Desmolins, qui dressait en 1669 celui du trésor de la cathédrale de Reims, ne manque pas d'y consigner « une chappe de drap d'or rouge, tissu à Cypre... du don du roy Charles VII[2]; » et, plus loin, il note « deux coussins de drap de Cypre à deux endroits, donnés par le cardinal de Lenoncourt[3], » au xvi° siècle. Dans un autre inventaire dressé à la même époque, c'est du satin de Chypre, dont on avait fait, chez nos voisins, des chapes[4] et un vêtement où se voyaient divers ornements[5].

Époque
de la multiplica-
tion des fabriques
de l'île
de Chypre.

Il est donc bien établi que l'on fabriquait des tissus précieux en Chypre à partir du xii° siècle; mais, à ce qu'il paraît, ce ne fut qu'à la fin du xiii°, ou plus tôt, que les fabri-

---

[1] *Good deeds of Nicholas Hereford, prior of Eresham*, A. D. 1392. (*Monasticon Anglicanum*, tom. II, pag. 7, col. 2, not. *d*.)

[2] *Trésors des églises de Reims*, pag. 100.

[3] *Ibid.*, pag. 117.

[4] *Inventory of the Church-utensils of the Cathedral of Peterburgh, on the 30 November* 1539, etc. (*The History of the Church of Peterburgh... by Symon Gunton*, etc. London, printed for Richard Chiswell, m.dc.lxxxvi., in-folio, pag. 60.)

[5] « Item one Vestment of red course Satten of *Cyprus*, with barts and knots. » *Ibid.*, pag. 63.

ques de cette île commencèrent à se multiplier : « En 1291, dit M. de Mas-Latrie, la prise de Saint-Jean-d'Acre, dernière capitale du royaume fondé par Godefroi de Bouillon, donna un nouvel essor à la prospérité de la ville (de Nicosie) et de l'île entière. Les Lusignans... encouragèrent l'établissement des manufactures dans les principales villes de leur royaume. Nicosie fabriqua bientôt des étoffes de soie comparables à celles de Damas et exportées en Europe sous le nom de *damas de Chypre*, des brocarts de soie tramés d'or, qui le disputèrent en richesse aux tissus du Liban. Sa teinturerie, exploitée dès le xiii° siècle au nom du roi, était renommée, comme aujourd'hui, par la solidité et l'éclat de ses couleurs [1]. »

Plus loin, le même auteur poursuit de la façon suivante : « Les femmes grecques et arméniennes de Nicosie, comme celles de Larnaca, adonnées à la broderie, exécutent des ouvrages aussi estimés que ceux de Smyrne pour les coiffures et les *sarka* ou spencers des dames; leurs filoches de soie peuvent être comparées à nos plus fines dentelles. La broderie en or, en soie et en argent, est, au reste, une vieille industrie de l'île; car cet *or de Chypre*, cet or et argent filés qu'on appelle *or de Chypre*, si recherché au moyen âge... et imité au xv° siècle par les passementiers d'Italie, n'est autre chose que les petits cordonnets en or, tressés encore aujourd'hui avec une dextérité particulière par les Nicosiotes, et dont elles composent de si riches ornements pour les coiffures.... Nicosie... partage encore avec Kilani la fabrique des mous-

Habileté des femmes de Nicosie dans l'art de la broderie.

[1] *Nicosie, ses souvenirs historiques*, etc. (*Le Correspondant*, tom. XVII, 25 févr 1847, 4° livrais., pag. 514.)

selines de soie, employées par les riches femmes turques et arméniennes à leurs chemises, ainsi que les *hakirs*, étoffe rayée en soie et coton ressemblant en apparence à une fine toile écrue, que l'on voit à Constantinople, comme chemise d'uniforme, sur la poitrine de tous les rameurs des caïques impériaux[1]. »

Les rois de Chypre étaient donc en état de faire des largesses d'étoffes précieuses plutôt que d'en recevoir. L'un d'eux, cependant, se trouva dans ce dernier cas en Angleterre, à l'occasion d'un tournoi, pour lequel Édouard III, qui régnait alors, lui ouvrit sa garde-robe[2].

Étoffes de Constantinople; elles sont rarement nommées par les trouvères.

Sans faire tort aux étoffes de Chypre, on peut dire que celles de Constantinople étaient en général plus riches, et surtout plus répandues; néanmoins, par des motifs que je ne m'explique pas, les trouvères en parlent rarement. Je ne connais, en effet, que ces passages où elles soient citées :

> Une molt riche crois d'argent...
> .J. molt biau clerc la soustenoit.
> Qui trestoiz chargiez en estoit,
> Sor une aube tunicle noble
> D'un chier drap de Costentinoble.
>
> Roman de Perceval, Ms. suppl. fr. n° 430, fol. 136 recto, col. 2, v. 31.

> En une chince de chesil
> Envoluperent l'enfant gentil,

---

[1] *Nicosie*, etc. (*Le Correspondant*, tom. XIX, 10 août 1847, 3e livrais., pag. 354.) Ces détails avaient d'abord paru dans une *Notice sur la situation actuelle de l'île de Chypre*, par le même auteur. (*Bull. de la soc. de géog.*, février 1847, pag. 93, 94.)
[2] *Rotulus liberationum pannorum, pelliceriæ, merceriæ et aliarum rerum diversarum, officium magnæ garderobæ... regis Angliæ... tangentium... a 29 die Junii, anno 37, usque 29 diem ejusdem mensis, anno 38 (1363-1364), anno revoluto.* (Record Office, Carlton Ride. London, rotul. 37-38 Edwardi III. W. n° 749)

E desus un paile roé ;
Ses sires li ot aporté
De Costentinoble à il fu, etc.

> Lai del Freisne, v. 121. (Poésies de Marie de France, tom. Ier,
> pag. 146.)

D'un paile de *Constantinoble*
Vestue molt signeriument
En vint une cortoisement.

> Lai d'Ignaurès, pag. 11, v. 169.

En revanche, les chroniqueurs font souvent mention des étoffes de la capitale de l'empire d'Orient. Foucher de Chartres, s'extasiant sur la beauté de Constantinople en 1097, dit qu'il serait fastidieux de raconter en détail l'opulence des biens de toute sorte, de l'or et de l'argent, des riches étoffes de plus d'une forme, et des saintes reliques qui s'y trouvaient [1]. De ces étoffes, comme il ne manque pas de le consigner plus loin [2], les chefs des croisés reçurent leur part de la munificence impériale, et l'on peut croire qu'elles étaient belles. Un autre écrivain des croisades, Guillaume de Tyr, nous dit que, parmi les présents faits à Robert, duc de Normandie, et à sire Eustache, frère de Godefroi de Bouillon, par l'empereur, qui avait ouvert ses trésors dans cette circonstance, se trouvaient, entre autres objets de prix, des pièces de soie d'une valeur merveilleuse et inouïe [3]. Rien de plus naturel que d'y voir un produit de l'industrie de Constantinople.

Vers la même époque, l'empereur Michel Ducas sollici-

---

[1] *Fulcherii Carnot. Gesta peregrin. Francor.*, cap. IV. (*Gesta Dei per Francos*, pag. 386, lin. 44.)

[2] Pag. 387, lig. 41.

[3] *Willermi Tyr. archiep. Lib. II*, cap. XXII. (*Ibid.*, pag. 664, lig. 25.)

tait, pour son fils unique, Constantin Ducas Porphyrogenète, la main d'Hélène, fils du fameux Robert Guiscard, qui la lui accorda en 1076. Longtemps le duc de Pouille se montra peu empressé de cette alliance, bien faite cependant pour le séduire; il ne céda qu'à la troisième ambassade de l'empereur et à la richesse des présents, parmi lesquels se trouvaient de très-précieuses étoffes d'or, sorties sans aucun doute de la grande fabrique de Constantinople [1].

Indépendamment des tissus précieux qui en venaient, l'on confectionnait encore, dans cette ville, des ornements d'église à l'usage des Latins. Saint Martin, chanoine régulier de Saint-Isidore de Léon, en chemin pour Jérusalem, étant arrivé à Constantinople, trouva, parmi les objets de prix qui s'y vendaient, une chasuble de soie qui lui parut belle, et il l'acheta, dans l'intention de la rapporter dans son pays pour l'offrir à l'église de Saint-Marciel de la cité de Léon : ce qu'il ne put faire qu'après avoir essuyé bien des tribulations pour cette même chasuble, qu'il fut accusé d'avoir volée [2].

Étoffes de soie de Damas. Damas, à partir des temps mérovingiens, s'il faut en croire M. Pardessus [3], nous envoyait aussi des *pailes* de soie, qu'elle produisait, comme nul ne l'ignore, en grande abondance : « Cette ville, dit un géographe arabe, présente la réunion de divers arts utiles et de diverses industries ; on y fabrique

---

[1] *L'Ystoire de li Normant*, liv. VII, ch. xxvi ; édit. de M. Champollion, pag. 214.

[2] *Vida de santo Martino... escrita por D. Lucas obispo de Tuy, autor coetaneo* (xii siglo), cap. v. (*España sagrada*, tom. XXV, pag. 384, col. 2, et pag. 385.)

[3] *Collection des lois maritimes antérieures au xviiie siècle*, etc., tom. Ier, Imprimerie royale, MDCCCXXVIII, in-4°, introduct., pag. lxii. Dans la note 3, M. Pardessus renvoie à « Greg. Tur. *Hist.*, lib. VII, cap. xix ; *De Glor. confess.* cap. LXV : » mais il n'est question, dans ces deux passages, que du vin appelé *Gazitinum, Gazetum*, qui venait peut-être de Gaza en Palestine, et nullement d'étoffes de soie importées en France par des Syriens.

beaucoup d'étoffes de soie et de bourre de soie خزر (lisez خز), et notamment des brocarts d'un prix très-élevé et d'une perfection de travail inimitable ; il s'en fait une exportation considérable dans les contrées voisines et dans les pays lointains. Ces étoffes égalent ce qui se fait de plus beau dans l'empire grec الروم et approchent des productions les plus rares des fabriques d'Ispahan et de Nisapour. Soit en fait de tissus de couleurs uniques الصامتة. Soit en fait de tissus dans le genre des robes de Tennis[1], et en général en tout genre de fabrication, il est impossible de rien voir de plus parfait que ce qui sort des mains des ouvriers de Damas[2]. » En dépit de ce qui précède, il n'est fait mention que rarement des étoffes de Damas dans les ouvrages de nos anciens trouvères, et en général avant le xive siècle, où l'on voit apparaître le *drap d'or de Domasque* parmi les tissus les plus précieux destinés aux églises[3] :

Si i fu Lincanor, dans Clins et Perdicas ;
Sor .i. pale de soie sunt asis de *Damas*.

Li Romans d'Alixandre, pag. 222, v. 5.

Or chevauche le roy de Chippre,
Qui n'est pas vestuz de drap d'Ippre,
Mais d'un drap d'or fait à *Damas*.

La Prise d'Alixandre, par Guillaume de Machaut, Ms. de la Bibl. nat., suppl. fr. nº 43, fol. ce. xvj verso, col. 3, v. 37.

---

[1] Voyez, sur les étoffes de Tennis, ci-dessus, pag. 281, et l'*Histoire des sultans mamlouks de l'Égypte*, tom. II, deuxième partie, page 74, 75, en note.
[2] *Géographie d'Édrisi*, traduite de l'arabe en français... par P. Amédée Jaubert, 3e climat, ve section, tom. Ier, pag. 352, 353.
[3] *Comptes de l'argenterie*, etc., pag. 120. Étienne de La Fontaine y compte trois cents écus pour six draps de cette sorte, à cinquante écus la pièce. Au liv. IV, ch. xiv, des Chroniques de Froissart, un capitaine de bandits, nommé Aimerigot Marcel, qui occupait un château fort sur les marches du Rouergue, parle du temps

Pailes
de Carthage.

On peut en dire autant des *pailes* de Carthage, dont certains étaient fort riches, s'il faut s'en rapporter à nos trouvères :

> Vestus fu d'un chier paile qui fu fais en *Curtage*,
> A bestes et à flors, nis li oisel volage
> Y furent entissu et li poisson marage.
>
> *La Chanson d'Antioche*, ch. viii, coupl. xxv ; tom. II,
> pag. 228, 229.

> Avoec li ot .xx. damoiseles,
> Et font tendre sor le rivage
> Un riche pale de *Curtage*,
> Ouvré à fin or et tot nuef.
>
> *De Blancandin*, Ms. n° 6987, fol. 262 verso, col. 2,
> v. 44.

Encore ici nous avons un souvenir de l'antiquité, époque à laquelle les manufactures de tissus de Carthage étaient fort renommées. Une remarque d'Athénée consignée à la suite

---

où l'on pouvait trouver sur les champs un riche marchand, ou une file de mules chargées, entre autres denrées, de draps de soie de Damas ou d'Alexandrie. Voyez l'édit. du *Panthéon littéraire*, tom. III, pag. 63, col. 2, an. 1390.

À cette époque, il y avait des étoffes ouvrées *à lettres de Damas* : « Item une soyerie de soye blanche ouvrée aux deux boutz de troys très-larges royes de soye azuré et noire *à lettres de Damas* et osteaulx. » Invent. de Charles V, Ms. de la Biblioth. nat. n° 8356, fol. ij°.lxx. verso, n° 3146.

Au commencement du siècle suivant, on donnait le nom d'*ouvraige de Damas* à un certain travail que l'on exécutait non-seulement sur le drap d'or, mais sur la poterie et la toile. Voyez l'invent. des joyaux d'or et d'argent de Philippe le Bon, 12 juillet 1420. (*Les Ducs de Bourgogne*, par M. de Laborde, seconde part., tom. II, pag. 246, n° 4102 ; pag. 258, n° 201 ; pag. 259, n° 4210.)

Nous venons de voir l'*ouvraige de Damas* ; il est moins facile de deviner ce que pouvait être l'*œuvre de Quartaige*, que nous trouvons dans un ancien roman, et qui n'est peut-être qu'un lieu commun sans signification :

> A un grant perriere de l'*œuvre de Quartaige*
> Le feray balancier lessus en cel estaige.
>
> *Le Liewre du Roy Charlemaine*, Ms. du Musée Britannique,
> Bibl. reg. 15. E. vi, fol. xxvij verso, col. 1, v. 48.

d'un passage emprunté à Aristote et relatif à une robe extra-
ordinaire, nous apprend qu'un Grec, nommé Polémon, avait
écrit sur ce sujet un ouvrage spécial [1]; malheureusement il
est perdu, et nous ignorons quelles sortes d'étoffes fabriquaient les Carthaginois.

On sera porté à croire que ces étoffes étaient de soie,
quand on apprendra, ce qui à coup sûr est nouveau pour
beaucoup de monde, que le pays des Sères dépendait de
cette ville d'Afrique :

On trouvera
fait du pays des
Sères une
dépendance de
Carthage.

> Li rois de Cartage i s'iert,
> A cui grans pans d'Espaigne aüert :
> Ço est Montor et Tolosele,
> Et puis Baignes, qui tant est bele,
> Et Serres à on fait la soie
> Dont l'on se vest bien et conroie.
>
> *Partonopeus de Blois*, tom. II, pag. 78, v. 7315.

Il serait possible, comme on l'a vu plus haut, pag. 272, que
les étoffes de la Chine pénétrassent en Europe à cette époque
reculée, bien que la proximité d'autres manufactures dût les
faire délaisser; mais, suivant toute apparence, ces étoffes y
arrivaient, comme les marchandises de l'Asie orientale, par
les pays slaves, dont nous avons vu, dont nous verrons encore le nom associé à celui de quelque tissu précieux :

Arrivage
des soieries de la
Chine par
les pays slaves.

> Aristote se jut sor .i. paile *esclavon*.
>
> *Li Romans d'Alixandre*, pag. 17, v. 2.
>
> Tant li donra rouge or et pales de *Rosie*,
> Ne l' poroient porter .iiii. mul de Surie.
>
> *Ibid.*, pag. 68, v. 2.

---

[1] « Ἱστορεῖ δὲ καὶ Πολέμων περὶ αὐτοῦ ἐν τῷ ἐπιγραφομένῳ Περὶ τῶν ἐν Καρχηδόνι
Πέπλων. » *Athen. Deipnosophist.*, lib. XII, cap. LVIII; édit. de Casaubon, cap. x,
pag. 541 ; édit. de Schweighæuser, ou des Deux-Ponts (1804), tom. IV, pag. 509.

L'amiral a fait mestre en .i. drap de *Rosie*
Et tous ses conpagnons que .i. n'en i oublie.
Li Romans d'Alixandre, pag. 444, v. 3.

Soie de l'œuvre de Russie.

Mais sûrement on ne travaillait pas la soie en Russie, comme voudrait nous le faire croire l'auteur du même roman, quand, nous parlant du lit de mort d'Alexandre, il dit :

Li cote fu de soie de l'uevre de *Rousie*[1],
Li .xii. per le coucent sor .i. pale de Frise.
Ibid., pag. 509, v. 30.

Commerce de soie avec les Tartares et les Russes.

On sait que les marchands génois et vénitiens faisaient à Tana, ville située à l'embouchure du Tanaïs ou du Don, beaucoup d'affaires avec les Tartares, en grains, pelleteries, soies, etc. Tana recevait aussi des marchandises de l'Asie centrale, et même de l'Inde, par la mer Caspienne et par les caravanes d'Astrakan[2]. Les denrées qui, venant de l'Asie Mineure, se rendaient dans les pays septentrionaux, abordaient ordinairement, du temps de Guillaume de Rubruk, à Soldaia (Sudak); elles consistaient en toiles de coton, en étoffes de soie et en épiceries[3]. Les marchands vénitiens pénétraient même jusqu'à l'embouchure du Volga. Githerkhan, qui, dans la suite, a été remplacé par la ville d'Astrakan, était, avant l'invasion de Tamerlan, un entre-

---

[1] On lit dans un autre roman :

.J. tapis mirent el palès...
.J. fentre d'un vert siglaton
C'orent ouvré .ij. Esclavon,
Ot estendu par dedens.
C'est de Troies, Ms. de la Bibl. nat. n° 6987, fol. 89 verso, col. 3, v. 45.

[2] *Histoire du commerce entre le Levant et l'Europe*, tom. Ier, pag. 137.

[3] *Ibid.*, pag. 138.

pôt considérable pour les épiceries et les soieries que Venise y envoyait prendre [1].

Parlerons-nous des soieries fabriquées dans l'Asie centrale ? Marco Polo, en bon Vénitien qu'il était, ne manque jamais de signaler les lieux où cette industrie était exercée. Ainsi, arrivé à Cambalu, c'est-à-dire à Pékin, « sachiés de voir, dit-il, qe chascun jor hi entre en ceste ville plus de mille charretes chargies de soie, car il i se laborent maint dras d'or et de soie [2]. » Quelques pages auparavant, parlant de la cour du khan de Tartarie, il ne tarit pas sur la splendeur des vêtements de ces barbares : « Or sachiés, dit-il, que le jor de sa nativité le grant kaan se vest de nobles dras à or batu, et bien douze mille baronz et chevaliers se vestent cum lui dou color et d'une maniere senblable à cel dou grant sire; non pas qé il soient si chier, mès il sunt dou color et dras de soie et dorés..., et si voz di que il hi a de telz de cesti vestiment que valent les pieres presioses et les perles qe soure hi estoient, vailent plus mille bizanz d'or, et de cesti tielz en hi a plusors. Et sachiés que le grant kan treize fois le an done riches vestimens à celz douze mille baronz et chevaliers, et li vestement donne senblable vesteure con lui et de grant vailance [3], » etc. Enfin, comme pour nous faire juger à quel point la soie était commune dans ce pays, Marco Polo nous apprend que, jusqu'aux lits des maisons de poste, avaient de riches draps de cette matière [4].

Si l'illustre voyageur nous parle de la Perse, c'est avec les

[1] *Histoire du commerce entre le Levant et l'Europe*, tom. I [er], pag. 139.
[2] *Voyage de Marc Pol*, ch. xcv, pag. 107.
[3] *Ib.*, ch. LXXXVII, p. 95, 96. Voy. aussi le texte latin, liv. II, ch. XIV, p. 377.
[4] *Ibid.*, ch. xcviii, pag. 111.

Soieries fabriquées dans l'Asie centrale.

Soieries de la Perse.

mêmes détails : « Il est voir, dit-il, que les homes de Toris vivent de mercandies et d'ars, car il i se laborent maintes dras à or et de soie et de grant vaillance[1]. » Plus loin, continuant toujours sur le chapitre de la Perse : « En la cité (les cités?), dit-il, ha mercaans et homes d'ars asez, que vivent de mercandies et de labor; car il font dras doré et dras de soie de toutes fassionz[2]. » Ces étoffes, surtout celles qui portaient le nom de *jasdi*, n'étaient point uniquement consommées dans le pays; elles formaient une branche importante du commerce extérieur; du moins nous entendons ainsi les expressions du vieil écrivain, quand il dit « que les merchant les portent en maintes pars por fer lor profit[3]. »

Fabriques de draps d'or et de soie de Caswin.

De ce que Marco Polo se borne à nommer Tauris comme la ville de Perse où il se fabriquait maints draps d'or et de soie, il ne faudrait pas en conclure que cette industrie n'existât pas sur d'autres points du même royaume. Pour n'en citer qu'un seul, la ville d'Arsacie, ancienne capitale des Parthes, connue aujourd'hui sous le nom de Caswin, possédait vraisemblablement déjà cette industrie des beaux draps d'or et de soie qui existait encore au temps de Huet[4], c'est-à-dire au XVIIᵉ siècle.

Fabrication des soieries florissante chez les Turcomans.

La fabrication des soieries n'était pas moins florissante

---

[1] *Voyage de Marc Pol*, ch. XXVI, pag. 22. Le territoire de la ville de Tauris, si toutefois c'est elle que Chalcocondyle nomme Ταδρίζη, produisait, suivant cet historien, de la soie magnifique, supérieure à celle de Samachi, ainsi que du kermès. Voyez *Laonici Chalcocondylæ Athen. Historiar. lib. III*, ed. Imm. Bekker., Bonnae, MDCCCXLIII, in-8°, pag. 167, lig. 8.

[2] *Ibid.*, ch. XXXIII, pag. 30. Voyez aussi le texte latin, ch. XX, pag. 329.

[3] *Ibid.*, ch. XXXIV, pag. 30; texte latin, ch. XXI, pag. 320.

[4] *Histoire du commerce et de la navigation des anciens*, 3ᵉ édit. A Paris, chez Antoine-Urbain Coustelier, 1727, in-8°, ch. XII, pag. 52.

chez les Turcomans : « En Turcomanie, dit notre voyageur, ha trois jenerasion de jens : ce sunt Turcomams... Et les autres jens sunt armin et grezois, que mesléemant demorent com aus en ville et en casteus et vivent de mercaandie et d'ars; car sachiés que il hi se laborent le sovran tapis dou monde et li pius biaus; il ist laborent encore dras de soie cremosi et d'autres color mout biaus et riches, et de maintes autres causes [1], » etc.

Étoffes de Mossoul, ou mousselines.

Dans le royaume de Mossoul, on fabriquait également des étoffes de soie brochées d'or, connues dans le commerce sous le nom de *mousselines* [2], qui depuis a été transporté à des toiles de coton, dont les lisières sont tout au plus tissues d'or.

Pailes de Frise envoyés par Charlemagne au roi de Perse.

Il est souvent question, dans nos anciens écrivains, des *pailes*, des draps de Frise. Il s'en trouvait de toute couleur parmi les présents que Charlemagne envoya au roi de Perse, et qui se composaient de tout ce que l'on avait pu rencontrer de plus rare et de plus cher dans le pays [3]. Cette circonstance, ainsi que les chevaux et les mulets d'Espagne qui faisaient partie de l'envoi, doivent, ce me semble, exclure de notre esprit l'idée que le grand empereur ait songé à

---

[1] *Voyage de Marc Pol*, ch. xxi, pag. 17. Comparez ce passage avec le texte latin, ch. xii, pag. 311.

[2] « ... tout les dras de soie et dorés que sunt apellés *mosulin* se font iluec. » *Voyage de Marc Pol*, ch. xxiv (*Ci devise dou roiaume de Mosul*), pag. 30. — « ... omnes panni de auro et de sirico qui vocantur *mezelli* fiunt ibi; et magni mercatores qui vocantur *Messalyni*, sunt de illo regno. » *Ibid.*, cap. xv, pag. 314.

[3] « Porro autem imperator regi Persarum direxit nuntios, qui deferrent equos et mulos Hispanos, *palliaque Fresonica* alba, cana, vermiculata, vel saphyrina; quæ in illis partibus rara et multum cara comperit. » *Monachi Sangallensis Lib. II de Rebus bellicis Caroli Magni*, cap. xiv. (*Rec. des hist. des Gaules et de la France*, tom. V, pag. 126, B.)

borner son choix aux étoffes fabriquées en Occident, pour les mettre en parallèle, sous les yeux des Persans, avec des étoffes orientales.

Pailes de Frise dans nos anciens romans; leur emploi à l'habillement des deux sexes.

Dans l'une de nos anciennes chansons de geste, les *pailes* de Frise se trouvent aussi associés aux chevaux d'Espagne :

> Maudras, uns marceans qui fu nés de Bretagne,
> Le vendi .c. mars d'or tot par droite bargagne,
> Et .xx. pailes de *Frise* et .ij. cevals d'Espagne.
>
> *Roman du Chevalier au Cygne*, Ms. de la Bibl. nat., suppl.
> fr. n° 510⁴, fol. 33 verso, col. 1, v. 28.

Ces *pailes*, ces draps de Frise, étaient employés à faire des vêtements à l'usage des deux sexes :

> Onques de chevauchier ne finent
> Tant que en .i. val sont entré,
> Où il virent tendu .i. tré
> Et une pucele devant...
> Vestue d'une robe bise
> Qui aportée fu de *Frise*.
>
> *Roman de Perceval*, Ms. suppl. fr. n° 430, fol. 179 verso, col. 1.
> v. 38.

> La dame fu el bois desous un arbre assise;
> Vestu ot un bliaut par desus sa chemise,
> Afublé un mantel dont la penne fu grise,
> Et le drap en fu fait el reaume de *Frise*.
>
> *Li Romans de Berte aus grans piés*, coupl. xxxi, pag. 46.

> Gaudins ot bone vestéure...
> Penne vaire, pelice grise,
> Covert d'un frès palie de *Frise*.
>
> *Partonopeus de Blois*, tom. II, p. 191, v. 10833.

> Ne lui souvint de lui armer;
> Ains avoit braies et chemise,

> Et un bliaut de drap de *Frise*
> Gete en son dos tant seulement.
>
> *Le Roman des Aventures de Fregus*, pag. 103.

> Ele vesti un drap de *Frise*,
> Molt en fu bele la devise.
>
> *Li Romans des sept Sages*, pag. 173, v. 1156.

> A tant vesti une pelice grise
> Et par deseure .i. chier bliaut de *Frise*.
>
> *Roman d'Anseis de Carthage*, Ms. de la Bibl. nat. n° 1791.
> fol. 11 verso, col. 1, v. 11.

On en faisait aussi des enseignes. Dans le *Roman de Thè-bes*, Tideus et sa troupe

Enseignes de drap de Frise.

> Molt orent beles connissances...
> Des plus rices pales de *Frise*, etc.
>
> Ms. de la Bibl. nat. n° 6987, fol. 16 recto, col. 4, v. 30.

Ailleurs, un guerrier combattant contre un autre,

> Del rice offrois ki vint de *Frise*
> Li a el cors l'enseigne mise.
>
> *D'Atis et de Prophelias*, Ms. de la Bibl. nat. n° 7191, fol. 117
> verso, col. 1, v. 36.

Quelles qu'elles soient, ces étoffes étaient-elles fabriquées dans la province des Pays-Bas, qui porte encore aujourd'hui le nom de *Frise?* Nous savons que ceux qui l'habitaient étaient fort industrieux et s'adonnaient surtout au commerce. Un passage de la vie de saint Gower, que nous avons déjà vu, nous montre un marchand frison échappé au danger qu'il avait couru pour être passé, sans s'y arrêter, devant le monastère du saint, situé sur le Rhin, et témoignant sa reconnaissance au bienheureux par le don d'un habit de soie[1].

Les anciens Frisons commer-çants et industrieux

---

[1] *Vita S. Goaris presb.*, auth. Wandelberto diac. et mon. Prum., cap. xiv. (*De prob. sanctor. Vit.*, ed. Laur. Surio, Jul. 6, pag. 113.) — Cap. xxxii. (*Acta sanct. ord. S. Bened.*, saec. ii. pag. 296.)

Ailleurs, c'est un Frison vendant, en 679, un esclave à Londres [1]; c'est un négociant de cette nation tuant, au temps d'Alcuin, le fils d'un comte de la province d'York, ce qui met les compatriotes du meurtrier dans la nécessité de sortir d'Angleterre pour éviter la colère des parents du mort [2]. Les arts, d'ailleurs, n'étaient point, de l'autre côté du Rhin, aussi en retard que l'on serait tenté de le croire; l'on y travaillait surtout les métaux avec une grande supériorité. Je ne citerai point en preuve de ce que j'avance, un passage de *Flore et Blanchefleur*, tout à l'honneur des orfèvres de la *Frise* [3], vu que ce nom offre matière à discussion; je me bornerai à signaler le jubé qu'Aldred, archevêque d'York, fit faire en cuivre, en or et en argent. Ce morceau, qu'un ancien historien qualifie d'incomparable, était d'ouvrage teutonique, du moins en partie [4].

Il est également certain qu'il y avait, au xIII siècle, des manufactures de draps à Leyde, dans le voisinage de la Frise, et il ne serait pas impossible que leurs produits eussent reçu le nom de ce dernier pays des marchands frisons qui les vendaient. L'existence de ces manufactures nous est révélée par une pièce des archives de la couronne d'Aragon, sans date, il est vrai, mais qui se rapporte au règne de D. Jaime II, roi de ce pays de 1291 à 1327. Dans

---

[1] *Vener. Bedæ Hist. eccl. gent. Angl.*, lib. IV, cap. xxII. — *Anglia sacra*, tom. I, pag. 601.

[2] *Altfridi ep. Monast. Vita S. Ludgeri*, lib. I, cap. x, apud *Scriptores rerum Brunsvicensium...* cura Godefridi Guilielmi Leibnitii, pars I, pag. 88, lin. 19. — *Acta sanct. ord. S. Bened.*, sæc. IV, pars I, pag. 22.

[3] V. 503; édit. de M. Bekker, pag. 20.

[4] *Actus pontif. Eborac*, aut. Thoma Stubbs, apud Roger. Twysden, *Hist. Anglic. Script. X*, tom. II, col. 1704, lin. 55.

cet acte, écrit en langue catalane, on voit comment l'on s'y prenait, au moyen âge, pour dérober à un pays les secrets d'une industrie pour la transporter dans un autre. D. Jaime avait commandé à Leyde une certaine quantité de draperie *de France;* les pairs et prud'hommes de cette ville écrivirent à un certain maître Pere Gualter de venir, avec un autre, donner conseil sur la manière dont la commande devait s'exécuter. Pere, jaloux d'enrichir le royaume d'Aragon d'une industrie nouvelle, comme de se rendre à la requête des pairs et prud'hommes de Leyde, loua une monture pour aller dans cette ville; mais il ne put se mettre en route, par suite d'un coup de couteau qu'il reçut dans la figure, de la main d'un certain meunier de Tortose. C'est pour se plaindre de cet attentat que maître Pere Gualter adressa au roi d'Aragon que nous avons nommé plus haut, une lettre dans laquelle nous avons puisé les détails qui précèdent [1].

---

[1] « A vos, molt alt senyor en Jacme per la gracia de Deu d'Arago, de Valencia et de Murcia rey, et comte de Barcelona, et de la sancta Esglesia vexeller almirayl et capita general, yo maestre P. Gualter, genols ficats besan vostres pes humilment, demostre que com vos, molt alt senyor, haguessetz et haiats ordenat en la ciutat de Leyda que draperia de França fos feita en aquela, et per ço, senyor, los paers et els prohomens de la dita ciutat trametessen á mi lur letra per en G. de Deu, portador d'aquella, en la qual se contenie que yo, ab lo dit portador, degues anar per amor dels de Tortosa on yo era, á la dita ciutat de Leyda per donar consell en qual manera la dita draperia se devie ordenar et fer. Et yo, senyor, volent la vostra terra de la dita art milorar, et encora satisfer á les justes pregaries dels dits paers et prohomens de Leyda, logui una bestia per anar al dit loch, et yo vinent ab lo   d'aquella envers mon ostal per mostrar li al mati seguent on me demanas,   ). Refeit, aquel qui te los molins del comte en Tortosa, de la part detras,   cladament en la carrera prop la canonga de Tortosa, et donam un colp ab coitel en la cara, per lo qual colp he perdut vii. quexals, un clau et un dent, et les barres d'amunt et d'avayl quem trenca, et l'ors del coyl et la vena orguenal quem tayla : per que, senyor, humilment suplican reguir la vostra gran altea que aytal injuria á mi feita en la manera desus dita, per vos inm-

Phrygie
appelée *Frise*
par nos anciens
écrivains.

Quelque parti que l'on soit tenté d'en tirer pour voir dans ce mot de *Frise*, tel que l'emploient nos trouvères, le nom de l'une des provinces des Pays-Bas, et de la comprendre parmi les contrées dont les étoffes étaient tenues pour précieuses et fort recherchées, il me semble plus à propos de rechercher ailleurs la Frise des romanciers, et d'examiner si elle ne se trouverait pas en Orient, la source des beaux tissus. Pour peu que l'on soit versé dans la lecture de nos anciens écrivains, on saura que ce mot était autrefois la traduction française de *Phrygie*. Dans le second volume du *Roman de Brut*, pag. 135, v. 11 378, Wace décrivant les préparatifs des Romains pour la guerre, et faisant le dénombrement des rois soumis à leur empire, nomme Evander, roi de *Frise*, en compagnie d'une foule d'autres souverains d'Asie, d'Afrique et d'Espagne. Ailleurs, tandis que Benoit disait du pirate Biörn :

> Un mult gros vent e une bise
> Le rameine tut dreit en *Frise*,
>
> *Chronique des ducs de Normandie*, tom. 1er, pag. 69, v. 1883.

Wace, trompé par le mot *Frisiam* du chroniqueur latin, le traduisait par le nom d'un pays voisin de la Phrygie :

> Bier torna à son navie,
> Ne sai en *Scire* u en Hungrie.
>
> *Roman de Rou*, tom. 1er, pag. 36, v. 737.

---

punida no romanga, maiorment, senyor, com fos fira ladones en la ciutat de Tortosa, et tots aquels qui á la dita fira venen vinguen salus e segurs sobre la vostra fe ; mes, senyor, encara que yo jaeut senblant á mort, quan no podia asegurar lo dit D. Refeit preseren á mi, et lo dit D. anare per la ciutat, que hanc un jorn ni una hora lo dit D. Refeyt no fo pres ni detengut per la dita raho. » (Archivo general de la corona de Aragon, en Barcelona.)

A l'exemple de Wace, un romancier postérieur nomme la Frise parmi les royaumes des partisans de Priam :

> Li rois Pandarus de Sesile
> Ne rois Apono lor empire,
> Ne .iiij. roi d'autre contrée
> Qui Colopon fu apelée,
> Ne li troi roi qui sont de *Frise*,
> U tant a or et manantise, etc.
>
> *C'est de Troies*, Ms. n° 6987, fol. 84 verso, col. 4, v. 31.

Je crois donc que l'on ne doit pas comprendre autrement ce nom tel qu'il se trouve dans un passage de l'Histoire de la croisade contre les hérétiques albigeois, où le troubadour nomme parmi les personnages assemblés dans la tente de l'archevêque de Reims,

> En Lambertz de Limos que viast una camiza,
> Por la calor que fai, que fo faita a *Friza*.
>
> Édit. de M. Fauriel, pag. 180, v. 2519.

Sans doute il serait plus naturel de penser que le seigneur Lambert de Limoux devait, pour conjurer la chaleur, songer plutôt à prendre une chemise de toile de Hollande qu'à se vêtir de soie; mais d'abord, à l'époque dont il s'agit, la chemise était un vêtement de dessus; ensuite, les barons, les chevaliers des xiie et xiiie siècles, ordinairement revêtus de fourrures [1], quand ils ne l'étaient point de leurs armes, considéraient les étoffes de soie comme singulièrement légères et bonnes pour l'été. Un ancien livre de médecine pratique en recommande même expressément l'usage dans cette saison : « En esté, y est-il dit, se doit-on vestir de reubes

Les étoffes de soie étaient considérées comme bonnes pour l'été.

---

[1] Voyez une note de Le Grand d'Aussy au Lai de Lanval, dans ses *Fabliaux ou contes*, édit. de Renouard, tom. Ier, pag. 181-184.

froides, si com de dras de lin, ki sor tous vestimens sont plus froit, et de dras de soie, si com de cendal, de samit, d'estamines [1], » etc. Or il y avait du cendal de *Frise* : Cardiounes, dans le *Roman d'Atis et de Prophelias*, est représentée comme vètue de cette étoffe [2].

Frisa.

Dans un poëme espagnol tout aussi ancien, il est question d'une étoffe nommée *frisa*, que le poëte met au-dessus de tout ce que l'on avait jamais vu en ce genre à Gênes ou à Pise, célèbres, on le sait, par leur commerce et leurs fabriques de tissus précieux. Sainte Oria, dans son sommeil,

> Vido venir tres virgines todas de una guisa,
> Todas venian vestidas de una blanca *frisa;*
> Nunca tan blanca vido nin toca nin camisa,
> Nunca tal cosa ovo nin Genua nin Pisa.
>
> *Vida de santa Oria,* copl. 118. (*Coleccion de poesias castellanas,* etc., tom. II, pag. 450.)

Frisado.

Il est vrai que dans un autre petit poëme également espagnol, dont il serait difficile d'établir la date, une espèce d'étoffe, nommée *frisado*, est mentionnée en compagnie avec

---

[1] *Li Livres de phisique*, par maistre Alebrant de Florence, Ms. de la Bibl. nat. n° 7920, fol. 24 recto, col. 2, lig. 21.

[2] Ms. de la Bibl. nat. n° 7191, fol. 76 recto, col. 1, v. 28.

Pour tout dire, on lit dans un autre roman :

> La véissiés tante ensengne d'orfrois,
> De cendaus d'Inde et de pailes *tiois.*
>
> *Roman d'Ansèis de Carthage*, Ms. n° 7191, fol. 29 recto, col. 1, v. 17.

Mais, suivant toute apparence, le trouvère aura été trompé par l'ambiguïté du nom de *Frise*, et aura attribué à l'Allemagne ce qui venait d'Asie. Nos voisins du nord ne nous fournissaient, en fait d'étoffes, que des draps de laine et de lin

> Premierement vient dras de lin,
> La toile en vint d'outre le Rin.
>
> *D'Atis et de Prophelias*, Ms. n° 7191, fol. 130 verso, col. 1, v. 29.

le drap de Courtrai. Le Cid, s'adressant au roi Alphonse, lui dit :

> Villanos te maten, Alfonso...
> Capas traigan aguaderas,
> Non de contrai ni *frisado*.
>
> *Romancero castellano*, tom. Iᵉʳ, pag. 187, col. 1.

Mais d'abord *frisado*, bien différent de *frisa*, doit désigner du drap d'or frisé, étoffe dont nous aurons à reparler; ensuite le rimeur, en citant le *contrai* et le *frisado*, n'a eu d'autre objet en vue que de nommer deux tissus en usage parmi les classes élevées de la société de son temps.

Une autre preuve de la grande valeur des draps de Frise, et de la différence à établir entre eux et les étoffes de laine ou de lin qui se fabriquaient dans les Pays-Bas, se trouve dans le récit de l'entrée d'Anne de Bretagne à Lyon en 1498 : on y voit figurer la litière d'apparat de la princesse, tendue de *drap d'or de Frise*[1].

Grande valeur des draps de Frise.

Rabelais peut-être nous viendra encore en aide pour établir le point que nous tentons de fixer : « ... Au troisiesme (jour), dit-il dans son *Pantagruel*, descouvrit nostre pilot une isle belle et delicieuse sur toutes aultres : on l'appeloit l'isle de *Frize*, car les chemins estoyent de frize. En icelle estoit le pays de satin, tant renommé entre les paiges de court, duquel les arbres et herbes jamais ne perdoyent ne fleur ne fueilles, et estoyent de damas et velours figuré. Les bestes et oyseaulx estoyent de tapisserie[2]. »

Ile de Frize imaginée par Rabelais.

---

[1] *Détails sur la vie d'Anne de Bretagne*, etc. (*Bibliothèque de l'École des chartes*, troisième série, tom. Iᵉʳ, pag. 163.)

[2] *OEuvres de Rabelais*, liv. V, ch. xxx; édit. de Charpentier, 1840, in-12, pag. 520.

Frise,
grosse étoffe de
laine à poil frisé.

Il est donc bien établi que les *pailes*, les draps de Frise, étaient des étoffes de prix; mais en dépit des passages que nous avons cités en dernier, et d'un article d'un inventaire de 1539, rapporté par Jamieson[1], il ne paraît pas qu'il en

---

[1] « Item ane gowne of *freis* claith of gold, » etc. *Dr. Jamieson's Scottish Dictionary, and Supplement*. Edinburgh : William Tait, MDCCCXLI, in-4°, vol. III, pag. 442, col. 2, au mot *Frieze*.

L'adjectif *frois, fres*, accolé comme épithète au mot *paile* ou à un nom de vêtement, se retrouve fréquemment dans nos anciens poëtes du nord et du midi :

> En one riche chambre entra...
> .ij. lis couvers de poille *frois*
> Trouva en icele, sanz plus.
>   *Roman de Perceval*, Ms. suppl. fr. n° 130, fol. 142 recto, col. 1,
>   v. 10.

> Une ensegne de samis *frois*
> A fait Hector ploiier en trois.
>   *C'est de Troies*, Ms. n° 6987, fol. 87 recto, col. 2, v. 51.

> Regnier ot converture d'un barragan byois,
> Et damp Girart le fort de bon samit tout *frois*.
>   *Le Lieuvie du roy Charlemaine*, Ms. du Musée Britannique,
>   Bibl. Reg. 15. E. vi, fol. xxij recto, col. 2, v. 12.

> S'ot auqueton et riche et *frois*,
> Ki tous estoit bendés d'orfrois.
>   *Roman de la Violette*, pag. 88, v. 51

> Era fo lo cosselhs de noel pres
> En la chambra qu'es vouta al cab del des.
> Que fo encortinada de palis *fres*.
>   *Roman de Gérard de Rossillon*, Ms. n° 7991², fol. 51 verso, v. 1

On disait aussi *fresé* :

> Por cou fu icel prés de Pales apielés
> Quant Daires fist estendre ses pales en es pres,
> Cendaus et osterins et pales d'or *freses*.
>   *Li Romans d'Alixandre*, pag. 231, v. 37.

Ce mot, comme tant d'autres, avait sa correspondance exacte dans la basse latinité : « Finita consecratione ecclesiarum et altarium, primam oblationem, quæ ibi oblata fuit, dominus cardinalis obtulit, et manibus suis posuit super majus sæpe nominatum altare, suum paratam pretiosum, videlicet, bonum amictum *frisatum*, bonum camisium *frisatum*, bonum cingulum *frisatum*, pulchram stolam cum manuale, optimam tunicam cum dalmatica, et planetam *frisatam* cum tali friso, quod dominus cardinalis emerat in Colonia pro novem marcis de argento,

ait été ainsi pendant tout le cours du moyen âge, et vers
les derniers temps le mot de *frise* ne désignait plus qu'une
grosse étoffe de laine à poil frisé, également usitée sous le
même nom, en France comme en Angleterre. On connaît les
vers sur le mariage de Charles Brandon avec la reine douai-
rière de France. Le poëte, s'adressant à Marie, lui disait :

> Cloth of gold, do not despise
> To match thyself to cloth of *frise*;

et à Charles :

> Cloth of *frise*, be not too bold,
> Though thou art match to cloth of gold.

Rabelais, nous parlant de l'*Estude de Gargantua suivant
la discipline de ses précepteurs sophistes*, qui forme le chapitre xxie de son premier livre, nous dit de son héros que
« voulentiers portoyt-il une grande et longue robe de grosse
frise, fourrée de regnards; » et un ancien traducteur de Boccace raconte de l'un des personnages du Décaméron, qu'il
était « vestu d'un gros drap de *frise* et semblait estre un
belistre [1]. » Vers la même époque, nous voyons deux habits

---

optimam tirallam (tuallam ? Cang., VI. 593. 2), *frisatam* super altare, » etc. *Chronicon Fossæ novæ*, sub anno 1198. (*Rer. Ital. Script.*, tom. VII, col. 882, E.)

Frisatus, ... *fresé* et même *frisum* que nous venons de voir, me semblent dé-
rivés de *phrygi*..., que l'on trouve souvent employé dans le sens de *broderie* :
« Pluviale diasprum cum *phrygiis* aureis. » *Chron. Casin.*, lib. II, cap. xliv,
lxxvi, xcix. — « Alia exameta *phrygio* nihilominus in gyro circumdata. » *Ibid.*,
lib. III, cap. ix. (*Gloss. med. et inf. Latin.*, tom. II, pag. 840, col. 1; tom. III,
pag. 124, col. 2; tom. V, pag. 239, col. 1.)

On a là l'étymologie d'*orfroi*, qui se disait en bas latin *aurifrigia*, *aurifrisia*,
aurifrisum, comme *aurifrygium*, *auriphrigium*. Voyez le Glossaire de du Cange,
tom. Ier, pag. 500, col. 2 — pag. 501, col. 1.

[1] *Le Cameron... en françoys par Laurens de Premier faict. On les vend à Paris...
par Françoys Regnauld*, etc., m. d. xli., in-8°, fueil. ccxxvii, nouv. lxviii.

de *freze* figurer dans les comptes de la cassette particulière de Henri VIII [1].

Le freze en Angleterre au XVIᵉ siècle.

Dans le siècle suivant, le *frieze* devint généralement de mode chez nos voisins : Fuller en parle comme d'une sorte de drap épais que l'on fabriquait dans le pays de Galles [2].

Étymologie de l'expression *porte de frise*.

Il nous serait facile de disserter encore longtemps sur ce mot ; mais peut-être en avons-nous déjà trop dit. Nous nous bornerons à faire remarquer que l'expression *porte de frise* encore usitée aujourd'hui, dérive du drap grossier employé pour cette sorte de clôture, et nous renverrons au Dictionnaire étymologique de Ménage [3], et à celui de l'Académie espagnole [4], où se trouvent des articles auxquels ceux qui seraient curieux de plus amples détails sur la matière peuvent recourir.

Pailes galazins.

Parlons maintenant des pailes *galazins*.

Notre Roland étant mort, son corps et celui

> D'Oliver et des vassals
> Ki morurent en Renchevals [5],

furent ensevelis, comme nous l'avons dit plus haut, dans des cuirs de cerf et recouverts d'un paile galazin :

> En .iij. carettes très-ben les [unt] guiez.
> Bien sunt cuverz d'un paile *galazin*.
> *La Chanson de Roland*, st. ccx, v. 1.

Nous lisons dans une chanson de geste d'une date postérieure :

---

[1] *The privy Purse Expences of King Henry the Eighth*, pag. 87.
[2] *History of the Worthies of England*, etc. London, 1662, in-fol., pag. 353.
[3] Édit. de Jault, tom. Iᵉʳ, pag. 627.
[4] *Diccionario de la lengua castellana*, tom. III, pag. 770, 780, au mot *Frisa*.
[5] *Le Roman de Rou*, tom. II, pag. 214, v. 13153.

Desus un paile *gulatien* ovré,
Là ont le roi mult ricement armé.

La Chevalerie Ogier de Danemarche, tom. II, pag. 311,
v. 8436.

Que faut-il entendre par ces mots *galazin, galatien ?* Dé-
signent-ils la Galatie, célèbre par les poils de chèvre d'An-
gora, dont on faisait des camelots, la Galice renommée
pour ses forges et ses fonderies, ou bien quelque ouvrier
fameux comparable à Véland, le bon *fevre ?* Deux des passages suivants feraient pencher vers la seconde de ces conjectures :

Explication
du mot *galazin,
galatien.*

Une coupe d'or fin a li rois demandée ;
D'une *Galisiene* [1] fu par tans noelée.

Li Romans d'Alixandre, pag. 278, v. 27.

Les hauberz vestent et les vers elmes lacent,
Ceignent espées de l'ovre de *Galice*.

Les Enfances Vivienz, Ms. n° 6985, fol. 177 verso, col. 1,
v. 43.

Le tréu lor dona qui venus ert de Trache,
Et douna à cescun, por çou que gré lor face,
.i. aniel de fin or de l'uevre de *Galace*.

Li Romans d'Alixandre, pag. 507, v. 25.

A la première vue, on pourrait croire qu'il s'agit ici de la
Galatie, province de l'Asie Mineure, dont les orfévres auraient été aussi renommés que ceux de la Phrygie [2] ; mais en
y réfléchissant bien, je crois qu'il s'agit ici d'Aias ou Lajazo,
que Marco Polo appelle *Glaza* ou *Glacia*. Ce voyageur nous
apprend qu'il y abordait des marchands de tout pays, entre
autres, de Venise et de Gènes, et que cette ville était comme

---

[1] Une variante, qui nous parait préférable au texte, porte *D'œuvre galacienne.*
[2] Voyez ci-dessus, pag. 250 et not. 3.

42

la porte des pays orientaux [1]. Or, on comprend que l'on ait désigné des étoffes provenant de pays éloignés et inconnus, par une épithète empruntée au nom de l'entrepôt d'où l'on les savait tirées : la même chose a encore lieu pour bien d'autres denrées.

Étoffes de Grèce.   Avec les pailes d'Alexandrie et d'Almeria, ceux que les trouvères mentionnent avec le plus de complaisance sont ceux de Grèce :

> Tuit furent li varlet vestu
> De drap de soie à or batu
> Qui fu fet en la terre aus *Gris* [2].
>
> Roman de Perceval, Ms. suppl. fr. n° 430, fol. 91 verso, col. 2, v. 24.

> Es Gloriande qui le cors ot adroit.
> Ben fu vestue d'un cher paile *grecois*,
> Et par-desus un bliaut à orfrois...
> S'ot àfuble d'un mantel aginois [3].
>
> La Chevalerie Ogier de Danemarche, v. 1021; tom. I⁽ᵉʳ⁾, pag. 43.

> Prent soissante chevax des mellors de l'empire,
> Et vingt mile besans et dis pailes de *Grisse*.
>
> La Chanson d'Antioche, ch. vIII, compl. 13; édit. de M. Paris, tom. II, pag. 303.

> Lionés fu armés sour .i. ceval norois,
> Il fu trestous armés sor .i. pale *grijois*,
> Bendés tot environ de bendes à orfrois [4].
>
> Li Romans d'Alixandre, pag. 122, v. 15.

---

[1] *Voyage de Marc Pol*, ch. xx; édit. de la Société de géographie, pag. 16. Voyez encore les variantes, etc., pag. 534, 535.

[2] Voyez encore fol. 141 verso, col. 1, v. 9; fol. 147 recto, col. 2, v. 5; fol. 149 verso, col. 1, v. 19.

[3] Voyez encore, v. 2147; tom. I⁽ᵉʳ⁾, pag. 89.

[4] Voyez encore pag. 186, v. 4.

. Li quens Raoul seoit au plus haut dois,
  Bien fu vestus d'un chier paile *gregois.*

>   *Li Romans de Raoul de Cambrai* . coupl. c , pag. 84.

   De chers pailes *gregois* fourés
   De gris et par desor ouvrés ,
   Erent covert mul et destrier.

>   *Roman du comte de Poitiers,* pag. 57, v. 1364.

Dans un autre roman de la même époque, dont un fragment fait partie de mon cabinet, il est question de *paile* de
fabrique thessalienne. Un pêcheur, ayant recueilli un enfant
abandonné avec divers objets, élève le jeune orphelin jusqu'à
l'âge de dix ans, puis se détermine à le mener à Rome et à
remettre le tout entre les mains du pape :

*Pailes
de Thessalie.*

   Il avoit encore les besans
   Et l'anel, ki n'est pas pesans,
   Le drap de soie et le fremail.

Le pape accueille gracieusement le bonhomme et son
offrande, et lui promet d'avoir soin de l'enfant :

   Lors done congié au prodomme,
   Et les besans, ce fu la somme,
   Por son loier li otrià...
   L'anel, le fremail et le paile
   Ki fu de l'uevre de *Tessaile,*
   Trestout fist ensamble loier, etc.

D'autres passages d'ouvrages contemporains ou plus anciens témoignent de la réputation des *pailes* de Thessalie :

   Si a trouvé par aventure
   Au pié d'un arbre .i. chevalier ..
   Et li chevaliers se seoit
   Sor .i. arbre qu'iluec estoit...

Et s'estoit assis sus .i. paile
Qui aportez fu de *Thesaile*[1].

> *Roman de Perceval*, Ms. suppl. fr. n° 430, fol. 136 verso,
> col. 2, v. 19.

En une cambre fu asise
Desor une kieute de paile
Qu'aportée fu de *Tesaile*.

> *Erec et Enide*, Ms. du fonds la Vallière n° 78, fol. 137 verso,
> col. 2, v. 19.

Tout li fent l'auberc et desmale,
Si que l'ensegne de *Teusaille*
Li a el sanc del cors baignie.

> *C'est de Troies*, Ms. n° 6987, fol. 86 recto, col. 3, v. 19.

Sa connissa ce ert d'un brun pale
Qui fu aporés de *Tesale*[2].

> *Li Romans de Tebes*, même Ms., fol. 48 verso, col. 3, v. 9.

Coverte fu de kiute-pointe
Qui bien faisoit à dame cointe;
Faite fu d'un merveillos paile
Qui por tréu vint de *Tesaille*.

> *Partonopeus de Blois*, tom. II, pag. 181, v. 10327.

Marchands grecs en Flandre et en Angleterre.
Des marchands grecs venaient eux-mêmes vendre les *riches dras* de leur pays en Flandre et en Angleterre. Jean de Rampagne, ayant été amené à Jean sans Terre par le maire de Londres, « mout cortoisement ly salua en son langage. Le roi l'entendi bien, e demanda qui il ert e dont vint. « Sire, fet, je su marchaunt de Grece; si ay esté en Babi- « loyne, Alexandre e Ynde la Majour, et ay un nef chargé « de avoir de pois, *riches dras*, perye, chivals, e aultres « richesses qe grantment purreint valer à ceste reigne[3]. »

---

[1] Plus loin, c'est un *samit de Thesale*. Voyez fol. 154 verso, col. 2, v. 17.
[2] Voyez encore fol. 53 recto, col. 2, v. 40.
[3] *Histoire de Foulques Fitz-Warin*, pag. 91.

On voit que les marchands grecs ne se bornaient pas à
vendre des denrées de leur pays, et qu'ils y joignaient aussi
des articles du Caire, d'Alexandrie et de l'Inde. Les *pailes* de
ce dernier pays, qui entraient sans doute dans leur chargement, étaient, comme on a déjà pu le voir à propos de ceux
de Biterne, fort estimés chez nous. Voici de nouveaux passages qui le prouvent à suffisance :

> Chemises, braies de chainsil
> Et chauces teintes em bresil
> Et cote de drap de soye ynde,
> Qui fu fais et tyssus en *Ynde*...
> Li aporta, etc.
>
> *Roman de Perceval*, Ms. suppl. fr. n° 430, fol. 10 recto,
> col. 1 et 2.

> Lie fu la roïne et maine grant bandor ;
> Des plus ciers dras de soie d'*Inde* superior
> Et de ciaus de Nubie cargie .i. missaudor.
>
> *Li Romans d'Alixandre*, pag. 372, v. 6.

> En un sarcuel qui fu de mabre bis,
> Cochent le duc, en terre le r'ont mis...
> Un paile d'*Ynde* ont desus le cors mis.
>
> *Li Romans de Garin le Loherain*, tom. II, pag. 271, 272.

> Là où li roi venir devoient,
> Les cauchies encortinoient
> De dras d'or et de soie d'*Inde* :
> Li un sont blanc et li autre inde.
>
> *Roman de la Manekine*, pag. 266, v. 7961.

Ces *pailes* de l'Inde nous arrivaient de divers côtés. Au
temps de Marco Polo, l'un des grands entrepôts de cette
denrée était la ville de Cormos sur l'Océan, c'est-à-dire le
port d'Ormus à l'entrée du golfe persique, où les marchands

venaient de l'Inde avec leurs navires chargés, entre autres articles de prix, de *dras de soie et dorés* [1].

Paile> madian> Une autre variété de *pailes* dont on ne se rend pas compte tout d'abord, est celle des *pailes madians*, dont était faite la tente de Corbaran, que Graindor de Douai décrit en ces termes :

> Li très estoit ouvrés d'un paile *madian*,
> Listé à bendes d'or, li geron et li pan.
> Les cordes sont de soie, li paisson d'olifan.
> Par merveillose estude le painsent Surian :
> De tous les viès lois de l'ancien tans Adan,
> I estoit la devise ens el senestre pan.
> D'autre part ot escrit de la geste Abrahan,
> Et trestoute la vie de ci à Moïsan,
> Com la Bible devise d'Aaron et Josan [2].

La Chanson d'Antioche, ch. VIII, coupl. XXXIX; tom. II.
pag. 246, 247.

---

[1] *Voyage de Marc Pol*, ch. XXXVII, pag. 34. Le texte latin, ch. XXIV, pag. 323, donne *Carmos, et panni aurei* seulement.

[2] Comme l'éditeur le fait observer en note, « sans doute les sentences arabes dont la tente était parsemée, firent penser à nos chrétiens que c'était le texte du plus ancien livre du monde. »

Voyez, sur cette tente de Kerbogah, qui tomba au pouvoir des croisés en 1098, après la bataille d'Antioche, Bernard le Trésorier, ch. LI (*Rer. Ital. Script.*, tom. VII, col. 704, C); Guillaume de Tyr, liv. VI, chap. XXII (*Gesta Dei per Francos*, pag. 726, lig. 55); Matthieu Paris (*Historia Major*, édit. de 1640, pag. 43, lig. 29), etc.

La description qu'en donnent ces auteurs, se rapporte, à peu de chose près, à celle d'une tente de Tancrède, qui se lit dans le ch. XVIII des Gestes de ce prince, par Raoul de Caen (*Rer. Ital. Script.*, tom. V, pag. 292, col. 2, C), et à la description que Juvenal des Ursins nous fait de la tente du duc de Bourgogne, en 1393. Voyez son *Histoire de Charles VI*, édit. de Denys Godefroy, pag. 97.

Une autre tente, non moins précieuse, était celle que Louis IX envoya au khan des Tartares; elle était d'*escarlate vermeille* et richement brodée. Voyez l'*Histoire de saint Louis*, par Jean de Joinville, édit. du Louvre, pag. 59; et les Annales de Guillaume de Nangis, qui viennent à la suite, pag. 205. Voyez encore la Chro-

Suivant toute apparence, les *pailes madians* étaient des étoffes de la ville de Médéah, que les écrivains du moyen âge nomment *Madia*[1], et dont les habitants étaient désignés sous le nom de *Madianitæ*[2]. Quant au droit qu'avait Médéah à être citée pour ses tissus précieux, nous laissons le soin de l'établir à ceux qui s'occupent de recherches sur l'histoire de l'Afrique française.

Ce qu'il faut entendre par l'adjectif madian

Malgré ce que nous venons de dire, il ne serait pas impossible que l'auteur de la *Chanson d'Antioche* n'eût entendu par *pailes madians* des étoffes de Madin. Il y avait

Étoffes de Madin

---

nique de Corneille Zantfliet. (*Vet. script. et mon. ampl. Collect.*, tom. V, col. 89, A), etc.

Dans nos anciens romans, il est fréquemment fait mention de tentes précieuses comme celle-ci :

> Li trez fu biaus à grant merveille;
> L'une partie fu vermeille,
> Et l'autre vert, d'orfroi bendée.
> Desus ot une aigle dorée.
> *Roman de Perceval*, Ms. suppl. fr. n° 430, fol. 1 verso, col. 2, v. 28.

Il y a, dans le *Roman d'Atis et de Prophelias* une description très-étendue d'une riche tente, que l'on peut lire dans le Ms. de la Bibl. nat. n° 7191, fol. 106 recto, col. 2, v. 9 et suivants.

Voyez aussi la description de la tente de l'Amour, dans les poésies de l'archiprêtre de Hita. (*Coleccion de poes. cast.*, tom. IV, pag. 204, copl. 1239.)

Enfin, dans l'inventaire de Charles V, les n°° 3826-3854 se rapportent à des *pavillons*, dont bon nombre sont de tartaire, de cendal, de satanin et de samit d'estive.

Cette mode des tentes riches par la matière et le travail, paraît nous être venue de l'Orient, où elle existait dès l'antiquité. Trebellius Pollion nous représente un souverain de ce pays, Hérode, fils d'Odenat, comme habitué au luxe des Orientaux et des Grecs, et à qui il fallait des tentes ornées de riches tableaux, des pavillons brillants d'or, enfin toute la délicatesse de la vie des Perses. (*Trebell. Poll. Triginta Tyranni*, cap. xv.)

[1] Voyez, sur cette ville, *Poésies populaires latines du moyen âge*, par E. du Méril, pag. 241. Voyez aussi not. 1.

[2] Voyez une chanson sur le Cid, pag. 313 du même recueil.

une sorte de satin appelé *madini* du nom de la ville de Madin, située dans l'Arménie, près du principal bras du Tigre, et célèbre par les belles étoffes de satin que l'on y fabriquait [1].

Ouvrière en soie de Milan.

On rencontrerait ici quelque passage relatif aux étoffes de Milan, qu'il n'y aurait point à s'étonner, attendu que l'industrie de la soie s'établit de bonne heure dans cette ville; mais je n'ai rien vu, dans nos anciens écrivains, qui se rapportât aux fabriques lombardes, si ce n'est une réponse d'une femme à un personnage qui l'interroge sur son pays :

> Certes, sire de Lombardie...
> Fille d'une ouvriere de soie
> Sui, et si fui née à Melan.
>
> *Li Romans de Cleomades*, Ms. du fonds de la Valliere n° 52. fol. 58 recto, col. 1, v. 6.

Tissus de Melite.

Je trouve encore, en suivant toujours l'ordre alphabétique, mention d'un *paile* fabriqué à Melite :

> Le pale c'ot vestu, qui fu fais à *Melite*,
> Descire et desfent, que ne vaut .i. capite.
>
> *Li Romans d'Alixandre*, pag. 513, v. 18.

Quel peut être cet endroit? Est-ce le même que la localité vantée pour sa richesse par un autre trouvère [2]? Et quand cela serait, où placer Melite? Je balance entre Malte et la capitale de la Madène, l'une des contrées de l'Armé-

---

[1] *Dict. dét. des noms des vêt. chez les Arabes*, pag. 83 et not. 2; pag. 94, 354 et 355. — *Histoire des sultans mamlouks de l'Égypte*, tom. II, Ire partie, pag. 33

[2] Amadas l'ot, .i. souspir jete...
N'aura mais joie, si com cuide,
Pour la ricoise de *Melide*.
D'Amaldas et d'Idoine, Ms. de la Bibl. nat. n° 6987, fol. 316 verso, col. 1, antépén. vers.

nie [1]. Ce qui me ferait pencher vers la première de ces deux localités, c'est le souvenir de ces tissus fabriqués à Malte, dont parle Diodore de Sicile, et qui étaient aussi fins que moelleux [2], et le reproche que fait Cicéron à Verrès d'avoir pendant trois ans fait de cette ville une fabrique d'étoffes à l'usage des femmes [3].

Après cela, il y a, comme on sait, bon nombre d'autres endroits du nom de *Melita* ou *Melite*, sans compter Melito, ville d'Italie au royaume de Naples, dans la Calabre ultérieure. L'un de ces endroits était renommé pour ses bonnes figues, qu'il n'était point rare de voir figurer sur la table de nos princes [4].

Mais disons-le tout de suite et une fois pour toutes : la détermination des localités dont le nom, dans nos anciennes chansons de geste, est accolé à celui d'un tissu précieux, ne saurait prouver en rien qu'il y eût jamais eu dans ces localités des fabriques ou des entrepôts d'une étoffe pareille. Sous ce rapport, comme sous bien d'autres, il faut se défier soigneusement des poëtes : la rime leur fait dire tant de choses malgré eux [5]! Contentons-nous des lueurs qu'ils

---

[1] Cf. *Breviarium Sexti Rufi, sive Rufi Festi*, cap. xv; et Procop., *De Bell. Pers.*, lib. I, cap. xvii.

[2] Diod. Sic., lib. V, cap. xii.

[3] In C. Verrem Act. II, lib. IV, *De signis*, cap. xlvi.

[4] « Sachent tuit que je Guillaume Dupin, clerc de M⁰ le duc de Normandie et de Guienne... ay eu et receu de Nicolas Brag, tresorier de Normendie, vingt-huit livres dix sols parisis, pour acheter une piece de figues de *Melite*... pour la fourniture dudit seigneur... le quatorziesme jour de feuvrier, l'an de grace mil ccc xlix. dupin. » Bibliothèque nationale, collection Fontanieu, tom. LXXVII, à sa date.

[5] Voyez, sur le peu de cas que les trouvères faisaient des classifications botaniques et topographiques, *li Romans de Raoul de Cambrai*, pag. 34, en note; *li Romans de Parise la Duchesse*, pag. 16; et le *Roman des Aventures de Fregus*, pag. 286.

jettent sur le sujet qui nous occupe, sans demander au nom
de tel ou tel endroit plus que la preuve que tel ou tel tissu
venait chez nous de l'Asie, de l'Afrique, de l'Espagne ou de
l'Italie, sans en conclure que cet endroit, souvent célèbre à
une autre époque par un produit analogue, le fût encore
par la fabrication de l'étoffe annoncée.

Étoffe
de soie de Nicée

Dans un poëme qui pourrait bien être contemporain de
celui que nous avons cité en dernier, nous trouvons une
étoffe de soie achetée à Nicée :

> Un drap de soie, à paile bis,
> Devant le tref au roi fu mis ;
> Ovrez fu en bestes menuz,
> Sor l'erbe vert fu estenduz.
> . Li dras fu achaté en *Niques.*
> En Cornoualles n'ot reliques...
> Sor le paile les orent mises,
> Arengies, par ordre asises[1].
>
> *Le Roman de Tristan*, tom. Ier, pag. 196, v. 1086.

On fabriquait des étoffes précieuses dans cette ville, au
dire d'un rimeur du xive siècle. Du Guesclin, voulant ani-
mer ses troupes par la promesse du pillage,

> Avant, ce dit Bertran, ma très-noble maisnie !
> J'abendons quanqu'il a dedens celle abbaye,
> Chevaus, or et argent et maint drap de *Nubie.*
>
> *La Chronique de Bertrand du Guesclin*, tom. II, pag. 142,
> v. 17452.

---

[1] Les choses, comme on sait, se passèrent différemment dans la scène du ser-
ment que Guillaume le Bâtard obtint par surprise, d'Harold, son prisonnier. Le
paele, ou étoffe précieuse, avait été étendu, non sous, mais sur des reliques placées dans une cuve, qu'il dissimulait. Une fois qu'Harold eut juré, le tapis fut levé,
à la grande épouvante du Saxon. Voyez le *Roman de Rou*, tom. II, pag. 113,
114, v. 10828-10850.

Un autre manuscrit donne *Nichie*, qui est sûrement une variante de *Niques*, la chose n'est point difficile à trouver.

On ne découvre pas aussi aisément ce qu'un de nos anciens trouvères a entendu dire en parlant de *pale d'outre Ensagne*, à moins qu'il n'ait voulu écrire *entresagne*[1], et désigner une étoffe légère avec laquelle on faisait des enseignes :

Pale d'outre Ensagne.

> Tant com fu descouvers (l'œil), tant pesa fier et lagne ;
> Et quant il fu couvers de pale d'*outre Ensagne*,
> Doi besant l'emporterent com fust une caste, ne.
> *Li Romans d'Alixandre*, pag. 498, v. 34.

Ailleurs, Graindor de Douai parle des *pailes* d'Orient :

Étoffes d'Orient.

> .iiii. somiers cargiés d'or fin ce li donra,
> .C. pales d'*Oriant* des meillors que il a.
> *Ibid.*, pag. 68, v. 31.

> A le tente le roi vienent isnielement...
> U faisoit atacier d'un cier drap d'*Orient*
> Une ensegne en sa lance, à claus qui sunt d'arjent.
> *Ibid.*, pag. 238, v. 3.

Une chose à remarquer, c'est que ces étoffes orientales

Leur emploi comme présents.

---

[1]
> D'une rice pourpre vermelle
> Ot covreture et *entressiingne*.
> *C'est de Troies*, Ms. n° 6987, fol. 73 recto, col. 2, v. 31.

> Li dus d'Athenes li prisiés
> Vint par les rens tos eslassiés
> Sor .j. ceval qui ert d'Espagne ;
> Couvers estoit tos d'*altre ensagne*.
> *Ibid.*, fol. 89 recto, col. 2, v. 7.

> Montagut e la Islha, Montaut e Moupezat !
> E a las *entresenhas* an lo chaple levat.
> *Hist. de la crois. contre les hérétiques albigeois*, etc., pag. 438,
>   v. 6386.

> E 'ls *entresens* mirable e 'l frezel e 'l boton.
> *Ibid.*, pag. 530, v. 7805.

apparaissent presque toujours dans le rôle de présents, sans doute à cause du cas que l'on en faisait :

> Li rois Artus a tant donné
> Aus chevaliers or et argent,
> Chevaus et poilles d'*Orient*[1], etc.
>> *Roman de Perceval*, Ms. suppl. fr. n° 430, fol. 110 recto, col. 2, v. 1.

> Raimont desarment, et il remest sanglent
> En la cemise; mais Gaudisse en present
> Li envoia .i. paile d'*Orient*,
> Cote et mantel entaillié ricement.
>> *Roman d'Anséis de Carthage*, Ms. n° 7191, fol. 11 recto, col. 1, v. 32.

> Daires respont : « .C. mars donrai...
> Et .M. muis de vin orlenois...
> Et molt bons pales d'*Orient*[2]. »
>> *Li Sieges de Tebes*, Ms. n° 6987, fol. 62 verso, col. 2, v. 3.

Étoffes
d'Otrante, de
Tarente. **Dans d'autres romans de la même époque, on cite les bons *pailes*, le riche drap d'Otrante, les riches *pailes* de Tarente et les étoffes de Pavie :**

> Boine est la nés, ainc nus ne vit si jente...
> Quant faite fu, Marsiles ne s'alente,

---

[1] On lit de même, dans le *Roman d'Anséis* qui va être cité :
> Li rois a fait son tresor effondrer,
> Vassalemence et pailes d'outremer
> Fait as barons li bons rois presenter.
>> Ms. n° 7191, fol. 59 verso, col. 1, v. 2.

Citons encore un passage qui montre la place que la soie occupait autrefois dans les trésors princiers, à côté des valeurs métalliques :
> Ylles en maine bele gent,
> Et assés a d'or et d'argent,
> De dras de soie en son tresor,
> Et de vaisselemente d'or.
>> *D'Ylle et de Galeron*, Ms. de la Bibl. nat. n° 6987, fol. 306 recto, col. 3, derniers vers.

[2] Voyez encore *la Chanson des Saxons*, tom. Ier, pag. 198.

Ens a fait metre or et vasscelemente
Et dras de soie et bons pales d'*Otrente*.

>   *Roman d'Anseïs de Carthage*, Ms. n° 7191, fol. 11 recto,
>   col. 2, v. 25.

Espousa rois Pepins Berte la bele et gente.
Noblement fu vestue d'un riche drap d'*Octrente*.

>   *Li Romans de Berte aus grans piés*, coupl. x, pag. 16.

D'un molt riche paile de *Tarente*
Avoit bliaut à sa mesure.

>   *Roman de Perceval*, Ms. suppl. fr. n° 430, fol. 160 recto,
>   col. 1, v. 6.

Cele pucele fu richement vestie
Et afublée d'un paile de *Pavie*[1].

>   *Li Romans de Raoul de Cambrai*, coupl. CLXXV, pag. 115.

Malgré l'importation de l'industrie de la soie en Europe, les *pailes*, les draps d'or et de soie faits en terre sarrasine, étaient toujours préférés, et l'on ne manquait jamais d'en rehausser la valeur par l'indication de cette origine orientale, vraie ou fausse. Telle était la renommée du Levant pour ses étoffes en général, que le *drap pers* ou *de pers*, comme l'on disait, était fréquemment transformé en *perse*, *drap de Perse*, bien que la véritable et légitime dénomination fût bien connue et bien répandue[2]. Le docteur en médecine et le procureur de Chaucer étaient vêtus de perse :

Perse.
drap de Perse.

---

[1] Il ne serait pas impossible que M. Crapelet eût commis une erreur en lisant *pailes de paine*, au lieu de *pailes de Pavie*, que portent sans doute les deux manuscrits dont il a fait usage. Voyez *Prov. et dict. popul. aux* XIIIe *et* XIVe *siècles*, pag. 93.

[2] L'adjectif *perso* existait même en italien ; Dante l'emploie dans le sens d'obscur :

>   O animal grazioso e benigno,
>   Che visitando vai per l'aer *perso*, etc.
>   *Dell' Inferno*, cant. v, st. xxx, v. 88.

Voyez une citation du Décaméron, ci-dessus, pag. 242, en note.

In sanguin and in *perse* he clade was alle
Lined with taffata, and with sendalle.
The Canterbury Tales, the prologue, v. 441.

A long surcote of *perse* upon he hade.
Ibid., v. 619.

Dans l'inventaire dressé le 1ᵉʳ août 1483, du lot échu au gouverneur du Luxembourg, qui devait partager, avec les Messins, le butin fait à Richemont, figurent, entre autres objets, une robe *de perse* et *deux viels mantels de drap de Perse* [1].

Drap de Pharaon.

On recherchait surtout les étoffes qui venaient de l'antique pays des Pharaons [2], si souvent mentionné par nos trouvères pour des produits semblables. Dans notre dernière chanson de geste, le roi Pierre le Cruel, arrivé à Bordeaux,

Son tresor fist chargier, onques tel ne vit-on;
La table de fin or, sans cuivre et sans laiton...
Faisoit porter li rois de coi nous vous dison,
Couverte noblement d'un drap de *Pharaon* [3]
Tout aussi reluisant con plume de paon.
La Chronique de Bertrand du Guesclin, tom. Iᵉʳ, pag. 10159.

Soie, s de Sardis.

La soie, les *pailes* de Sardis n'étaient pas moins célèbres:

Les riesnes furent de soie de *Sardis*.
La Chevalerie Ogier de Danemarche, v. 11273; tom. II, pag. 471.

---

[1] *Dictionnaire du département de la Moselle...* par M. Viville, tom. Iᵉʳ, pag. 169, 170. Je ne crois pas que le mot *perse*, par lequel on désigne encore aujourd'hui une sorte de toile peinte qui venait originairement du pays de ce nom, fût alors en usage dans ce sens.

[2] Un ancien trouvère cite le trésor de Pharaon, à propos de l'épée d'Ogier le Danois:

Cele fu prise el tresor Pharaon.
La Chevalerie Ogier, v. 9883; tom. II, pag. 402.

[3] Un autre manuscrit donne *fanaon*.

Puis prent l'escu ki fu d'un os massis;
Li regne furent d'un paile de *Sanlis*,
Ki plus reluisent ke nus chierges espris, etc.

> *La Chevalerie Ogier de* P... rche, v. 11281, pag. 172

Ailleurs, ce sont des draps s...zinois, de riches étoffes   Draps sarrasins.
fabriquées par des Sarrasins ou en pays païen, des draps
d'or et de soie ouvrés en terre sarrasine, de riches draps
faits outre-mer :

.J. mantel li fist aporter
La demoisele demanois
D'un drap vermeil *sarrazinois*, etc.

> *Roman de Perceval*, Ms. suppl. fr. n° 130, fol. 109 recto,
> col. 1, v. 14.

Sour .j. feltre *sarasinois*
Qui plus ert blans que nule nois,
D'or et de soie estoit ouvrés,
S'asist Prians comme senés.

> *C'est de Troies*, Ms. n° 6987, fol. 85 verso, col. 3, v. 37.

Thieris seoit sor un destrier de pris,
Qui ot couvert et col et teste et pis
D'un riche paile que fisrent *Sarrasin*.

> *Li Romans de Garin le Loherain*, coupl. xxxiii; tom. Ier,
> pag. 106.

A sa court[1] est alez Pietres li dolans rois...
Les Sarrazins trouva en mout noble conrois,
Vestus mout noblement de cendaulx à orfrois
Et de beaux draps ouvrez de main *sarrazinois*.

> *Chronique de Bertrand du Guesclin*, v. 15301; tom. II, pag. 68.

Deus! tant servi le jor fiz de meinte marchise!
E n'i ot un tut sul ki servist en chemise,

Étoffes
du pays des
païens.

---

[1] A la cour du roi musulman de Belmarin.

Nès en pelice veire u en pelice grise,
U en bliaut de paile del miela de *paenise*.

Roman de Horn et Rimenhild, coupl. xLVI, v. 920, pag. 11.

Or fu li enfès pris et de la chambre ostés;
De la nourice fu très-bien envelopés
En dras d'or et de soie en *sarrazin* ouvrés.

Extrait du *Roman de Brun de la Montagne*, dans *le Livre des Légendes*, de M. le Roux de Liney, pag. 266.

Pailes faits outre-mer.

Desor un paile qui fu fais *outre-mer*
Se sunt assis tout troi por deviser.

Roman d'Anséis de Carthage, Ms. n° 7191, fol. 39 recto, col. 1, v. 32.

Ele remest en paile d'*outre-mer*[1].

La Chevalerie Ogier de Danemarche, v. 67; tom. Ier, pag. 3.

L'emperayres de Fransa fetz mot fort à lauzar,
Et a fayt una taula sus dos escanhs levar;
Un ric drap meyro sus, que so faytz *outra-mar*.

Der Roman von Fierabras, pag. 147, v. 4995.

Dont s'atorna plus bel que poit
D'une porpre inde à or jetée...
S'ot .i. bliaut forré d'ermines...
Couvert d'un drap *outre-marin*,
Qui ses .vii. pois valoit d'or fin.

C'est de Troies, Ms. n° 6987, fol. 70 verso, col. 1, v. 44.

Vêtements dits d'*alfaya*.

Il faut ranger, ce me semble, si ce n'est parmi les étoffes fabriquées outre-mer, du moins parmi les tissus qui sortaient des fabriques musulmanes, les bons vêtements que le Cid donnait à qui en voulait[2]. Le mot *alfaya* qu'emploie le poëte pour les caractériser, a fort embarrassé Sanchez, qui

---

[1] Voyez encore v. 4736, pag. 194.

[2] Tantas buenas vestiduras que d'alfaya son.

Poema del Cid, v. 2126. (*Coleccion de poesias castellanas*, etc., tom. Ier, pag. 309.)

finit cependant par tomber juste en conjecturant que ce mot n'est que la forme primitive d'*alhaja*, encore usité de nos jours pour désigner une chose précieuse, un bijou, ajoutant qu'en Catalogne on appelle *alafaya* une certaine étoffe de soie [1]. Qu'*alhaja*, tel qu'il a cours en Castille, vienne de l'arabe, c'est ce que je crois sans peine, quoique je n'aie pas qualité pour l'affirmer ou le nier; mais je demanderai humblement aux orientalistes si l'expression employée dans le poëme du Cid, ne viendrait pas plutôt d'un mot par lequel on désignait, au moins chez nous, les Arabes de distinction :

Sens du mot
aufage dans notre
ancienne langue.

> Entor lui furent Persant et Esclavon,
> Roi et *aufage* de mainte region.
>
> > *Roman d'Anséis de Carthage*, Ms. n° 7191, fol. 6 verso,
> > col. 1, v. 24.

> Mais tant ont respondu à la gent de lignaige
> Qu'il die à Synados, à la fille à l'*aufaige*,
> Qu'ilz se tiennent tous seur qu'ilz feront le voyaige.
>
> > *Le Lieuvre du roy Charlemaine*, Ms. du Musée Britannique,
> > Bibl. Reg 15. E. vi., fol. xxx recto, col. 1, v. 6.

> A tant s'armerent en l'ombrage
> Li Sarrazin et li *aufage*.
>
> > *De Blancandin*, Ms. n° 6987, fol. 259 verso, c. 1, derniers
> > vers.

> Ne sai se c'est rois u *aufage*
> Cil qui maintient cest yretage.
>
> > *Ibid.*, fol. 281 verso, col. 1, v. 9.

> Il a fait serement tel que font li *aufage*;
> Car en terre paienie, qui est et grant et large,

---

[1] *Indice de las voces antiquadas*, etc. (*Colecc. de poes. cast.*, tom. Ier, pag. 377.)
La forme primitive d'*alhaja* s'est conservée dans ce proverbe rapporté par Salvá :
« *Alfaya por alfaya*, mas quiero pandero què no saya. » Voyez *Nuevo Diccionario de la lengua castellana*, etc. Paris, 1846, in-4°, pag. 49, col. 1.

S'uns Sarrasins i fet serement fol ou sage,
Sont créut par che fait, sans autre tesmonaege.
Quant li dos hurte au dent, n'i a nul fait volage[1].

Li Romans de Bauduin de Sebourc, ch. XXII, v. 482 ; tom. II. pag. 280.

Ne se pourrait-il donc pas que l'on eût appelé d'abord *étoffes d'ausage* les riches tissus de soie, parce qu'ils étaient fabriqués par les Arabes, ou qu'on les rangeait dans la catégorie de ceux qui étaient destinés aux princes de cette nation? C'est là une question que je me borne à poser, laissant à de plus habiles que moi le soin de la résoudre. Seulement avant de prendre congé des *vestiduras d'alfaya*, je ferai remarquer qu'il existe sous le même nom, ou peu s'en faut, une étoffe qui n'a point cessé d'être en usage en de certaines contrées de l'Orient. C'est l'*aladja*, que notre vieux voyageur le sieur de la Boullaye le Gouz appelle *alaias*, mot qu'il dit être indien et qu'il traduit par *toiles de cotton et de soye, meslée de plusieurs couleurs*[2]. D'origine turque, *aladja* a passé dans le persan, et il est usité dans les pays où se parle cette langue, notamment à Boukhara. On lit dans la relation d'un voyageur russe qui visita cette ville en 1841, que le costume des Uzbeks consiste principalement en *khalats* ou robes flottantes en *aledja* (étoffe de soie grossière), et qu'un des caravansérails de Boukhara, où l'on vend des étoffes de coton de la fabrique des indigènes, et principalement de l'*aledja*, porte le nom de *Serat-aledja*[3]. Au dire de

---

[1] Voyez encore ch. II, v. 459; tom. I", pag. 46.

[2] *Les Voyages et observations du sieur de la Boullaye le Gouz*, etc. A Paris, chez Gervais Clousier, M. DC. LIII., in-4", pag. 514.

[3] *Bokhara : its Amir and its People*. Translated from the Russian of Khanikoff, etc. London : J. Madden, MDCCCXLV, 1845, in-8", ch. VIII, pag. 80, et ch. XI, pag. 112.

deux savants drogmans, MM. Kieffer et Bianchi, *aladja* est une sorte de diminutif de l'adjectif turc *ala*, qui signifie *de diverses couleurs*, *bigarré;* ils ajoutent qu'en Turquie, le mot *aladja* désigne « une indienne rayée de diverses couleurs, qui se fabrique à Magnésie [1]. »

Des étoffes d'outre-mer dont nous parlions tout à l'heure, il en est peu qui soient citées aussi fréquemment que celles de Syrie :

Étoffes de Syrie.

> Rouge or et blanc argent, et paile de *Surie*.
>> *La Chanson d'Antioche*, ch. III, coupl. XII; tom. Iᵉʳ, pag. 162.

> « Mercheans freres, c'ais le drap aporté,
> Où le préis, garde ne l' me celler. »
> — « Sire, à Cebile, l'amirable citey,
> Et de *Surie* fut li dras aporté. »
>> *Roman de Garin le Loherain*, Ms. du fonds Saint-Germain nᵒ 1244, fol. xxxj. verso, col. 2, v. 2.

> Isnelement s'arma sor un bliaut de *Sire* [2].
>> *La Chanson d'Antioche*, ch. IV, coupl. XLIV; tom. Iᵉʳ, pag. 271.

> Li quens l'encline, si s'abaisse,
> S'el prent par son bliaut de *Sire*.
>> *Roman de l'Escouffle*, Ms. de l'Arsenal, B.-L. fr. in-4ᵒ, nᵒ 178, fol. 6 verso, col. 1, v. 3².

> Quant jou changai mes dras de *Sire*
> Al camberlenc por cest burel,
> U ausi boin u ausi bel
> Desistes-vos que j'en aroie.
>> *Ibid.*, fol. 48 recto, c. 1, v. 18.

---

[1] *Dictionnaire turc-français*, etc., Paris, Imprimerie royale, M DCCC XXXV-XXXVII, in-8ᵒ, tom. Iᵉʳ, pag. 84, col. 2.

[2] Voyez encore fol. 20 verso, col. 1, v. 13; fol. 26 recto, col. 2, v. 8; fol. 28 recto, col. 2, v. 21; fol. 34 recto, col. 2, v. 1; fol. 73 recto, col. 1, v. 2, etc.

Lors le prent au bliaut de *Sire* [1].

Roman de la Violette, pag. 161, v. 3264.

Leur renommée
en Angleterre au
XIV° siècle

Les draps d'or et les satins de Syrie étaient encore cités au XIVᵉ siècle, époque à laquelle vivait le poëte anglais Geoffrey Chaucer, mort en 1400. Dans son conte de l'Homme de loi, il parle de riches marchands syriens qui envoyaient au loin, des denrées de ce genre [2].

[1] Dans mon édition, j'ai écrit *sire* avec une minuscule, guidé par ces passages :

Tant venderai le boin drap *seignori*, etc.

Roman de Garin le Loherain, Ms. du fonds de Saint-Germain français n° 1244, fol. xxx. verso, col. 2, v. 9. Voyez encore auparavant fol. xxv. recto, col. 2, v. 19.

Par la main destre taint bele Aude briz li,
Et fut vestue d'un paille *signori*.

Extrait du *Roman de Gérard de Vienne*, v. 3937. (*Der Roman von Fierabras*, pag. LI, col. 2.)

Depuis j'ai acquis surabondamment la preuve que l'on disait *Sire*, *Syre*, pour *Syrie* :

Vers le regne de *Sire* a sa voie tornée.

Li Romans d'Alixandre, pag. 74, v. 10.

De Frise i vint rois Evander,
Et de *Sire* rois Theucer.

Le Roman de Brut, tom. II, pag. 135, v. 11378.

Sertorius de Libe sire,
Et Evander li rois de *Sire*.

Ibid., pag. 181, v. 12514.

Si est *Syre* la grant province
Et la region de Fenice, etc.

Extrait de l'*Image du Monde*, à la suite du *Livre des Legendes*, pag. 221.

Voyez encore le *Roman d'Anséis de Carthage*, Ms. n° 7191, fol. 7 recto, col. 2, v. 36, et celui de *Partonopeus de Blois*, tom. II, pag. 74, v. 7207; pag. 108, v. 8203, 8214, etc.

Dans un roman plus ancien, on lit *bliaut de siie* et *de sie*; mais ici ce mot peut signifier *de soie* :

Lors a vestu .i. peliçon d'ermine,
Et par desur .i. ver bliaut de *siie*...
Et vit Bernier en .i. bliaut de *sie*.

Li Romans de Raoul de Cambrai, coupl. ccxlv, pag. 218.

[2] *The Canterbury Tales of Chaucer*, etc. London: printed for W. Pickering, etc., M DCCC XXII, in-8°, tom. II, pag. 57, v. 4554.

La Syrie et bien d'autres contrées de l'Orient, que jusqu'à présent nous n'avons pas vu citées, fabriquaient également l'étoffe précieuse que l'auteur du Roman de Gui le Gallois appelle *pfelle* (adj. *pfellin*), mot qui n'est peut-être que notre substantif *paile*. Ce que l'on peut assurer, c'est que le terme allemand servait de même à désigner une étoffe précieuse de soie, avec ou sans or, différente du *samit*, du *siglat* et du *rosat*, mentionnés dans le poëme. On y trouve cité le *pfelle* d'Orient (v. 10579), d'Alexandrie (v. 10350), d'Arabie (v. 10903), du Caucase (v. 10853), de Ninive (v. 10703, 10904), de Syrie (v. 4082). De même que le *paile*, le *pfelle* servait à faire toute sorte de vêtements, comme robes, manteaux, cottes d'armes, etc., des couvertures de siéges, des bordures de selles, de tentes, des étendards, et bien d'autres choses :

Pfelle d'Orient, d'Alexandrie, d'Arabie, du Caucase, de Ninive, de Syrie.

> Sich kleit der herre Gawein
> Mit wizzer linwæte.
> Ein iuncfrouwe in do næte
> In einen rok *pfellin*, etc.
>
> *Wigalois der Ritter*, etc., édit. de Berlin, 1819, pag. 29, v. 697.

> « Le sire Gauvain
> S'habillait de toile blanche.
> Une pucelle le cousit
> Dans une robe de *paile*, etc. »

> Und harte gùtiu kleider;
> Diu waren der beider
> Von *pfelle* und von rosat.
>
> *Ibid.*, pag. 101, v. 2745.

> « Et de très-bons vêtements;
> Ils étaient également
> De *paile* et de rosat. »

Er hiez bereiten, durch ir gemach,
Ein harte schonez kastel...
Geriht uf einen helfant,
Daz man vil wol bedechet vant
Mit *pfelle* von Alexandrie;
Dar inne min frou Larie...
Mit richen tepten sidin
Bestrout man daz kastel.
Ein *pfelle* rot und gel
Die wende al umbe bevienc.
En mitten dar inne hienc
Ein muggennetz sidin.

   Wigalois der Ritter, etc., édit. de Berlin, 1819, pag. 80, v. 10345.

« Il fit faire, pour la soulager,
Un très-beau château...
Dressé sur (le dos d')un éléphant,
Que l'on trouvait très-bien couvert
De *pailes* d'Alexandrie;
Là-dedans chevauchait madame Larie...
On couvrit le château
De tapis de soie très-riches.
Un *paile* rouge et jaune
Tendait les murailles tout autour.
Au milieu était suspendue
Une émouchette de soie[1]. »

---

[1] Voyez encore ci-dessus, page 170, note 2, où il faut avoir soin de corriger le mot *fide* de la seconde ligne, qui a été composé par erreur pour *side*.

Dans le poëme de Henri de Veldeck, on lit encore ce curieux passage, où figure plus d'une étoffe de soie en usage en Allemagne au xii° siècle :

         . . . .
      Mit syden vmb hangen.
      Breitten vnde langen,
      Nvwen vnd herlich,
      Nidem was der esterich.

Je serais fort en peine de citer autant de passages pour Nature du rosat. déterminer ce que pouvait être le *rosat* nommé dans l'un de ceux qui précèdent. A en juger par la physionomie de ce mot et par la place qu'il occupe à côté de *pfelle*, c'était, sans aucun doute, une précieuse étoffe de soie, ainsi appelée ou de sa couleur rose, ou des roses d'or entrelacées dans le tissu.

Un autre *paile* dont le nom est encore plus obscur, est *Pailes souvins.* celui que l'un de nos trouvères désigne par l'épithète de *souvin* :

> A ceus qui furent oue li au hustin,
> Ceus a donné maint peliçon hermin,
> Or et argent, et maint paile *souvin*.
>
> *Le Roman d'Aubery le Bourguing.* Reims, 1319, in-8°, pag. 35.

En conservant ce mot tel qu'il est écrit, il me paraît im- Explication
du mot *souvin*
appliqué à *paile*. possible de lui trouver une racine raisonnable ; car je ne vois pas que l'on puisse ici expliquer *souvin* par *supinus*, comme dans le plus grand nombre des passages où le premier de ces adjectifs se rencontre. Il est donc de toute nécessité d'ad-

---

Mit teppeten gebreitet.
Herlich bereitet.
Des iahen die is gesagen.
Vff den betten lagen.
Die culten von samite.
Die *phelle* vnd von timite.
Liecht vnd manch var.
Man nam de luzzel war.
Eynes lichtes baldekin.
Vnd vff eyn kateblatin.
Vnd vff eyn vorblichen gewant.
Des nuwen man do so vil vant.
Das man des alden wol vergaz.
Wan das nuwe gezam in vil baz.

> *Die Eneidt* . von Heinrich von Veldecken, etc. (*Samlung deutscher Gedichte*, etc. herausgegeben von Ch. H. Myller, tom. I. Berlin, 1783-84, in-4°, pag. 98, v. 12724, n° CLXXVIII.)

mettre que l'auteur du poëme ou le copiste du manuscrit s'est trompé, et qu'en donnant la forme d'un mot déjà répandu avec une certaine signification, à un autre mot dont la racine et le sens exact lui échappaient, il a cédé au besoin inné chez nous, de rapporter l'inconnu au connu. Voyons si, dans le voisinage de *souvin*, nous ne pourrions pas trouver la source de l'adjectif qui nous occupe, comme du mot *cibanum* que je lis dans une chronique [1].

Origine orientale
du mot *souvin*.

S'il faut en croire les Bénédictins, éditeurs du Glossaire de du Cange, ce mot serait pour *turbanum* et désignerait la coiffure des Arabes [2]; mais on voit que, dans cette interprétation, ces savants ont suivi, non pas une donnée positive relative au sujet, mais une induction que leur fournissait le mot *sarbuissinum*, qui paraît bien devoir se rapporter à un vêtement de la partie inférieure du corps [3]. Or, rien ne prouve qu'ils soient tombés juste, et que le texte qu'ils citaient ait nécessairement commencé par nommer la coiffure, avant de passer aux braies. Qui sait si Raoul de Coggeshale n'a pas entendu parler d'une robe, d'un vêtement de dessus, si enfin *cibanum* ne viendrait pas de *Saban*, nom d'un endroit proche de Bagdad, où l'on confectionnait des *izars* noirs, grands voiles appelés *sabaniet* (سبنية), dont les femmes en Orient se couvrent tout le corps? et ce nom de *Saban* ne serait-il point l'origine de l'adjectif *souvin* appli-

---

[1] « Qui vero Filium Dei... negare (vellet), *cibanum* sericum et sarbuissinum auro ornatum... ab ipso Saladino acciperet. » *Chron. terræ sanctæ Rad. Coggeshale abb.*, ap. DD. Marten. et Durand., *Vet. script et mon. ampl. Collect.*, tom. V, col. 563, C.

[2] *Gloss. med. et inf. Latin.*, tom. II, pag. 344, col. 3, v° *Cibanum*.

[3] *Ibid.*, tom. VI, pag. 66, col. 3, v° *Sarbuissinum*.

qué aux *pailes*? On m'objectera, je le sais bien, surtout après avoir lu les observations de M. Dozy sur le mot arabe que je viens de citer [1], que, d'après le grammairien al-Laith, ce mot désignait des vêtements de toile blancs, ce qui s'accorde mal avec la richesse des présents dont il est question dans les deux passages, et avec l'adjectif *sericum* du second; mais, d'une part, notre trouvère ne semble pas avoir cherché autre chose qu'une épithète qui donnât l'idée d'une étoffe orientale rare; d'un autre côté, après avoir passé en espagnol, où *sabana* désigne un *drap de lit* [2], le mot arabe a signifié bien des choses, et, mieux connues, ces diverses significations ôtent toute valeur à l'objection que je prévois. Ainsi, dans l'ancien poëme d'Alexandre, on trouve *sabana* avec le sens de *tenture* [3]. En Roussillon, on donnait ce nom à une sorte de fichu. Une ordonnance rendue par Jaime Ier, roi de Mayorque, en date de 1306, porte que « toute femme pourra porter la *savana*, d'un tissu de soie, et or ou argent [4], » etc. En Navarre et en Aragon, on donne le nom de *sabanilla* à un morceau de batiste dont les femmes se servent pour relever leur coiffure [5], et ce mot est resté en castillan avec la signification de *petite pièce de linge*, de *mouchoir*, d'*essuie-main*, etc., qui correspond à celle du mot arabe سبينية, signalé par M. Dozy [6].

Réponse
à des objections
prévues.

Diverses
acceptions des
mots *sabana*, *sa-
vana*, *sabanilla*.

---

[1] *Histoire de l'Afrique et de l'Espagne*, etc., second volume, glossaire, pag. 20, 21, au mot سبينية.

[2] Diego de Haedo le compare avec le grand voile des femmes. Voyez *Dict. dét. des noms des vêtements chez les Arabes*, etc., pag. 402.

[3] Copl. 1959. (*Coleccion de poes. cast. ant. al sigl. XV*, tom III, pag. 276.)

[4] *Histoire de Roussillon*, etc., par M. D.-M.-J. Henry. Paris, Imprimerie royale, M DCCC XXXV, in-8°, tom. Ier, pag. LXXIV.

[5] *Diccion. de la leng. castell.*, tom. VI, pag. 2, col. 1.

[6] *Dict. dét.*, etc., pag. 200. — *Hist. de l'Afrique*, etc., sec. vol., gloss., pag. 21.

Sens de *savena*
en bas latin,
et de notre mot
savane.

Enfin *savena*, dans le latin du moyen âge[1], comme en provençal[2], ainsi que *savane* en ancien français[3], avaient le même sens. Il résulte de tout ce qui précède que *souvin*, employé comme épithète de *paile*, vient, suivant toute apparence, du nom d'une étoffe orientale, que *cibanum*, encore plus sûrement, a la même origine, et qu'il peut à la rigueur et par extension signifier *turban*, quoiqu'il vaille mieux, ce me semble, traduire ce mot par *cafetan*; mais si l'on rejette cette traduction, on conviendra qu'elle a une base autrement solide que le changement de *cibanum* en *turbanum*, proposé par les Bénédictins, qui auraient bien dû se souvenir que, quelques pages auparavant, ils avaient donné place à l'article *Sabanum*.

Pailes royaux et
impériaux.

Enfin, il y avait encore des *pailes* royaux et impériaux :

> .iiij. vallés ont aportée
> Une biere après le graal,
> Couverte d'un poille *real*.
>
> Roman de Perceval, Ms. suppl. fr. n° 130, fol. 74 recto, col. 2,
> dernier vers[4].

> Alixandres apiele sen mestre senescal,
> Dist li c'on li aport .i. grant palé *roial*.
>
> Li Romans d'Alixandre, pag. 287, v. 6.

---

[1] *Gloss. med. et inf. Latin.*, tom. VI, pag. 1, col. 3, et pag. 2, col. 1.

[2] *Lexique roman...* par M. Raynouard, tom. V, pag. 160, col. 2. L'adjectif de *savena* était *savenal*.

> Enpastres et unguens, e bendas *savenal*.
>
> Histoire de la guerre de Navarre, etc., par Guillaume Anelier,
> coupl. xciv, v. 63.

Mais il faut tenir compte de la place qu'occupe ici ce mot, employé comme rime.

[3] Voyez le *Glossaire de la langue romane*, tom. II, pag. 524, col. 1, au mot *Savene*.

[4] Sur la miniature du verso, le poêle est représenté de couleur rouge.

On sait qu'au xɪᵉ siècle, quarante pèlerins normands, revenant de Jérusalem, abordèrent en Pouille, où ils contribuèrent puissamment à la délivrance de Salerne, alors assiégée par les Sarrasins. De retour dans leur pays, ils rapportèrent citrons, amandes, noix confites, *pailles imperials*, en un mot tout ce qui pouvait donner une idée avantageuse de la richesse du pays, et déterminer les seigneurs de Normandie à venir s'y établir[1].

Je trouve encore mention de *pailes* impériaux dans deux anciens romans :

Afulés ont mantiaus de pale *emperial*.
> *Li Romans d'Alixandre*, pag. 417, v. 7.

De siglatons et de cendaus
Et de pailes *emperiaus*
Furent bien covert li destrier.
> *C'est de Troies*, Ms. nᵒ 6987, fol. 105 verso, col. 1, v. 53.

Les voiles drecies au vent,
Fetes de porpre et de cendals
Et de pailles *imperials*.
> *Le Roman de la guerre de Troyes*, Ms. cité par du Cange. (Gloss. med. et inf. Latin., tom. V, pag. 61, col. 3.)

Nul doute que ces *pailes* impériaux ne fussent la même chose que les *dras emperiaus* ou *d'emperial*, dont parlent d'autres trouvères :

Si ont bonnes robes vestues...
De riches *dras emperiaus*.
> *Roman de Perceval*, Ms. suppl. fr. nᵒ 530, fol. 130 recto, col. 2, v. 12.

Étoffes de cette dernière espèce rapportées de Pouille au xɪᵉ siècle par des pèlerins normands.

Dras impériaux ou d'impérial.

---

[1] *Chron. S. monast. Casin.*, lib. II, cap. xxxvii. (*Rer. Ital. Script.*, tom. IV, pag. 363, col. 1, A et B.) — *L'Ystoire de li Normant...* par Aimé, etc., cap. xix, pag. 16

Borgois se vestent et serjant...
Et les dames sont acesmées
De rices *dras imperiaus*.

De Biancandin, Ms. n° 6987, fol. 262 verso, col. 4, v. 10.

Melior est en grant esvel
De faire moult rice aparel,
Fait faire dras *emperiaus*, etc.

Partonopeus de Blois, tom. I*er*, pag. 173, v. 10111.

Trestuit de joie se travaillent...
Et la dame r'est or vestue
D'un drap d'*emperial* vestue, etc.

Le *Chevalier au Lion*, dans *The Mabinogion*, part. ij, pag. 162, col. 1.

Tous ces passages nous donnent l'idée d'une étoffe extrémement riche. Plus explicite que les autres trouvères, l'un d'eux nous apprend la matière des draps impériaux :

De dras de soie *emperiaus*
Estoit la ville pourtendue.

Roman de Perceval, Ms. suppl. fr. n° 430, fol. 78 recto, col. 2, v. 37.

*Origine de cette épithète d'*imperial* donnée à certaines étoffes.*

Tissus affectés au costume des empereurs byzantins.

Ces épithètes de *roial*, d'*emperial*, appliquées aux étoffes, l'ont-elles été simplement dans le but de donner une idée de leur richesse, ou servaient-elles à désigner telle ou telle espèce de tissu, telle ou telle couleur ? En vérité, je ne puis rien dire pour celui qui est qualifié de *royal*. Quant à l'autre, nous savons de science certaine qu'il y avait des étoffes venant de Constantinople, qui portaient ce nom, sans doute à cause de leur affectation exclusive au costume de l'empereur, ou parce qu'elles avaient été fabriquées dans le gynécée impérial. Raoul de Dicet rapporte, à l'année 1178, que Guillaume de Magneville, à son retour de Jérusalem, distribua çà et là à des églises d'Angleterre, par esprit de piété, des étoffes que Constantinople, dit-il, appelle *impériales* [1].

Matthieu Paris rapportant, sous l'année 1226, la vision d'un ancien prieur de Saint-Alban au sujet de Richard du Marais, évêque de Durham, nous dépeint le roi Jean, mort dès 1216, apparaissant au moine vêtu de ses habits royaux, « c'est-à-dire de cette étoffe qu'on appelle vulgairement *impériale* [2]. »

Habits royaux du roi Jean sans Terre en étoffe dite impériale.

Ces *pailes*, ces *dras emperiaus* étaient quelquefois appelés *emperiaus* tout court :

Imperiaux.

> Andui ont-il robe tot d'un,
> Où il n'a graine ne bresil,
> K'il sont de soie et de chainsil,
> D'*emperiaus* et de samis.
>
> Roman de l'Escoufle, Ms. de l'Arsenal, B.-L. fr. in-4°,
> n° 178, fol. 17 verso, col. 1, v. 26.

Cette désignation paraît même avoir prévalu dans les inventaires, comme on le voit par quatre articles de celui du trésor de la cathédrale de Londres, dressé en 1295 [3], dans lesquels nous trouvons des descriptions de cette sorte de

Fréquence de cette dernière désignation dans les anciens inventaires.

---

[1] *Ymagines historiarum*, etc. (*Hist. Anglic. Script. X*, tom. I, col. 602, lin. 26.) — *Gloss. med. et inf. Latin.*, tom. V, pag. 61, col. 3)

[2] *Matthæi Paris, Historia major*, ed. 1640, pag. 332, lin. 26 et 27.

[3] « Item tunica de *imperiali*, cum arboribus rubeis, et leonibus aureis... — Item tunica de alio *imperiali* florigerata viridi et rubeo, cum analis rubeis ad modum columbæ. — Item tunica de alio *imperiali*, cum vineis rubeis, infra cujus frondes sunt et leones. — Item tunica ex alio *imperiali* quasi marmorea, cum floribus viridibus de bono panno spisso. » *The History of Saint Paul's Cathedral*, etc., the last ed., append., n° xxviii, pag. 322, col. 2.

A cette dernière mention vient naturellement se joindre un article du compte d'Étienne de la Fontaine, qui donnerait à penser qu'au xive siècle le mot d'*emperial* désignait une couleur, ou que l'étoffe ainsi nommée avait toujours invariablement la même : « Anthoine Brun, pour cinq aunes d'un tanné claret et cinq aunes d'un marbré traiant sur l'*emperial*, » etc. *Comptes de l'argenterie*, etc., pag. 86, 87.

tissus, qui nous en donnent une idée; toutefois, dans l'inventaire de Charles V, venu un siècle après celui de Saint-Paul, on rencontre « ung dassier (*sic*) de drap d'or *imperial* royé au long sur champ vermeil et sur champ d'azur [1]. »

Au XVᵉ siècle, on emploie indifféremment *drap imperial* et *imperial* tout court, pour désigner une espèce de drap d'or que l'on avait fini par fabriquer à Lucques. Ainsi dans un compte de 1416, nous lisons un article consacré à « quatre pieces de *imperiaus* larges, ouvrez à lions, » dont trois étaient destinées à couvrir des chaires, et la quatrième à faire une robe pour la figure de Notre-Dame de Tournai [2]. En 1419, nous voyons Jean sans Peur donner « un drap d'or imperial sur champ vermeil, ouvré de grans feuilles d'or, » pour faire un manteau à la même image, « ainsi, est-il ajouté dans le compte d'où nous tirons ces détails, qu'il est acoustumé de faire chascun an [3]. » En 1424, c'est « un drap d'or imperial de Lucques, en champ vermeil [4], » en 1425, « un drap imperial de Lucques, en champ verd [5], » et en 1426, « un beau et fin drap d'or imperial vermeil [6]. » Enfin, en 1432, nous trouvons mentionné « ung drap de baudequin ou imperial, » dont Philippe le Bon avait fait donner le montant à un monastère, « afin d'employer icellui drap en paremens et aornemens d'autel pour la chappelle [7]. »

---

[1] Ms. de la Bibl. nat. nº 8356, fol. iijᶜ.viij. verso, nº 3616.
[2] *Les Ducs de Bourgogne*, etc., par le comte de Laborde, sec. part., tom. Iᵉʳ, pag. 145, nº 450.
[3] *Ibid.*, pag. 171, nº 572.
[4] *Ibid.*, pag. 209, nº 703.
[5] *Ibid.*, pag. 210, nº 708.
[6] *Ibid.*, pag. 211, nº 713.
[7] *Ibid.*, pag. 274, nº 971.

Drap imperial,
impérial,
au XVᵉ siècle.

Aux xiie et xiiie siècles, ces étoffes de soie *ouvrées à lions* étaient aussi goûtées que par le passé [1].

Vogue
des étoffes ouvrées
à lions, aux xii[e]
et xiiie siècles.

> Par main lieve Alixandres et a fait s'orisons...
> Et l'amiral li mande par .vii. de ses barons,
> Qu'il li donra .c. pales, trestous pains *à lions* [2], etc.
>
> *Li Romans d'Alixandre*, pag. 403, v. 8.

> Couvers fu d'un cier pale, onques millor ne vi ;
> .ii. lions de fin or avoit tissus en mi.
>
> *Ibid.*, pag. 121, v. 14.

Plus tard, les dimensions de ce motif d'ornementation

Toile d'or
parsemée de têtes
de lions.

---

[1] Voyez ci-dessus, pag. 18, 19, 49. L'église Notre-Dame de Reims conservait autrefois deux spécimens de ce genre d'ornementation, que la tradition faisait remonter jusqu'au viiie siècle : c'étaient « deux chappes enrichies de soie violette, figurées de plusieurs grands lions, données par monsieur saint Rigobert. » Voyez *Trésors des églises de Reims*, pag. 105. Saint Rigobert est mort vers 743.

On lit ailleurs :

> Un chier present que molt fait à loer,
> Tresc'a .l. somiers trestoz trossez
> D'or et d'arjant et de pailles roié.
>
> *Roman de Garin le Loherain*, Ms. du fonds de Saint-Germain
> français n° 1244, fol. .lxvij. verso, col. 2, v. 20; fol. .lxviij.
> verso, col. 2, v. 4, etc.

[2] Ces sortes d'offres et de dons ne se rencontrent pas seulement dans les romans ; l'histoire nous en fournit également des exemples. Anne Comnène rapporte une lettre d'Alexis, son père, à Henri, roi d'Allemagne, dans laquelle l'empereur déclare, entre autres choses, avoir envoyé à ce prince, comme il en était convenu, une somme d'argent considérable et cent *Mattia*, ou pièces de velours ou satin rouge cramoisi, comme le veut le P. Poussines (appelé par erreur *Possin*, ci-dessus, pag. 9), dans son *Glossarium Annæum*, au mot Βλάττια.

Nous voyons dans une lettre de Foulques, comte d'Anjou, au roi Robert, en date de 1024 ou de 1025, Guillaume V, comte de Poitiers, offrir à ce prince de lui donner, outre une somme de mille livres de deniers, cent pièces d'étoffes, *centum pallia*, s'il veut favoriser ses projets sur l'Italie. Voyez le *Recueil des hist. de France*, tom. X, pag. 501, A, et l'*Hist. de la peint. au moyen âge*, pag. 109, 110, not. 3. En traduisant *pallia* par *pièces de tapisseries* et en rattachant cette offre à la manufacture qui paraît avoir existé à Poitiers à la même époque, M. Émérie-David a eu le tort de donner comme une certitude ce qui ne devait être présenté que comme une conjecture.

furent réduites, comme nous le voyons sur une robe de toile d'or, parsemée de têtes de lions, aussi d'or et en relief, donnée par le comte de Talbot à l'ancienne église Notre-Dame, à Boulogne-sur-Mer [1].

Etoffes à carreaux disposés en échiquier

Il y avait encore des *pailes* à carreaux, disposés en échiquier, dessin que l'on retrouve fréquemment dans les anciens inventaires [2] et que je vois indiqué dans l'un de nos romans :

> Li rois li done un palefroi...
> La soussele ert d'un paile cier,
> Très-bien ovrée à eskekier.

Flore und Blanceflor, v. 1176; éd. d'Imm. Bekker, pag. 40.

Etoffes de soie ornées d'animaux, de fleurs, etc.

On aimait aussi les draps de soie et les *pailes* ornés d'animaux, d'oiseaux, de fleurs et de petites lunes ou de croissants :

> Dras de soie et pailes à flour.

Le Roman des Aventures de Fregus, pag. 173.

> Noblement sont vestu comme fils à baron,
> Cotes de soye à or ouvrée à oysillons.

Roman des quatre Fils Aymon, v. 227. (*Der Roman von Fierabras*, etc., pag. 4, col. 1.)

> De dras de soie de coulors
> Ouvrés as bestes et à flors
> Furent vestu et affublé,
> D'or et de pieres tasselé, etc.

C'est de Troies, Ms. n° 6987, fol. 80 verso, col. 4, v. 56.

---

[1] *Annales archéologiques*, tom. IV, Paris, 1846, in-4°, pag. 193.

[2] Voyez *Gloss. med. et inf. Latin.*, tom. VI, pag. 84, col. 3, v° *Scacherium, Scachinum*.
On lit dans l'inventaire des meubles de l'église d'Afrika transportés en Sicile vers 1160, les mentions suivantes : « Due sunt dalmatice samiti laborati ad scaccenos, due sunt tunice samiti, una... ad scaccenos laborata.... Due sunt cappe samiti ad scaccenos. » *Tabularium regiæ ac imperialis capellæ collegiatæ Divi Petri, in regio Panormitano palatio*, etc. Panormi, ex regia Typographia, M,DCCC,XXXV, in-fol., n° xv, pag. 35.

Il sont d'un drap d'or à oisiax
Vestu, à flors et à lunetes.

Roman de l'Escouffle, Ms. de l'Arsenal, B.-L. fr. in-4°,
n° 178, fol. 20 recto, col. 2, v. 9.

Telle était l'étoffe des vêtements de l'écuyer des *Canterbury Tales* de Chaucer, et d'un héros d'un vieux roman anglais [1], bien qu'ils fussent peut-être de laine chez tous les deux ; tels étaient encore les ornements de la chapelle du palais des rois de Sicile, à Palerme, suivant un inventaire dressé en 1309, qui mérite plus qu'un simple renvoi, ne serait-ce qu'en raison des nouveaux noms de tissus dont je lui dois, grâce à M. Quatremère, la connaissance, malheureusement tardive [2]; inventaire moins curieux cependant,

(marginal note:) Ornements de la chapelle royale de Palerme. Inventaires de ces ornements. Nouveaux noms de tissus qu'ils nous révèlent.

---

[1] Embrouded was he, as it were a mede
Alle ful of freshe floures, white and rede.
The Canterb. Tales, the prologue, v. 89.
Hire belle was of plonkete, with birdis full baulde, etc.
The Awntyrs of Arthure, st. xxxix, v. 354. (*Syr Gawayne...*
by Sir Fred. Madden, pag. 112.)

[2] « Item pallium unum de panno aureo ad leones et aquilas. Item pannum unum de panno de seta ad rosas. Item pallium unum de seta de mizanini ad aves .. Item cappam unam de sammito rubeo ad lunas jalinas et ad vitulos. Item tunicam unam deauratam super seta violacea ad vitulos et nodos. Item cappam unam de panno aureo usitatam, ad aquilas et alias aves. Item cappam unam vetustam super sammito rubeo deaurato ad aves et vites. Item cappam unam de panno aureo albam, ad aquilam cum duobus capitibus... Item cappam unam vetustam deauratam super seta rubea ad aviculas et alias operas. Item aliam cappam de panno aureo laboratam ad rotas liliorum cum listis in pectore, ad rosas et ad crucem. Item dalmaticam unam de panno aureo super seta violacea ad aves et vites. Item pallium unum usitatum de mizanino ad griphones et leones... Item casulam unam veterem de seta diversorum colorum, in qua sunt magne aquile ad duo capita... Item cappam unam de seta viridi et violacea, cum rotis magnis ad griphos et elephantes. Item cappam aliam ejusdem coloris ad rotas cum leonibus barbatis... Item casulam aliam vetustissimam diversis coloribus, ad pavones... Item cappas veteres de sammito jalino cum rosis. Item dalmaticam unam de sammito albo de rosis de auro... Item pallia duo de sammito laborata ad leones et

46

à mon avis, qu'un autre dont on a déjà vu quelque chose, et qui se rapporte bien plus à la première et à la seconde époque de l'histoire de l'industrie de la soie au moyen âge. qu'à celle où nous sommes arrivé [1].

On faisait aussi usage, comme nous le verrons plus tard,

Draps de soie à étoiles d'or.

De dras de soie à fin or estelé.

Extraits du *Roman d'Agolant*, v. 4250. (*Der Roman von Fierabras*, pag. LXV, col. 2.)

Étoffes rayées.

Mais de tous les dessins le plus ordinaire était une suite de raies, que l'on retrouve à chaque instant sur les écus des héros de romans [2] :

---

oves, quibus tegitur super altare predicto... Item pallium unum de seta viridi et rubea, ad leones de auro, vetustum. » (*Tabul.*, etc., n° LXIII, pag. 104-103.)

[1] « Est alia cappa catafitti... Unum est palium cum duodecim rotis, a quibus laborati sunt leones. Unus pannus diarodon... Alius pannus veteris catablatius. Alius pannus veteris catablatius violati et coccinei coloris... Una est cappa dimiti bleui... Alia est cappa viridis dusturin... Est casubla palii oxsi... Est tunica mudegeh veteris, habens manicas diaspri. Est tunica diaspri viridis veteris, habens manicas buffudi rubei... Est cappa macurolati veteris... Est cappa cataficti veteris... Sunt duo palia magna, et unumquodque illorum habet decem et octo rotas. Est unum palium... habens literas Sarracenicas... Est unum parvum catablattinum... Est unum palium laboratum habens duos leones. Est unus catablattinus... habens equos. Est pannus parvus mudebeg habens volucres, » etc. *Invent. thes. sacræ Afric. eccl.*, etc. (*Ibid.*, n° XV, pag. 35, 36.)

J'ignore ce que c'est que le *dusturin*; le mot *oxsi*, que nous avons déjà vu plus haut, pag. 65, not. 4, paraît avoir désigné de la pourpre; quant au *mudegeb, mudeheg*, il n'y a point à douter que ce ne soit l'adjectif arabe مذهب (*modehheb*), fait de soie. Voyez le Dictionnaire de M. Freytag, tom. II, pag. 3, col. 2. Enfin, *buffudi* doit être notre ancien mot *boffu*, sur lequel nous avons longuement disserté plus haut, pag. 248-251.

Dans un autre inventaire du même recueil, en date de 1333 (*Tabular*, etc., n° LXXXIV, pag. 131), on lit : « Item, pallium unum de cathasamito rubro, quod stat in altari sancti Joachim. » Ce passage nous donne la forme exacte du mot *cotsamit*, que nous avons vu dans un inventaire anglais de 1315, et auquel nous ne nous sommes point arrêté. Voyez ci-dessus, pag. 196, not. 1.

La peust-on veoir maint fort escu roé.

La Chanson d'Antioche, ch. VIII, coupl. XVI; tom. II, pag. 215.

Palles *roés*, purpre et biz

Pur vestir.

> *Vie de saint Thomas*, v. 155. (*Chron. des ducs de Normandie*,
> par Benoît, tom. III, pag. 466.)

Desus .i. chier paile *roé*

Se sont assis devant .i. lit.

> *Roman de Perceval*, Ms. S. F. 430, fol. 135 r°, col. 2, v. 37.

Les unes sont vestues de ciers pales *roés*,

Les plusiors d'osterins et les mains de cendés;

Toutes ont dras de soie, tout à lor volentés.

> *Li Romans d'Alixandre*, pag. 342, v. 36.

El capitre en entrent avant,

Une tumbe i truverent grant,

Cuverte d'un cher paile *roé* [1], etc.

> *Lai d'Iwenec*, v. 303. (*Poésies de Marie de France*, tom. I«,
> pag. 308.)

Aprés laça .i. elme Josta de Valsenée,

Et a mis à sen col une targe *roée*.

> *Li Romans d'Alixandre*, pag. 301, v. 14.

Grans cops se donent sur les *roées* targes, etc.

> *La Chevalerie Ogier de Danemarche*, v. 1211; tom. I«, pag. 51.
> Voy. encore, pag. 116, v. 2817, où un autre Ms. donne *listée*.

A son col pant une targe *roée*, etc.

> Extraits du *Roman de Gérard de Vienne*, v. 2134. (*Der Roman
> von Fierabras*, pag. xxxiii, col. 2.) Voy. encore v. 2555.
> (*Ibid.*, pag. xxxviii, col. 1.)

A l'exemple de du Cange, qui, au mot *Rota*, n° 3 (tom. V, pag. 805, col. 3),
a donné *roé* comme équivalent de *rotarum figuris distinctum*, et de M. de Roquefort, qui traduit *roé* par *orné de ronds ou roues*, j'ai rendu, dans le glossaire de la
Chronique des ducs de Normandie, tom. III, pag. 852, col. 1, *roé* par *orné de petits
ronds, de paillettes*; mais je ne suis pas sûr de ne point avoir erré.

M. Raynouard me semble encore plus loin du vrai, en traduisant par *arrondi*
l'adjectif *rodat, rodada*, de deux passages de romans provençaux qu'il rapporte.
Voyez *Lexique roman*, tom. V, pag. 60, col. 1. Au reste, ce savant n'a pas toujours été du même avis; car dans sa *Notice du poëme de Flamenca*, insérée dans
la deuxième partie du tom. XIII des *Notices et extraits des manuscrits*, il traduit
pali rodat par *pali rosé*. Voyez pag. 93.

[1] Voyez encore le *Roman de Guillaume d'Orange*, cité dans le gloss. et ind. de
la *Chanson de Roland*, pag. 209, et dans le *Livre des légendes*, pag. 256.

Des dras *roez*, de siglatons,
Estoit bordés et portendus.

Roman de l'Escoufle, Ms. de l'Arsenal, B.-L. fr. in-1°, n° 178.
fol. 12 verso, col. 1, v. 31.

Se vous le chevalier à l'enseigne *roie*
Me poés ore ocire et jeter fors de vie,
Assés arez argent et autre manandie.

La Chanson d'Antioche, ch. II, coupl. XXVIII; tom. I", pag. 125.

Étoffes vergées, barrées

On désignait également ce dessin par l'épithète de *vergé*, de *barré*, que l'on donnait aux étoffes sur lesquelles on le voyait :

Montés estoit sor un corant destrier...
Et fu covert d'un vert paile *vergiet*.

La Chevalerie Ogier de Danemarche, v. 1617; tom. I", pag. 180.

Gentement fu vestis d'une robe *barrée*.

Li Romans de Bauduin de Sebourc, ch. I", v. 972; tom. I".
pag. 29.

Étoffes rayées permises aux prostituées de Londres en 1352.

Au XIV° siècle, auquel nous reporte cette dernière citation, le dessin en question dut perdre, si ce n'est chez nous, du moins chez nos voisins d'outre-Manche, quelque peu de la faveur dont il jouissait généralement, surtout en Italie [1]; en effet, nous voyons dans l'ouvrage de Stow, sous l'année 1352, qu'Adam Frauncis, maire de Londres, obtint un acte du parlement pour interdire aux prostituées notoires de porter chaperon ou tout autre ornement sur la tête, si ce n'est d'une étoffe rayée de diverses couleurs [2].

Compagnons de Robin Hood vêtus d'étoffe rayée.

Des prostituées aux voleurs de grand chemin il n'y a que

---

[1] On le voit par une phrase de Boccace : « ... si vede indosso li panni più screziati, e più vergati e con più fregi, si crede dovere essere da molto più tenuta e più che l'altre onorata, » etc. *Il Decamerone*, giorn. I°, nov. x.

[2] *A Survay of London*, etc. Imprinted by John Wolfe..., 1599, in-4°. pag. 430.

la main. L'auteur d'un ancien poëme sur Robin Hood nous apprend que ses *yeomen* portaient des manteaux d'écarlate et d'étoffe rayée :

> Seven score of wyght yemen
>   Came pryckynge on a rowe,
> And everych of them a good mantell
>   Of scarlet and of *raye*.
>
> *A lyttel Geste of Robyn Hode*, the fourth fytte, st. 26. (*Robin Hood*, etc. London, 1820, in-12, pag. 30, 31.)

Par contre-coup, les étoffes rayées étaient interdites aux ecclésiastiques [1] ; mais elles figuraient fréquemment dans les églises. Par exemple, la chapelle du palais des rois de Sicile, à Palerme, avait, dès 1160, nombre d'ornements décorés de raies, de listes, de vergeures de soie et d'or [2], les uns venant d'Afrique, d'autres indiqués comme fabriqués en Espagne [3] ;

---

[1] Stat. synodal. eccl. Gerund., an. 1274, const. XXVI ; ap. Marten., *Ampl. Collect.*, tom. VIII, col. 1469, E. — Concil. Bituric., A. C. 1280 ; apud Marten., *Thes. nov. anecdot.*, tom. IV, col. 192, A. — Concil. Trevir., an. 1310, stat. XIV ; *ibid.*, col. 240, E, et 241 A. — Statut. synodal. eccl. Argentin., an. 1435, can. XXXIX ; *ibid.*, col. 539, C. — Concil. Palentin., an. 1388, rubr. III (*Sacrosancta Concilia...* stud. Philip. Labbei, et Gabr. Cossartii, tom. XI, pars II, col. 2073, D.), etc.

[2] Cf. *Gloss. med. et inf. Latin.*, tom. V, pag. 770, col. 3, v° *Riga in vestibus* ; pag. 791, col. 3, v° *Roiatus* ; tom. VI, pag. 848, col. 1, v° *Virgatus*, etc. ; et *Historica Disquisitio de Re vestiaria hominis sacri*, etc. (Auct. Jac. Boileau.) Amstelodami, typis J. L. Delorme, MDCCIV, in-8°, cap. X, pag. 154-156.

[3] « ... due sunt tunice samiti, una virgata est... Una est casubla auro laborata, cum listis, et ipsis est operis Yspanie, » etc. *Invent. thesaur. sacr. Afric. eccles.*, etc. (*Tabularium... capellæ colleg. D. Petri in reg. Panorm. palat.*, etc., n° XV, pag. 35.) — « Item cappam aliam... virgatam de seta... Item casulam unam de sammito violaceo et viridi versicolorea, cum listis de auro. » *Invent. reg. capellæ sacri palat. Panorm.*, A. 1309. (*Ibid.*, n° LXIII, pag. 101.) — « Item cappam unam de seta virgatam cum frisis... Item tunicam unam de sammito viridi virghiatam de seta alba, usitatam. » (*Ibid.*, pag. 102.) — « Item frontale unum de auro... cum tobalea sua laborata ad listas de seta... Item glimpam unam parvulam de seta viridi cum listis de auro. Item aliam glimpam de seta virgata. Item tobaliam unam cum octo listis de seta... Item tobalias duas cum listis de seta... Item aliud palium vir-

Voiles, rideaux
et chape de
l'église de Noyon
en étoffes rayées.

et l'église de Noyon possédait, en 1419, un grand voile de soie rayée et armoriée, un petit voile de même matière à raies de soie de diverses couleurs, deux autres rideaux d'étamine rayés de rouge, de jaune et d'azur, et une chape, or et soie, rayée de diverses couleurs [1].

Souvent, on vient de le voir, ces raies étaient des bandes d'or. Dans le Roman d'Agolant, Charlemagne, en train de s'armer, ceint d'abord Joyeuse, sa bonne épée :

> Et puis li ont son escu aporté,
> La guige en fu de paile d'or roé.
>
> *Der Roman von Fierabras*, pag. 163, col. 2.

Dans le Roman d'Aubri le Bourguignon, la comtesse de Flandres

> Sa cambrier[e] demaine a apelée...
> Dist le contesse : « Or tost sans demorée
> Vestés-me robe qui tote est *d'or listée.* »
>
> *Der Roman von Fierabras*, pag. 159, col. 1.

Étoffes rayées
toujours en vogue
au xive siècle.

Au xive siècle, les étoffes rayées continuèrent à jouir de la même faveur non-seulement en Sicile, mais chez nous; il suffit, pour s'en convaincre, d'ouvrir l'inventaire de Charles V, où l'on en trouve une grande variété. Ce sont d'abord « troys pieces de drap d'or sur champ blanc royez de menues royes d'or, lesquels servent à mectre sur les degrez quant

---

gatum de seta, » etc. *Invent. eccl. S. Mariæ de Admirato*, etc., A. 1333. (*Ibid.*, nº LXXXIV, pag. 151.)

Afrika, également nommée *Afrikia*, dont les ornements d'église passèrent en Sicile vers 1160, était une ville de la régence de Tunis, fondée, suivant les traditions arabes, par Afrikis, descendant de Kahtan. Voyez *Histoire de l'Afrique... et de la Sicile*, etc., par A. Noël des Vergers. Paris, Firmin Didot frères, 1841, in-8º, pag. 2, en note.

[1] *Gloss. med. et inf. lat.*, loc. cit.

l'en mect les relicques [1], » puis des parements d'autel « de drap d'or d'oultre-mer ancien royez de vert, de rouge, d'a-zur [2], » enfin une multitude de *touailles* et de nappes de soie et de *soyerie* [3], dont les unes étaient ornées de raies, quelquefois d'or et plus ou moins décorées [4], et de *littez* [5], mot que je traduis par *listes* ou *bandes*. Ces serviettes, ces nappes de soie à barres de fil de soie et d'or, n'étaient pas moins communes dans le siècle suivant; du moins on en trouve assez bon nombre mentionnées dans l'inventaire de Charles le Téméraire [6].

Au xvi⁰ siècle, la mode des étoffes rayées continue à ré-

La mode
des étoffes rayées
continue à régner
au xvi⁰ siècle

---

[1] Ms. n° 8356, fol. vj⁰. ij. verso, n° 1158.

[2] *Ibid.*, fol. ij⁰. xxxij. recto, n° 2619.

[3] Ce mot paraît avoir signifié autre chose que ce que l'on entend aujourd'hui par *soierie*; on lit, en effet, dans le même inventaire : « Item une grant nappe de *soyerie de fil blanc* qui a vj⁰. xviij royes d'or plaines. » *Ibid.*, fol. ij⁰. lxx. recto, n° 3145.

[4] « Item une touaille de soye ouvrée à façon de nappes royé, de sept larges royes. » *Ibid.*, fol. ij⁰. lxx. verso, n° 3148. — « Item une autre touaille de soye blanche, et a en chascun bout troys larges royes toutes d'or semées de rozes blanches. » *Ibid.*, n° 3150. — « Item une autre touaille ouvrée de l'ouvrage de nappes, qui a quinze royes en manière de feuillage au travers, et deux larges aux deux boutz. » *Ibid.*, n° 3151. — « Item une autre touaille de soyerie bien large de soye blanche, ouvrée aux deux boutz de très-larges royes à chasteaulx d'argent et autres ouvraiges. » *Ibid.*, n° 3152.

Ces *touailles*, il faut le dire, étaient quelquefois brodées. Voyez le même Ms., fol. ij⁰. lxx recto, n° 3144.

[5] « Item deux nappes larges de soye blanche à *litez*, de quoy l'une est de soye violette et vert, et l'autre perse et rouge, contenant environ chascune cinq aulnes et demye. » Ms. n° 8356, fol. ij⁰. lxx. verso, n° 3149. — « Item une autre large nappe de soyerie à quatre *littez* en chascun bout, de soye perse pourfillée de royes d'or. » *Ibid.*, n° 3153. Voyez encore n° 3154, fol. ij⁰. lxxj. recto. — « Item une autre nappe de soyerie sur champ blanc et tenné, à six *littez* par manière de royes sur champ bleu ouvré d'or et d'argent, pourfillées de rayes d'or comme dessus. » *Ibid.*, n° 3155. Voyez encore n° 3156, 3157.

[6] Voyez n° 2201-2206. (*Les Ducs de Bourgogne*, seconde partie, tom. II, pag. 23.) Voyez encore n° 3957-3958. (*Ibid.*, pag. 199.)

gner. Brantôme, dans le fragment qui nous reste de la vie de François de Bourdeille, son père, nous apprend qu'Anne de Vivonne, sa mère, « fut superbement habillée pour ses nopces; car la royne Anne, ajoute-t-il... luy legua par testament deux robbes de drap d'or, deux de toile d'argent, et deux de damas rayés d'or et d'argent, ainsy que ceste façon en couroit pour lors[1]. »

Taffetas rayés d'or en 1548.

Ailleurs, parlant d'une femme qui fit le personnage de Diane, lors de l'entrée de Henri II à Lyon, en septembre 1548, il nous dit que « ses compaignes estoient accoustrées de diverses façons d'habits et de taffetas rayés d'or, tant plein que vuide, le tout à l'antique[2], » etc. Enfin, sous Louis XIII, on pouvait encore voir de l'étoffe pareille pour meubles[3]. Je ne serais pas éloigné de croire qu'elle vint

Conjecture sur la provenance de cette étoffe

d'Espagne, pays avec lequel la Navarre était plus directement en communication qu'avec la France, et d'où elle tirait bien des denrées, entre autres des mantes ou couvertures[4], généralement rayées encore aujourd'hui. Toujours

Zarzahan.

est-il qu'il y avait de l'autre côté des Pyrénées une étoffe de

---

[1] OEuvres complètes de Brantôme, éd. du Panthéon littéraire, tom. II, pag. 473, col. 2.

[2] Des Dames gallantes, troisième discours. (Ibid., tom. II, pag. 217, col. 2.)

[3] « Plus ung autre petit ciel de taffetas rouge rayé d'or, servant pour les affaires, » etc. Invent. des meubles du roy quy sont dans le chasteau de Pau, etc., 1634, art. 13; extr. de la liasse 427, n° 9, fol. 4 recto. (Arch. du dép. des Basses-Pyrénées.)

[4] « Plus vingt mantes ou couvertures, tant d'Espagne que de Montpellier, etc. » Invent. cité plus haut, chapre des mantes ou couvertures, fol. 9 verso.

Malgré tout, il paraît que l'Espagne tirait ses draps de France; du moins nous lisons dans une chronique que quand l'empereur vint, en 1415, à Perpignan, toutes les rues étaient couvertes de pièces de drap entières, et que devant les portes on avait suspendu nombre de draps français et d'ornements très-riches. Voyez Crónica del señor rey Don Juan II, etc. En Valencia, Benito Monfort, M.DCC.LXXIX., in-fol., cap. XII, pag. 142, col. 2.

soie rayée, assez semblable au taffetas, et dont on faisait pareillement des vêtements de dessus et des doublures; on l'appelait *zarzahan*, mot que Covarruvias traduit par *tela serica virgata* :

> Diérale jubon de seda
> Aforrado de *zarzahan*[1].
>
> *Romancero castellano*, éd. de 1844, tom. II, pag. 194, col. 1, n° 71.

Vêtements de zarzahan bro- ché d'or, de ricomas, etc.

Cette étoffe, comme son nom, était arabe[2]. En 1415, quand l'empereur Sigismond vint à Perpignan pour avoir une conférence avec Benoît XIII, le roi d'Aragon lui envoya deux vêtements moresques, *dos aljubas moriscas*, l'un de *zarzahan* broché d'or, l'autre de *ricomas*, c'est-à-dire sans doute d'étoffe brodée[3], sans parler d'un manteau de très-fine écarlate (*grana*)[4].

Goût de nos ancêtres pour les étoffes rayées.

Au reste, en remontant jusqu'à l'antiquité, nous voyons que nos ancêtres affectionnaient les dessins à raies. Virgile nous représente certains Gaulois vêtus d'habits d'or et d'étoffes rayées[5] : « Le vêtement des Gaulois, dit Diodore de

Les Gaulois s'en vêtaient.

---

[1] Ces deux vers m'en rappellent trois autres qu'on lit un peu plus loin dans une autre romance :

> Armas trae de un marques,
> Y un ropon de brocado,
> Y de carmesi el enves.
>
> *Ibid.*, pag. 196, col. 1, n° 75.

[2] زردخاني (*zerdkhani*). Voyez le *Dictionn. dét. des noms des vêtem. chez les Arabes*, pag. 369, en note.

[3] Ce qui me le fait supposer, c'est la racine de notre verbe *recamer*, ou plutôt de l'italien *ricamare*, qui lui a donné naissance, racine qui ne peut être que l'arabe *rakama* (رقم), dont M. Freytag (*Lexic. Arab.-Latin.*, tom. II, pag. 181, col. 2) rend une des acceptions par *striis signavit* seu *strias intexuit* panno. Contre mon attente, je l'avoue, *recamer* ne figure pas dans le *Glossaire des mots français tirés de l'arabe, du persan et du turc...* par A. P. Pihan. Paris, chez Benjamin Duprat, 1847, in-8°.

[4] *Crónica del señor D. Juan II*, cap. xiv, pag. 144, col. 1.

[5] *Æneid.* lib. VIII, v. 657.

Sicile, est d'une bizarrerie frappante [1]. Ils portent des tuniques peintes et semées de fleurs de diverses couleurs... et s'attachent sur les épaules, avec des agrafes, des saies rayées, d'une étoffe à carreaux de couleur et très-serrés [2], » etc.

Les Francs les adoptent.

S'il faut en croire le moine de Saint-Gal, les Francs, séduits par la nouveauté du costume qu'ils voyaient aux Gaulois, divorcèrent avec leurs vieilles habitudes et adoptèrent la saie rayée du peuple conquis [3].

Les Arabes portaient aussi des vêtements à raies de couleur.

Comme nous l'avons vu plus haut, il n'y a pas jusqu'aux Arabes qui ne portassent aussi des vêtements à raies de couleurs, nommés *bord* et *hibarah* [4]. Les anciens Perses n'avaient pas moins de goût pour ce genre d'étoffes : Hérodien, à propos des ambassadeurs envoyés par Caracallus au roi Artabane, parle des étoffes précieuses des Parthes [5], puis de leurs habits rayés et enrichis d'or [6].

Draps dits battus à or, d'or battu

Quand nos anciens écrivains voulaient indiquer cette der-

---

[1] Il faut se souvenir ici que les Romains ne portaient généralement que des vêtements de couleur blanche, tissus avec la laine conservée dans sa teinte naturelle, toutefois, on voit dans la Vie d'Aurélien, par Vopisque, ch. XLV, qu'avant ce prince les soldats romains portaient des paragaudes qui avaient des raies droites de pourpre. Voyez relativement aux vêtements de ce nom, le même auteur, *Divus Aurelianus*, ch. XV, et *Probus*, ch. IV; Trebell. Poll., *Divus Claudius*, ch. XVII, etc.

[2] « Ἐσθῆσι δὲ χρῶνται καταπληκτικαῖς, χιτῶσι μὲν βαπτοῖς χρώμασι παντοδαποῖς διηνθισμένοις καὶ ἀναξυρίσιν... ἐκπορποῦνται δὲ σάγους ῥαθαπτοὺς ἐν μὲν τοῖς χειμῶσι δασεῖς, κατὰ δὲ τὸ θέρος ψιλούς, » etc. Diod. Sic., lib. V, cap. XXX. La traduction que j'ai suivie est celle de M. Miot. Voyez tom. II, pag. 366.

[3] *Mon. Sangal. Lib. I de eccl. Cur. Caroli Magni*, c. XXXVI (*Rec. des hist. des Gaules*, tom. V, pag. 121, A.)

[4] *Dict. dét. des noms des vétem. chez les Arabes*, pag. 133, 134.

[5] « Τότε παρ' ἐκείνοις φυόμενα ἀρώματα, ἢ θαυμαζόμενα ὑφάσματα, » etc. Herodian., Histor., lib. IV, cap. XVIII.

[6] « Πᾶν δὲ τὸ πλῆθος τῶν βαρβάρων.... ἐσθῆτι χρυσῷ καὶ βαφαῖς διαφόροις πεποικιλμένον ἑώρταζε, » etc. *Ibid.*, cap. XX.

Voyez, sur les étoffes à raies, chez les anciens, le traité d'Albert Rubens, *De Re vestiaria*, liv. I, ch. II (*Thesaurus antiquitatum Romanarum*, cong. a J. G. Grævin, tom. VI, col. 939, 940); et Winckelmann, liv. IV, ch. V, tom. II, pag. 105.

nière circonstance, ils disaient ordinairement que les draps
étaient *battus à or, d'or battu,* expressions que l'on rencontre à chaque instant dans nos trouvères :

> Or li furent remez encor
>
> Robes, vessel d'argent et d'or
>
> Et dras de soie *à or batuz.*
>
> *La Vie sainte Elysabel,* parmi les *OEuvres complètes de Rate-*
beuf, tom. II, pag. 195.

> Là véissiés maint tré de soie *à or batu.*
>
> *Li Romans d'Alixandre,* pag. 451, v. 26.

> Li rois d'Escoche issi premiers...
>
> Ses chevaus, qui est grans et haus;
>
> Ert couvers d'un drap *d'or batu.*
>
> *Roman de la Manekine,* pag. 91, v. 2691.

Guillaume de Nangis rapporte que saint Louis, à son retour de la terre sainte, fit mettre le saint sacrement dans
l'endroit le plus honorable de son navire, et faire par-dessus
un tabernacle « couvert de dras de saye *batus à or* [1]. »

Souvent aussi les écrivains français du moyen âge, voulant parler d'un vêtement, d'un meuble de prix, se bornent
à dire qu'il était de *paile,* de *drap de paile* :

> Li très au duc estoit d'un *paile* grant et haus.
>
> *La Chanson d'Antioche,* ch. IV, coupl. IX; tom. Iᵉʳ, pag. 216.

> Li reis fait en sa cambre conduire sa fille;
>
> Purtendue est trestute de *pailes* et de curtines[2].
>
> *Charlemagne's Travels,* etc., pag. 29, v. 706.

---

[1] *Annales du règne de saint Louis,* à la suite de l'*Histoire de saint Louis,* par
Jehan sire de Joinville, pag. 226.

[2] Voyez encore ci-dessus, pag. 227.

Dans nos anciennes chansons de geste, les courtines, c'est-à-dire les rideaux
et les tentures, sont fréquemment de *paile* ou de soie :

> Lo coms intra el mostier, i n oratz,
>
> Puis poiet e la sala per los degras;

Lendema fon dissapdes, dias pascaus,
Que lo reis fon tondutz, bainatz e raus,
La reina vestida de *palis* taus,
Anc non vistes melhors, vermelhs ni blaus.

Roman de Gérard de Rossillon, Ms. de la Bibl. nat. n° 7991*.

fol. 90 recto, v. 21.

Man ric vestir de seda lor foro aportat:
Cascus ac bo mantel de *pali* ben obrat.

Der Roman von Fierabras, pag. 67, v. 2169.

Dedins son trap de *pali* s'en es Karles intrat.

Ibid., pag. 115, v. 3854.

Un sor destrier li ait fait enceller...
Covert d'un *paile* arabian fresé[1].

Roman de Garin le Loherain, Ms du fonds de Saint-Germain
français n° 1244, folio .lxxix. verso, col. 2, v. 3.

Ici, fatigué par la longue course que je viens d'accomplir à travers le moyen âge, ébloui par les splendeurs que j'ai exhumées de ses ruines, j'éprouve le besoin et crois avoir acquis le droit de prendre quelques minutes de repos. A l'exemple du voyageur qui, parvenu au faîte d'une montagne, se retourne vers les lieux qu'il va quitter, et, s'essuyant le

No i ransis fust ni peira ni esvatz,
Mas cortinas de seda e esboschatz
Totz vontz de melhors palis que unquas visatz.
Roman de Gérard de Rossillon, fol. 18 verso, v. 30.

Puis no foro lhi lih paubre ni vuh;
Las cortinas son de pali, no d'autre cluh.
Ibid., fol. 22 verso, v. 27.

[1] On lit auparavant :

D'un chier drape arrabi aouvré
Un chier mantel d'osterine fooré
Ont afublé Beatris à vis cler.
Folio .lxvj. verso, col. 1, v. 26.

front, les embrasse d'un dernier regard, je devrais sans doute, avant de descendre aux xiv⁰ et xv⁰ siècles pour arriver ensuite à la renaissance, jeter un coup d'œil sur les époques précédentes et résumer en quelques lignes ce que j'ai vu en détail relativement au commerce, à la fabrication et à l'usage des étoffes de soie, d'or et d'argent; mais outre que je n'en ai point encore tout à fait fini avec ces mêmes époques, je craindrais, en disant ici mon dernier mot, qu'une découverte inattendue ne vint témoigner contre moi ou démontrer mon insuffisance. Qu'il me soit donc permis d'ajourner les conclusions que l'on peut me demander, jusqu'à la fin de mon travail, et d'espérer que le lecteur aura la patience de me suivre jusque-là.

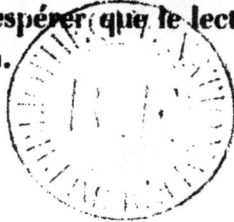

FIN DU TOME PREMIER.

TABLE DES MATIÈRES

CONTENUES

DANS LE PREMIER VOLUME.

48

FIN DE LA TABLE.

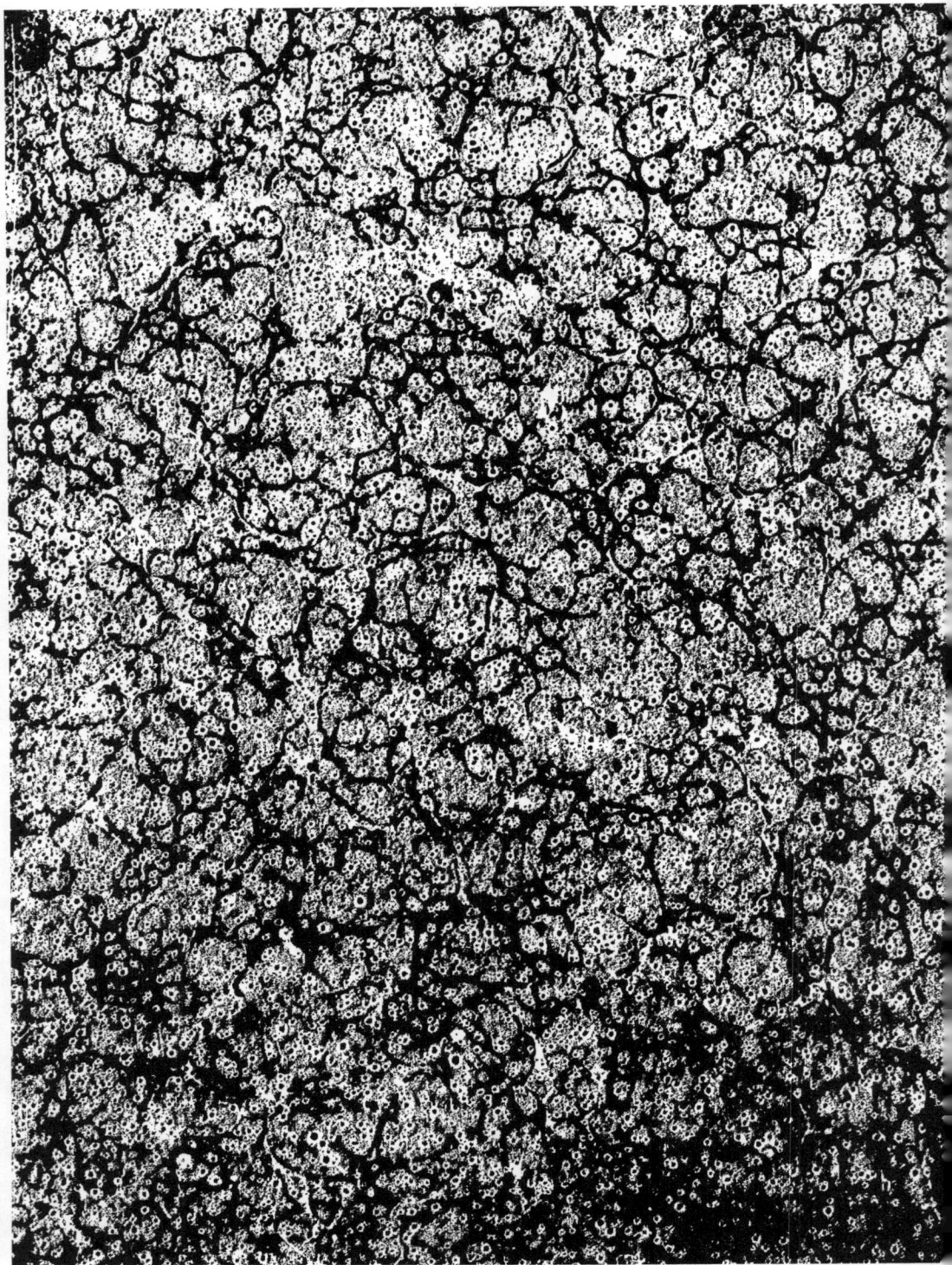

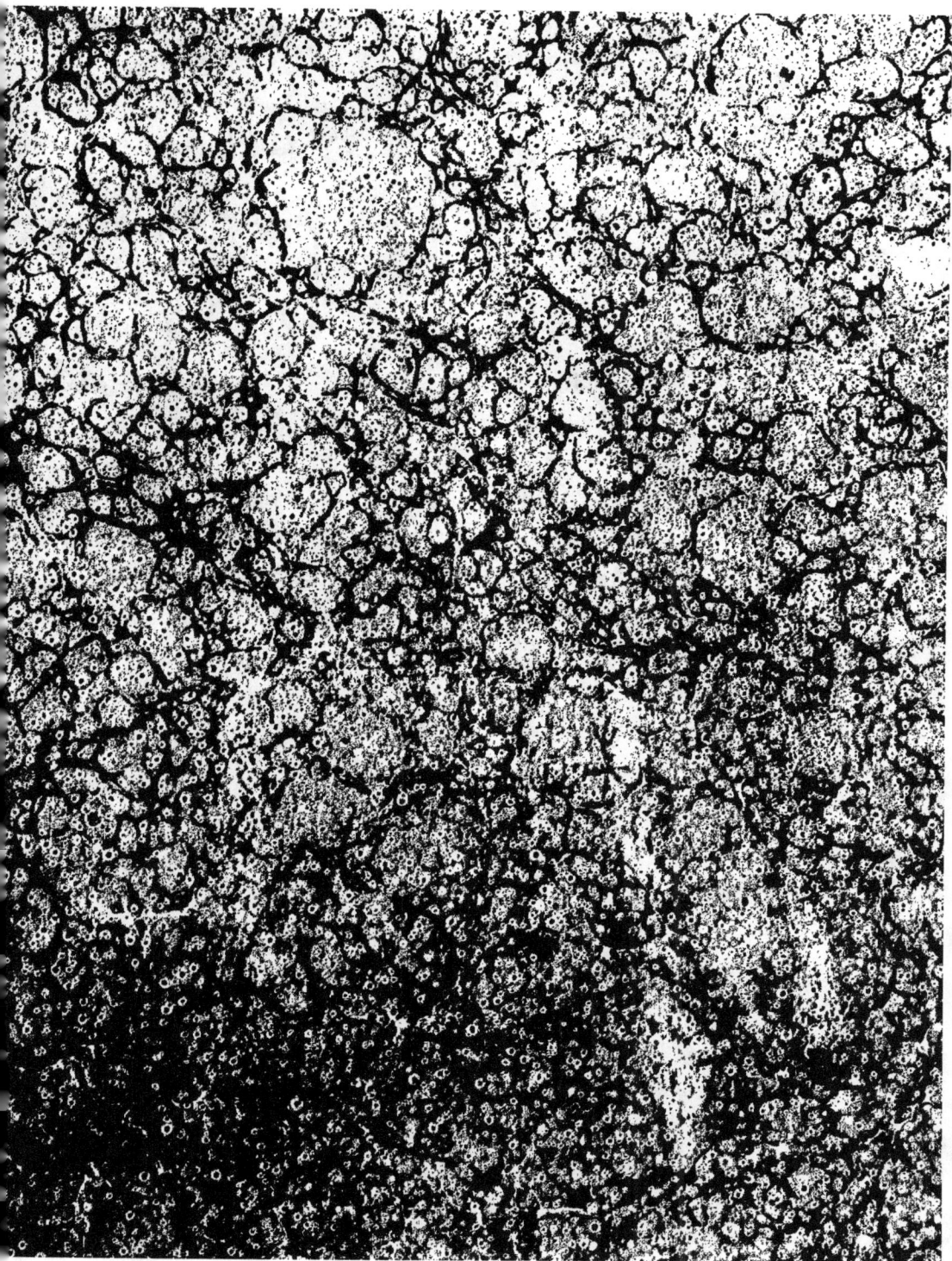

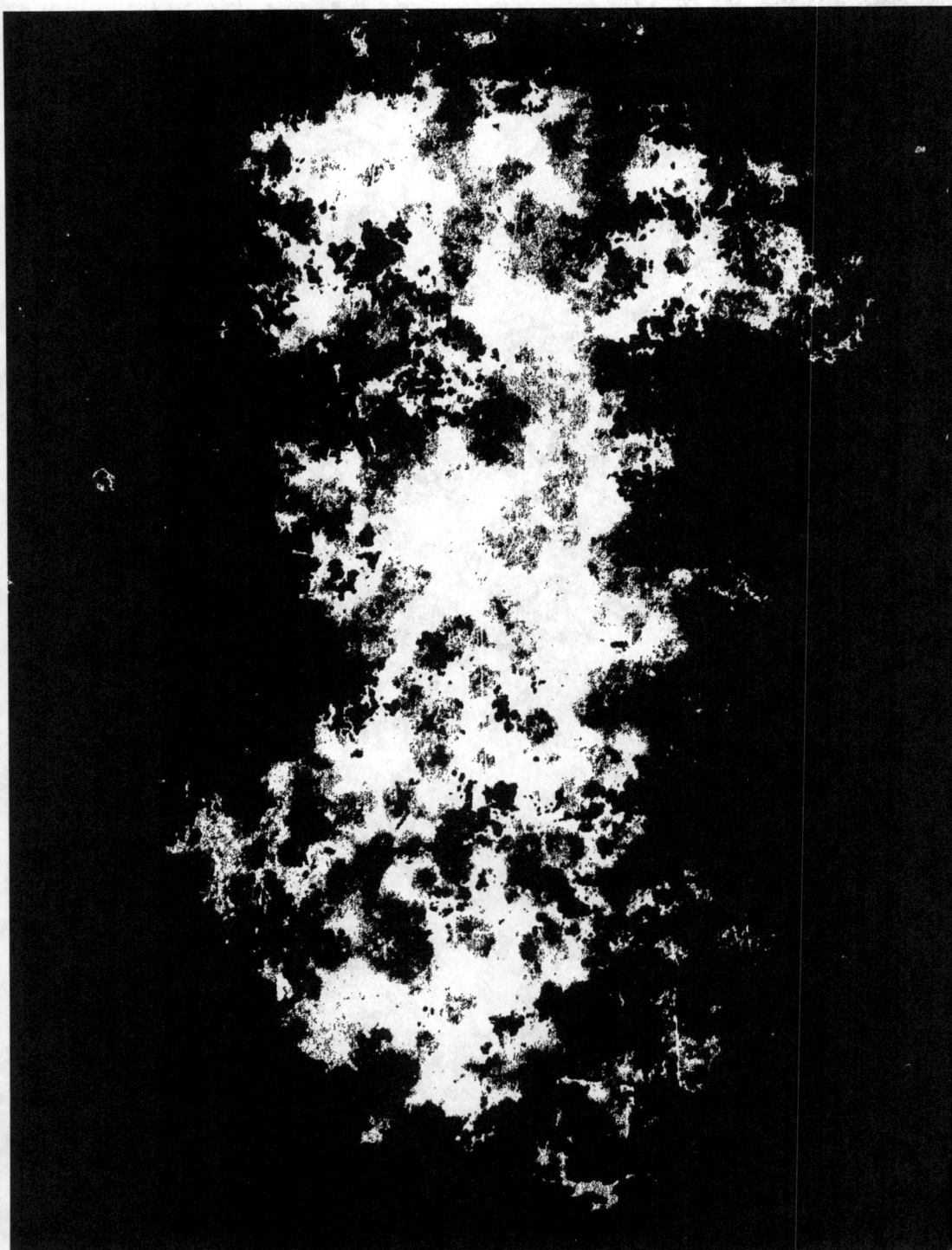

www.ingramcontent.com/pod-product-compliance
Lightning Source LLC
Chambersburg PA
CBHW061007220326
41599CB00023B/3858